Gisbert Kley
Das Mosaik

Gisbert Kley

DAS MOSAIK

Unternehmer im
Spiegel der Zeit

Mit einem Vorwort von
Alfred Müller-Armack

Seewald Verlag
Stuttgart

Meiner Frau
und unseren Kindern

Foto nach einem Ölgemälde von Prof. Hans Jürgen Kallmann

 Umschlag von Hartmut Baumann. Satz und Druck der Druckerei Emil Scheel, Oeffingen bei Stuttgart. Gebunden bei Wilhelm Röck, Weinsberg. Gesetzt in der Linotype Trump-Mediäval. ISBN 3 512 00339 7. Printed in Germany

Inhalt

Vorwort

von Alfred Müller-Armack

Wir können in diesem Jahr auf ein Vierteljahrhundert der Erprobung unserer Wirtschaftsordnung zurückblicken. Sie mußte sich in diesem Zeitraum nicht nur dem Leistungsvergleich mit den Systemen des östlichen Kommunismus stellen, sondern sich auch behaupten gegenüber den Spielarten des westlichen Dirigismus. Wer die Fakten richtig würdigt, wird feststellen müssen, daß unsere Ordnung der Sozialen Marktwirtschaft ihren Leistungstest bestanden hat.

Diese Feststellung mag vordergründig im Widerspruch stehen zu den Angriffen, denen sie ausgesetzt ist, nicht nur von seiten der Ultralinken, sondern auch von seiten der gemäßigten Mitläufer, die sich keine Mühe geben, das Neuartige und Fortschrittliche dieser Wirtschaftsordnung zu verstehen. Viele Gruppen sind zu töricht, um zu begreifen, in welch hohem Maße sie alle, die Jugend, der Mittelstand, die Bauern, die Angestellten, die Beamten und die Gewerkschaften, in einer freien und sozial gestalteten Ordnung unvergleichliche Chancen haben. Es ist üblich geworden, diese Ordnung zu verketzern und ganze Gruppen, wie z. B. die Unternehmer, in einem neugeschürten Klassenkampfdenken zu diffamieren.

Die Soziale Marktwirtschaft verdankt viel der unternehmerischen Initiative, aber sie dient nicht dem Unternehmerinteresse. Das, was den Unternehmer für unsere Ordnung qualifiziert, ist, daß seine frei erbrachte Leistung dem Ganzen und allen Schichten zugute kommt. Die Soziale Marktwirtschaft lebt davon, daß Unternehmer in ihr nicht nur für den Markt ihr Bestes geben, sondern gleichzeitig die ihnen gelassene Freiheit auch im zwischenmenschlichen Bereich ausfüllen, um Möglichkeiten und Formen des Kontaktes zwischen den Gruppen zu schaffen.

Das vorliegende Buch von Gisbert Kley ist ein beredtes Zeugnis dafür, daß es Unternehmer gibt, die den Sinn der Sozialen Marktwirtschaft echt aufgenommen haben und auch nach ihren Maximen handeln. Der Verfasser war viele Jahre hindurch Vorstandsmitglied der Siemens & Halske AG und der Siemens-Schuckertwerke AG, später der Siemens AG. Im Hause Siemens war er für die gesamte vorbildliche Personal- und Sozialpolitik verantwortlich. Nicht zuletzt ihm ist es zu verdanken, daß sich in diesem Unternehmen in besonderer Weise Tradition mit fortschrittlichem Denken verbinden.

Mit diesem Werk publiziert ein Unternehmer die Bilanz seines Handelns. Es ist ein umfangreicher Rechenschaftsbericht, der weit über das eigentliche Berufsfeld hinausragt. Öffentliches Engagement als aktives Mitglied des Präsidiums der Deutschen Arbeitgeberverbände und zahlreicher politischer Gremien; kirchliches Engagement als Vorsitzender des Arbeitskreises Evangelischer Unternehmer und als Mitglied der Kammer für soziale Ordnung der Evangelischen Kirche in Deutschland; parlamentarisches Engagement als Mitglied des Deutschen Bundestages in der VI. Legislaturperiode und als Mitglied des Wirtschafts- und Sozialausschusses der Europäischen Gemeinschaften; wissenschaftliches Engagement als Berater der Mitbestimmungskommission und als einer der Verfasser des CSU-Entwurfs zur Mitbestimmung in Betrieb und Unternehmen – das sind nur einige Etappen des unternehmerischen Wirkens des Verfassers.

Die Gestalter der Sozialen Marktwirtschaft haben seit den sechziger Jahren um Verständnis und Anerkennung dafür gerungen, daß die »zweite Phase der Sozialen Marktwirtschaft« vor allem von »sozialen Unternehmern« im Sinne der Übernahme gesellschaftspolitischer Verantwortung getragen wird. Der Verfasser ist einer jener Pioniere des Fortschritts, der Humanisierung und der Partnerschaft. Die Soziale Marktwirtschaft braucht solche aktiven Wegbereiter, die in persönlicher Initiative sich dafür einsetzen, den gegenüber allen anderen Ordnungen unvergleichlich größeren Spielraum zu konstruktiven Einfällen glaubwürdig auszufüllen.

Köln, im September 1973

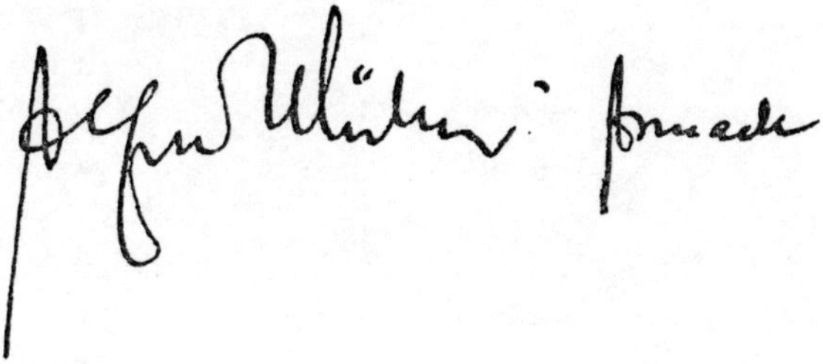

Der Personalleiter - Auslese und Vorbereitung

Nachdem in einer vorangegangenen Betrachtung die Personalleitung als unternehmerische Aufgabe und die Möglichkeiten und Grenzen der Personalleitung im modernen Betrieb behandelt worden sind, soll hier von denen gesprochen werden, die im besonderen und hauptamtlich im Unternehmen als Personalleiter tätig sind. Die Tagung steht unter dem Gesamtthema »Die Entdeckung des Mitarbeiters«. Zu diesen Mitarbeitern gehört auch der Personalleiter selbst, und vielleicht darf man sagen, daß auch dieser Mitarbeiter in seiner Aufgabenstellung für den Betrieb, wie wir sie heute sehen, vor noch nicht gar so langer Zeit entdeckt worden ist und wohl in mancher Hinsicht noch der Entdeckung harrt. Das muß ich erwähnen; denn wenn ich hier das Thema behandeln soll: »Der Personalleiter – Auslese und Vorbereitung«, dann setzt dies voraus, daß ein klares Bild über die Aufgaben des Personalleiters besteht oder daß jedenfalls versucht wird, ein solches Bild zu zeichnen. Ich spreche also von dem Mitarbeiter, den man Personalleiter nennt, und grenze mein Thema damit ein; denn Vorbereitung zur Personalleitung braucht jeder, der als Vorgesetzter im Unternehmen tätig ist und der, indem er Vorgesetzter wurde, seinen Beruf gewechselt hat. Für diese Vorbereitung sind die verschiedensten Möglichkeiten gegeben und entwickelt, aus der Praxis der täglichen Arbeit, aus dem Vorbild, aus inner- und außerbetrieblicher Information und Schulung.

Sehen wir uns in der Praxis um, so werden wir finden, daß ein keineswegs einheitliches Bild von den Aufgaben eines Personalleiters besteht. Diese Unterschiede sind ein-

mal in der Größe der Unternehmen begründet. Wenn wir der Meinung sind, daß die Personalführung eine der ersten unternehmerischen Aufgaben ist, dann ist es klar: Je überschaubarer der Betrieb und die in ihm tätigen Menschen für den leitenden Unternehmer noch sind, umso mehr Raum ist für seine Initiative auch im einzelnen Fall, und je größer der Betrieb und die Zahl der in ihm tätigen Menschen ist, umso stärker wirkt sich die Notwendigkeit der Arbeitsteilung auch auf die Stellung und die Aufgaben des Personalleiters im Unternehmen aus. Es kann sehr wohl sein, daß ein kleineres Unternehmen den Personalleiter, von dem hier die Rede ist, nicht hat und nicht zu haben braucht, weil der einzelne Unternehmer selbst diese Aufgaben wahrnimmt und nur den Mann braucht, der ihm für die reine Durchführung verantwortlich ist. Das wäre dann sicherlich ein für den Betrieb notwendiger und wichtiger Mann, aber nicht der Personalleiter, von dem wir hier sprechen. Überall dort aber, wo, oft unabhängig von der Größe des Betriebes, der für das Personalwesen zuständige Mann eigenständige Aufgaben hat, sollte für seine Aufgabenstellung mit all den Nuancen, die sich aus der Praxis ergeben, etwa Folgendes gelten:
Ihm sollte obliegen:

1. Die Beratung und Unterstützung der Unternehmens- oder Betriebsleitung in den Fragen der Personalführung und der Sozialpolitik. Ist er Mitglied der Unternehmensleitung, so wird er hier eine generelle verantwortliche Führungsaufgabe haben, unbeschadet der Personalführungsaufgabe der in den einzelnen Fachbereichen leitenden Chefs.
2. Die Mitwirkung oder verantwortliche Führung bei Maßnahmen und der innerbetrieblichen Aus- und Weiterbildung.
3. Die Koordinierung der betrieblichen sozialen Maßnahmen und Einrichtungen, gegebenenfalls auch Aufsicht oder Verwaltung.

4. Die verantwortliche Mitwirkung in allen Angelegenheiten des Betriebsverfassungsrechts; hier kann er der Sprecher der Firmenleitung und der Verhandlungspartner gegenüber der Betriebsvertretung sein.
5. Die Pflege und Förderung der betrieblichen Zusammenarbeit sowie der betrieblichen Kultur- und Sportangelegenheiten.
6. Die Vertretung des Unternehmens oder Betriebes nach außen in den die Belegschaft betreffenden Fragen.

Das also müßten die Aufgaben sein, für die der Personalleiter heute ausgebildet – wenn es das geben kann – oder jedenfalls vorbereitet sein sollte. Wenn dies Zustimmung findet, dann würde man sehen, wie weit im Zuge der Entwicklung die Aufgaben des Personalleiters sich von dem, was man einmal dafür angesehen hat, entfernt hätten. Die Verantwortlichkeit für die ordnungsmäßige Abrechnung, für die Formalien der Einstellung, der Kündigung, für den reibungslosen Ablauf des auf dem Personalgebiet büromäßig Notwendigen wäre selbstverständlich geblieben; es wäre aber nur ein kleiner Teil aus dem gesamten Arbeitsgebiet, das in seinem Schwerpunkt in der Personalbetreuung, der Mithilfe bei der Personalführung und der verantwortlichen Vertretung der Aufgaben der Sozialpolitik und der Betriebsverfassung zu finden wäre. Daß in großen Unternehmen eine Arbeitsteilung bestehen wird für die Fragen der Sozialpolitik, der Personalführung und andere, versteht sich, ändert aber am Grundsatz nichts, wenn all diese Aufgaben unter einer Leitung vereinigt sind.

Als meine persönliche Auffassung sage ich, daß nur unter einem solchen Aspekt in unserer Zeit die Aufgabe des Personalleiters Sinn und Begründung haben kann, daß in dem komplizierten Leben des modernen Betriebes und der heutigen Gesellschaft ein reiner Personalverwalter nicht mehr am Platze ist und daß vom Personalleiter unternehmerische Initiative und schöpferische Mitwirkung für das Unternehmensziel erwartet werden müssen.

Ich habe das Ziel der Ausbildung oder Vorbereitung nach der sachlichen Seite hin dargestellt. Es ist ein Ziel; daß die Praxis ein buntscheckiges und vielfach abweichendes Bild zeigt, ist mir klar. Wir haben heute noch kein einheitliches Berufsbild eines Personalleiters, aber wir sollten dabei mithelfen, daß ein solches in den wesentlichen Zügen entsteht. Was ich noch nicht behandelt habe, ist die wesentlichste Frage, nämlich die der menschlichen Qualitäten, die vom Personalleiter verlangt werden müssen. Das ist vor allem eine Frage der richtigen Auslese.

Der Personalleiter, der alle die genannten Aufgaben erfüllen soll, muß Kenntnisse und Erfahrungen auf dem Gebiete des Arbeitsrechts, des Betriebsverfassungs- und des Sozialrechts haben, er muß mit den modernen Hilfsmitteln der Personalführung vertraut und fähig sein, sie kritisch zu betrachten, er muß mindestens volkswirtschaftlich ein gebildeter Laie sein, die Betriebswirtschaft darf ihm kein Buch mit sieben Siegeln sein, und sicherlich muß er, wenn er unternehmerisch denken soll, auch wirtschaftlich denken. Und schließlich sollte er auch einen politischen Sinn haben, jedenfalls dann, wenn ihm auch die sozialpolitischen Fragen und die Betriebsverfassung, wie ich vorschlage, als Aufgaben zugeteilt werden.

Und nun stellt sich die Frage, wie bildet man einen solchen Mann aus? Unter Ausbildung muß man doch wohl, wenn man die Begriffe nicht verwirren will, die unmittelbare Vorbereitung des jungen Mannes auf einen bestimmten Beruf verstehen. Daß wir eine solche Ausbildung zum Personalleiter heute nicht haben, ist bekannt. Wenn wir uns die Personalleiter der Praxis ansehen, dann finden wir der Vorbildung nach Juristen, Volkswirte, Kaufleute, Offiziere, Ingenieure und viele andere, die, aus den verschiedensten Ausbildungszweigen stammend, teils gezielt, teils zufällig, teils weil man sie gut fand, manchmal auch, weil man sie in dem gelernten Beruf nicht gut fand, in die Personalleiterlaufbahn gelangt sind.

Hinzugekommen ist in neuerer Zeit das Studium der Sozialwissenschaften, und gelegentlich ist gesagt worden, daß hier ein Ansatzpunkt gerade für künftige Personalleiter gegeben sei. Aber: Auch dieses Studium beinhaltet nicht eine Ausbildung speziell zum Personalleiter.

Es gibt also keine Ausbildung zum Personalleiter in dem Sinne, daß ein junger Mann beschlösse, Personalleiter zu werden, und nun hierfür einen bestimmten Ausbildungsgang, die Möglichkeit eines bestimmten Studiums vorfände. Das gibt es nicht, und ich meine, daß es eine solche Ausbildung auch nicht geben sollte. Ich werde versuchen, das zu begründen.

Einmal glaube ich nicht, daß ein junger Mensch – Ausnahmen bestätigen die Regel – auch nur ahnen kann, ob er sich zum Personalleiter eignet. Damit komme ich zu der Frage, die ich vorhin nur gestreift habe. Der Mann, dem die Aufgabe übertragen wird, sich in erster Linie um den Menschen und die menschlichen Beziehungen zu kümmern, bedarf der Reife, der Erfahrung, des abgewogenen Urteils. Er muß im Rahmen des menschlich Möglichen gerecht sein, vor allem auch innerlich gerecht, Zu- und Abneigungen dürfen ihn so wenig wie möglich leiten, er muß fest in den Grundsätzen und elastisch in ihrer Anwendung sein, und er muß vor allem Menschenkentnis haben. Wenn das Voraussetzungen für einen guten Personalleiter sind, dann glaube ich nicht, daß ein junger Mensch in der Regel sagen kann, daß dies das richtige Berufsziel für ihn ist, und es wird ihn auch kein Älterer in diesem Sinne beraten können.

Zweitens glaube ich aber auch nicht, daß man in sachlicher Hinsicht einen bestimmten Ausbildungs- oder Studiengang für einen Personalleiter vorschreiben kann. Es ist ja doch kein Zufall, daß hinsichtlich der beruflichen Herkunft der heute in der Praxis tätigen Personalleiter ein so buntes Bild vorhanden ist. Sicherlich ist es richtig, daß bei der Auswahl der heute vorhandenen Personalleiter, wie ich vorhin andeutete, nicht immer das dargestellte Berufsbild vorgeschwebt hat; aber das ist nicht eine Frage der Ausbildung, sondern der richtigen Auslese. Bedenkt man, daß der künftige Personalleiter im Idealfall ein sehr weites Spektrum beherrschen sollte, so fragt man sich, wie das alles einem jungen Menschen in der Lehre oder in einem Studium beigebracht werden sollte. Das ist meines Erachtens nicht möglich, und ich halte es für richtiger, daß er etwas ordentlich als daß er von allem etwas lernt. Im letzteren Fall schaffen wir die Gefahr, daß wir die uns allen ja bekannten Prediger menschlicher Beziehungen züchten, die zwar wunderschöne Ausführungen machen, aber keine sechs Mann über den Rinnstein führen können.

Und noch ein drittes. Der Personalleiter muß wissen, wie es in den Sachabteilungen zugeht. Er muß die Nöte und Sorgen und die Freuden des Mitarbeiters, den er mitzubetreuen hat, kennen. Er muß eine Vorstellung von der sachlichen Arbeit haben, die in einer solchen Abteilung, in einem solchen Bereich zu leisten ist. Wenn später die Menschen mit ihren Anliegen zu ihm kommen – und wenn er ein guter Personalleiter ist, dann kommen sie – so muß er das, was ihm gesagt wird, beurteilen können. Ich glaube, das wird er am besten können, wenn er es selbst in fachlicher Arbeit miterlebt hat; dann wird er ebenso Verständnis für das echte Anliegen haben, wie er sich andererseits nichts vormachen lassen wird.

Wenn ich das Beispiel der alten preußischen Allgemeinen Verwaltung anführen darf, so war es dort klar, daß der Personalreferent im Ministerium des Innern auf eine langjährige fachliche Erfahrung in den verschiedensten Stellungen zurückblicken mußte; nur dann traute man ihm zu, bei der Beurteilung anderer mitzuwirken. Natürlich hinkt dieser Vergleich insofern, als die Beamten der Allgemeinen Verwaltung, wo sie auch standen, verwandte Aufgaben hatten und auswechselbar waren. Das ist in der

Wirtschaft nicht im gleichen Maße der Fall. Aber der Grundsatz, daß der Personalmann in der Regel andere, fachliche Aufgaben wahrgenommen haben sollte, bevor er in die Personalabteilung eintritt, wird dadurch nicht berührt.

Nach allem komme ich zu dem Ergebnis, daß es in der Regel eine Ausbildung im eigentlichen Sinne für einen Personalleiter nicht nur nicht gibt, sondern auch nicht geben sollte und daß sich daher das Thema in der Richtung auf die *Auslese* von Mitarbeitern verschiebt, die schon seit einer gewissen Zeit in anderen Abteilungen tätig sind, und auf ihre *Vorbereitung* zum Personalleiter.

Hier wird man allerdings sagen müssen, daß systematische Auslese und Vorbereitung erforderlich sind und daß auf diesem Gebiet mehr getan werden sollte, als es bisher der Fall ist. Man wird sich also, und das ist Aufgabe des vorhandenen Personalleiters, die qualifizierten Nachwuchskräfte auf ihre Eignung anzusehen haben, und man wird sich nicht auf den Zufall, auf eigene Meldung eines Bewerbers und schon gar nicht auf das in der Regel rasch erkennbare Wegloben durch den bisherigen Vorgesetzten verlassen. Voraussetzung ist allerdings eins: Den Mann, den man braucht, wird man nicht erhalten, wenn die Stellung des Personalleiters nicht reizvoll gemacht wird. Dazu gehört einmal, daß er die sachlichen Aufgaben hat, die ich vorhin zu skizzieren versucht habe. Es gehört aber weiterhin dazu, daß er auch in der Möglichkeit des Fortkommens, in seiner gehaltsmäßigen Entwicklung und der äußeren Stellung im Betriebe die gleichen Chancen hat, die er als tüchtiger Mann in seiner bisherigen Arbeit gehabt hätte. Wenn das nicht der Fall ist, wird auch die Laterne des Diogenes den richtigen Mann nicht hervorlocken.

Zwei Fragen sind in diesem Zusammenhang noch kurz anzuschneiden: Wenn wir Nachwuchs für die Personalleiter-Laufbahn suchen, sollen wir einer bestimmten Vorbildung den Vorzug geben? Ich glaube, ein. Wir wissen aus der Praxis, daß die Angehörigen verschiedenster Ausbildungszweige sich als Personalleiter bewährt haben. Allerdings wäre es reizvoll, das Für und Wider zu erörtern, das hinsichtlich der verschiedenen Berufszweige bei der Eignung zum Personalleiter zu beachten ist.

Die zweite Frage, die ich im Zusammenhang mit der Auslese noch behandeln wollte, ist die, ob der Personalleiter aus dem eigenen Betriebe stammen sollte. Ich meine, in der Regel möglichst ja. Dabei verkenne ich nicht die Gefahr der Betriebsblindheit, die auch auf dem Gebiete der Personal- und der innerbetrieblichen Sozialpolitik sehr zu beachten ist; es erben sich Gesetz und Rechte gerade hier wie eine ewige Krankheit fort. Trotzdem glaube ich, daß für den Personalmann die intime Kenntnis des eigenen Unternehmens und der in ihm wirkenden Menschen von so überragender Bedeutung ist, daß man über das Bedenken hinwegsehen sollte. Wenn der Personalleiter die Entwicklung der Mitarbeiter selbst miterlebt hat, wird das in der Regel seiner Aufgabe zugute kommen. Ausnahmen wird es immer geben; aber für die Herkunft aus dem eigenen Unternehmen spricht doch so viel, daß geraten werden sollte, frühzeitig im eigenen Haus nach dem geeigneten Mann Umschau zu halten.

Es gibt Vorschläge, wonach jüngere Personalleiter zwischen den einzelnen Unternehmen vorübergehend auszutauschen wären, um sie vielseitiger vorzubereiten. Ich möchte das erwähnen; ob es in weiterem Umfang durchführbar wäre, scheint mir zweifelhaft. Ich habe zum Ausdruck gebracht, daß die beste Vorbereitung für die Aufgabe zum Personalleiter die ist, daß er zunächst einmal *nicht* dazu vorbereitet wird, sondern daß er geraume Zeit auf anderen Aufgabengebieten tätig ist. Wie aber bereitet man ihn nun gezielt auf seine Aufgabe als Personalleiter vor, nachdem im Wege der Auslese festgestellt wurde, daß hier ein Mann vorhanden ist, der Eignung und Neigung hat, auf dem Personalgebiet tätig zu werden? Da die beste

Information immer noch die Arbeit selbst ist, sollte er in die Personalabteilung versetzt werden; dort wird er aus der täglichen Arbeit lernen. So wird auch wohl in der Praxis regelmäßig verfahren.

Dies genügt heute nicht mehr. Wenn man an die Aufgabengebiete denkt, die ich vorhin dargestellt habe, dann muß man zugeben, daß in der Regel, die durch Ausnahmen bestätigt wird, Erfahrung, Instinkt, gesunder Menschenverstand – obwohl dies alles natürlich in erster Linie vorhanden sein muß – allein nicht mehr zur Erfüllung der Aufgabe ausreichen. Denn jetzt muß das nachgeholt werden, was die Ausbildung dem jungen Menschen beim Beginn seiner beruflichen Laufbahn nicht geben konnte. Ich glaube daher, daß nun eine systematische und auf wissenschaftlicher Grundlage beruhende *Information* einsetzen müßte. Im Grundsätzlichen dürfte für diese Information überall im wesentlichen das Gleiche gelten; im einzelnen werden die Wege verschieden sein. Ich könnte mir vorstellen, daß in großen Unternehmen die Aufgabe zunächst innerbetrieblich gelöst werden kann, ohne daß man aber darauf verzichten sollte, den Mitarbeitern auch den Zugang zu den außerbetrieblichen Einrichtungen zu eröffnen, die auf diesem Gebiet sehr verdienstvolle Arbeit leisten. Mir scheint also, daß in einem solchen Unternehmen ein fester Informations- und Vorbereitungsplan für künftige Personalleiter vorhanden sein sollte. Dieser Plan, jeweils auf eine bestimmte Dauer berechnet – ein Jahr, zwei Jahre – sollte einen Wechsel zwischen praktischer Tätigkeit in der Personal- und der Sozialpolitischen Abteilung und der Information in Seminaren beinhalten. In diesen Seminaren sollten unter Hinzuziehung wissenschaftlicher Kräfte, die nicht im Betrieb tätig sind, Vorträge über die wesentlichen Aufgaben gehalten werden mit dem Ziel der Durchdringung in Diskussion und Gespräch. Hier wären also die Fragen der Menschenführung, der allgemeinen und der innerbetrieblichen Sozialpolitik, des Arbeits- und Tarifrechts, der Betriebsverfassung, der Stellung des Personalleiters im Betrieb zu behandeln. Alle diese Fragen sollten einmal in ihrer grundsätzlichen Bedeutung erörtert werden, um einen festen Standpunkt zu gewinnen, und auf der anderen Seite wären ganz konkret Kenntnisse in der Sache und in den Methoden zu vermitteln. Auch andere Themen wären heranzuziehen, betriebs- und volkswirtschaftliche Fragen, von denen der Personalleiter etwas wissen sollte.

Entsprechendes könnte für die Unternehmen gelten, die diesen innerbetrieblichen Aufwand nicht bestreiten können oder wollen. Das heißt, der Informationsplan könnte im wesentlichen der gleiche sein, nur daß an die Stelle der innerbetrieblichen Seminare die überbetrieblichen Einrichtungen treten würden, die ja vorhanden sind und mit denen nur eine systematische Durchdringung und Reihenfolge in der Themenstellung und -behandlung abzustimmen wäre.

Das sind Vorschläge, die einmal theoretisch die Möglichkeit gezielter Vorbereitung zum Personalleiter zum Inhalt haben. Es sind ja keine neuen Gedanken; sie sind in dieser oder jener Form oft genug ausgesprochen worden. Die Praxis empfindet, soweit ich sehe, weitgehend das Bedürfnis für eine solche Vorbereitung; systematisch verwirklicht ist sie aber in der Regel noch nicht, und natürlich gibt es im betrieblichen Leben auch zahlreiche Widerstände. Darum wird es sich häufig empfehlen, Schritt für Schritt auf das für richtig erkannte Ziel loszugehen. Man kann Modellfälle entwickeln; finden sie Anklang, so kann man nach und nach die Folgerungen ziehen. Mit einem Schlage geht es häufig nicht; die Dinge müssen allmählich reifen. Eins ist dabei wesentlich: Die Seminare, die zur Vorbereitung für die Aufgabe des Personalleiters in der Regel wirklich notwendig sind, müssen so wirklichkeits- und betriebsnahe wie möglich sein. Alles Grundsätzliche, das behandelt wird, muß immer wieder zu den konkreten Fragen des Betriebes hinführen. Wenn das gelingt, dann wird der Nutzen rasch von Chefs und Vorgesetzten im Betriebe erkannt und gewürdigt werden, die aus oft begreiflichen Gründen dem Gedanken von Seminaren und Informationsplänen zweifelnd gegenüberstehen.

Das ist auch der Grund, der mich veranlaßt, dem Gedanken einer *Akademie für Personalleiter* mit einem zusammenhängenden Studiengang, ein Gedanke, der ja auch erörtert wird, mit Zweifeln zu begegnen. Aber sicherlich kann man da ganz anderer Meinung sein; doch glaube ich, wenn allgemein das erreicht wird, was ich hier dargestellt habe, dann ist schon viel erreicht.

Ich fasse zusammen:

1. Die Aufgabenstellung für den Personalleiter hat sich gewandelt. Die Personalverwaltung bleibt ein wichtiger Teil seiner Tätigkeit, sollte aber nicht das Wesentliche sein. Personalbetreuung, Mitwirkung bei der Personalführung sowie politische Aufgaben sind Schwerpunkte.
2. Eine Ausbildung junger Menschen zum Personalleiter im Sinne eines bestimmten Studienganges gibt es heute nicht; sie wird von mir auch nicht empfohlen.
3. Zu empfehlen ist, daß der Personalleiter vorher geraume Zeit andere fachliche Aufgaben wahrgenommen hat.
4. Die künftigen Personalleiter bedürfen einer gründlichen Vorbereitung durch Information. Dafür empfehle ich einen systematischen Plan, der für einen bestimmten Zeitraum einen Wechsel zwischen Praxis und inner- oder überbetrieblichem Seminar vorsieht.
5. Die Personalleiter, die man braucht, wird man nur finden, wenn man die Stellung im Betriebe reizvoll macht.
6. Wenn irgendwo, dann sind hier die menschlichen Qualitäten von entscheidender Bedeutung.

(Vortrag vor der Evang. Akademie Loccum, März 1959)

Partnerschaft im Betrieb – ein Beispiel

Betrachten wir im Hause Siemens unsere gemeinsame Arbeit der vergangenen zwei Jahre, dann können wir mit Befriedigung feststellen, daß auf sozialpolitischem Gebiet Wesentliches erhalten, teils neu geschaffen wurde. Sicherlich werden nicht alle Mitarbeiter unseres Hauses mit der Arbeit der von ihnen gewählten Betriebsräte und des Gesamtbetriebsrates und mit dem, was die Firmenleitung getan hat, in gleicher Weise zufrieden sein. Es liegt in der Natur der Sache und der Menschen, daß man nicht alle gleichzeitig zufrieden stellen kann. Das ist eine allgemeine Erfahrung und gilt natürlich auch in unserer engeren Gemeinschaft. Hinsichtlich dessen, was im ganzen auf sozialpolitischem Gebiete geschieht, sind die *freiwilligen sozialen Leistungen* nicht mehr der alleinige Maßstab. Für sich allein betrachtet, war der freiwillige soziale Aufwand bei den beiden Stammfirmen rückläufig. Das liegt an der Entwicklung des gesetzlichen sozialen Aufwands. Insbesondere handelt es sich um die Auswirkungen der Rentenreform und anderer Vorschriften auf die Altersversorgung, was sich teils in den effektiven Zahlen, teils bilanzmäßig niederschlägt. Dabei ist aber zu bedenken, daß die Pensionen aus den Mitteln der Siemens-Altersfürsorge gezahlt werden und daß in der Bilanz der Stammfirmen nur die Zuwendungen an die Siemens-Altersfürsorge erscheinen. Sie können im Hinblick auf das bei der Siemens-Altersfürsorge angesammelte Vermögen geringer sein als früher. Im übrigen hat sich das Zahlenbild durch die Gründung der Siemens-Electrogeräte AG verschoben. Der Gesamtbetriebsrat hat uns auf all diese Fragen angesprochen; wir haben ihm Auskunft gegeben und werden das selbstverständlich auch weiterhin tun.

Im ganzen glaube ich, daß der Weg einer generellen Betrachtung unserer Sozialpolitik, den wir gemeinsam mit dem Gesamtbetriebsrat beschritten haben, gut war, und daß wir ihn von Zeit zu Zeit wieder gehen sollten. Unsere Aufgabe wird auch in Zukunft immer wieder sein, das Vorhandene kritisch zu betrachten und gegebenenfalls neue Wege zu suchen. Eines der Ziele unserer Sozialpolitik bleibt das vom Gründer unseres Hauses, Werner von Siemens, erkannte Prinzip, die »freudige, selbsttätige Mitarbeit« aller zu erreichen, zum Wohl des Hauses und zum Wohle jedes einzelnen. Wir sind überzeugt davon, daß in einer demokratischen Wirtschafts- und Sozialordnung der wechselseitigen Information, die zu gegenseitigem Verstehen und zu verantwortungsbewußtem Mitdenken und Mithandeln anregt, ganz besondere Bedeutung zukommt. Und wir hoffen zuversichtlich, daß *richtig betriebene Aufklärung* und Aussprache die Grundlage für ein gutes Betriebsklima an allen Stellen unseres Hauses schaffen können.

In diesem Sinne haben wir mit Information und Wechselgesprächen mit den Führungskräften unseres Hauses begonnen. In dem gleichen Sinne wäre die Firmenleitung gerne bereit, auch mit den Mitgliedern der Betriebsräte Gespräche zu führen. Der Gedanke dabei wäre im Einklang mit anderen Einrichtungen dieser Art, abseits von den Betrieben und von der Tagesarbeit zusammenzukommen, um Informationen zu geben und zu erhalten und dadurch gemeinsame Erkenntnisse zu gewinnen, die für unsere weitere Arbeit fruchtbar werden könnten. Ich glaube, es wäre eine schöne Aufgabe auch für den neuen Gesamtbetriebsrat, wenn wir uns Art und Inhalt solcher Gespräche überlegten und sie gemeinsam mit dem Gesamtbetriebsrat vorbereiteten und durchführten. Wir haben die Angelegenheit, die sicherlich noch der Prüfung im einzelnen bedarf, bereits an den Gesamtbetriebsrat herangebracht.

Eine schwierige Frage, die uns in nächster Zeit noch zu schaffen machen wird, ergibt sich im Zusammenhang mit der im ganzen vorhandenen und im Interesse der Gesamtheit erfreulichen Vollbeschäftigung. Wenn ich Stichworte nenne wie Krankenstand, Unfallstand, Fluktuation, so denke ich im Augenblick nicht nur an die damit verbundenen Kosten, sondern im besonderen Maße auch an die Frage der Arbeitsmoral. Wir wissen, daß der Krankenstand in den ersten Dienstjahren besonders hoch ist. Wir werden gemeinsam bemüht sein müssen, unsere zuverlässige und treue Stammbelegschaft nicht dadurch zu enttäuschen und unter Umständen kostenmäßig zu belasten, daß einige – leider sind die Zahlen jetzt erheblich größer geworden – die Einrichtungen mißbrauchen. Dies Problem ist ja sowohl örtlich wie zentral schon erörtert worden. Ich möchte an dieser Stelle ausdrücklich hervorheben, daß aufklärende Arbeit auch in dieser Richtung von den Betriebsräten, z. B. in Betriebsversammlungen, geleistet worden ist.

Wir blicken in diesen Wochen und Monaten mit Sorge und Anteilnahme auf Berlin; wir tun das als Deutsche, wir tun es im besonderen auch als Angehörige des Hauses Siemens. Denn Berlin ist nicht nur unser Stammsitz, es ist auch nach wie vor unser größter Standort. Unsere Hoffnungen und Wünsche gehen dahin, daß eine Lösung gefunden werde, die uns in Freiheit wieder vereinigt, so fern diese Lösung heute auch scheinen mag.

Das Haus Siemens ist in Berlin und allen Ländern des Bundesgebietes vertreten. Aus allen deutschen Stämmen sind Belegschaftsmitglieder in den vielen Standorten unseres Hauses tätig. Über deutsche Ländergrenzen hinweg liegt es daher für uns nahe, das Einigende und das Gemeinsame zu sehen.

Sie haben in Ihrer Arbeit die besonderen Bedürfnisse

Ihrer Standorte zu berücksichtigen und auf der anderen Seite auch das Gesamtinteresse des Hauses Siemens und seiner Mitarbeiter zu bedenken. Ebenso sieht es auf der Seite der Betriebsleitungen aus. Hier die Synthese zu finden, das ist die Aufgabe, die häufig ohne Kompromiß nicht zu lösen ist. Die einheitliche Linie zu wahren unter Anerkennung der besonderen Bedürfnisse einzelner Standorte, das ist uns bisher im wesentlichen gelungen, und dabei hat der Gesamtbetriebsrat eine bedeutsame Rolle gespielt. Ich glaube, daß in unserem Vaterland, das von so manchen Gegensätzen erfüllt ist und in dem auch immer wieder die Interessen der einzelnen Länder in Einklang mit dem gesamten deutschen Interesse gebracht werden müssen, die Arbeit, die wir im Hause Siemens an unserem Platze leisten, als Beispiel, wie man eine solche Synthese schaffen kann, auch in einem allgemeinen Zusammenhang von Bedeutung ist.

(Aus einer Rede vor der Vertreterversammlung der Betriebsräte des Hauses Siemens, Stuttgart, Juli 1959)

Harmonisierung der Europäischen Sozialpolitik

Ich möchte dem Herrn Kommissar Levi Sandri aufrichtig für seine Ausführungen danken, in denen er das schwierige und umfassende Gebiet der Sozialpolitik in einer gedrängten, aber zugleich alle wesentlichen Punkte berücksichtigenden Weise dargestellt hat.

Der Herr Kommissar hat bemerkt, daß die Befugnisse der Kommission auf sozialpolitischem Gebiet in gewisser Weise beschränkt seien. Einer der Herren Vorredner hat diesen Hinweis bedauert und geltend gemacht, daß die Sozialpolitik der EWG, dem Geiste des Vertrages folgend, weiter entwickelt werden müsse. Hier wäre zu bemerken, daß es doch gewiß sachliche Gründe gehabt hat, wenn die vertragschließenden Parteien die Befugnisse der Kommission auf dem Gebiete der Sozialpolitik so, wie es geschehen ist, geregelt haben; trifft dies zu, so wird man sagen müssen, daß die Möglichkeiten, die der Vertrag geschaffen hat, auch seinem Geiste entsprechen, und sicherlich wird die Grundlage des Handelns für die Kommission im Text des Vertrages zu sehen sein. Auf der anderen Seite geben die im Vertrage vorgesehenen Stellungnahmen, von denen der Herr Kommissar gesprochen hat, sicherlich die Möglichkeit, in erwünschter Weise fortzuschreiten. Es ist gewiß eine schwierigere, aber vielleicht auch lohnendere Aufgabe, durch solche Stellungnahmen im Sinne der Überzeugung aller Beteiligten zu wirken, als wenn in jedem Falle konkrete Anordnungsbefugnisse gegeben wären, und vielleicht kann der politische Effekt dadurch umso größer sein. Tatsächlich kann man auch meines Erachtens feststellen, daß, unabhängig von allen konkreten

Problemen und Aufgaben, der bisherige Ablauf der EWG in einer dankenswerten Weise dazu geführt hat, das gegenseitige Verständnis zu verstärken, das wir den sozialen Problemen in allen Mitgliedsstaaten entgegenbringen. Das ist sicherlich ein erster sehr positiver Erfolg der EWG; denn die Kenntnis der Tatbestände ist die Voraussetzung für ein gemeinsames Handeln dort, wo es zur Erreichung der Ziele der EWG erforderlich ist. Daher möchte ich auch die Initiative der Kommission begrüßen, in Zusammenarbeit mit den Regierungen und den Arbeitgeber- und Arbeitnehmerorganisationen die sozialpolitischen Aufgaben im Rahmen des Artikels 118 des EWG-Vertrages in Angriff zu nehmen. Ich bin sicher, daß wir, wenn die Ergebnisse der Arbeiten vorliegen, in den Mitgliedsstaaten wesentliche Kenntnisse für die Entwicklung der Sozialpolitik in unseren Ländern gewinnen werden und daß auf diesem Wege im Laufe der Zeit eine weitere Annäherung unserer Sozialpolitik möglich sein wird.

Der Herr Kommissar hat die Verordnung über die *Freizügigkeit der Arbeitnehmer* ausführlich behandelt, und er hat mit großem Recht die hohe Bedeutung dieser Verordnung betont. Er hat zugleich darauf hingewiesen, daß die Verordnung bei ihrer Verabschiedung im Ministerrat in gewisser Hinsicht verändert würde. Ich habe ja seinerzeit hier im Wirtschafts- und Sozialausschuß gegen die damalige Fassung des Artikels 43 dieser Verordnung Bedenken angemeldet und möchte eigentlich glauben, daß die nunmehrige Fassung, die ein wenig elastischer ist, den Vorzug verdient. Die faktische Priorität der Arbeitnehmer der Gemeinschaft ergibt sich schon aus der Tatsache, daß die Diskriminierungen und Formalitäten im gegenseitigen Verkehr innerhalb der EWG beseitigt werden sollen. Ich denke, daß die Praxis zu den erwünschten Ergebnissen führen wird, wie ich es auf der anderen Seite, insbesondere auch aus politischen Gründen, nicht für gut halten würde, durch eine streng juristische Formulierung der Priorität die Länder der EWG von den heute nicht zu ihr gehörigen europäischen Staaten gewissermaßen abzuschließen. Man könnte vielleicht aus den Ausführungen des Herrn Kommissars entnehmen, daß er für künftige Verordnungen doch eine etwas strengere Fassung hinsichtlich der Priorität in Erwägung zieht. Ich möchte aus den erwähnten Gründen annehmen, daß die vom Ministerrat verabschiedete Fassung allen Bedürfnissen Rechnung tragen wird, sodaß, wenn die Erfahrungen der Praxis vorliegen, eine Ergänzung in dieser Hinsicht nicht notwendig und auch nicht zweckmäßig erscheinen wird.

Im übrigen wird sicherlich die Freizügigkeit der Arbeitskräfte dazu beitragen, eine Angleichung der Arbeitsbedingungen mit marktgerechten Mitteln herbeizuführen. In diesem Zusammenhang sehen wir mit Interesse den Ergebnissen der ersten Erhebung der Lohn- und Lohnnebenkosten in einer Reihe von Wirtschaftszweigen entgegen. Die Ergebnisse werden, wie ich annehme, den Eindruck bestätigen, daß die Unterschiede in den Lohn- und Arbeitsbedingungen von einem Land zum anderen heute nicht mehr so groß sind, daß sie den Wettbewerb ernstlich beeinträchtigen könnten.

Wenn man von der Freizügigkeit spricht, dann wird man, wie auch der Herr Kommissar hervorgehoben hat, als eine wesenliche Voraussetzung die Frage der *Berufsausbildung* anzusehen haben. Die Kommission ist ja mit der Vorbereitung der Grundsätze beschäftigt. Das Ziel der Grundsätze wird es sein müssen, eine Gleichwertigkeit der vermittelten Kenntnisse und Fähigkeiten zu erreichen, und dieses Ziel wird näher zu definieren sein. Eine andere Frage ist die der Methoden der Berufsausbildung. Sie sind in den Ländern der Gemeinschaft unterschiedlich. Bei uns in Deutschland überwiegt z. B. die berufliche Ausbildung in den Betrieben, während in anderen Ländern die Ausbildung wesentlich in Schulen und Berufszentren erfolgt. Diese Ausbildungssysteme sind aus den Bedürfnissen und den Gegebenheiten in den verschiedenen Ländern erwachsen, und sicherlich wird es nicht zweckmäßig sein, diese Methoden zu vereinheitlichen. Sie müssen nur im Ergebnis zu dem gleichen Ziel führen, nämlich der Gleichwertigkeit der vermittelten Kenntnisse und Fähigkeiten mit den Folgen, die sich daraus für die Funktion, für die Entlohnung und die Arbeitsbedingungen der einzelnen Arbeitnehmer von einem zum anderen Land ergeben.

Ich gebe abschließend dem Wunsche Ausdruck, daß die sozialpolitische Arbeit der Kommission sich auch in Zukunft im Sinne des gegenseitigen Verständnisses und der Zusammenarbeit innerhalb der EWG weiterentwickelt, und ich darf dem Herrn Kommissar für seine nicht einfache, aber im Interesse aller liegende und lohnende Aufgabe recht viel Erfolg wünschen.

(Rede vor dem Wirtschafts- und Sozialausschuß der Europäischen Gemeinschaften, Brüssel, Juli 1961)

Soziale Sicherheit in Europa - Freiheit für den Menschen

Ich habe den Auftrag, namens der Vertreter der Arbeitgeber am Ende unserer Konferenz ein Schlußwort zu sagen. Wir danken den Exekutiven der drei Gemeinschaften, die uns die Möglichkeit gegeben haben, in dieser Woche Gedanken und Erfahrungen über ein Thema auszutauschen, das uns allen besonders am Herzen liegt, das Thema der sozialen Sicherheit in den Mitgliedsstatten der Gemeinschaft.

Wir danken insbesondere auch dem Mitglied der Kommission, Herrn Professor Levi Sandri, der bei der Vorbereitung der Konferenz eine große Initiative gezeigt hat und der uns in dieser Woche ein großzügiger Gastgeber war; denn er hat uns wirklich ein sehr reichhaltiges Programm vorgelegt, wie es bei einem so umfassenden Thema auch gar nicht anders möglich war. Wir haben uns bemüht, den Anforderungen dieses Themas gerecht zu werden und haben dazu, der Mahnung unseres Freundes Chiesa folgend, auch die Nachtstunden verwendet.

Sicherlich waren sich alle darüber klar, daß es nicht möglich sein würde, die vielfältigen Probleme, um die ja in vieler Hinsicht seit langen Jahren in den Mitgliedsstaaten gerungen wird, wirklich in allen ihren Aspekten auszudiskutieren oder gar zu einer Lösung zu bringen. Es war aber eine Stätte der Begegnung, es war eine Möglichkeit, sich auf dem Boden der Europäischen Gemeinschaften zu treffen und einen Gedankenaustausch zu pflegen, der sich für alle Beteiligten wertvoll erwies und der, in welcher Form auch immer, der Fortführung auf nationaler und gemeinschaftlicher Ebene bedürfen wird.

So möchten wir in dieser Konferenz einen ersten Gedankenaustausch auf einem der wesentlichsten und für die Menschen, die in der Gemeinschaft leben, besonders wichtigen Gebiete sehen.

Die Sozialpolitik ist ein Teil der inneren Politik, die nach dem Willen der Vertragschließenden heute noch weitgehend bei den Mitgliedstaaten liegt; die Vertragschließenden waren bei der Definierung der Aufgaben der Exekutiven der Gemeinschaft auf dem sozialpolitischen Gebiet zurückhaltend. Darauf hat auch Herr Professor Levi Sandri schon bei früheren Gelegenheiten hingewiesen. Auf der anderen Seite weisen aber die Verträge von Rom der Kommission die hohe Aufgabe zu, in Zusammenarbeit mit den Mitgliedstaaten die Harmonisierungen zu fördern, die im Interesse unserer Gemeinschaften und ihrer Menschen notwendig sind.

In der Sozialpolitik haben wir es mit den Menschen zu tun, und jedermann weiß, wie gerade auf diesem Gebiete unterschiedliche und teils auf historischen Verhältnissen, teils auf anderen Charakteristiken beruhende Entwicklungen in den einzelnen Mitgliedstaaten zu den dort bestehenden Regelungen geführt haben. Die Ergebnisse dieser Entwicklung haben sich in das Bewußtsein dieser Menschen eingeprägt, und jeder ist versucht, sein eigenes System oder das System, dessen Verwirklichung er in seinem eigenen Lande erstrebt, für das Beste zu halten. Man könnte sagen, daß sich das auch im Ablauf dieser Konferenz gezeigt hat. Wenn wir zu gemeinsamen Auffassungen kommen wollen – und ich bin überzeugt, daß das in vieler Hinsicht notwendig sein wird – dann werden wir diesen Tatsachen Rechnung tragen und in einer Weise vorgehen müssen, daß das, was neu entsteht oder harmonisiert wird, von einem möglichst weitgehenden consensus omnium getragen wird.

Hieran mitzuwirken, betrachten die Arbeitgeber als ihre Pflicht und ihre Aufgabe. Über allem steht der Wunsch und die sichere Hoffnung, daß wir denen, die nach uns kommen, ein Europa hinterlassen können, das, politisch geeint, seinen Bürgern ebenso das Gefühl der Freiheit wie die soziale Sicherheit gewährleistet, die sie als Menschen im freien Europa haben müssen und die auch die Gewähr geben wird, daß sie dieses freie Europa bejahen.

Auf der Konferenz hat sich naturgemäß ergeben, daß hinsichtlich der einzuleitenden Maßnahmen auch unterschiedliche Auffassungen zwischen den Vertretern der Arbeitgeber und der Arbeitnehmer bestehen. Es gibt aber auch sehr viel Gemeinsames, und dies Gemeinsame zu vertiefen und zu entwickeln, betrachten wir als eine vornehme Aufgabe. Wir freuen uns deshalb, daß wir am Schluß dieser Konferenz in der Lage sind, gemeinsam mit den Vertretern der Arbeitnehmer eine Erklärung abzugeben, die diesen Zielen dienen soll. Diese Erklärung verlese ich jetzt am Schluß meiner Ausführungen in der deutschen Übersetzung:

Gemeinsame Erklärung der Vertreter der Arbeitgeber- und Arbeitnehmerverbände auf der Europäischen Konferenz über die soziale Sicherheit

Die Vertreter der Arbeitgeber- und Arbeitnehmerorganisationen, die an der gemeinsam von den Exekutiven der Europäischen Gemeinschaften einberufenen Europäischen Konferenz über die soziale Sicherheit teilgenommen haben, erklären, daß sie aus den Konfrontierungen Nutzen gezogen haben, die im Verlauf der Arbeiten dieser Konferenz stattgefunden haben.

Diese Konfrontierungen haben einen ersten nützlichen Überblick hinsichtlich der Systeme der sozialen Sicherheit in den sechs Ländern und der sich für ihre Harmonisierung ergebenden Probleme gestattet. Sie haben gleichfalls ermöglicht, festzustellen, daß diese Systeme sowohl Über-

einstimmungen als auch Unterschiedlichkeiten enthalten.

Die Vertreter der vorerwähnten Organisationen sind der Auffassung, daß sie die auf dieser Konferenz behandelten Themen zu vertiefen haben, insbesondere durch regelmäßige Kontakte auf europäischer Ebene, an denen ihnen die Mitwirkung der Regierungsvertreter äußerst wünschenswert erscheint.

Ohne die Ergebnisse vorwegnehmen zu wollen, erklären sie sich zur Durchführung der gestellten Probleme gemeinsam mit den Exekutiven der Europäischen Gemeinschaften und den Regierungen der Mitgliedsstaaten bereit, mit dem Ziel, stufenweise auf eine Harmonisierung auf dem Wege des Fortschritts hinzuwirken, wobei die Systeme der sozialen Sicherheit in ihrer Gesamtheit und in den sozialpolitischen und wirtschaftlichen Zusammenhängen eines jeden Landes zu sehen sind.

(Schlußansprache bei der Konferenz über die Soziale Sicherheit, Brüssel, Dezember 1962)

Betriebliche Sozialpolitik im Zeitalter der Automatisierung

Nach den vorangegangenen Referaten und Filmberichten könnte man vielleicht denken, daß ich von einem sich anbahnenden Umschwung der betrieblichen Sozialpolitik im Zeitalter der Automatisierung sprechen werde. Das werde ich aber nicht tun, und ich möchte das von vornherein sagen. Freilich, wir müssen unsere Sozialpolitik laufend den technischen und wirtschaftlichen Wandlungen anpassen. Wir müssen auch neue Wege gehen, wenn der Wandel der Zeit es erfordert, aber dieser Wandel tritt nicht schlagartig ein. Es handelt sich um eine lange Entwicklung, die stufenweise vor sich geht, und so wird es auch mit unserer betrieblichen Sozialpolitik sein, die dem allem Rechnung zu tragen hat.

Ich möchte deshalb einen allgemeinen Überblick geben, der denen, die mit der Automatisierung in unseren Betrieben zu tun haben, vielleicht Anregungen geben kann, weiterhin auch über diese Seite der Automation nachzudenken und im gegebenen Fall Lösungen zu finden. Von einigen gemeingültigen Hinweisen abgesehen, will und kann ich natürlich zu diesem Zeitpunkt auch keine fertigen Rezepte für Künftiges geben.

Daß wir uns mit den Auswirkungen der Automatisierung auf die betriebliche Sozialpolitik zu befassen haben, hat Herr Ernst v. Siemens in seiner diesjährigen Jubilar-Rede zum Ausdruck gebracht. Er erklärte für die betriebliche Sozialpolitik, daß durch den technischen Fortschritt zwar Veränderungen im sozialen Gefüge ausgelöst würden, die in der Vergangenheit auch zu Störungen und Spannungen geführt hätten. Über längere Zeiten hinaus sei doch stets ein bei Berücksichtigung aller menschlichen Unzulänglichkeiten befriedigender Ausgleich gefunden worden. Für unser Haus, so sagte er, könnten wir jedenfalls mit gutem Gewissen sagen, daß Werner v. Siemens und seine Nachfolger solche Probleme rechtzeitig erkannt hätten, die sich daraus ergebenden Folgerungen stets im Auge gehabt hätten und damit zum Wohle aller fertig geworden seien. Herr v. Siemens gab dann in seiner Rede der Überzeugung Ausdruck, daß auch wir die sozialen Fragen, die sich aus dem Fortschritt der Technik ergeben, künftig lösen werden, wie wir das bisher getan haben.

Die Aufgabe, die uns damit gestellt ist, sehe ich darin, die sozialpolitischen Fragen, die sich im Zusammenhang mit der zunehmenden Rationalisierung und Mechanisierung ergeben, mit Aufmerksamkeit zu verfolgen und rechtzeitig darüber nachzudenken, welche Maßnahmen innerhalb unseres Hauses nötig sind, um auch im Zeitalter der Automation eine *unternehmerische Sozialpolitik* zu verwirklichen, die neben den technischen und wirtschaftlichen Notwendigkeiten die berechtigten Interessen unserer Mitarbeiter wahrt und, wie in der Vergangenheit, auch nach außen als fortschrittlich und vorbildlich wirkt.

Eine Betrachtung der heutigen Lage zeigt eine auffällige Diskrepanz zwischen den Beobachtungen in unseren eigenen Betrieben und vielen Beobachtungen, Erklärungen und Behauptungen in der weiten Welt draußen. In unseren Betrieben sind alle Maßnahmen der Rationalisierung und Mechanisierung bisher ohne bemerkenswerte Schwierigkeiten in sozialpolitischer Hinsicht durchgeführt worden, und wir rechnen auch nicht damit, daß sich in naher Zukunft Schwierigkeiten ergeben werden. In der Welt draußen beschäftigt man sich jedoch mit den sozialen Auswirkungen der Automatisierung in einem sehr erheblichen und zum Teil kritisierendem Maße.

Diese unterschiedliche Situation ergibt sich einmal daraus, daß der Einsatz von Automaten oder Halbautomaten aus zahlreichen Gründen, wegen des Investitionsbedarfs, wegen der Wirtschaftlichkeit – beispielsweise bei zu geringer Losgröße –, aus vielen anderen Gründen nur partiell und schrittweise verwirklicht werden kann. Hinzu kommt, daß die Elektro-Industrie, der wir angehören, nach herrschender Ansicht ohnedies geringere Sorgen zu haben braucht, weil sie mit einer ausreichenden Wachstumsrate rechnen kann und zur Automatisierung einen wesentlichen Beitrag leistet. Und dieser Beitrag, so heißt es, beeinflusse die Beschäftigung der Elektro-Industrie in positivem Sinne. Bezeichnend ist ja auch, daß uns trotz den bereits durchgeführten Rationalisierungsmaßnahmen im Hause Siemens noch an vielen Stellen Arbeitskräfte fehlen. In unseren Betrieben werden wir der weiteren Entwicklung deshalb mit einer gewissen Gelassenheit entgegensehen können. Und dennoch müssen wir auch einmal den Blick über den eigenen Fabrikzaun werfen und uns mit den möglichen Auswirkungen der Automation im allgemeinen beschäftigen. Wir leben ja im Hause nicht in einer Isolierung, sondern wir stehen im Verbund mit der gesamten Wirtschaft und werden allgemeinen Entwicklungstendenzen stets unterworfen sein. Die allgemeine Lage kann sich womöglich schneller wandeln, als wir aus unserer Sicht im Hause Siemens es annehmen, dadurch, daß die Mechanisierung in allen oder zumindest in vielen Unternehmen gleichzeitig fortschreitet. Deshalb müssen wir uns auch mit den möglichen Auswirkungen beschäftigen, die zu Recht oder Unrecht vermutet werden. Wenn man nun die Frage stellt, welche Auswirkungen die fortschreitende Mechanisierung in sozialpolitischer Hinsicht haben könnte, so werden im allgemeinen und im wesentlichen folgende Punkte genannt:

1. Das Freiwerden von Arbeitskräften.
2. Das Umsetzen von Arbeitskräften.
3. Die Veränderungen in der Arbeitswelt mit Folgen für die Entlohnungsform, die Aus- und Weiterbildung,

Seewald Verlag

ein Forum
freier Diskussion

An den
Seewald Verlag

7000 Stuttgart-Degerloch
Obere Weinsteige 44
Postfach 6

die menschliche Beziehung zur Arbeit, die Menschenführung und die Beziehung des Menschen zu der wachsenden Freizeit.

Ich werde zunächst kurz darlegen, welche Auswirkungen vermutet werden und wie man sich die Bewältigung dieser Auswirkungen vorstellt, um sodann in unser eigenes Haus Siemens zurückzukehren und einige Überlegungen anzustellen, die uns selbst angehen.

Über die festgestellten oder vermuteten Auswirkungen einer zunehmenden Automation gibt es heute eine Fülle von Veröffentlichungen aus soziologischer, psychologischer Sicht, aus der Sicht der Gewerkschaften, aus der Sicht der Arbeitgeberverbände.

Bemerkenswert ist, daß bei allen Verlautbarungen neueren Datums, und zwar aus West und Ost, die fortschreitende Mechanisierung zur Lebenssicherung der wachsenden Menschheit als unvermeidbar und zur weiteren Hebung des Lebensstandards der wachsenden Menschenmassen als unentbehrlich bezeichnet wird. Und die bisherige Entwicklung bestätigt auch die Richtigkeit einer solchen Einstellung. Mit dem technischen Fortschritt hat sich der Lebensstandard, für jeden einzelnen erkennbar, laufend verbessert. Das ist ein Punkt, auf den man auch immer hinweisen sollte, wenn die Kassandrarufe wegen sozialpolitischer Folgen der Mechanisierung an unser Ohr dringen.

Gleichzeitig werden aber die gesellschaftspolitischen und sozialen Auswirkungen der Automation, über das Ganze geblickt, mit einem gewissen Ernst betrachtet. In Bezug auf die betriebliche Sozialpolitik müssen wir hier auch die Einstellung der Deutschen Gewerkschaften kennen; denn diese Einstellung, richtig oder falsch, von uns gebilligt oder nicht, wirkt in vielfältiger Hinsicht auf die Stimmung der Menschen, auf die tariflichen Abreden und mitunter auch auf die Absichten und Maßnahmen des Gesetzgebers ein. Wir müssen also, da wir nicht auf einer Insel leben, diese Einstellung kennen, und wir müssen uns mit ihr auseinandersetzen.

Der Deutsche Gewerkschaftsbund hat in seinem Grundsatzprogramm vom Dezember 1963 hierzu folgendes erklärt:

»Die Gewerkschaften bejahen den technischen Fortschritt als Mittel für eine qualitativ bessere und preisgünstigere Versorgung der Bevölkerung und zur Erleichterung der menschlichen Arbeit. Die wirtschaftlichen und sozialen Gefahren, die sich aus der Technisierung, insbesondere aus der Rationalisierung und der Automation ergeben können, müssen ständig beobachtet und geprüft werden. Es ist notwendig, die Richtung der wirtschaftlichen Entwicklung auf allen Gebieten frühzeitig zu erkennen und vorausschauend und planmäßig Maßnahmen gegen volkswirtschaftliche und soziale Folgen zu treffen. Diese Maßnahmen müssen die Umstellung vorhandener sowie die Schaffung neuer Arbeitsplätze ermöglichen und den betroffenen Arbeitnehmern volle soziale Sicherheit gewährleisten.« – Es werden dann Forderungen erhoben hinsichtlich der Beteiligung der Arbeitnehmer am wirtschaftlichen Ergebnis und an der Vermögensbildung.

Weiter heißt es an anderer Stelle: »Soweit bei Rationalisierung und Automation Arbeitsplätze gefährdet werden, haben die Betriebe bei ihren Planungen entsprechende Anpassungsmaßnahmen vorzusehen, die aufeinander abzustimmen und zu kontrollieren sind. Die Betriebe, die solche Rationalisierungsmaßnahmen durchführen, sind an der Finanzierung der Anpassungshilfen sowie an der Schaffung neuer Arbeitsplätze zu beteiligen. Die Vorteile einer betrieblichen Rationalisierung müssen allen Arbeitnehmern zugute kommen. Bei den Anpassungsmaßnahmen sind die Arbeitnehmer vor finanziellen und sozialen Nachteilen zu schützen.« Soweit der Deutsche Gewerkschaftsbund.

Diese Feststellungen beinhalten eine Reihe von Forderungen: Überbrückungsbeihilfen bei Entlassungen, Garantie des Besitzstandes bei Umsetzungen, Wahrung der Senioritätsrechte bei Entlassung und Umsetzung und Umschulung auf Kosten der Arbeitgeber.

Die Bundesvereinigung der Deutschen Arbeitgeberverbände hat auf dieses Grundsatzprogramm des DGB seinerzeit erwidert, daß es – und das ist unsere Auffassung – unter den gegenwärtigen Verhältnissen in der Bundesrepublik keiner besonderen Maßnahmen bedürfe. Die Unternehmen, so heißt es in der Verlautbarung, »sind stets von selbst bemüht, eine Weiterbeschäftigung freigesetzter Arbeitskräfte im eigenen Betrieb sicherzustellen. Ist dies nicht möglich, so finden in einer gesund wachsenden Wirtschaft diese Arbeitskräfte in den umliegenden Betrieben, auch anderer Branchen, ausreichend Beschäftigung. Sofern dennoch Störungen im Umsetzungsprozeß der Arbeitskräfte auftreten sollten, müßten diese in erster Linie durch überbetriebliche Maßnahmen ausgeglichen werden, wie sie insbesondere von der Bundesanstalt für Arbeitsvermittlung und Arbeitslosenversicherung durchgeführt werden. Wollte man dagegen – und das war ja die Absicht in dem Grundsatzprogramm des DGB – dem einzelnen Betrieb zur Auflage machen, an die freigesetzten Arbeitskräfte Anpassungshilfen zu zahlen, so würde man ihn nicht nur finanziell überfordern, sondern auch sein Rationalisierungsstreben lähmen, auf dem allein die Dynamik unseres wirtschaftlichen Wachstums und damit auch die Grundlage des sozialen Fortschritts beruht.« – Soweit die Stellungnahme der Arbeitgeber.

Von den im Deutschen Gewerkschaftsbund zusammengeschlossenen Gewerkschaften hat sich die für uns interessante Gewerkschaft, die Industriegewerkschaft Metall, mit den Auswirkungen der Automation bereits intensiver beschäftigt. Im Juli 1963 hat sie eine Tagung unter dem Thema »Automation und technischer Fortschritt« in

Deutschland und in den USA abgehalten, auf der gerade die amerikanischen Verhältnisse sehr eingehend behandelt wurden, und sie beabsichtigt, im Frühjahr 1965 eine neue Automationstagung zu veranstalten, mit deren Ergebnissen wir uns noch beschäftigen sollten.

Das Freiwerden von Arbeitskräften erklären die Gewerkschaften, namentlich auch die Industriegewerkschaft Metall, für das Problem Nummer Eins. Vielen mag es verwunderlich erscheinen, daß die Industriegewerkschaft Metall zu einer Zeit, in der die deutsche Wirtschaft eine Million Gastarbeiter beschäftigt, erklärt, sich ernste Gedanken über eine mögliche Arbeitslosigkeit zu machen. Das hat aber seine Ursachen. Wir müssen daran denken, daß die große Arbeitslosigkeit in Deutschland nach der Weltwirtschafts-Krise von 1929 zum Zusammenbruch der demokratischen Staats- und Wirtschaftsordnung und damals auch zum Untergang der deutschen Gewerkschaften führte und daß die Entwicklung der Arbeitslosigkeit in den Vereinigten Staaten von den deutschen Gewerkschaften mit großer Aufmerksamkeit betrachtet wird. Was Amerika betrifft, so gibt es Untersuchungen darüber, die zu dem Ergebnis gelangen, daß die fortschreitende Technisierung, speziell die Automation, nicht allein oder hauptverantwortlich gemacht werden könne für die hohe Arbeitslosenquote. Die Ursachen, so wird gesagt, seien differenzierter Natur und lägen vor allem in einem starken Anwachsen der erwerbstätigen Bevölkerung, in strukturellen Faktoren, die sich beschäftigungspolitisch ungünstig auswirkten, zum Teil auch in mangelhafter Berufsausbildung der Jugendlichen und in der Diskriminierung der Farbigen. Aber die Tatsache, daß die Automation mitverantwortlich gemacht wird, bleibt bestehen.

Das Interesse der Industriegewerkschaft Metall an dem Problem der Arbeitslosigkeit ist auch darauf zurückzuführen, daß sie sich für die Arbeitnehmerschaft in der deutschen Automobil-Industrie verantwortlich fühlt, und hinzu kommt die fortschreitende Automatisierung in der Eisenschaffenden Industrie, die ebenfalls in den Bereich der Industriegewerkschaft Metall fällt. Tatsache ist, daß die stufenweise Verkürzung der Arbeitszeit und die Verlängerung der Urlaubsdauer von der Gewerkschaft unter dem Aspekt betrachtet und behandelt wurde, daß mit der Herabsetzung der jährlichen Arbeitsleistung des einzelnen Arbeitnehmers eine größere Zahl von Arbeitnehmern beschäftigt werden muß, und es gibt in dieser Richtung noch eine ganze Reihe anderer Erwägungen.

Nun kann ich nicht die Stellungnahme der Gewerkschaft zu den übrigen sozialpolitischen Fragen im Zusammenhang mit der Automatisierung: Umsetzen von Arbeitskräften, Veränderungen der Arbeitswelt u. a., darstellen, da ich dann genötigt wäre, in jedem einzelnen Punkt die Meinung der Arbeitgeberverbände und der Wissenschaft wiederzugeben. Ich möchte vielmehr so verfahren, daß ich mich jetzt in unser Haus zurückbegebe und bei der Erörterung unserer Situation an geeigneter Stelle die eine oder andere Äußerung aus der Wissenschaft und der Auffassung der Gewerkschaften einflechte.

Was das Freiwerden von Arbeitskräften betrifft, so werden wir uns auf längere Sicht nicht damit beruhigen können, daß der Arbeitsmarkt aufnahmefähig sei. Der Betrieb wird sich darüber Gedanken machen müssen, wo freiwerdende Arbeitskräfte unterkommen werden, und sollte, wenn der Fall eintritt, rechtzeitig mit dem Arbeitsamt, womöglich auch mit dem Arbeitgeberverband oder mit anderen Unternehmen, sprechen; denn es ist ja nicht so, daß jeder Arbeitnehmer sofort eine gleichwertige oder gar höher bezahlte Beschäftigung finden kann. Wir sehen das an den Schwierigkeiten im Bergbau. Den freiwerdenden Bergleuten kann zwar andere Arbeit vermittelt werden, aber ihre gewohnte Lohnhöhe erreichen sie dabei nicht ohne weiteres. In diesem Zusammenhang verdient die Frage der älteren Arbeiter besondere Bedeutung.

Abgesehen davon, daß der ältere Arbeiter auch bei der heutigen Arbeitsmarktlage nicht immer eine gleichwertige Beschäftigung finden wird, haben wir zu bedenken, daß er – und jetzt spreche ich von Siemens aus gesehen – bei uns Anwartschaft auf die einkommenssteigernde Erfolgsbeteiligung und vor allem auch auf die Firmenpension erworben hat.

Damit komme ich zum Umsetzen von Arbeitskräften, und ich möchte auch hier gleich beim älteren Arbeiter verweilen. Bisher haben wir stets den Standpunkt vertreten, daß für den lang gedienten älteren Arbeiter, der seines Alters oder seiner Gesundheit wegen seine bisherige Arbeit an der Maschine nicht mehr verrichten kann, eine andere geeignete Tätigkeit im Betriebe gefunden würde. Die Betriebe haben sich laufend damit beschäftigen müssen, wenn Akkordlöhner aus Gesundheits- oder Altersgründen ihre Arbeit nicht mehr verrichten konnten, wenn Zeitlöhner eine andere Arbeit erhalten oder wenn Monteure in die Werkstatt genommen werden mußten. Bei Umsetzungen, die im Zusammenhang mit der Rationalisierung nötig werden, könnte die Zahl solcher Arbeiter wachsen; denn es kommt hinzu, daß bei einer Umschulung für ältere Arbeiter Schwierigkeiten auftreten, und darum nimmt es auch nicht Wunder, daß es in neuerer Zeit im Bereich der Siemens-Schuckert-Werke offensichtlich schwieriger geworden ist, unseren alten Standpunkt zu wahren. Die Zahl der Arbeitsplätze, die älteren – namentlich angelernten – Arbeitern übertragen werden können, ist begreiflicherweise begrenzt. Sicherlich wird diese Frage im Zuge der weiteren Rationalisierung besonders zu beachten sein. In manchen Fällen wird über unsere Pensionskasse geholfen werden können. Wir haben uns vor kurzem – einmal ein Beispiel, das sich gerade praktisch ereignet hat – mit Fällen aus den Nürnberger Werken befaßt, in denen Frauen, die nach langjähriger Betriebszugehörigkeit im Betrieb nicht mehr beschäftigt werden konnten, den Wunsch vorbrachten, bei Alter oder Invalidität die Firmenpension zu erhalten, wenn sie sich in der Zwischenzeit ihren Lebensunterhalt anderweitig verdienten. Bemerkenswert ist, daß die Schwierigkeiten, für ältere Arbeiter in der überlieferten Weise, an der wir auch festhalten wollen, zu sorgen, auch in den Gesprächen in St. Quirin von den Meistern und auch von den Betriebsräten zur Sprache gebracht werden. Die Vorstandskommission für Sozialpolitische Fragen hat die Sozialpolitische Abteilung beauftragt, solche Fälle zu sammeln, damit man auch ein Bild davon bekommt: Was ist typisch, was ist zufällig? Die Sozialpolitische Abteilung soll dann etwaige Vorschläge in Verbindung mit den Betrieben erarbeiten.

Im übrigen spielen natürlich bei Umsetzungen im Zusammenhang mit der Rationalisierung die Fragen der Umschulung und Verdienstsicherung ganz allgemein eine wichtige Rolle. In einer Automationstagung in Genf wurde erkennbar, daß den Amerikanern die Umschulung viele Schwierigkeiten bereitet und daß sie auch dafür neue Lehrmethoden entwickelt haben oder entwickeln wollen. Wir sollten diese Dinge im Auge behalten.

Ich möchte mich nun den möglichen Veränderungen in der Arbeitswelt zuwenden und zunächst einiges über die *Entlohnung* sagen.

Die Lohngerechtigkeit ist seit je ein wesentlicher Bestandteil unserer betrieblichen Sozialpolitik gewesen. Ich kann in diesem Zusammenhang zwei Tatsachen vermerken:

1. Die Siemens-Arbeitsbewertung hat sich gerade in den letzten Jahren, die bereits im Zeichen der fortschreitenden Rationalisierung standen, als ein zuverlässiges Mittel der leistungsgerechten Entlohnung erwiesen. Sie ist im übrigen aber auch – und das ist für uns in diesem Zusammenhang wesentlich – gestaltungsfähig, und mit der Bedienung und Instandhaltung von Automaten wird man sich in diesem Zusammenhang noch zu beschäftigen haben.

Die Schwierigkeiten auf dem Lohngebiet, mit denen unsere Betriebe heute zu ringen haben, liegen auf einem ganz anderen Gebiet. Sie haben ihre Ursache zum Teil in dem Vorgehen anderer Unternehmen, das wiederum durch die Knappheit der Arbeitskräfte ausgelöst wird.

2. Unsere Maßnahmen zur Arbeiter-/Angestellten-Frage haben gerade im Hinblick auf die fortschreitende Rationalisierung zu wichtigen Folgerungen geführt, die ich als erstes Teilergebnis werten möchte. Unter Berücksichtigung aller obwaltenden Umstände, der rechtlichen und der politischen Verhältnisse ist es im gegenwärtigen Zeitpunkt nicht möglich, die Unterscheidung zwischen Arbeitern und Angestellten ganz zu beseitigen. Es gibt übrigens auch wirtschaftliche Erwägungen, die anzustellen wären, da mit einer völligen Gleichstellung verhältnismäßig hohe Kosten verknüpft sein würden; auch das muß man bedenken. Andere Unternehmen, namentlich in der Metall-Industrie und in der Chemie, sind bekannterweise dazu übergegangen, bestimmte Gruppen von Arbeitern zu Angestellten zu machen, ohne aber ihren rechtlichen Status in Wirklichkeit zu verändern: *Wir haben, in dieser Weise als erstes Unternehmen, damit begonnen, einer Gruppe von qualifizierten Arbeitern auch den rechtlichen Status von Angestellten zu geben.* In dieser Maßnahme erblicke ich auch einen wichtigen, zumindest experimentellen Beitrag zur Bewältigung der Probleme, die durch die Automation ausgelöst werden. Dabei muß aber zugleich das Ziel sein, qualifizierte Arbeiter als Einrichter und Vorarbeiter, als Spitzenkräfte namentlich auch für die Betreuung von Automaten und Halbautomaten der Fabrik zu erhalten. Wie alle Unternehmen, die qualifizierten Arbeitern einen besonderen Status einräumen, werden wir uns allerdings auch damit beschäftigen müssen, den Arbeitern gerecht zu werden, die sich durch langjährige Betriebsangehörigkeit verdient gemacht haben.

Wir werden uns – und jetzt bin ich beim Wochenlohnvertrag und beim Arbeiterjubilar-Vertrag – überlegen müssen, welche Lösung wir finden. Im Grunde geht es hier jedes Mal um die weitere Annäherung an den Angestellten-Status. Wenn wir auch in dieser Richtung fortschreiten, dann würde die Lösung der Arbeiter- und Angestellten-Frage sicherlich nochmals ein gutes Stück weiterkommen. Eins ist dabei klar: Bei einer solchen Entwicklung liegt es auf der Hand, daß die Kopfzahlbetrachtungen bei Betriebsvergleichen damit immer mehr ihren Sinn verlieren, und es ist auch der erklärte Wunsch des Chefs unseres Hauses, daß wir uns von diesem Denken freimachen.

Aus der Fülle der Veröffentlichungen möchte ich nur in Stichworten einige Hinweise auf Überlegungen bringen, die auch uns noch beschäftigen müssen.

Man sagt, daß der Akkordlohn im Zuge der fortschreitenden Automatisierung, zumindest auf längere Sicht, an Bedeutung verlieren müsse, weil das Arbeitsergebnis wesentlich stärker durch die Maschine bestimmt werde als durch den einzelnen Arbeiter. An manchen Stellen wird die Meinung vertreten, daß Prämien für die Vermeidung von Betriebsstörungen und für die Aufrechterhaltung der maschinellen Ergebnisse, für die Vermeidung von Ausschuß, von fehlerhaften Operationen und dergleichen an die Stelle des bisherigen Akkordlohnes treten sollten. Andere Stellen äußern sich skeptisch und erblicken in einer solchen Prämien-Entlohnung keinen befriedigenden Ersatz.

Verschiedentlich ist darauf hingewiesen worden, daß auch der Arbeitswert beim Umgang mit Automaten anders beurteilt werden müßte. Damit wäre beispielsweise die Lohngruppe angesprochen. Bisher, so ist gesagt worden, seien die Menschen für die Arbeit bezahlt worden, die sie tatsächlich verrichteten. Künftig komme es darauf an, welche Arbeit sie verrichten könnten. Ausbildung, Umstellungsfähigkeit, Anstelligkeit und Wendigkeit sowie Verantwortung müßten bewertet werden, und andererseits sei zu berücksichtigen, daß bei Anwendung der bisherigen Arbeitsbewertungs-Systeme durch die Automation gewisse Faktoren, beispielsweise die körperliche Anstrengung oder die Geschicklichkeit, ausgeschaltet würden. Namentlich von amerikanischer Seite ist darauf hingewiesen worden, daß die Automation eine Überprüfung der Löhne nach unten erforderlich mache und daß sich die meisten Werke aus herkömmlichen und automatisierten Betrieben zusammensetzen würden; wenn aber zusätzliche Arbeitsbewertungs-Systeme für die automatisierten Arbeitsplätze entwickelt würden und damit womöglich mehrere Bewertungs-Systeme im gleichen Betrieb angewendet würden, dann könnten Ungerechtigkeit und Verwirrung die Folge sein.

Diese wenigen Hinweise sollten lediglich dazu dienen, zu zeigen, daß die Frage der gerechten Entlohnung im Zeitalter der Automatisierung einen sehr großen Fragenkomplex umschließt, mit dem wir uns zunehmend beschäftigen müssen.

Ich komme jetzt zur *beruflichen Aus- und Weiterbildung.*

Daß wir auf diesem Gebiet neue Wege suchen müssen, teilweise auch schon beschritten haben, hat Herr Ernst v. Siemens in seiner Jubilar-Rede zum Ausdruck gebracht.

Innerhalb der zu meinem Bereich gehörenden Abteilungen beschäftigt sich hiermit das Personalreferat. Es ist jedoch selbstverständlich eine gemeinsame Aufgabe aller Stellen, die mit Aus- und Weiterbildung zu tun haben. Wenn vor 50 Jahren ein junger Mann ein Handwerk erlernt hat, so konnte er mit Sicherheit annehmen, daß dieses, wenn er tüchtig war, seinen Mann bis in das hohe Alter hin ernährte. Heute stellt der technische Fortschritt immer höhere Anforderungen an die Menschen, und man kann zu einem 17- oder 18jährigen nicht mehr sagen, er habe ausgelernt. In den Vereinigten Staaten, die uns Europäern in der technischen Entwicklung um einige Zeit voraus sind, hat sich schon lange der Begriff der »long-lifelearning« durchgesetzt. Auch wir können einem Jungen, der eine Lehre bei uns absolviert hat, heute nicht mehr sagen, daß wir ihn in den nächsten 30 oder 40 Jahren in dieser seiner erlernten Tätigkeit beschäftigen können. Wir können ihm aber, wenn keine unvorhersehbaren Katastrophen hereinbrechen, versichern, daß er immer eine seinen Fähigkeiten entsprechende Aufgabe erhalten kann, wenn er bereit ist, sich dem wachsenden Fortschritt entsprechend weiterzubilden. Zum anderen steigen aber die Anforderungen an Denken, Wissen und Können nicht nur im Umfang, sondern auch in der Qualität. Die bei uns bestehenden Aus- und Weiterbildungs-Maßnahmen sind deshalb ständig neu zu überdenken, damit die Ausbildungprinzipien und -methoden dem Strukturwandel und dem Tempo der Automatisierung angepaßt werden. Die zu erwartende weitere Entwicklung wird also auch unser Ausbildungs-System in den Betrieben vor eine Reihe neuer Aufgaben stellen. Wir werden – auch ein wesentlicher Punkt – der Förderung der Ausbilder selbst, in berufskundlicher und pädagogischer Hinsicht, besondere Aufmerksamkeit schenken müssen. Auch die berufliche Weiterbildung der Ingenieure und Kaufleute spielt natürlich eine entscheidende Rolle.

Ich wende mich nun den *menschlichen Beziehungen zur Arbeit* zu, um am Schluß dieses Abschnittes dann auch noch ein Wort über die Menschenführung zu sagen.

Wenn ich die sozialen Einrichtungen und Maßnahmen unseres Hauses überblicke, die in den vergangenen Jahrzehnten zur Lösung der sozialpolitischen Fragen innerhalb des Hauses wesentlich beigetragen haben, so stelle ich eines allgemein fest:

Diese Einrichtungen und Maßnahmen werden auch im Zeitalter der Automation ihre Bedeutung behalten, und es kann ihnen, wenn auch mit verschiedener Gewichtung, sogar noch eine erhöhte Bedeutung zukommen. Der betrieblichen Sozialpolitik ist aber die Aufgabe gestellt, die notwendigen Folgerungen aus der fortschreitenden Rationalisierung zu ziehen und ihre Maßnahmen dem Wandel der Zeit anzupassen.

Ich werde das an einigen, an sich gar nicht sehr aufregenden und dramatischen Beispielen einmal erläutern und verdeutlichen.

Die Pensionskasse, in der wir seit ihrer Gründung durch Werner v. Siemens und über die Rentenreform hinaus einen wesentlichen Bestandteil unserer betrieblichen Sozialeinrichtungen sehen, könnte in der Zukunft in mancher Beziehung wieder eine stärkere und den betrieblichen Bedürfnissen gerecht werdende Rolle spielen: Es steht fest, daß der Umschichtungsprozeß, der sich in der Arbeitswelt vollzieht, von den älteren Menschen am schwersten bewältigt werden wird. Bei der Lösung von Übergangsschwierigkeiten wird unsere Pensionskasse unter Umständen mit den dann entsprechenden Maßnahmen von gutem Nutzen sein können.

Ein anderer wichtiger Bestandteil, in diesem Zusammenhang zu nennen, war und bleibt die Gesundheitsvorsorge. Der Befreiung des arbeitenden Menschen von körperlich schwerer Arbeit steht, über das Ganze gesehen, eine wachsende Belastung der Sinne und Nerven gegenüber, – eine Belastung, die, wie wir alle wissen, nicht nur aus den Betrieben, sondern sehr weitgehend aus der Umwelt kommt. Daraus ergeben sich auch neue Möglichkeiten gesundheitlicher Beeinträchtigung. Der natürliche Altersprozeß des Menschen, der sich bei der körperlichen Arbeit auswirkt, wird bei einer stärkeren nervlichen Belastung auch seine andersgearteten Auswirkungen haben. Abgesehen davon, daß von der EWG her die Errichtung betriebsärztlicher Dienststellen zur gesetzlichen Pflicht gemacht werden soll (wieder etwas, was in unserem Hause längst verwirklicht worden ist), erachte ich in der Zukunft die betriebsärztliche Beratung der Betriebsleitung und die betriebsärztliche Betreuung der Belegschaft als bleibend wichtig, und sicherlich wird es gut sein, wenn die betrieblichen Vorgesetzten, wie das ja auch schon geschieht, den engen Kontakt, den sie mit dem Betriebsarzt haben, fortsetzen. Unsere Betriebsärzte befassen sich auch von sich aus mit diesen Fragen.

Wenn ich, noch als anderes Beispiel, die Werkbücherei erwähne, so könnte man meinen, daß das sehr am Rande läge; aber die Arbeit der Werkbücherei, die in unserem Hause vor mehr als 50 Jahren ihren Anfang nahm, hat in neuerer Zeit einen bemerkenswerten Wandel erfahren, und zwar gerade im Hinblick auf die in Zukunft so wichtige berufliche Weiterbildung. Unsere Büchereien gehen jetzt in zunehmendem Maße dazu über, neben dem unterhaltenden Buch, in viel stärkerem Umfang, als das früher geschah, das Sachbuch, das der allgemeinen Bildung und der beruflichen Weiterbildung dient, aufzunehmen. Ich möchte die Aufmerksamkeit auf diese Tatsache richten und auch um Anregungen dazu bitten; denn letztlich soll das Geld, was wir dafür ausgeben, auch hier einen guten Nutzen haben.

Ich werde jetzt noch einige allgemeine Ausführungen zur *betrieblichen Sozialpolitik* machen.

Wenn wir erkennen müssen, daß die Fertigung im Zeitalter der Automatisierung Auswirkungen auf den arbeitenden Menschen haben kann – seine gewohnte Arbeit kann sich ändern, verbunden mit bleibendem Verdienst oder mit Höherstufung oder Herabstufung der Lohngruppe, das menschliche Zusammenwirken in der Arbeitsgruppe kann sich wandeln, das Betriebsklima, das aus zahlreichen Komponenten entsteht, kann durch teilweise veränderte Komponenten neu bestimmt werden – wenn man dies nun alles erkennt, dann kommt man zu dem Schluß, daß alle begonnenen Maßnahmen zur Förderung der betrieblichen Zusammenarbeit und auf dem Gebiet der Information und Schulung erhöhte Bedeutung erlangen und verstärkte Förderung erfahren müssen Zu den

Aufgaben der Information gehört zweifellos auch eine laufende Unterrichtung der betrieblichen Vorgesetzten, der Betriebsräte und der Belegschaft über Sinn und Zweck der Rationalisierung im allgemeinen wie im einzelnen Fall. Befragungen außerhalb des Hauses haben ergeben, daß die Arbeitnehmer sich durchaus darüber Gedanken machen, ohne jedoch zu zuverlässigen Ergebnissen zu kommen und auch einleuchtende Antworten zu erhalten. Die Bedeutung der Automation für die technische und wirtschaftliche Leistung wird offenbar nicht hinreichend erkannt. Die Senkung der Lohnkosten und die Einsparung von Arbeitskräften werden oft als einzige Ursache angesehen.

Wir werden in unseren Veranstaltungen in St. Quirin für Meister und auch in denen für Betriebsräte in erhöhtem Maße auf diese Frage eingehen, auch bei den Informationsgesprächen für andere Vorgesetzte, überhaupt für die ganze Führungsschicht unseres Hauses. Ein entscheidender Teil der Information wird sich jedoch immer im Betrieb selbst vollziehen müssen, unter der Verantwortung der Betriebsleitung; denn es wird wesentlich darauf ankommen, daß betriebliche Vorgesetzte, Betriebsärzte, Betriebsräte und Betriebsangehörige am Beispiel ihres Betriebes erkennen, wie die Rationalisierungsmaßnahmen zustande kommen und welche Auswirkungen sie haben werden und wie man mit gelegentlichen Schwierigkeiten dann auch im Betrieb fertig wird.

Ich möchte in diesem Zusammenhang noch zwei Bemerkungen anfügen. Die betriebliche Sozialpolitik sollte im Zeitalter der Automation alle Einrichtungen und Maßnahmen weiterführen und entwickeln, die dazu geeignet sind, die menschlichen Beziehungen zu pflegen und das Verhältnis zum Betrieb zu festigen. Dabei sind wir uns darüber im klaren, daß im automatisierten Betriebsteil sowohl hinsichtlich des Verhältnisses zwischen dem Meister und seinen Mitarbeitern als auch hinsichtlich des Verhältnisses der Mitarbeiter untereinander innerhalb ihrer Arbeitsgruppe neue Situationen auftreten können. Zum zweiten sollte die betriebliche Sozialpolitik auch im Zeitalter der Automatisierung dazu beitragen, daß ein Stamm tüchtiger Mitarbeiter dem Hause erhalten bleibt und daß die Treue zur Firma ihre Anerkennung findet; denn die »freudige, selbsttätige Mitarbeit«, in der der Gründer unseres Hauses das Ziel seiner Sozialpolitik sah, bleibt im Wandel der Zeit ein zeitloses Erfordernis In diesem Zusammenhang müssen wir auch unsere Erfolgsbeteiligung sehen, die die Dauer der Firmenzugehörigkeit in einem wesentlich stärkeren Maße berücksichtigt als das bei anderen Unternehmen der Fall ist. Durch die neue Jahreszuwendung ist ein gewisser Ausgleich für die Dienstjüngeren geschaffen. Den Dienstälteren soll jedoch aus dieser Neuregelung kein Nachteil erwachsen.

Noch einige abschließende Bemerkungen: Ich habe bereits erklärt, daß ich kein Rezept für neue Maßnahmen der betrieblichen Sozialpolitik geben wolle. Einige grundlegende Feststellungen lassen sich aber dennoch treffen. Ich bin mir dessen bewußt, daß es zwischen Maßnahmen der Rationalisierung und Mechanisierung, zwischen dem Einsatz von Halbautomaten und Automaten Differenzierungen gibt, die auch hinsichtlich der sozialpolitischen Auswirkung Unterschiede bringen.

Als Grundsatz unserer Sozialpolitik im Hause möchte ich nennen, daß jeder Verantwortliche bei der beabsichtigten Automation im weitesten Sinne des Wortes die Auswirkungen auf die Arbeitnehmerschaft mit seinen ersten Überlegungen zu bedenken hat, um notwendige Maßnahmen im Hinblick auf die Mitarbeiter frühzeitig einzuleiten und zur Wirkung zu bringen. Die rechtzeitige und richtige Information der Mitarbeiter ist dabei von größter Wichtigkeit. Wir müssen bei allen Überlegungen und Maßnahmen diese Auswirkungen ins Auge fassen, und wir begegnen damit am besten der Forderung nach tariflichen Regelungen, wie sie in letzter Zeit in anderen Wirtschaftszweigen, namentlich in der Textil- und Zigaretten-Industrie, erhoben wurden und auch zu Tarifabreden geführt haben. Und wenn wir bedenken, daß alle diese Dinge zusammenhängen und daß das, was in anderen Wirtschaftszweigen geschieht, irgendwann einmal auch auf andere Industrien zurückschlägt, dann müssen wir auch hier gerade die Verantwortung sehen, die wir selbst in unseren Betrieben und in unseren Verbänden zu tragen haben.

Wir sollten alle Mühe daran setzen, die gute Zusammenarbeit in der Arbeitsgruppe und zwischen den Vorgesetzten und ihren Mitarbeitern unter den veränderten technischen Verhältnissen zu bewahren. In diesem Punkt komme ich noch einmal auf die wissenschaftlichen Veröffentlichungen zu diesem Thema zurück, die darauf aufmerksam machen, daß das Verhältnis zwischen dem Meister und dem Betreuer von Automaten unter Umständen ein anderes sein muß als zu den Arbeitern an der Maschine bisher. Es werden sich zweifellos auch in den Büros neue Situationen ergeben. Beispielsweise wird gesagt, daß Büroangestellte, die den größten Teil ihres Lebens an eintönige Detailarbeit verwendet haben, oft nicht mehr imstande seien, etwas anderes zu leisten, und daß es dem Vorgesetzten schwerfalle, Untergebene nach jahrelanger Beschäftigung mit Routinearbeit zu initiativem und analytischem Denken zu bewegen.

Ob Fabrik- oder Bürobetrieb, gefährlich scheint mir die wiederholt auftretende Idee, daß sich die Persönlichkeit in der Freizeit entfalten müsse und daß der Mensch in seiner betrieblichen Arbeit zunehmend unbefriedigt sein werde und zunehmend vereinsamen müsse. Gefährlich scheint mir die Idee nicht nur vom Grundsätzlichen her, sondern auch aus dem Gesichtspunkt nüchterner Abwägung der Wirkung solcher Ansichten auf die Arbeit in den Betrieben, und auch daran müssen wir denken.

Damit zeigt sich aber zugleich, daß die betriebliche Sozialpolitik, richtig verstanden, eine Aufgabe aller betrieblichen Vorgesetzten bleibt, in den Büros und in den Werkstätten. Die Probleme des Büros werden andere sein als die der Werkstatt, aber in beiden Fällen entscheidet sich der Erfolg unserer Sozialpolitik an der Front des Betriebes. Wir können von der Sozialpolitischen Abteilung her die Probleme durchdenken und unter Beobachtung der Entwicklungstendenzen, auch draußen und bei anderen Unternehmen, viele Anregungen geben und auch natürlich Maßnahmen treffen; im Betrieb selbst stehen Betriebsarzt, Betriebsfürsorge und Betriebsrat, jeder in seinem Aufgabenbereich, beratend zur Verfügung: die Verantwortung für die Wirksamkeit dessen, was wir tun, liegt aber letztlich immer bei den betrieblichen Vorgesetzten, von der Betriebsleitung bis zur mittleren und unteren Führungsschicht, die ihr Teil zum Gelingen beitragen müssen, durch rechtzeitiges und wohlüberlegtes Handeln. Unsere Aufgabe in der Zentrale wird es sein, die lebendige Verbindung mit den Betrieben, die wir, so hoffe ich, immer gehabt haben, zu erhalten und fortzuführen, und unser Wunsch wird es immer sein, daß wir Anregungen, Gedanken mitgeteilt erhalten, wie sie aus der täglichen Praxis immer wieder zufließen. Auf diese ständige und fruchtbare Fühlung mit der Fabrik und einen gegenseitigen Austausch der Gedanken und Erfahrungen zwischen der Sozialpolitischen Abteilung und den Betrieben ist darum besonders Wert zu legen.

Ich möchte zum Schluß noch auf ein Erlebnis zu sprechen kommen, das ich vor kurzem hatte. Ich befand mich in einem Kreise von Politikern aus dem Parlament, aus der Verbandspolitik, von Arbeitgebern und Gewerkschaftsvertretern; Thema des Gesprächs war das Wirken der Verbände in der politischen und wirtschaftlichen Praxis. Es wurde allgemein festgestellt, daß die Verbände – Gewerkschaften und Arbeitgeberverbände – in zunehmendem Maße eine staatspolitische Aufgabe hätten und daß sie zunehmend auf die politische Willensgestaltung in den Parteien und im Parlament einwirkten. An einer Reihe von Beispielen wurde gezeigt, womit die Verbände sich befassen, und es ergab sich eine lange Liste politischer, wirtschaftlicher und kultureller Fragen.

Ich habe damals in der Diskussion gesagt, daß ein Punkt etwas zu kurz gekommen sei. Wir müssen uns daran erinnern, aus welchem Grunde die Verbände entstanden sind.

Als die Korporationen und die Zünfte wegfielen und der Einzelne auf sich gestellt war, da haben sich zunächst die Arbeitnehmer zusammengeschlossen, weil der Einzelne zu schwach war, seinen Standpunkt zu wahren und erfolgreich zu vertreten. Später sind dann Unternehmen auf der Arbeitgeberseite gefolgt, weil der einzelne Unternehmer sich nicht mehr in der Lage fühlte, allein und auf sich gestellt das zu erreichen, was er für gut hielt.

Ich habe nun in der Diskussion die Frage gestellt, ob die Verbände, wenn wir ihre Entwicklung heute und die Eigenständigkeit betrachten, die bei ihnen mit ihrer großen Apparatur erwachsen ist, nicht vielleicht im Begriff sind, die Vollmacht, die sie einmal von ihren Mitgliedern erhalten haben, zu überziehen und zu vergessen, daß diese einzelnen Mitglieder ja nicht nur Arbeitgeber und Arbeitnehmer sind, sondern auch Staatsbürger mit individuellen Bereichen und daß es außerdem viele Aufgaben gibt, die von den Betrieben selbst und ohne Verbandshilfe gelöst werden können und gelöst werden.

Das gilt auch für die Automation. Sie entsteht mit ihrem technischen und wirtschaftlichen Fortschritt, bei aller Würdigung der Anregungen, die von außen kommen, ja doch in der lebendigen Wirklichkeit und Wirksamkeit in den Betrieben; dort spielt sich das wirkliche Leben ab. Wenn es nun so ist und der technische Fortschritt seine Kraft aus der Arbeit in den Betrieben schöpft, dann sollten wir ja wohl in der Lage sein, dort auch mit den sozialpolitischen Folgen fertigzuwerden, die entstehen können und die ich nicht verkleinern, aber auch nicht übertreiben möchte. Wenn wir in unserem Hause danach handeln, aber auch nur dann, wenn wir es tun, werden wir uns einschneidende Einwirkungen auf sozialpolitischem Gebiet von außen ersparen können.

(Vortrag auf der Betriebstechnischen Tagung der Siemens & Halske AG, München, 1964)

Gefahren der erweiterten Mitbestimmung

Ich bin dankbar, hier einmal die Stellungnahme der Wirtschaft zu der Forderung des Deutschen Gewerkschaftsbundes nach erweiterter Mitbestimmung darlegen zu können. Ich werde bei einem so umfassenden Thema nicht alle Fragen so behandeln können, wie sie es vielleicht verdienten; aber die folgende Diskussion wird sicherlich Gelegenheit zur Vertiefung und näheren Erörterung geben.

Es handelt sich um Forderungen des Deutschen Gewerkschaftsbundes, und das bedeutet, daß ich mich mit den Meinungen einer Gruppe auseinanderzusetzen habe, die heute hier nicht als solche vertreten ist. Ich werde aber nichts anderes sagen als das, was ich auch bei einer Teilnahme der gewerkschaftlichen Seite zum Ausdruck bringen würde, umsomehr, als ich sehr häufig in die Lage komme, mit führenden Männern der Gewerkschaft zu sprechen. Sie wissen sicherlich, daß es Spitzengespräche mit dem Deutschen Gewerkschaftsbund gibt; bei ihnen ist die Unternehmerseite durch Herrn Balke, Herrn Otto A. Friedrich und durch mich vertreten. Ich habe ferner Gelegenheit zur Zusammenarbeit mit führenden Vertretern der Gewerkschaften auf internationaler Ebene im Wirtschafts- und Sozialausschuß von EWG und EURATOM. Wir sind natürlich oft nicht einer Meinung; aber es gibt ebensosehr auch Fragen. in denen wir übereinstimmen. Den ständigen Kontakt mit der anderen Seite, wie er sich hiernach ergeben hat und wie er wohl noch vertieft werden könnte, halte ich im Interesse der Sache und des gegenseitigen Verständnisses für unumgänglich. Das möchte ich besonders hervorheben.

Was allerdings die Mitbestimmung betrifft, so gehen die Ansichten beider Partner so stark auseinander, daß ich bisher keine Brücke sehe, die über den Graben hinwegführen könnte. Für uns, die Unternehmer, handelt es sich um eine Frage, die für alles das, was wir tun und wofür wir eintreten, von so einschneidender Bedeutung ist, daß ich persönlich jedenfalls nicht sehe, wie unsere freiheitliche Gesellschaftsordnung aufrecht erhalten werden könnte, falls die Forderungen des Deutschen Gewerkschaftsbundes die Zustimmung des Gesetzgebers fänden. Sicherlich vertreten wir ein Interesse, und es geschieht ja immer wieder, daß noch so berechtigte Interessen übergeordneten Gesichtspunkten weichen müssen. Ich bin aber überzeugt, daß eine Entscheidung im Sinne der Forderungen des Deutschen Gewerkschaftsbundes weit mehr beinhalten würde, als daß nur ein Interesse der Unternehmer beeinträchtigt würde. Ich glaube vielmehr, daß die politischen und sozialen Folgen so umstürzend sein würden, daß die Gesamtheit und der einzelne dies sehr bald in beunruhigender Weise zu spüren bekäme. Und gerade das, was postuliert wird, nämlich eine größere Freiheit und Unabhängigkeit des einzelnen im Sinne des Mithandelns und der Mitverantwortung, würde in hohem Maße beeinträchtigst sein.

Ich darf noch ein Wort zu meiner Person sagen. Ich bin Vorstandsmitglied der Siemens & Halske AG und der Siemens-Schuckertwerke AG und gehöre damit einem Unternehmen an, das mit seinen Tochtergesellschaften rund 250 000 Arbeitnehmer beschäftigt, von denen 35 000 im Ausland tätig sind. Innerhalb der Vorstände bin ich verantwortlich für die Personal-, die Sozial- und die Einkommenspolitik und in dieser Eigenschaft auch seit über einem Jahrzehnt der Sprecher der Firmenleitung gegenüber dem Gesamtbetriebsrat. Wie es der Tradition unseres Hauses entspricht, hat sich eine sehr gute und nützliche Zusammenarbeit mit den Betriebsräten entwickelt. Wir haben naürlich auch Meinungsverschiedenheiten; ein Kompromiß hat sich aber immer gefunden, und der betriebliche Frieden, den wir in gemeinsamer Bemühung erreicht und auch über manche Schwierigkeiten wie den Streik in der bayerischen Metallindustrie oder den Arbeitskampf in Baden-Württemberg uns erhalten haben, wird von beiden Seiten als ein Erfolg unserer Zusammenarbeit angesehen.

Das Vertrauen, das – wie ich ohne Übertreibung sagen darf – von unseren Partnern in uns gesetzt wird, beruht nun – und darum spreche ich hier von diesen persönlichen Erfahrungen – entscheidend darauf, daß wir das Betriebsverfassungsgesetz mit seinen mannigfaltigen Formen der Mitwirkung und Information der Betriebsvertretungen nicht als lästige Fessel, sondern als eine ernst zu nehmende Richtschnur betrachten und in der Praxis zu verwirklichen suchen. Und überdies geschieht sehr viel, was gar nicht im Gesetz steht und auch nicht stehen kann, weil ja nicht alles in Paragraphen zu fassen ist und vieles sich aus der lebendigen Praxis entwickeln muß. Zum Beispiel geben wir in besonderen einwöchigen Zusammenkünften unseren Betriebsräten genauso wie dem Führungsnachwuchs Informationen über das Unternehmen und seine Stellung in der Wirtschaft mit jedesmal anschließender Diskussion. Wir tun dies in dem Gedanken, daß die Zusammenarbeit in den Betrieben dadurch sachlich fruchtbarer werden könnte, und wir haben damit auch Erfolg gehabt.

Sicherlich spielt bei alledem auch eine Rolle, daß bei uns der Anonymität der großen Gesellschaft ein persönliches Moment entgegenwirkt; denn immer noch – nach bald 120 Jahren – steht an der Spitze des Hauses ein Mitglied der Familie Siemens. Der heutige Chef des Hauses, Ernst v. Siemens, fühlt sich, wie seine Vorfahren, in allen wesentlichen Fragen, die die Belegschaft angehen, beteiligt und verantwortlich. Das kommt auch darin zum Ausdruck, daß nach unserer Betriebsordnung sich jedes einzelne Belegschaftsmitglied unter Übergehung von Zwischenstellen in besonders wichtigen persönlichen Angelegenheiten unmittelbar an den Chef des Hauses wenden kann. Es gibt viele solche Eingaben, und jeder wird nachgegangen.

Ich erwähne dies alles, weil die Wirklichkeit in den großen Unternehmen doch eine ganz andere ist, als sie häufig dargestellt wird. Dabei habe ich das Beispiel des eigenen Unternehmens erwähnt, weil ich hier aus unmittelbarer Erfahrung sprechen kann. Es sieht aber in zahlreichen anderen Unternehmen auch nicht anders aus. Wir stehen in laufendem Erfahrungsaustausch, und deshalb kann ich das mit gutem Recht sagen. Und nicht zu vergessen ist die große Zahl der vielen mittleren und kleinen Unternehmen, in denen der Eigentümer den unmittelbaren Konnex mit seinen Belegschaftsmitgliedern, oft von seinen Vätern her, als Verpflichtung übernommen hat und weiter entwickelt.

Ich will aber nicht verschweigen, daß es auch negative Erscheinungen gibt und daß diese mit Recht Kritik hervorrufen. Die Bundesvereinigung der Deutschen Arbeitgeberverbände und die Landesverbände der Arbeitgeber haben immer ihr besonderes Anliegen darin gesehen, auf die Bedeutung der Betriebsverfassung hinzuweisen; sie haben viele konstruktive Anregungen gegeben und dabei zunehmend Verständnis gefunden, auch bei solchen Unternehmern, die sich zunächst abseits stellten. In dieser Richtung muß man weiter wirken und auch Widerstrebende gewinnen. Fehler und Mißstände wird es freilich immer geben, weil das der menschlichen Natur entspricht, und selbstverständlich behaupte ich auch nicht, daß im eigenen Unternehmen alles an jeder Stelle so läuft, wie es zu wünschen wäre. Aber das suchen wir abzustellen. Im ganzen wird – das zeigt die Erfahrung – die Anwendung des Betriebsverfassungsgesetzes in einem positiven Sinne weiter Fortschritte machen, weil einmal die Verpflichtung immer allgemeiner erkannt wird und weil es sich außerdem auf die Dauer niemand wird leisten können, dieser Verpflichtung auszuweichen. Die Abwanderung von Unternehmen, bei denen kein guter Geist herrscht, kann in einer Zeit des Mangels an Arbeitskräften die Einsicht in die Notwendigkeit einer nicht nur formelhaften, sondern von wirklich menschlicher und sachlicher Anteilnahme erfüllten Anwendung des Betriebsverfassungsgesetzes nur beschleunigen.

Wir haben in der Bundesrepublik Deutschland zwei Formen der Unternehmensverfassung. Ich muß die wesentlichen Unterschiede darstellen, weil hier der Kernpunkt der heutigen Diskussion liegt.

Für die Grundstoffindustrie gilt das Mitbestimmungsgesetz von 1951. Das *Betriebsverfassungsgesetz,* das aus dem Jahre *1952* stammt, gilt für *alle* Betriebe und Unternehmen, auch in der Grundstoffindustrie, wird dort aber durch das Mitbestimmungsgesetz in den hier entscheidenden Punkten – der Verfassung des Unternehmes – weitgehend verändert.

Mit dem Betriebsverfassungsgesetz hat der Gesetzgeber, was gelegentlich vergessen wird, tatsächlich den Weg einer Neuordnung beschritten. Dies Gesetz ist, gesellschaftspolitisch gesehen, entscheidend von dem Betriebsrätegesetz der Weimarer Republik aus dem Jahre 1920 abgewichen. Während dieses von dem Interessengegensatz zwischen Arbeitnehmer und Arbeitgeber ausging, ist nach dem Betriebsverfassungsgesetz das Ziel die Sicherung des betrieblichen Friedens durch vertrauensvolle Zusammenarbeit zwischen Arbeitgeber und Betriebsräten, und in diesem Sinne haben alle Beteiligten im Betrieb die Bestimmungen des Gesetzes zu verwirklichen. Das Gesetz gibt den von der Belegschaft gewählten Betriebsräten und den Wirtschaftsausschüssen, deren Mitglieder hälftig vom Arbeitgeber und vom Betriebsrat bestimmt werden, das Recht auf Information, auf Mitwirkung und teilweise auf Mitbestimmung, namentlich in sozialen Angelegenheiten.

Abgesehen von einigen, allerdings nicht unwichtigen Ausnahmen tastet das Gesetz aber die Entscheidungsfreiheit des Unternehmers in *wirtschaftlichen* Fragen nicht an. Wo Aufsichtsräte nach der Rechtsform des Unternehmens vorhanden sind oder vom Gesetz gefordert werden, wählt die Belegschaft ein Drittel der Aufsichtsratsmitglieder. Das Gesetz räumt den Gewerkschaften und den Arbeitgeberverbänden bestimmte Rechte ein, sieht im übrigen aber den Schwerpunkt der Mitwirkung und Mitbestimmung bei den von der Belegschaft gewählten, aus dem Unternehmen stammenden Betriebsräten. Ich hebe das hervor, weil so viel von Wirtschaftsdemokratie gesprochen wird. Mir scheint eine solche Übertragung politischer Begriffe und Formen auf das wirtschaftliche Leben nicht richtig. Wenn man nun aber von Mitverantwortung der Arbeitnehmer spricht, dann ist es sicherlich sinnvoller, die Träger der Mitwirkung von den Belegschaften wählen als diese Organe mittelbar oder unmittelbar von außen, nämlich durch die Gewerkschaften und ihre Funktionäre bestimmen zu lassen.

Soweit das Betriebsverfassungsgesetz. Für Bergbau und Eisenschaffende Industrie gilt zusätzlich das Mitbestimmungsgesetz von 1951, in den Grundgedanken aus Besatzungsrecht herrührend und nach Generalstreikdrohung durch das Parlament verabschiedet. Die grundlegenden Abweichungen von dem Betriebsverfassungsgesetz sind folgende:

Die Aufsichtsräte werden durch Vertreter der Anteilseigner und der Arbeitnehmer paritätisch besetzt; hierbei werden die Arbeitnehmervertreter nicht von der Belegschaft gewählt, sondern teils von den Betriebsräten unter maßgeblicher Mitwirkung der Gewerkschaften, teils von den Gewerkschaften unmittelbar vorgeschlagen und dann von der Hauptversammlung gewählt. Hinzu kommt noch ein weiteres Aufsichtsratsmitglied, das unparteiisch sein soll und über das sich die Aufsichtsratsmitglieder mit

Mehrheit einigen müssen. Als gleichwertiges Mitglied des Vorstandes muß ein Arbeitsdirektor bestellt werden, der nicht gegen die Stimmen der Mehrheit der Arbeitnehmer-Mitglieder des Aufsichtsrats bestellt oder abberufen werden kann. Die Sache nach bedeutet dies, daß dieses Vorstandsmitglied ein Mann der Gewerkschaft ist, und so ist es auch in der Praxis.

Auf eine Variante des Mitbestimmungsgesetzes, die sogenannte Holding-Novelle, möchte ich hier nicht eingehen.

Daß wir zwei Systeme der Unternehmensverfassung haben, ist eine Quelle ewiger Unruhe; denn man wird ganz zwangsläufig zu der Frage gedrängt, ob denn die strukturellen und sozialen Verhältnisse bei der Grundstoffindustrie und bei der übrigen Industrie so von einander abweichen, daß eine unterschiedliche Regelung gerechtfertigt wäre. Ich halte das Mitbestimmungsgesetz, auch soweit es sich um die Grundstoffindustrie handelt, für keine gute Lösung. Die Einwände, die ich gegen die Erweiterung des Geltungsbereichs des Mitbestimmungsgesetzes vortragen möchte, sind grundsätzlicher Art und gelten für die gesamte Industrie, also auch für Kohle, Eisen und Stahl. Daß wir hier ein Sondergesetz haben, war ja zunächst auch nur aus der Entstehungsgeschichte – Besatzungsregime und alles, was damit zusammenhängt – erklärbar: Mißtrauen der Alliierten gegenüber den Unternehmern, Versuch der Abwendung drohender Demontagen, bei den Unternehmern Sorge vor der Sozialisierung und Akzeptierung des, wie sie glaubten, kleineren Übels. Hier liegt der eigentliche Grund für unsere unterschiedliche Unternehmensverfassung.

Allerdings ist nicht zu leugnen, daß in vielen Ländern, nicht nur bei uns, die Grundstoffindustrie nach anderen Gesichtspunkten betrachtet wird als die übrige Industrie. Das *kann,* was allerdings nicht meine Ansicht ist, dafür angeführt werden, daß die Unternehmensverfassung in der Grundstoffindustrie eine andere ist als in den übrigen Industriezweigen. Jedenfalls ergibt sich aber auch daraus, ebenso wie aus der Entstehungsgeschichte, daß es nicht zwangsläufig ist, das System der Mitbestimmung, wie es in der Grundstoffindustrie besteht, auch auf andere Gewerbezweige auszudehnen, und in jedem Falle ist es etwas anderes, ob ein solches System nur für einen Ausschnitt aus der Industrie gilt oder ob es die gesamte Wirtschaft total erfassen soll.

Wie haben sich die beiden unterschiedlichen Unternehmensverfassungssysteme nun in der Praxis bewährt? Das ist eine Frage, die oft gestellt wird. Vom Betriebsverfassungsgesetz in der Praxis habe ich schon gesprochen. Nach ihm lebt der größte Teil der deutschen Wirtschaft. Wir haben in den Jahren seit dem Erlaß des Betriebsverfassungsgesetzes einen bisher in der Geschichte unerhörten wirtschaftlichen Aufschwung erlebt, und daran haben alle, die in den Unternehmen tätig sind, Anteil gehabt, an der Arbeit und am Erfolg. Die Arbeitszeit hat sich verkürzt, die Einkommen sind um ein Vielfaches gestiegen, die Erkenntnis, daß der unvermeidbaren Spezialisierung Gegengewichte im Menschlichen gesetzt werden müssen, ist gewachsen und hat zu zahlreichen Initiativen in den Unternehmen selbst geführt. Wenn es wirklich so wäre, daß das Betriebsverfassungsgesetz dem einzelnen keine hinreichende Gewähr für die Wahrung seiner Interessen gäbe und ihn der Willkür des Arbeitgebers auslieferte, dann hätte das nicht erreicht werden können. Mit unwilligen und in ihrer Menschenwürde und in ihrer sozialen Stellung bedrohten Arbeitnehmern hätte das alles gar nicht geschehen können, da wir ja nicht unter Zwang leben wie der Osten.

Auch zum Mitbestimmungsgesetz liegen natürlich vielfältige Erfahrungen vor, aber sie werden teilweise verdeckt. Mit Sicherheit kann man sagen, daß die Lage des einzelnen Arbeitnehmers in den mitbestimmten Unternehmen keine andere ist als in den übrigen Industriezweigen. Er hat nicht mehr Einfluß und Mitwirkung erhalten als in der übrigen Industrie auch. Die sozialen Leistungen der mitbestimmten Betriebe sind keinesfalls höher als die vergleichbarer anderer Unternehmen, und die Integrierung in das Unternehmen, von der so viel gesprochen wird, unterscheidet sich auch nicht von den Verhältnissen anderswo.

Was die wirtschaftlichen Entscheidungen angeht, die in den mitbestimmten Unternehmen zu treffen sind, so haben die Unternehmer verständlicherweise im Interesse der Sache versucht, sich mit der anderen Seite zu arrangieren. Wir wissen aber, daß es viele Spannungen und Schwierigkeiten in den Aufsichtsräten gibt, daß sich dies auf die zu treffenden Entscheidungen auswirkt, daß hierbei, wie es ja ganz natürlich ist, Einflüsse von außen, die mit der unternehmerischen Entscheidung an sich nichts zu tun haben, eine Rolle spielen und daß der elfte Mann mit seiner unter Umständen ausschlaggebenden Stimme häufig überfordert wird. Über dies alles spricht man natürlich nicht, weil man kein Interesse daran hat, solche Schwierigkeiten vor der Öffentlichkeit auszubreiten. Sicherlich spielt auch Loyalität eine Rolle, nachdem man einmal in Besprechungen mit der anderen Seite das vermeintlich kleinere Übel akzeptiert hatte. Und sicherlich haben die Gewerkschaften bisher auch nicht alle Möglichkeiten des Gesetzes für sich genutzt, sei es aus personellen Gründen, sei es aus politischer Klugheit, um ihre noch weitergehenden Forderungen nicht zu gefährden.

Die eigentliche Bewährungsprobe ist noch nicht gemacht; denn in einer Zeit wirtschaftlicher Blüte kann vieles noch verkraftet werden, was in wirtschaftlich kritischen Zeiten an die Wurzel rührt.

Heute fordert nun der Deutsche Gewerkschaftsbund die Ausdehnung des Mitbestimmungsgesetzes auf die übrige Wirtschaft. Begründet wird diese Forderung mit dem Ziel,

1. die Demokratie durch Verwirklichung ihrer Prinzipien auch in der Wirtschaft zu festigen,
2. den politischen Mißbrauch wirtschaftlicher Macht zu verhindern,
3. die Beziehungen zwischen Arbeitgeber und Arbeitnehmern neu zu ordnen.

Dabei scheinen dem Deutschen Gewerkschaftsbund die bisherigen Vorschriften des Mitbestimmungsgesetzes noch nicht zu genügen. Darauf möchte ich aber jetzt nicht eingehen. Ich halte aber fest, daß die Wirtschaft, die heute nach dem Betriebsverfassungsgesetz lebt, mit den Einrichtungen bedacht werden soll, die im Blickpunkt der Gewerkschaften die wesentlichen Errungenschaften des Mitbestimmungsgesetzes sind, d. h., mit der Parität im Aufsichtsrat und mit dem Arbeitsdirektor, und es ist ganz deutlich, daß dies auf weitere Sicht nicht nur für die größten und großen Unternehmen gelten soll, sondern für alle, wenn auch vielleicht in abgestufter Art, und daß auch für die Personalgesellschaften und die in persönlichem Eigentum stehenden Firmen entsprechende Formen der Mitbestimmung gefunden werden sollen. Dabei spielt es keine Rolle, ob dies alles sogleich oder nach und nach geschehen soll.

Ich sagte schon, daß das Mitbestimmungsgesetz der Sache nach die Auswahl der Arbeitnehmervertreter in den Aufsichtsrat in die Hand der Gewerkschaften legt. Der Arbeitsdirektor ist ebenfalls Gewerkschaftsmann. Wenn die ganze Wirtschaft dieser Mitbestimmung unterworfen wird, dann heißt das also, daß die Gewerkschaften in der Lage sein werden, den Ablauf des gesamten wirtschaftlichen Lebens maßgeblich zu dirigieren; denn ohne oder gegen sie kann dann nichts mehr geschehen. Von den zentralen Stellen der Gewerkschaften geht eine straffe Disziplin aus, sehr im Unterschied zur Unternehmerschaft, die ihrer Natur und ihrer Aufgabenstellung nach individuell denkt. Eine einheitliche Lenkung des Ganzen durch die Gewerkschaften würde das wirtschaftliche Leben in andere Bahnen lenken, die Investitionen steuern und mit den Unternehmen auch die Existenz des einzelnen bestimmen.

Auf die Folgen, die sich daraus ergeben müßten, gehe ich noch etwas ein.

Unsere Wirtschaftsordnung beruht entscheidend auf dem Eigentum. Es ist sehr fraglich, ob sich eine so generelle Einschränkung des Eigentums mit unserer Verfassung noch vereinen ließe.

Der Unternehmer trägt heute die Verantwortung für sein Handeln, und er trägt das unternehmerische Risiko; es scheint mir widersinnig, sein wirtschaftliches Handeln, von dem Erfolg und Mißerfolg des Unternehmens abhängen, von der Zustimmung mitbestimmungsberechtigter Arbeitnehmer- und Gewerkschaftsvertreter abhängig zu machen. Eine wirtschaftliche Mitbestimmung könnte nicht ohne Auswirkungen auf die unternehmerische Leistung bleiben. Wird dem Unternehmer die Entscheidungsfreiheit genommen, so können Schwierigkeiten ganz neuer Art auftreten, die das wirtschaftliche Gefüge schwer beeinträchtigen müssen und damit niemand nützen: mangelnde Risikobereitschaft, Mißtrauen der investierenden Geldgeber, mangelndes Kapitalangebot. Wir müssen in diesem Zusammenhang bedenken, daß in keinem westlichen Land – der Osten lebt nach ganz anderen Gesetzen – daß insbesondere auch nicht in den anderen EWG-Ländern den Arbeitnehmern auch nur die Mitbestimmungsrechte eingeräumt sind, wie sie bei uns das Betriebsverfassungsgesetz vorsieht. Wir stünden vor der Gefahr, daß Wettbewerbsnachteile einträten und daß die Kapitalgeber sich auf dem kommenden gemeinsamen Markt bevorzugt den Unternehmen der anderen Länder zuwenden würden, die keine Mitbestimmung kennen.

Was den Großbetrieb angeht, so wissen die Gewerkschaften, daß ihr Verlangen nach Überwachung der wirtschaftlichen Konzentration und nach Kontrolle der angeblich Mächtigen in der Öffentlichkeit Interesse findet. Dabei wissen sie freilich auch sehr gut, daß eine gewisse Konzentration nötig ist, wenn sich die deutsche Wirtschaft in dem großen Wirtschaftsraum der EWG und EFTA sowie in der Weltwirtschaft im Wettbewerb mit der amerikanischen Wirtschaft behaupten will und Wirtschaftswachstum und Vollbeschäftigung in der Bundesrepublik Deutschland erhalten bleiben sollen. Eine Betrachtung der Größenordnungen der Unternehmen nicht nur aus dem engen Blickwinkel unseres klein gewordenen Landes gibt darüber Aufschluß. Auch die größten deutschen Unternehmen rangieren in der Weltliste weit hinten. Von den dreißig größten Unternehmen der Welt sind nur fünf europäische, darunter kein einziges deutsches.

Die großen Unternehmen leisten durch ihre Forschungs- und Entwicklungsarbeit wie auch durch ihren Aufbau einer weltweiten Vertriebsorganisation, die beide sehr beträchtliche finanzielle Aufwendungen erfordern, einen entscheidenden Beitrag zum technischen und wirtschaftlichen Fortschritt, der auch den kleinen und mittleren Unternehmen zugute kommt.

In den Großunternehmen, deren Eigentum in vielen Fällen breit gestreut ist, tragen Vorstände und Geschäftsführungen die unternehmerische Verantwortung mit dem Risiko und der zivilrechtlichen Haftung für das Unternehmen wie der einzelne Unternehmer. Sie brauchen in gleichem Maße wie er Entscheidungsfreiheit. Die Entscheidung über die Aufnahme neuer Forschungsaufgaben, über Investitionen für Forschungs-, Fertigungs- und Vertriebszwecke oder die Übernahme bestimmter Risiken erfordert so viel sachkundige Vorarbeit und so viele Überlegungen in den kollegialen Vorstandsgremien, daß man sich gar nicht vorzustellen vermag, wie das alles bei einer wirtschaftlichen Mitbestimmung noch funktionieren soll.

Und eines ist dabei auch wichtig: Die Männer, die heute die unternehmerische Verantwortung in den Großbetrieben tragen, sind dank langjähriger Berufsausbildung und Berufserfahrung und dank ihrer persönlichen Führung und Leistung in ihre Stellung gelangt, und sie werden unterstützt von einer großen Zahl von Führungskräften, die ihrerseits über die nötige berufliche und persönliche Qualifikation verfügen und in aller Regel sich aus der großen Zahl der Arbeitnehmer dank ihrer Tüchtigkeit herausgehoben haben. Sie waren selbst einmal Arbeitnehmer.

Wenn von Integrierung gesprochen wird, dann ist sie hier sinnfällig. Dieser Aufstieg ist auch heute nicht an eine bestimmte Ausbildung gebunden, nicht an Herkunft und nicht an große Beziehungen. Ich habe leitende Männer in der Wirtschaft erlebt, die beispielsweise als Facharbeiter oder als kaufmännischer Angestellter nach Volksschulabschluß und Lehre begonnen haben und zu den höchsten Posten emporgestiegen sind. Alle diese Männer – mit qualifizierter oder mit einfacher Ausbildung – waren selbst Arbeitnehmer und wissen aus eigener Erfahrung und eigenem Erleben, wie der Arbeitnehmer denkt und empfindet.

Und wie steht es mit der Macht der Großbetriebe, die als so gefahrdrohend geschildert wird? Hierzu einige Beispiele:

Der Anteil des Hauses Siemens an der deutschen Elektroproduktion, der 1913 bei 34 Prozent lag, liegt heute bei etwas über 20 Prozent; unser Anteil am Umsatz der Elektroindustrie im EWG-Raum liegt bei 10 Prozent. Auch die Großbetriebe stehen im Wettbewerb, und zwar im eigenen Lande und in der ganzen Welt. In der Diskussion um die Ausdehnung der wirtschaftlichen Mitbestimmung wird zu wenig in Betracht gezogen, welche Rolle der Kunde in der freien Marktwirtschaft spielt, der in allen Wirtschaftszweigen technisch fortschrittliche Erzeugnisse zu einem möglichst günstigen Preis verlangt und dadurch eine sehr entscheidende Funktion ausübt. Was den Wettbewerb in der Welt betrifft, so hat der Vorstandsvorsitzende von Bayer, Herr Hansen, vor der Hauptversammlung der Bayer-Werke kürzlich festgestellt, daß die Produktionskapazität von US-Steel mindestens der gesamten deutschen Stahlproduktion entspricht und daß drei große europäische Chemiefirmen (Rhône-Poulenc, Hoechst und Bayer) zusammen einen Umsatz haben, der wenig größer ist als von DuPont, dafür aber einen Gesamt-Reingewinn, der nicht einmal ein Viertel des Reingewinns ihres großen US-Konkurrenten beträgt. Das sind nur Beispiele, denen viele andere hinzugefügt werden könnten.

Wenn aber dennoch ein Anlaß gegeben wäre, die Auswirkungen der wirtschaftlichen Konzentration zu überwachen, so wäre das eine Aufgabe und Verpflichtung der Staatspolitik, nicht aber die einer Interessengruppe, der Gewerkschaften. Es trifft auch nicht zu, daß der Staat in dieser Hinsicht nichts getan hätte; ich erinnere an das Kartellgesetz.

In unserer Wirtschafts- und Sozialordnung ist den Gewerkschaften eine bedeutsame Stellung zugewiesen. Mit dieser Stellung ist aber die beabsichtigte grundlegende Veränderung des bestehenden Gleichgewichts durch eine gewerkschaftliche Lenkung der Wirtschaft und durch eine Vereinigung von Arbeitnehmer- und Arbeitgeber-Interessen innerhalb der Gewerkschaft unvereinbar.

In diesem Zusammenhang ist von wesentlicher Bedeutung, daß der Deutsche Gewerkschaftsbund, in dem knapp 30 Prozent der nicht selbständigen Erwerbstätigen organisiert sind, heute bereits selbst eine bedeutende Wirschaftsmacht darstellt. Die Großeinkaufsgesellschaft der Konsumgenossenschaften (GEG) und die Konsumgenossenschaften sind das größte Unternehmen in der deutschen Ernährungswirtschaft (1964: zusammen 70 000 Mitarbeiter, über 5,5 Mrd. DM Umsatz); die Bank für Gemeinwirtschaft ist die viertgrößte Großbank in der Bundesrepublik Deutschland, die Alte Volksfürsorge- Lebensversicherung die zweitgrößte Lebensversicherung; mit Hilfe der Alten Volksfürsorge und über die »Neue Heimat« sind die Gewerkschaften einer der bedeutendsten Hausbesitzer. Wer kontrolliert die wirtschaftliche Konzentration und Macht in den Händen der Gewerkschaften? Und wie soll gewährleistet werden, daß diese mächtigste Interessengruppe, die außerdem über die ihr laufend in Hunderten von Millionen zufließenden Gelder aus den Beiträgen ihrer Mitglieder verfügt, ihre Macht nicht einmal mißbrauchen könnte? Man darf hier die Frage stellen, warum die Gewerkschaften dort, wo sie die Unternehmer sind, nicht ihre Forderungen schon bei sich selbst praktiziert haben. Das wäre durch entsprechende Abreden weitgehend auch ohne Gesetz möglich.

Angesichts der Kapitalmacht der Gewerkschaften muß aber auch an folgendes gedacht werden: Die Zahl der Gewerkschaftsfunktionäre als Arbeitnehmervertreter in den Aufsichtsräten wäre gesetzlich unveränderlich. Die Gewerkschaften wären aber nicht gehindert und kapitalmäßig auch in der Lage, bei Unternehmen, an denen sie vielleicht besonderes Interesse hätten, ein so hohes Maß an Eigenanteilen zu erwerben, daß sie auch in die Reihe der Vertreter der Anteilseigner einrückten, und dann wären sie ganz die Herren des Unternehmens.

Der mögliche Mißbrauch der Macht wird an der Vermengung von Arbeitgeber- und Arbeitnehmer-Interessen deutlich. Wenn in den Tarifverhandlungen den Vertretern der Tarifpartei Gewerkschaft als Arbeitgebervertreter Arbeitsdirektoren gegenübersäßen, die mit Zustimmung der Gewerkschaft bestellt wurden und von der Zustimmung der Gewerkschaft abhängig bleiben, dann würde der Tarifvertrag seinen eigentlichen Sinn einbüßen, und an die Stelle gemeinsamen Bemühens echter Vertreter der Arbeitgeber- und Arbeitnehmerseite würden Regelungen treten, die von den Funktionären in den zentralen Stellen der Gewerkschaften zur Unterzeichnung vorbereitet wurden.

Die Frage ist berechtigt, ob der einzelne Arbeitnehmer damit in seinem Wohl und Wehe nicht unter eine viel stärkere Abhängigkeit geriete, als das zuvor der Fall war.

Ich kann nicht sehen, daß hier Freiheit und Würde des Menschen gefördert würden. Was wäre die Folge, wenn die erweiterte Mitbestimmung nach den gewerkschaftlichen Vorstellungen – dank einem falschen Unternehmerbild in der Öffentlichkeit, dank der Unkenntnis vieler Zusammenhänge und der Verhältnisse in den Betrieben und vielleicht auch dank der Einstellung vieler Arbeiter: »Ich weiß zwar nicht viel von der Mitbestimmung, aber warum eigentlich nicht« – eines Tages Wirklichkeit würde? Man müßte, in der Sprache von heute ausgedrückt, mit der Mitbestimmung leben. Für die Führungskräfte der Unternehmen würde das eine große Versuchung sein; denn sie müßten fortan auf zwei Schultern tragen. Sie würden sich darüber klar werden, daß ihr beruflicher Aufstieg nicht mehr allein von ihrer beruflichen Tüchtigkeit und von ihren menschlichen Fähigkeiten abhängt, sondern entscheidend von der Haltung, die die Gewerkschaftsvertreter ihnen gegenüber einnehmen. Denn niemand kann dann nach oben steigen gegen deren Willen. Zunächst einmal: Der Arbeitsdirektor hat Personalbefugnisse. Im übrigen ist in den meisten großen Unternehmen schon zur Bestellung oberer Führungskräfte die Zustimmung des Aufsichtsrats erforderlich. Daß solche Überlegungen, es persönlich mit der Gewerkschaft nicht zu verderben, weder der Sache, die der Ingenieure, Physiker und Chemiker, Betriebswirt und Kaufmann zu vertreten haben, noch der charakterlichen Entwicklung dienlich sein können, scheint mir klar. Auch in der Unternehmensspitze wird man dann wohl oder übel danach trachten, ein persönliches Arrangement mit der Gewerkschaft zu suchen; denn die Wiederwahl als Vorstandsmitglied würde von dem Mehrheitsbeschluß eines paritätisch besetzten Aufsichtsrates abhängen, und in den Vorstandssitzungen ist die ständige Anwesenheit eines gewerkschaftlichen Vorstandsmitgliedes, des Arbeitsdirektors, zu beachten. Dann würde, weil es menschlich ist, ein neuer Typus des Unternehmers entstehen, und es käme zwangsläufig, was keiner wollen kann: Das Bündnis der Gewerkschaftsfunktionäre und der neuen Manager. Hier hätten wir dann wirklich eine Konzentration der Macht, die der Freiheit des einzelnen entgegenstehen würde. Daß Verbraucher, freie Berufe und die nicht mehr im Berufsleben Stehenden dann die Zeche zahlen müßten, scheint mir nicht zweifelhaft.

Zusammengefaßt stelle ich fest: Der Kampf für die Mitbestimmung wird wesentlich geführt mit dem Argument, die wirtschaftliche Macht der Unternehmer sei eine Gefahr für die Freiheit und für die Würde des einzelnen. Aber über diese Macht bestehen sehr übertriebene Vorstellungen. Wenn die Pläne der Gewerkschaften in die Tat umgesetzt würden, dann gäbe es aber wirklich eine Macht, die das gesamte wirtschaftliche Leben beherrschte. An die Stelle vorgeblicher Macht träte eine echte Machtkonzentration, und darum bin ich der Auffassung, daß eine klare Stellungnahme gegen diese Absichten nicht nur eine Angelegenheit der Unternehmer ist, sondern daß es um eine Frage geht, wo sich jeder sagen muß: tua res agitur.

Dabei muß man bedenken, daß nach den Plänen der Gewerkschaft mit der Beschränkung der unternehmerischen Verantwortung auch das Eigentum eingeschränkt wird. Wir alle erblicken in der Förderung der Vermögensbildung und in einer breiten Eigentumsstreuung ein entscheidendes Mittel zur Sicherung unserer Wirtschafts- und Sozialordnung und einen wichtigen Beitrag zur sozialen Befriedung. Und die Arbeitnehmerschaft hat durch ihren Sparwillen bewiesen, daß auch ihr an der Vermögensbildung gelegen ist. Man kann aber nicht eine breite Eigentumsstreuung wollen und gleichzeitig das Eigentum als tragende Säule der Gesellschaftsordnung aushöhlen und entwerten.

Ich habe bereits ausgeführt, wie die Betriebsverfassung

gehandhabt werden sollte und weitgehend auch gehandhabt wird. Neue Formen der Zusammenarbeit und Partnerschaft innerhalb des Betriebes, neue Formen auch der Zusammenarbeit zwischen Arbeitgeberverbänden und Gewerkschaften werden entstehen. Sicherlich sind wir hier noch nicht am Ende der Entwicklung. In der nicht spektakulären, aber wirklich praktischen Arbeit in den Betrieben kann hier Schritt für Schritt weitergegangen und mehr für den einzelnen erreicht werden als durch Gesetze, welche die Macht auf Institutionen verlegen würden, die ihn aus der Ferne dirigieren.

Aus der Praxis könnte ich viele Beispiele nennen. Als das Betriebsverfassungsgesetz kam, brauchten wir in unserem Unternehmen so gut wie gar nichts zu ändern, vor allem soweit es um die Zusammenarbeit mit der Belegschaftsvertretung und um ihre Information ging. Und so gab es in vielen Unternehmen auf die Bedürfnisse des Betriebes und seiner Arbeitnehmer abgestellte, aus der Praxis entwickelte Verfahren, ohne daß ein Gesetz alles über einen Leisten geschlagen hätte.

Das Bild des Herrn im Hause für den Unternehmer gehört einer verklungenen Zeit an. Das soll nicht besagen, daß nun überall alles in bester Ordnung sei. Die Mahnung, die der Herr Landesbischof (Lilje) erst kürzlich an die Unternehmer in Staat und Gesellschaft gerichtet hat, wird nicht überhört werden dürfen. Sie hat in sehr eindringlicher Weise gezeigt, wie Freiheit und Verantwortung des Unternehmers in der Verpflichtung gegenüber der Gemeinschaft begründet und von einer ethischen Kraft getragen sein müssen. Wir sollten daran denken.

Wir sollten uns auch, wenn wir unser eigenes Verhalten kritisch betrachten, die Frage vorlegen, ob nicht viele von uns, eingefangen in der Welt des Unternehmens und seiner Arbeit, zu wenig auf das geachtet haben, was sich in Staat und Gesellschaft außerhalb des Betriebes abspielt und wirksam wird. Hierbei will ich gar nicht davon sprechen, wie wenige von uns sich politisch betätigen, wie gering die Zahl der Unternehmer ist, die in den Parlamenten sitzen. Diese häufig festzustellende Selbstbeschränkung mag dazu beigetragen haben, daß das Unternehmerbild, das sich die Öffentlichkeit macht, die Wirklichkeit von heute so häufig nicht widerspiegelt.

Auch das Bild des Arbeiters hat sich gewandelt. Ich kann mich des Eindrucks nicht erwehren, daß sehr oft auch ein falsches Bild vom Arbeiter erkennbar wird, das seine wirtschaftliche und soziale Stellung in unserer Zeit mit den verblassenden Farben der Vergangenheit malt.

Daß unsere Kirche all diesen Fragen eine große Aufmerksamkeit widmet, das müssen wir begrüßen. Wir begrüßen auch, daß hier der Wille vorhanden ist, sich zu informieren, und das Bestreben, beide Seiten zu hören. Im ganzen glaube ich als evangelischer Laie, daß unsere Kirche sich immer im besonderen Maße des einzelnen, der Entfaltung seiner Persönlichkeit, seiner Freiheit und seiner Menschenwürde annehmen wird. Sie wird, denke ich, auch immer dort helfend zu finden sein, wo der einzelne in Gefahr geriete, unter der Macht zu leiden, von wem auch immer sie ausgehen möge.

Sie wird sicherlich unterscheiden zwischen dem, was die Macht der Apparaturen und der Funktionäre stärkt, und dem, was dem Arbeitnehmer als Einzelpersönlichkeit in unserer industriellen Gesellschaft dienlich ist. Und sie wird – so hoffe ich – auch der Unternehmerpersönlichkeit gerecht werden, wie es der Herr Landesbischof in seiner letzten Rede in hohem Maße getan hat.

Die Gewerkschaften haben die Aufgabe, das Interesse der Arbeitnehmerschaft, materiell und ideell, zu vertreten und zu fördern und dabei auch, ebenso wie es vom Unternehmer verlangt wird, das Gesamtinteresse nicht zu vergessen. In einer vertrauensvollen Zusammenarbeit, so wie sie das erklärte Ziel des Betriebsverfassungsgesetzes ist und wie sie auf allen Ebenen, unbeschadet der nie aus der

Welt zu schaffenden Gegensätze, erstrebt werden sollte, wird das, unter Wahrung von Freiheit und Verantwortung, besser gelingen als durch erweiterte Mitbestimmung und damit Anhäufung von Macht in der Hand der Gewerkschaften. Auch den besten Willen vorausgesetzt, die Fülle der Macht wäre zu groß, die Versuchung zu verführerisch, wenn es erst einmal so weit wäre.

(Vortrag auf einer Tagung des Arbeitskreises Kirche/Wirtschaft, Hannover, August 1965)

Mitbestimmung und Betriebsverfassung

Zwei Systeme der Unternehmensverfassung

Das Thema einer erweiterten Mitbestimmung der Arbeitnehmer oder ihrer Vertretungen in den Unternehmen steht seit einiger Zeit im Mittelpunkt des öffentlichen Interesses. Die Gewerkschaften haben Forderungen angemeldet. Unternehmer und Arbeitgeberverbände, politische Parteien und andere Organisationen haben sich geäußert; Wissenschaft und Kirchen beschäftigen sich mit dem Thema. Aus der Fülle der Gedanken und Argumente können hier nur einige wenige behandelt werden.

Wir haben in der Bundesrepublik Deutschland zwei Systeme der Unternehmensverfassung.

Für die Grundstoffindustrie gilt das Mitbestimmungsgesetz von 1951. Das Betriebsverfassungsgesetz, das aus dem Jahre 1952 stammt, gilt für *alle* Unternehmen, auch in der Grundstoffindustrie, wird dort aber durch das Mitbestimmungsgesetz in entscheidenden Punkten (Verfassung des Unternehmens) weitgehend verändert. Mit dem Betriebsverfassungsgesetz hat der Gesetzgeber, was gelegentlich vergessen wird, den Weg einer Neuordnung beschritten. Das Gesetz ist, gesellschaftspolitisch gesehen, entscheidend vom Betriebsrätegesetz der Weimarer Republik abgewichen. Während dieses von dem Interessengegensatz zwischen Arbeitnehmern und Arbeitgeber ausging, ist nach dem Betriebsverfassungsgesetz das Ziel die Sicherung des betrieblichen Friedens durch vertrauensvolle Zusammenarbeit zwischen Arbeitgeber und Betriebsräten, und in diesem Sinne haben alle Beteiligten im Betrieb die Bestimmungen des Gesetzes zu verwirklichen. Das Gesetz gibt den von der Belegschaft gewählten Betriebsräten und den

Wirtschaftsausschüssen, deren Mitglieder hälftig vom Arbeitgeber und vom Betriebsrat bestimmt werden, das Recht auf Information, auf Mitwirkung und auf Mitbestimmung. Eine weitgehende Mitbestimmung besteht in sozialen Angelegenheiten; in wirtschaftlichen Fragen hat der Unternehmer Entscheidungsfreiheit, unter Wahrung von Mitbestimmungsrechten in besonderen Fällen, wenn wesentliche Nachteile für die Belegschaft zu befürchten sind. Wo Aufsichtsräte nach der Rechtsform des Unternehmens vorhanden sind oder vom Gesetz gefordert werden, wählt die Belegschaft ein Drittel der Aufsichtsratsmitglieder. Das Gesetz räumt den Gewerkschaften und den Arbeitgeberverbänden bestimmte Rechte ein, sieht im übrigen aber den Schwerpunkt der Mitwirkung und Mitbestimmung bei den von der Relegschaft gewählten, aus dem Unternehmen stammenden Betriebsräten.

Soweit das Betriebsverfassungsgesetz. Für Bergbau und eisenschaffende Industrie gilt zusätzlich das Mitbestimmungsgesetz von 1951, in Grundzügen aus Besatzungsrecht herrührend und nach Generalstreikdrohung durch das Parlament verabschiedet. Die grundlegenden Abweichungen von dem Betriebsverfassungsgesetz sind folgende:

Die Aufsichtsräte werden durch Vertreter der Anteilseigner und der Arbeitnehmer paritätisch besetzt; hierbei werden die Arbeitnehmervertreter nicht von der Belegschaft gewählt, sondern teils von den Betriebsräten unter maßgeblicher Mitwirkung der Gewerkschaften, teils von den Gewerkschaften unmittelbar vorgeschlagen und dann von der Hauptversammlung gewählt. Hinzu kommt noch ein weiteres Aufsichtsratsmitglied, das unparteiisch sein soll und über das sich die Aufsichtsratsmitglieder mit Mehrheit einigen müssen. Als gleichwertiges Mitglied des Vorstandes muß ein Arbeitsdirektor bestellt werden, der nicht gegen die Stimmen der Mehrheit der Arbeitnehmer-Mitglieder des Aufsichtsrats bestellt oder abberufen werden kann. Der Sache nach bedeutet dies, daß dieses Vorstandsmitglied ein Mann der Gewerkschaft ist, und so ist es auch in der Praxis.

Schließlich gilt noch das Mitbestimmungsergänzungsgesetz von 1956, das die Mitbestimmung in herrschenden Unternehmen behandelt, denen Unternehmen der Grundstoffindustrie zugeordnet sind.

Wie weit soll die Ausdehnung der Mitbestimmung gehen?

Der größte Teil der deutschen Wirtschaft lebt nach dem Betriebsverfassungsgesetz. Die Montanmitbestimmung gilt nur für etwa 70 Firmen in zwei Wirtschaftsbereichen. Diese Firmen sind an der Beschäftigtenzahl und am Umsatz der gesamten Industrie mit neun bis zehn Prozent beteiligt, müssen sich aber in der bestehenden Marktwirtschaft nach deren Prinzipien richten, ebenso wie die gewerkschaftseigenen Banken, Versicherungs- und sonstigen Unternehmen.

Die Gewerkschaften sind der Auffassung, daß das Betriebsverfassungsgesetz keine ausreichende Mitwirkung der Arbeitnehmer und ihrer Vertretungen sicherstellt, und fordern die Ausdehnung der erweiterten Mitbestimmung auf die übrige Wirtschaft. Nach früheren Verlautbarungen und Informationen ist es das Endziel, die Mitbestimmung auf die gesamte Wirtschaft auszudehnen; Nahziel ist die Erfassung der Kapitalgesellschaften. Für die Ausweitung der Mitbestimmung hat man sich verschiedene Stufen vorgestellt:

Bei den sogenannten Größtunternehmen soll die Verfassung grundlegend geändert werden. An die Stelle der jetzigen Hauptversammlung soll ein völlig neues Organ treten, in dem die Anteilseigner nur noch mit einem Drittel der Sitze beteiligt sein sollen. Das ginge noch weit über die Montanmitbestimmung hinaus, und daraus müßten sich einschneidende Folgen für die Geschäftspolitik, die Bildung der Aufsichtsräte und die Ernennung der Vorstände ergeben. Die Groß- und Mittelunternehmen bis herab zu 500 Arbeitnehmern sollen der Montanmitbestimmung unterworfen werden. Für die kleinen Unternehmen sind die Vorstellungen noch nicht genau präzisiert, doch sollen auch sie erfaßt werden.

Angesichts der vielen Gegenstimmen ist es verständlich, daß die Gewerkschaften in letzter Zeit in der Öffentlichkeit erklärt haben, die erweiterte Mitbestimmung werde nur für die großen Unternehmen gefordert. Es kann sein, daß die Auffassungen im Lager der Gewerkschaften selbst nicht einheitlich sind; doch wird auch der Gedanke laut, daß die neuerlichen Erklärungen taktischer Natur seien. Aber auch wenn es nicht so wäre, müßte es dann früher oder später doch zu einer Ausdehnung der Mitbestimmung auf die gesamte Wirtschaft kommen. Selbst wenn die Gewerkschaften mit ihren Forderungen zunächst nur bei den großen Unternehmen erfolgreich wären, so würde dies nur der erste Schritt sein, zumal es sich dann leicht sagen ließe, das der Status der Arbeitnehmer, wo sie auch tätig sein mögen, überall gleich sein sollte und daß sie in den anderen Unternehmen genau so schutzbedürftig seien wie in den großen. Im übrigen müßte eine Stärkung der Macht der Gewerkschaften in den großen Unternehmen sich mittelbar in jedem Falle auf die anderen Unternehmen auswirken.

Das Betriebsverfassungsgesetz hat sich bewährt

Daß wir zwei Systeme der Unternehmensverfassung haben, bleibt eine Quelle der Unruhe, und daß eines dieser Systeme den Gewerkschaften besser gefällt als das andere, macht ihre Forderungen sehr erklärlich. In der Tat: Man wird ganz zwangsläufig zu der Frage gedrängt, ob denn die strukturellen und sozialen Verhältnisse bei der Grundstoffindustrie und bei der übrigen Industrie so voneinander abweichen, daß eine unterschiedliche Regelung gerechtfertigt wäre. Die Einwände, die gegen die erweiterte Mitbestimmung sprechen, sind jedoch grundsätzlicher Art und gelten für die gesamte Industrie, also auch für Kohle, Eisen und Stahl. Daß wir hier ein Sondergesetz haben, ist nur aus der Entstehungsgeschichte erklärbar: Mißtrauen der Alliierten gegenüber den Unternehmern, Versuch der Abwendung drohender Demontagen, bei den Unternehmern Sorge vor der Sozialisierung, Gefahr des Generalstreiks in einem Augenblick, in dem die Staatsgewalt um ihre außenpolitische Geltung rang.

Die Frage, die uns immer wieder begegnet, ist die Bewährung der beiden Systeme. Die Anhänger der erweiterten Mitbestimmung erklären, die Montanmitbestimmung habe sich bewährt, und sie fragen, warum dies angeblich bewährte System nicht auch für andere Unternehmen als die der Montanindustrie gelten solle. Es fällt auf, daß Darlegungen über das gute Funktionieren des Betriebsverfassungsgesetzes in vielen Diskussionen verhältnismäßig wenig Interesse finden. Viele interessieren sich nur für die neuralgischen Punkte, die Spannungen. Man kann dazu nur sagen, daß es unter der Herrschaft jedes Gesetzes, welches es auch sei, immer Spannungen geben wird und auch geben muß, da nichts vollkommen ist. Aber das ist nicht der entscheidende Punkt; wesentlich ist, ob das System im ganzen funktioniert und zu einer Befriedung in den Unternehmen beiträgt.

Nach dem Betriebsverfassungsgesetz lebt der größte Teil der deutschen Wirtschaft. Wir haben einen bisher in der Geschichte unerhörten wirtschaftlichen Aufschwung erlebt, und daran haben alle, die in den Unternehmen tätig sind, Anteil gehabt, an der Arbeit und am Erfolg. Die Arbeitszeit hat sich verkürzt, die Einkommen sind laufend, vor allem auch real gestiegen. Die Erkenntnis, daß der unvermeidbaren Spezialisierung Gegengewichte im Menschlichen gesetzt werden müssen, ist gewachsen und hat zu zahlreichen Initiativen in den Unternehmen selbst geführt. Wenn es wirklich so wäre, daß das Betriebsverfassungsgesetz dem einzelnen keine hinreichende Gewähr für die Wahrung seiner Interessen gäbe und ihn der Willkür des Arbeitgebers auslieferte, dann hätte das nicht erreicht werden können. Mit unwilligen und in ihrer Menschenwürde und in ihrer sozialen Stellung bedrohten Arbeitnehmern hätte das alles gar nicht geschehen können.

Wenn nun das Betriebsverfassungsgesetz, wie der Erfolg zeigt, sich bewährt hat, dann ist nicht einzusehen, warum dieses System geändert werden sollte, selbst wenn es wahr wäre, daß in einem begrenzten Bereich auch das Mitbestimmungsgesetz eine gewisse Bewährung aufzuweisen hätte. Aber der Beweis dafür ist nicht erbracht. Mit Sicherheit kann man sagen, daß die Lage des einzelnen Arbeitnehmers in den mitbestimmten Unternehmen keine andere ist als in den übrigen Industriezweigen auch. Was die wirtschaftlichen Entscheidungen angeht, die in den mitbestimmten Unternehmen zu treffen sind, so gibt es Verlautbarungen, die viele bereits aufgetretene Schwierigkeiten deutlich machen. Es wäre der Mühe wert, die bisherigen Erfahrungen noch einmal gründlich zu durchleuchten.

Politische Demokratie läßt sich nicht auf die Wirtschaft übertragen

Sicherlich hat es im Bereich des Mitbestimmungsgesetzes Fälle guter Zusammenarbeit gegeben. Das ist eine Frage der Personen. Damit wird aber nichts über das System und die sich aus ihm ergebenden Möglichkeiten und Gefahren ausgesagt. Die eigentliche Bewährungsprobe ist noch nicht gemacht; denn in einer Zeit allgemeiner wirtschaftlicher Blüte kann vieles ausgeglichen werden, was in kritischen Zeiten an die Wurzel rührt.

Begründet werden die Forderungen der Gewerkschaften unter anderem mit dem Ziel, auf diesem Wege

- die Demokratie durch Verwirklichung ihrer Prinzipien auch in der Wirtschaft zu festigen,
- den politischen Mißbrauch wirtschaftlicher Macht zu verhindern,
- die Beziehungen zwischen Arbeitgeber und Arbeitnehmern neu zu ordnen.

Zunächst ein Wort zur Wirtschaftsdemokratie. Bei der parlamentarischen Demokratie handelt es sich um eine politische Verfassung. Sicherlich erstrebt sie, den einzelnen Staatsbürger über die Wahrnehmung formaler Rechte hinaus mit einem freiheitlichen Geist zu erfüllen und zur echten Teilnahme am öffentlichen Geschehen heranzuziehen. Die Formen aber, in denen die Willensbildung sich vollzieht, sind politische Formen und lassen sich nicht auf jeden Lebensbereich übertragen, auch nicht auf den der Wirtschaft. Das wird sehr deutlich, wenn man sich vorstellt, daß das politische Beispiel von parlamentarischer Regierung und Opposition auf die Unternehmen übertragen werden sollte, oder wenn man daran denkt, daß Entscheidungen nicht getroffen werden können, weil sich die »Parteien« im Unternehmen nicht einigen.

Unser westliches System basiert auf dem Eigentum. Das gilt für alle, auch für die großen Unternehmen. Wenn das unternehmerische Handeln nicht mehr nach den für das einzelne Unternehmen lebenswichtigen wirtschaftlichen Gesichtspunkten ausgerichtet werden kann, sondern der Fremdbestimmung unterliegt, wird auch der Aktionär, der mit seinem Kapital sein Eigentum eingebracht hat, unmittelbar betroffen. Die Frage stellt sich, ob eine solche Aushöhlung des Eigentumsbegriffes noch mit dem

Grundgesetz vereinbar ist. Im übrigen ist es ein unlösbarer politischer Widerspruch, auf der einen Seite eine breite Eigentumsstreuung zu wollen und auf der anderen Seite die Funktion des Eigentums als tragender Säule unserer Gesellschaftsordnung aufzuheben.

Gefahr übermächtiger Gewerkschaften

Wie steht es mit dem zweiten Postulat, dem der Verhinderung des Mißbrauchs politischer Macht?

Das Mitbestimmungsgesetz legt der Sache nach die Auswahl der Arbeitnehmervertreter im Aufsichtsrat in die Hand der Gewerkschaften. Der Arbeitsdirektor ist ebenfalls ein Mann der Gewerkschaft. Wenn die ganze Wirtschaft dieser Mitbestimmung unterworfen wird, dann heißt das also, daß die Gewerkschaften in der Lage sein würden, den Ablauf des gesamten wirtschaftlichen Lebens maßgeblich zu dirigieren; denn ohne oder gegen sie kann nichts mehr geschehen. Eine einheitliche Leitung des Ganzen durch die Gewerkschaften müßte das wirtschaftliche Leben in andere Bahnen lenken, die Investitionen steuern und mit den Unternehmen auch die Existenz des einzelnen bestimmen.

Nun sagt man allerdings, daß der Teufel an die Wand gemalt, daß das Verantwortungsbewußtsein der Gewerkschaften unterschätzt werde und daß ihnen nichts ferner liege, als die Mitbestimmung in einem solchen Sinne zentraler Lenkung auszunutzen. Unterstellt man dies einmal für heute als richtig, so bliebe doch die unausweichliche Gefahr, daß schon vom System her die Macht der Tatsachen eines Tages zu einer zentralen Steuerung durch die Gewerkschaften führen würde. Auch den besten Willen vorausgesetzt, die Macht würde den Gewerkschaften bei diesem System automatisch zufallen.

So kommt man zu dem paradoxen Ergebnis, daß diejenigen, die die Mitbestimmung unter dem Motto fordern, den politischen Mißbrauch wirtschaftlicher Macht verhindern zu wollen, der Sache nach – ob nun bewußt oder nicht – eine viel größere Macht für sich fordern.

Was im übrigen den politischen Einfluß der Unternehmer angeht, der als so gefahrdrohend geschildert wird, so gibt es viele Tatsachen, die dagegen sprechen. Jedenfalls hat dieser Einfluß nicht ausgereicht, um wesentliche gesetzgeberische Entscheidungen zu verhindern, gegen die aus sehr sachlichen Gründen Bedenken anzumelden waren und angemeldet worden sind.

Im Hinblick auf die wirtschftliche Macht werden offenbar die Grenzen übersehen, die durch den Wettbewerb gegeben sind. Wenn aber dennoch ein Anlaß gegeben wäre, die Auswirkungen wirtschaftlicher Macht zu überwachen, so wäre das eine Aufgabe und Verpflichtung der Staatspolitik, nicht aber die einer Interessengruppe, der Gewerkschaften, die überdies selbst, was manchmal vergessen wird, mit den ihnen gehörenden Unternehmen eine sehr beachtliche Wirtschaftsmacht darstellen.

Vermengung von Arbeitgeber- und Arbeitnehmerinteressen

Und nun zum dritten Postulat, dem der Neuordnung der Beziehungen zwischen Arbeitgeber und Arbeitnehmer.

Die möglichen Gefahren einer die ganze deutsche Wirtschaft umfassenden Mitbestimmung werden an der dann zwangsläufig eintretenden Vermengung von Arbeitgeber- und Arbeitnehmerinteressen deutlich. Wenn in den Tarifverhandlungen den Vertretern der Tarifpartei Gewerkschaft allgemein als Arbeitgebervertreter Arbeitsdirektoren gegenübersäßen, die mit Zustimmung der Gewerkschaft bestellt wurden und von der Zustimmung der Gewerkschaft abhängig bleiben, dann würde der Tarifvertrag seinen eigentlichen Sinn einbüßen.

Die Frage stellt sich, ob der einzelne Arbeitnehmer damit in seinem Wohl und Wehe nicht unter eine viel stärkere Abhängigkeit geriete, als das zuvor der Fall war, zumal wenn man bedenkt, daß heute nur etwa 30 Prozent der Arbeitnehmer in den Gewerkschaften organisiert sind. Diese Gefahr der Abhängigkeit gilt auch für die Führungskräfte. Sie würden in Gefahr geraten, von ihren beruflichen Anfängen an auf zwei Schultern zu tragen; sie würden sich darüber klar werden, daß ihr Aufstieg nicht mehr allein von ihrer beruflichen Tüchtigkeit und von ihren menschlichen Fähigkeiten abhängt, sondern entscheidend von der Haltung,. die die Gewerkschaftsvertreter ihnen gegenüber einnehmen. Denn niemand kann dann nach oben steigen gegen deren Willen. Der Arbeitsdirektor hat Personalbefugnisse. Im übrigen ist in den meisten großen Unternehmen schon zur Bestellung oberer Führungskräfte die Zustimmung des Aufsichtsrats erforderlich. Daß solche Überlegungen, es persönlich mit der Gewerkschaft nicht zu verderben, weder der Sache noch der charakterlichen Entwicklung dienlich sein können, scheint klar. Auch für die Unternehmensspitze würde dann die Gefahr von persönlichen Arrangements bestehen, die der Sache nicht dienen.

Dies alles würde entsprechend, ja in verstärktem Maße auch für die Unternehmen gelten, die keine Großbetriebe sind; denn auch hier würde mit einer ihrer Unternehmensform angepaßten erweiterten Mitbestimmung dem Eigentümer die von sachlichen Gesichtspunkten des Unternehmens geleitete Auswahl der Führungskräfte entzogen oder beschränkt werden, und er, der mit seinem persönlichen Eigentum für die Fehlhandlungen seiner Gehilfen gerade stehen muß, müßte sich dann mit dem Risiko begnügen.

Einer trägt das Risiko

Alles in allem: Der Kampf für die Mitbestimmung wird wesentlich geführt mit dem Argument, die wirtschaftliche Macht der Unternehmer sei eine Gefahr für die Freiheit und für die Würde des einzelnen. Aber über diese Macht bestehen sehr übertriebene Vorstellungen.

Wenn aber die Pläne der Gewerkschaften in die Tat umgesetzt würden, dann gäbe es wirklich eine Macht, die in der Lage wäre, das gesamte wirtschaftliche Leben zu beherrschen. Das wäre dann wirklich eine echte Machtkonzentration, und darum handelt es sich nicht nur um eine Angelegenheit der Unternehmer, sondern zugleich auch um eine Frage, bei der sich jeder sagen muß: Es geht auch um Deine Sache.

Dem abstrahierenden Bild des von institutionellen Einrichtungen überzogenen Unternehmens sollte das wirkliche Leben entgegengestellt werden, wie es uns in der Praxis der Betriebe täglich begegnet. Wir alle wissen, daß die Zeiten und mit ihnen die Menschen sich gewandelt haben, daß Befehl und Weisung nicht ausreichen, um den Erfolg zu gewährleisten, daß gegenseitige Information, Zusammenarbeit im Sinne selbständigen Mitdenkens und Mithandelns, daß Überzeugen-Können und -Wollen, Achtung menschlicher Würde und Freiheit aus den Unternehmen nicht wegzudenken sind. Wir wissen aber auch, daß zum Schluß, nachdem alles bedacht und beraten ist, nachdem Information und Überzeugungskraft eingesetzt sind, doch einer sagen muß: So wird es gemacht, und dafür übernehme ich Verantwortung und Risiko. Es ist der Unternehmer, der das sagen muß, und die Belegschaftsangehörigen erwarten das auch von ihm. Es ist auch niemand darauf erpicht, ihm das Risiko abzunehmen; dann aber muß ihm auch die wirtschaftliche Entscheidung verbleiben.

Eins freilich darf niemals vergessen werden: Die richtige Gestaltung des Verhältnisses von Arbeitgeber und Arbeitnehmern im Unternehmen wird wirtschaftlich und politisch von schicksalhafter Bedeutung sein. Es ist Aufgabe der Unternehmer, der Betriebsräte und aller im Unternehmen Tätigen, die Möglichkeiten, die das Betriebsverfassungsgesetz im Sinne einer echten Zusammenarbeit im Unternehmen an die Hand gibt, weiter zu nutzen und auch auszubauen; es gibt auch sehr viele Möglichkeiten, die nicht durch Paragraphen vorgeschrieben werden können, sondern sich aus der lebendigen Entwicklung und nach den besonderen Bedürfnissen des einzelnen Unternehmens und der in ihm Beschäftigten in einem laufenden Prozeß ergeben, ohne daß alles über einen Leisten geschlagen werden muß. Hier liegt die konstruktive Aufgabe, die immer wieder gemeistert werden muß.

Man könnte die Frage stellen, ob denn nicht auch die Gewerkschaften, denen es ja an klugen Führern nicht fehlt, die Gefahr sehen, die sich für sie selbst, für ihre Aufgaben und für das Gleichgewicht der Kräfte mit allen wirtschaftlichen und politischen Folgen ergeben müßten, wenn die erweiterte Mitbestimmung auf die gesamte Wirtschaft oder auch zunächst nur auf alle großen Unternehmen erstreckt würde. Die Frage sei hier wenigstens gestellt, freilich nicht behandelt, weil dem Verfasser sicherlich die Erwiderung zuteil würde, er möge sich nicht den Kopf der Gewerkschaften zerbrechen. Und doch sollte man nicht müde werden, den Weg der Überzeugung zu versuchen und klar zu machen, daß die erweiterte Mitbestimmung in sich eine Fehlkonstruktion ist, die durch die Vermengung von Unternehmer- und Gewerkschaftsaufgaben zum Schluß niemand nützt.

Ob es möglich ist, bei der Behandlung genereller Fragen mehr als bisher Wege der Zusammenarbeit mit den Gewerkschaften zu finden, die geeignet wären, Gegensätze nicht zu beseitigen – das wird niemals möglich sein – aber doch in fruchtbarer Diskussion zu mildern oder zu entschärfen und damit auch sachliche Erfolge zu erzielen, die der Gesamtheit und dem einzelnen dienlich sind, das ist eine Frage, die wenigstens auch gestellt werden sollte.

(Beilage zu »das parlament« vom 20. April 1966)

Die Führungskraft - Aus- und Weiterbildung

Als ich zu Anfang des Jahres 1932 in das Reichswirtschaftsministerium berufen wurde, war ich für die Aufgabe, die ich dort übernehmen sollte, in keiner Weise vorbereitet. Ich wurde dem Referat zugewiesen, das die Subventionen für eine Reihe notleidend gewordener großer Unternehmen zu bearbeiten hatte. Sie hatten die goldenen Regeln der Finanzpolitik, wie sie Herr Dr. Lohse so manchesmal dargelegt hat und über die wir oft in Feldafing gesprochen haben, nicht oder nicht hinreichend beachtet. Ich hatte kurze Zeit vorher mein Assessor-Examen gemacht und war von der Weisheit der preußischen Justizverwaltung im Alter von 26 Jahren gewürdigt worden, Ehen zu scheiden. Meine Versetzung war als Förderungsmaßnahme gedacht, weil mein Name in einer Kartei stand, wie wir sie im Hause Siemens auch haben. Die Kartei war natürlich streng vertraulich; aber ich wußte es trotzdem.

Der Ministerialrat, dem ich zugewiesen wurde, begrüßte mich sehr erfreut. Er sagte mir: »Seit Jahren bin ich überlastet und habe immer wieder um einen Mitarbeiter gebeten, aber leider haben wir grundsätzlich Einstellungsstop. Nun, gottlob, Sie sind da, wir haben hier sehr schwierige Sachen zu bearbeiten, und ich müßte Sie eingehend informieren. Dazu habe ich aber keine Zeit. Hier sind die Akten über die oberschlesische Eisenindustrie. Lesen Sie die Akten, das weitere wird sich finden.« Ich las zwei Wochen lang in den Akten und wurde dabei nicht gestört. Eines Tages rief der Ministerialrat mich an, erklärte mir, daß der Minister in drei Tagen im Reichstag sprechen und die erforderlichen Millionen für die oberschlesische Eisenindustrie beantragen wolle; ich möge die Rede machen. Anhand der Bilanzen, der Gewinn- und Verlustrechnungen und verschiedener Treuhandberichte versuchte ich, die Millionen zu ermitteln. Ich verfaßte die Rede. Sie wurde unverändert von allen Beteiligten bis zum Staatssekretär abgezeichnet. Ich ging in den Reichstag, hörte, wie der Minister meine Rede hielt, und der Reichstag bewilligte die von mir ausgerechneten Millionen ohne Abstriche. Weitere Informationen fanden nicht mehr statt, und ich wurde laufend mit Aufgaben ähnlicher Art beschäftigt.

Diejenigen, die der Meinung sind, daß die beste Information für den Nachwuchs immer noch die ist, die man sich selbst holt, werden sich damit in ihrer Auffassung bestärkt fühlen. Trotzdem muß ich sagen, daß mir damals in meiner Haut nicht ganz wohl war, wenn ich auch hoffe, daß meine Rechnung gestimmt hat.

Etwa 20 Jahre später trat ich wiederum in ein mir fremdes Aufgabengebiet ein, nämlich in das der Zentral-Personalverwaltung des Hauses Siemens. Mit Personalfragen hatte ich mich gelegentlich im Staatsdienst zu beschäftigen gehabt, mit der Sozialpolitik überhaupt nicht, da ich fast immer mit wirtschaftspolitischen Aufgaben befaßt war, und außerdem war es der Übergang vom Staatsdienst zur Industrie. Diesmal wurde die Information anders gehandhabt. Der damalige Chef der Zentral-Personalverwaltung, Herr Tacke, hat mich in vielen Unterhaltungen eingehend in mein Aufgabengebiet und in die Zusammenhänge im Hause Siemens eingeführt. Gleichzeitig wurden mir von Anfang an bestimmte Aufgaben zur Bearbeitung zugewiesen, für die mir alle erdenklichen Informationsquellen zur Verfügung standen. Vor allem aber hat dann Herr v. Witzleben mir allgemein und im besonderen sehr viele Informationen zuteil werden lassen und mich auch in die Historie eingeweiht, die man jedenfalls bei meiner Arbeit kennen muß.

Da wir heute anläßlich des achtzigsten Geburtstages des Herrn v. Witzleben versammelt sind, ist es mir ein Bedürfnis, ihm für diese, wie ich denke, im Interesse der Sache und auch meiner persönlichen Förderung liegenden Informationen zu danken. Ich habe versucht, diesen Dank vor allem durch die Tat abzustatten und damit das Wort der Frau Permaneder aus den Buddenbrooks zuschanden zu machen, wonach Schwiegersöhne immer Filous sind. Was wir damals, als ich in das Haus eintrat, noch nicht hatten, und was sich als eine sehr wesentliche Ergänzung der laufenden Information erwiesen hat, sind die Seminare der Wolf-Dietrich v. Witzleben-Stiftung. Hätten wir sie damals gehabt, wäre mir vielleicht die Gunst zuteil geworden, an einem Siemens-Seminar II teilzunehmen; diese konzentrierte Unterrichtung hätte mir sicherlich viel geholfen.

Wenn ich hier von persönlichen Erfahrungen gesprochen habe, so deshalb, weil jeder geneigt sein wird, gerade in den Fragen, die uns hier beschäftigen, das Fazit aus eigenem Erleben zu ziehen, daraus zu lernen und das Gelernte in der täglichen Arbeit nutzbar zu machen. Als Quintessenz möchte ich anführen, daß – abgesehen von der konkreten fachlichen Ausbildung als unabdingbarer Voraussetzung – im beruflichen Aufstieg der Führungskräfte das Bestreben, sich Information zu verschaffen, auf der anderen Seite aber auch die Bereitschaft, Information zu geben, von großer Bedeutung ist. Es ist natürlich nur ein Punkt, aber es ist ein wesentlicher Punkt.

Sprechen wir von der Nachwuchsförderung als einem bedeutsamen Mittel zur Sicherung des Unternehmens für die Zukunft, so wird niemand behaupten wollen, daß wir damit etwas Neues entdeckt hätten; denn die Förderung des Nachwuchses ist wahrscheinlich so alt wie menschliche Organisationsformen überhaupt. Dies gilt von der ältesten menschlichen Gemeinschaft, der Familie. Als dann später aus den Familienzellen größere Gemeinschaften, wie Sippen, Stämme und Völker entstanden, war für deren Fortbestehen und Gedeihen die Führungsfrage entscheidend. Vollzog sich in der Dynastie die Auswahl des Nachfolgers nach dem Recht der Geburt ohne Schwierigkeiten, so war die Heranbildung zu einem befähigten und erfolgreichen Herrscher bereits damals eine der wesentlichen Aufgaben des Vorgängers.

Überall, wo eine Kontinuität der Führung gewährleistet sein muß, hat sich dieses uralte Prinzip der Nachfolgeregelung – wenn auch in Variationen – als Notwendigkeit eingeführt. Heer, Kirche und staatliche Verwaltungen kennen seit Jahrhunderten Regeln für eine institutionell gesicherte Auslese und Ausbildung von Nachwuchskräften für die Führungsaufgaben. Als Vorbild für den Erfolg solchen Bemühens wird oft, und wie ich glaube mit Recht, die katholische Kirche zitiert. Hier ist bis heute Auslese und Heranbildung künftiger Führungskräfte ein Hauptanliegen. Dabei verdient besondere Beachtung, daß es sehr verschiedenartige Aufgaben sind, für die der Nachwuchs bereitgestellt werden muß, daß es ein sehr durchdachtes System der Beurteilungen gibt und daß eine große Durchlässigkeit der Laufbahnen besteht; man kann an diesem Beispiel auch erkennen, was – unabhängig vom Herkommen – Auslese, Erziehung und Weiterbildung vermögen. Besonders zu beachten ist dabei auch, daß hier bei Wahrung der Tradition eine außerordentliche Elastizität gegenüber dem Wandel der Zeiten und gegenüber neuen Aufgaben vorhanden ist.

Ein weiteres Beispiel, das oft genannt wird, ist das des Preußischen Generalstabes; auch dies mit Recht. Wir können hier aber zugleich an der Entwicklung, deren Zeugen wir selbst gewesen sind, ablesen, daß die rein fachliche Ausbildung, so hervorragend sie auch sein mag, für die Führungsaufgabe nicht genügt und in vielen Fällen zu einer Einseitigkeit geführt hat, die dem Generalstab vorher fremd gewesen war.

So interessant es ist, über den Zaun zu sehen, und bei aller Vergleichbarkeit im Grundsätzlichen, stellt die Sicherung des Führungsnachwuchses im industriellen Unternehmen doch besondere Forderungen, die mit eigenen Mitteln und Methoden zu lösen sind. So, wie diese Fragen uns heute beschäftigen, sind sie erst gegen Ende des vergangenen Jahrhunderts aufgetreten, als die Unternehmen in solche Größenordnungen hineinwuchsen, daß sie von ihren Gründern und deren Familien nicht mehr allein geführt werden konnten. Immer mehr unternehmerische Aufgaben mußten an Menschen übertragen werden, denen der Unternehmer das Vertrauen schenkte, die Geschäfte in seinem Sinne zu besorgen. Durch das weitere Wachstum der Unternehmen, die zunehmende Mannigfaltigkeit der Aufgaben und das Heranwachsen neuer Generationen ergaben sich Probleme.
Wenn wir bei der fachlichen Ausbildung beginnen, so waren den Industrieunternehmen im vergangenen Jahrhundert eigene Bemühungen zunächst noch fremd. Noch galt die handwerkliche Grundordnung, und man glaubte deshalb, die Ausbildung der Handarbeiter, aus denen sich damals wie heute ein Teil jedenfalls der unteren Führungsschicht rekrutierte, auch dem Handwerk überlassen zu sollen.

Mit dem raschen Fortschreiten der industriellen Entwicklung mußte man erkennen, daß etwas Neues entstanden war, das seine eigenen Gesetze und Spielregeln hatte. Fortschrittliche Unternehmen ergriffen die Initiative und schufen betriebseigene Ausbildungsstätten für den Facharbeiternachwuchs. Die Weltgeltung der deutschen Arbeit ist nicht zuletzt auch darauf zurückzuführen. Unser Haus gehörte auf dem Gebiet der Berufsausbildung damals und gehört auch heute mit zu den Pionieren. Zur Zeit steht die betriebliche Berufsausbildung in der öffentlichen Diskussion, und es wird gefragt, ob sie noch zeitgemäß sei. Sie hat sich in Deutschland eindeutig bewährt und bietet wegen ihrer Praxisnähe auch weiterhin die Gewähr dafür, den Anforderungen der Zeit gerecht zu werden. Natürlich gibt es Unterschiede in der Ausbildung bei den verschiedenen Firmen, und auch die Ausbildungsmethoden bedürfen häufigerer Überprüfung als früher.

Ob die betriebliche Berufsausbildung auch weiterhin in einer sich verändernden technischen Welt den Nachwuchs für die praktischen Berufe wird sicherstellen können, hängt aber nicht nur von uns ab. Wir müssen uns deshalb verstärkt bemühen, auch außerhalb des Hauses unsere Auffassungen zum Tragen zu bringen. Die Praxisnähe der gewerblichen Ausbildung in der Bundesrepublik Deutschland stellt, wie gesagt, ihre besondere Stärke dar. Die Tendenzen, die Ausbildung ganz oder überwiegend in die Schule zu verlegen und dem Staat anzuvertrauen, sind aber stark erkennbar, umsomehr, als international in vielen Ländern, insbesondere auch der Europäischen Wirtschaftsgemeinschaft, diese Richtung eingeschlagen ist. Bei der Harmonisierung, die sich die Kommission in Brüssel vorgenommen hat, wird deshalb von unserem Standpunkt sehr darauf zu achten sein, daß wir zumindest unser System behalten können, und besser noch, daß wir auch die anderen Nationen von den Vorzügen unseres Systems überzeugen. Dazu fehlt es auch nicht an Ansätzen und Möglichkeiten. Im übrigen wird aber unser Ziel auch sein, eine allgemeine Berufsordnung zu erhalten, damit ein unübersichtliches Chaos der Berufe verhindert wird.

Besondere Aufmerksamkeit werden wir unseren betrieblichen Ausbildern und ihrer Information und eigenen Weiterbildung zuwenden müssen. Ebenso werden wir nicht umhin können, für unsere betriebliche Bildungsarbeit auch die Möglichkeiten der modernen Lehrmethoden auszuschöpfen, wenn wir auch in der Ausbildung so rationell wie möglich verfahren wollen. Das ist eingeleitet.

Daß wir die Probleme unseres Schulwesens und der Hoch- und Fachschulen mit Sorge verfolgen, brauche ich hier nicht auszuführen. Die betriebliche Nachwuchsförderung kann erst auf der schulischen Grundausbildung aufbauen, und deshalb wird es maßgebend von ihr abhängen, ob sich die deutsche Industrie im internationalen Wettbewerb behaupten kann.

An dieser Stelle wird es notwendig, die Unterscheidung zu treffen zwischen der fachlich-beruflichen Nachwuchsförderung und der darauf aufbauenden Förderung des Führungsnachwuchses.

Herr v. Witzleben hat bei der Eröffnung der Siemens-Seminare I den Teilnehmern immer gesagt: »Führungskraft werden, heißt den Beruf wechseln.« Es gibt sicher eine kleine Anzahl von Menschen, die von Natur aus mit Unternehmer- und Führereigenschaften begnadet sind. Sie hat es immer gegeben und sie wird es immer geben. Man kann es nur heute nicht mehr dem Zufall überlassen, daß diese »Günstlinge der Natur«, wie Josef Winschuh sie genannt hat, sich dann zur rechten Zeit im Unternehmen einfinden, wenn sie gerade gebraucht werden. Auch scheint es in unserer vielleicht übermäßig geordneten Welt für ein Talent schwieriger geworden zu sein, den Ansatz für den rechten Weg zu finden. Wir müssen also aus den Reihen unserer Mitarbeiter rechtzeitig diejenigen herausfinden, deren Führungsbegabung entwickelt und gefördert werden kann.

Alle diese Gesichtspunkte haben dazu geführt, daß wir im letzten Jahrzehnt der Beurteilung, der rechtzeitigen Auslese und der planmäßigen Förderung des Führungsnachwuchses besondere Aufmerksamkeit geschenkt haben. Wir haben außerdem zentral eine Reihe von Einrichtungen geschaffen, die der überfachlichen Weiterbildung und Information für unsere Führungskräfte und ihren Nachwuchs dienen sollen. Es sind, kurz aufgezählt, die Meisterwochen in St. Quirin, die Informationsgespräche für

Führungskräfte bis zur mittleren Führungsschicht einschließlich und insbesondere die Seminare der Wolf-Dietrich v. Witzleben-Stiftung. In einem gewissen Maße gehören hierher auch die Starnberger und die Uttenreuther Seminare. Gemeinsam ist allen diesen Einrichtungen, daß sie Information über das Fachliche hinaus vermitteln, das Gefühl für die Zusammenhänge stärken und Hinweise für die Führungspraxis geben sollen, und gemeinsam ist ihnen auch, daß sie wichtige Hilfsmittel darstellen und Anregungen zu vermitteln suchen, ohne den Grundsatz anzutasten, daß Bewährung zur Führungskraft nicht in Seminaren, sondern in der täglichen Praxis am Arbeitsplatz und in der Welt des Betriebes erworben wird. Ich sage das, weil derjenige, der für solche Einrichtungen verantwortlich ist, leicht in den Verdacht gerät, als überschätze er ihre Bedeutung. Davon hoffen wir frei zu sein; aber unterschätzen wollen wir den Wert dieser Seminare auch nicht, und gerade die, die den Namen v. Witzleben tragen, legen dafür Zeugnis ab. Es sind ja viele alte Feldafinger Teilnehmer hier, vom nunmehrigen Vorstandsmitglied und Generalbevollmächtigten angefangen, und alle werden Herrn v. Witzleben bestätigen, daß sie etwas von Feldafing gehabt haben. So manchesmal hat Herr v. Witzleben die Seminare eröffnet, und allen, die ihn gehört haben, werden seine Worte gegenwärtig sein.

Sicherlich wäre es nicht möglich gewesen, alle diese Maßnahmen zu treffen, wenn nicht eine allgemeine Überzeugung von ihrer Notwendigkeit bestanden hätte, unbeschadet der Diskussion über einzelne Fragen. Sicher ist aber auch, daß wir dem Chef des Hauses, Herrn Ernst v. Siemens, Dank dafür schuldig sind, daß gerade er der Förderung des Nachwuchses immer sein besonderes Augenmerk geschenkt hat, und ebenso hat Herr Peter v. Siemens diesen Aufgaben von Beginn an seine Unterstützung gegeben. Das alles hat uns sehr geholfen.

Eins schien uns bei allen unseren Maßnahmen immer wesentlich: der größte Teil unseres Führungsnachwuchses kommt aus unseren eigenen Reihen – einige Ausnahmen bestätigen die Regel – und darum haben wir auch die Möglichkeit, darauf hinzuwirken, daß unser Führungsnachwuchs sich mit den Zielen des Unternehmens und mit seiner Tradition identifiziert und die unternehmerischen Ziele des Hauses als seine eigenen empfindet. Zu dieser Tradition gehört auch die gesellschaftspolitische Verantwortung. Die unternehmerische Freiheit ist heute in Gefahr. Diese Gefahr kommt nicht aus dem eigenen Hause, sondern von draußen und ist mit dem Thema »erweiterte Mitbestimmung« und mit zunehmender staatlicher Einwirkung gekennzeichnet. Das, was außerhalb unseres Hauses wirksam ist, zu kennen, die Mittel und Argumente zu wissen, mit denen wir begegnen können, sich der Gefahren bewußt zu sein, die gerade für die Auslese und das Fortkommen tüchtiger und fachlich befähigter Führungskräfte und damit für das Ganze des Unternehmens von hier erwachsen, auch das gehört zur Aufgabe unseres Führungsnachwuchses, und darum haben wir diesen Fragen in unseren Seminaren immer besonderes Gewicht beigemessen.

Vergleichen wir uns mit anderen großen Unternehmen, so finden wir bei vielen ähnliche Einrichtungen wie bei uns, doch, soweit wir sehen, nicht in der gleichen Geschlossenheit und, um das Wort ruhig zu gebrauchen, Systematik. Da keine unserer Einrichtungen Selbstzweck ist, werden wir sie laufend auf ihre Wirksamkeit zu überprüfen haben. Das ist geschehen und wird weiter geschehen. Die Grundgedanken werden aber Bestand haben.

Wenn wir heute auf das zurückblicken, was an tatsächlicher Entwicklung hinter uns liegt, so können wir feststellen, daß die Zahl unserer mittleren und oberen Führungskräfte von rund 4000 im Jahre 1952 bis auf rund 11000 im Jahre 1966 gestiegen ist. Sie ist damit stärker angewachsen als die übrige Belegschaft. Besonders die mittlere Führungsschicht hat sich überproportional ausgeweitet. Tatsächlich lag der Bedarf aber noch höher, als die absoluten Zahlen es erscheinen lassen; denn außer den neugeschaffenen Stellen hatten wir natürlich auch laufend überwiegend aus Altersgründen freiwerdende Führungspositionen zu besetzen. Auch der Ersatzbedarf war nicht klein; denn durch den Krieg und seine Folgen war unsere Führungsschicht nach dem Krieg relativ überaltert. Erschwerend kam hinzu, daß die Jahrgänge, die natürlicherweise für die Übernahme von Führungsaufgaben in Frage gekommen wären, durch die Geburtenausfälle während des Ersten und die Verluste des Zweiten Weltkrieges stark dezimiert waren. Wenn wir trotzdem im allgemeinen eine ausreichende Anzahl von Führungskräften bereitstellen konnten, so ist das sicherlich ein Erfolg. Gelegentlich hatten wir in einzelnen Fällen auch einmal Schwierigkeiten; aber sie waren sicherlich nicht die Regel.

Der Preis, den wir für unsere Bildungsarbeit zahlen, ist nicht gering. Im vergangenen Geschäftsjahr wurden 48,9 Millionen DM für Ausbildungs- und 14,5 Millionen DM für Weiterbildungsmaßnahmen ausgegeben. Aber nur ein Prozent des Aufwandes betrifft die Maßnahmen, die der überfachlichen Förderung unserer Führungskräfte und des Führungsnachwuchses dienen, also ein verhältnismäßig niedriger Betrag mit einem hoffentlich großen Nutzeffekt. Wir haben keine ausreichenden Vorstellungen, ob das alles im Vergleich zu anderen Unternehmen viel oder wenig ist; denn in den meisten Firmen unserer Größenordnung werden die Kosten nicht in vergleichbarer Weise erfaßt, und auch wir kennen unsere eigenen Gesamtzahlen erst seit kurzem. Im ganzen ist es der Überlegung wert, ob nicht diese Investitionen in der einen oder anderen Hinsicht noch zielgerichteter und wirkungsvoller für das Gesamthaus eingesetzt werden könnten.

Die Unterhaltungen darüber mit den beteiligten Stellen unseres Hauses sind eingeleitet. Das engere organisatorische Zusammenwachsen unter dem Dach der Siemens AG wird uns dabei sicher von Nutzen sein.

Die betriebliche Bildungsarbeit, und hier insbesondere die Förderung des Führungsnachwuchses, ist eine Investition zur Sicherung der Zukunft unseres Unternehmens; sie ist ein Mittel der Unternehmensführung. Hierbei geht es aber nicht nur um Geld, sondern auch und ebenso wesentlich um die Bejahung der Aufgabe durch die Mitglieder der Firmenleitung und ihr persönliches Engagement für die Sache, nicht nur im eigenen Bereich, wo dies als selbstverständlich gehandhabt wird, sondern auch darüber hinaus für das Ganze. Bei den meisten Einrichtungen, die ich erwähnt habe, liegt die Federführung bei der Zentral-Personalverwaltung, und wir haben uns dieser Aufgabe mit großer Freude unterzogen. Wir hätten es nicht tun können ohne die hilfsbereite Mitwirkung und ohne die vielen Anregungen meiner Kollegen; dafür zu danken, ist mir heute nach zehn Jahren Feldafing ein herzliches Bedürfnis. Der Vorstand hat die Stiftung vor einem Jahrzehnt errichtet. Die Urkunde ist nicht Papier geblieben; davon, Herr v. Witzleben, konnten Sie sich gewiß überzeugen.

Zum Schluß noch ein Wort an die Nachwuchskräfte, in deren Hände einmal die Führung des Hauses gelegt werden soll, aus dem Munde des spanischen Jesuitenpaters Gracian. Sein »Handorakel der Weltklugheit«, im 17. Jahrhundert geschrieben, enthält viele Weisheiten, zum Beispiel auch solche, die sich an diejenigen wenden, die sich dem Pensionsalter nähern. Gracian sagt hierzu: Man soll die Dinge verlassen, ehe sie uns verlassen. Aber so interessant dieser Satz für die nachrückenden Führungskräfte ist, ich wollte ein anderes Wort Gracians anführen, das für die Nachwuchskräfte besonders wichtig ist:

»Die persönlichen Eigenschaften müssen die Obliegenheiten des Amtes übersteigen, und nicht umgekehrt. So hoch auch der Posten sein mag, stets muß die Person sich als ihm überlegen zeigen. Ein umfassender Geist breitet sich immer mehr aus und tritt mehr und mehr hervor in seinem Amte. Hingegen wird der Engherzige bald seine Blöße zeigen und am Ende an Verpflichtungen und Ansehen bankrott werden. Der große Augustus setzte seine Ehre darein, als Mensch größer denn als Fürst zu sein. Hier kommt nun ein hoher Sinn zustatten, und auch ein wohlüberlegtes Selbstvertrauen trägt viel bei.«

(Rede aus Anlaß des 80. Geburtstages von Wolf-Dietrich von Witzleben, Feldafing, 1966)

Probleme der Europäischen Sozialpolitik

Wenn wir in letzter Zeit über Fragen gemeinsamer europäischer Politik zu sprechen hatten, dann konnten wir das angesichts der Situation in Brüssel nicht ohne Sorgen für die Zukunft tun. Durch den in der vergangenen Woche in Brüssel geschlossenen Kompromiß scheint die akute Krise beendet. Es mag nicht die letzte gewesen sein; aber man ist doch wieder ein Stück weitergekommen.

Der Gedanke der Europäischen Wirtschaftsgemeinschaft ist in unserem Lande besonders begrüßt und gefördert worden; aus der Bundesrepublik Deutschland hat die Kommission bei ihrer Arbeit viel Unterstützung erfahren. Gewiß haben wir es bedauert, daß die Europäische Wirtschaftsgemeinschaft sich zunächst nur auf sechs Länder beschränkte; aber wir haben doch in ihr immer den Ausgangspunkt für eine größere europäische Vereinigung gesehen.

Die Europäische Wirtschaftsgemeinschaft hat in den vergangenen Jahren eine bedeutende Anziehungskraft erwiesen. Abgesehen von der Assoziierung der früheren französischen und belgischen Kolonien sind inzwischen Assoziierungsabkommen mit Griechenland und der Türkei geschlossen worden. Weitere Länder haben ihr Interesse angemeldet. Es ist zu hoffen, daß diese Entwicklung auch weiterhin anhält.

Zweifellos fällt der Kommission an dieser Entwicklung ein entscheidendes Verdienst zu; sie hat sie mit Elan und Erfolg vorangetrieben. In letzter Zeit schien dieser Elan aus den bekannten Gründen gefährdet. Nachwirkungen sind nicht ausgeschlossen; dennoch wird man sagen dürfen, daß die Verbindung der sechs Länder schon zu eng geworden ist, als daß sie wieder aufgegeben werden könnte, auch wenn die Methoden sich vielleicht wandeln mögen.

Zu dem, was der französischen Regierung nicht sympathisch ist, gehört es, daß die Kommission als supranationale Behörde eine politische Rolle zu spielen schien, die nach der Ansicht der französischen Regierung über den ursprünglichen Auftrag hinausging. Die Eigenständigkeit der Politik des einzelnen Mitgliedsstaates und die Auffassung der europäischen Gemeinsamkeit als eines Europa der Vaterländer sind dem gegenüber betont worden. Ich glaube, daß wir als Deutsche, so wie es die anderen ihrerseits tun, auch in Brüssel das eigene Interesse zu vertreten haben, daß wir aber bereit sein sollten, um der gemeinsamen Sache willen auch Opfer zu bringen, wie wir das ebenso bei den anderen Mitgliedsstaaten voraussetzen.

Wir haben, wie gesagt, die Kommission immer bei ihrem Bemühen, den gemeinsamen Wirtschaftsraum in schnellem Fortschritt zu schaffen, unterstützt und sind in der großen Linie mit ihrer Politik einverstanden gewesen. Das heißt natürlich nicht, daß das, was in der Kommission geschieht, kritiklos gutgeheißen werden muß. Eine so große supranationale Behörde, wie die Kommission sie darstellt, hat auch ihre Schattenseiten. Die Gefahr des Dirigismus war gegeben; doch ist hier ein Wandel erkennbar, und in dem mittelfristigen Wirtschaftsprogramm und der Stellungnahme der Kommission hierzu ist viel von unseren eigenen Vorstellungen zum Ausdruck gekommen.

Im einzelnen entstehen in der Kommission sehr viele Entwürfe für Verordnungen und Empfehlungen aller Art, die bei passender Gelegenheit aus der Schublade gezogen werden. Es wird eine große und dem europäischen Bürger häufig kaum noch zugängliche Menge an beschriebenem Papier hervorgebracht. Es gibt viele Regelungen, die in

ihrer Wirkung begrenzt und in ihrem sachlichen Inhalt zweifelhaft oder unnötig erscheinen können. Offenbar in dem Bestreben, so viel europäisches Recht wie möglich zu schaffen, macht der Tätigkeitsdrang auch vor Details nicht halt, deren perfektionierte Regelung für die gemeinsame Sache kaum von Nutzen ist.
Die Frage, welche Haltung die Kommission in der Sozialpolitik einnimmt, ist deshalb so schwierig, weil hier politische Vorstellungen der an der Meinungsbildung beteiligten Kreise eine sehr wesentliche Rolle spielen. Nicht selten ist man bestrebt, politische Vorstellungen, mit denen man daheim nicht zum Zuge gekommen ist, auf dem Wege über Brüssel zu verwirklichen. Unter diesen Umständen ist es wichtig, daß die im Wirtschafts- und Sozialausschuß der Europäischen Wirtschaftsgemeinschaft in einer besonderen Gruppe zusammengeschlossenen Unternehmer der sechs Länder sich in der Sozialpolitik solidarisch verhalten. Das ist, wie wir wissen, schon bei uns zu Hause nicht immer leicht; in einem internationalen Gremium ist es aus vielerlei Gründen noch schwieriger. Doch können wir mit Befriedigung feststellen, daß wir in dieser Hinsicht in der letzten Zeit erfreuliche Fortschritte gemacht haben.

Lange Zeit ist in Deutschland in breiteren Kreisen der europäischen Sozialpolitik nicht viel Aufmerksamkeit geschenkt worden. Auch heute noch wird die aktuelle sozialpolitische Diskussion bei uns – so mag es scheinen – nahezu ausschließlich von nationalen Problemen beherrscht. Im Vordergrund stehen Fragen der Lohn- und Tarifpolitik, der Kosten- und Preisentwicklung, der Mitbestimmung und der Arbeitskräfteknappheit, der Sozialversicherungsreform und anderes, und häufig wird dabei der Blick über die Grenzen unseres Landes versäumt. Fragen einer europäischen Sozialpolitik und deren Auswirkungen auf die nationale sozialpolitische Entwicklung treten in der öffentlichen Diskussion zurück. Davon, daß es tatsächlich schon etwas wie eine europäische Sozialpolitik gibt, ist bisher bei uns nicht allzuviel Kenntnis genommen worden, und man könnte denken, daß die Sozialpolitik der Kommission nicht allzuviel Bedeutung für die nationale Sozialpolitik hätte.

Die Annahme, daß wir auch heute noch im Rahmen der Europäischen Wirtschaftsgemeinschaft unsere Sozialpolitik überwiegend unter nationalen Gesichtspunkten führen könnten, scheint durch die Zuständigkeitsverteilung nach dem Rom-Vertrag selbst gerechtfertigt zu sein. Wenn man einmal von den Ausnahmen absieht, die zum Beispiel für die Freizügigkeit der Arbeitnehmer und auf einigen anderen Sondergebieten gelten, so gilt nach dem Rom-Vertrag der Grundsatz, daß die sozialpolitischen Rechtsetzungs- und Gestaltungsbefugnisse den Mitgliedsstaaten vorbehalten sind. Der Kommission liegt im wesentlichen die Aufgabe ob, eine enge Zusammenarbeit zwischen den Mitgliedsstaaten in sozialpolitischen Fragen zu fördern, in enger Verbindung mit den Staaten die Sozialpolitik durch Untersuchungen und Stellungnahmen zu befruchten und Beratungen in diesem Sinne vorzubereiten.

Daß der Rom-Vertrag sich hinsichtlich der Zuständigkeit der Kommission und ihrer unmittelbaren Rechtsetzungsbefugnis in der Sozialpolitik zurückgehalten hat, sehe ich als richtig an; und doch kann man nicht den Schluß ziehen, daß alles, was in sozialpolitischer Hinsicht auf Gemeinschaftsebene geschieht, ohne wesentliche Bedeutung in den einzelnen Staaten sei. Man würde damit wesentliche Tatsachen übersehen:

1. die sich aus der wirtschaftlichen Integration ergebenden Folgen und
2. die politische Wirkung der von den EWG-Gremien ausgehenden sozialpolitischen Verlautbarungen und Beschlüsse für die nationale Diskussion.

Dabei muß auch eine gewisse Dynamik beachtet werden, die sich bei der Durchführung des Rom-Vertrages durch die Kommission geltend macht. Die auf diesem Gebiet verhältnismäßig bescheidene Zuständigkeit der Kommission befriedigt ihre mit der Sozialpolitik befaßten Stellen offenbar nicht. Man möchte mehr gestalten und in die Tat umsetzen, und hier findet die Kommission in den Gewerkschaften Bundesgenossen. Die Tendenz macht sich in verschiedener Richtung bemerkbar, insbesondere auch in dem Bestreben, einzelne Vorschriften des Vertrages extensiv auszulegen und sich damit Möglichkeiten einer stärkeren Einwirkung zu schaffen.

In jedem Fall kann aber die Entstehung einer Wirtschaftsgemeinschaft, die nach einer Übergangszeit in einer Wirtschaftsunion mit binnenmarktähnlichen Verhältnissen enden soll, nicht ohne Auswirkung auf die Sozialpolitik in den Mitgliedsstaaten bleiben, wie umgekehrt die Sozialpolitik das Funktionieren dieses gemeinsamen Marktes beeinflussen muß. Es gibt heute praktisch keine warenmäßigen Kontingentierungen mehr in der Europäischen Wirtschaftsgemeinschaft. Wir nähern uns dem Zustand des völligen Abbaus der Zollschranken zwischen den Mitgliedsstaaten und damit dem unbehinderten Warenverkehr in der Europäischen Wirtschaftsgemeinschaft, ungeachtet aller Hindernisse, die heute noch bestehen. Schon heute sind den Mitgliedsstaaten wichtige Instrumente ihrer Wirtschaftspolitik entzogen; aber auch in den Bereichen, die noch der Zuständigkeit der Mitgliedsstaaten vorbehalten sind, ist die freie Bewegung praktisch eingeengt. Das gilt zum Beispiel auch für die Währungspolitik. Wenn auch juristisch den Mitgliedsstaaten noch immer die Möglichkeit offen steht, die Wechselkurse zu variieren, so ist dieses Instrument doch durch die gemeinsame Agrarpolitik in seinen Möglichkeiten eingeschränkt. Die Festsetzung einheitlicher Agrarpreise macht es für die Mitgliedsstaaten de facto sehr schwierig, die Währungsparitäten zu ändern, da hierdurch unmittelbar in sämtliche Agrarpreisrelationen eingegriffen werden würde.

In dieser Situation kommt der Entwicklung der Sozialkosten für die Wettbewerbsfähigkeit der Unternehmen im Gemeinsamen Markt eine immer größere Bedeutung zu. Es ist einfach nicht mehr möglich, eine Lohn- und Tarifpolitik in einem Mitgliedstaat zu führen, die keine Rücksicht auf die Wettbewerbsfähigkeit der nationalen Wirtschaft im Vergleich zu denen der Partnerstaaten nimmt. Ein hervorragendes Beispiel war die Entwicklung in Italien in den Jahren 1962 bis 1964. Eine Lohnpolitik, die meinte, den Stand der italienischen Einkommen innerhalb kürzester Zeit und ohne Rücksicht auf die Produktivitätsentwicklung der Wirtschaft auf den gleichen Stand wie zum Beispiel in der Bundesrepublik Deutschland oder in Luxemburg oder Belgien zu bringen, hat dazu beigetragen, daß die italienische Wirtschaft in eine ernste Krise geriet. Andererseits kann natürlich eine solche Politik auch für die anderen Staaten nicht unbeachtlich sein, da sich bei der engen Verflechtung der Volkswirtschaften die Fehlentwicklungen auf die anderen Staaten auswirken. Ich erinnere an das Schlagwort von der »importierten Inflation«.

Wenn wir nicht unsere Preis- und Währungsstabilität, die Produktionskraft unserer Volkswirtschaft und damit die Wettbewerbsfähigkeit unserer Unternehmen im Verhältnis zu denen der anderen Mitgliedsstaaten und der Gemeinschaft insgesamt auf dem Weltmarkt gefährden wollen, müssen wir unsere nationale Sozialpolitik stärker als bisher nach den wirtschaftlichen Gegebenheiten des Gemeinsamen Marktes ausrichten.

Das gilt in ganz besonderem Maße für die Bundesrepublik Deutschland. Sie hat sich seit 1958 auf fast allen Gebieten des Arbeitskostenvergleichs den ersten Rang erobert. Die letzte Verdienststatistik für die Löhne der

Arbeiter in der verarbeitenden Industrie nach dem Stand vom April 1965 gibt folgendes Bild der damaligen Stundenlöhne:

Bundesrepublik Deutschland	4,03 DM
in den anderen Ländern, auf DM umgerechnet:	
Belgien	etwa 3,45 DM
Niederlande	etwa 3,20 DM
Frankreich	etwa 2,90 DM
Italien	etwa 2,55 DM

(Luxemburg lasse ich hier wegen der dort bestehenden besonderen Verhältnisse beiseite.)

Aber das ist noch nicht das ganze Bild. Hinzugerechnet werden müßten nämlich auch noch die Lohnnebenkosten. Die erwähnte Statistik hat diese Lohnnebenkosten nicht miterfaßt. Auf der Grundlage der harmonisierten Statistik für Löhne und Lohnnebenkosten der Arbeiter in 13 Zweigen der verarbeitenden Industrie aus dem Jahre 1962 kann man jedoch wohl etwa folgenden Gesamtkostenvergleich (ohne Berücksichtigung der Angestelltengehälter) für die Europäische Wirtschaftsgemeinschaft anstellen, da sich das Verhältnis der Lohnkosten nach unseren Berechnungen nicht wesentlich verschoben hat.

Deutschland	= 100
Belgien	= 90,6
Frankreich	= 88,9
Italien	= 87,9
Niederlande	= 85,4

Berücksichtigt man für das Gesamtbild die Gehalts- und Gehaltsnebenkosten für die Angestellten, verengt sich der Abstand zwischen den Staaten ein wenig, ein Tatbestand, den wir noch nicht letztlich haben aufklären können; doch bleibt die Bundesrepublik Deutschland an der Spitze der Gesamtkostenbelastung.

Für die Arbeitszeit ergibt sich ein ähnliches Bild. Wie in einem Spitzengespräch zwischen Mitgliedern des Präsidiums der Bundesvereinigung der Deutschen Arbeitgeberverbände und des Bundesvorstandes des Deutschen Gewerkschaftsbundes am 16. Juni 1964 festgestellt wurde, lag in der Bundesrepublik Deutschland die Netto-Normalarbeitszeit je Woche (das ist die tariflich vereinbarte Arbeitszeit abzüglich Urlaub, Krankheit und anderer Freizeiten) nach dem Stand vom Frühjahr 1964 in der Europäischen Wirtschaftsgemeinschaft mit am niedrigsten.

Die Statistiken der Europäischen Wirtschaftsgemeinschaft für die durchschnittlich geleisteten Jahresarbeitsstunden je Arbeiter ergaben für 1962 folgendes Bild:

Bundesrepublik Deutschland	1902 Stunden
Belgien	1951 Stunden
Italien	1993 Stunden
Niederlande	2012 Stunden
Frankreich	2093 Stunden

Die Entwicklung dürfte in den letzten Jahren eher zu ungunsten der Bundesrepublik Deutschland weiter gegangen sein.

Es ist immer wieder die Forderung erhoben worden, durch europäische Tarifverträge für eine harmonischere Lohn- und Arbeitszeitentwicklung in der Europäischen Wirtschaftsgemeinschaft zu sorgen. Ich möchte hierauf nur kurz eingehen. Nach unseren augenblicklichen Untersuchungen fehlt es sowohl an den praktischen als auch an den juristischen Voraussetzungen für europäische Tarifverträge. Das Tarifvertragssystem in den einzelnen Mitgliedsstaaten der Europäischen Wirtschaftsgemeinschaft ist zu unterschiedlich, als daß überhaupt einheitliche Tarifverträge auf europäischer Ebene geschaffen werden könnten. Ich erinnere nur an die unterschiedliche Auffassung von der Friedenspflicht. Im übrigen denke man auch nur an die Unterschiedlichkeiten in unserem eigenen Lande.

Einheitliche Normen lassen sich tarifvertraglich gar nicht festlegen, weil die anderen Arbeitsbedingungen nach den nationalen Gesetzgebungen zu stark divergieren.

Die Notwendigkeit, unsere sozialpolitische Entwicklung stärker als bisher auf die Entwicklung in der Europäischen Wirtschaftsgemeinschaft abzustellen, gilt nicht nur für die Einkommenspolitik, sondern in gleichem Maße für die Sozialgesetzgebung. Hier weist die Bundesrepublik Deutschland insgesamt gesehen den höchsten Stand in der Europäischen Wirtschaftsgemeinschaft aus. Dies beweist eine Statistik über die Ausgaben der sozialen Sicherheit (ohne Transferzahlungen) in Hundertsätzen des Bruttosozialproduktes zu Marktpreisen im Jahre 1963:

Bundesrepublik Deutschland	14,0 Prozent
Frankreich	13,7 Prozent
Belgien	13,4 Prozent
Niederlande	13,4 Prozent
Italien	12,7 Prozent
Luxemburg (1962)	13,7 Prozent

Eine einseitige Erhöhung der sozialversicherungsrechtlichen Leistungen durch die Bundesrepublik Deutschland müßte sich deshalb sehr zum Nachteil unserer Wettbewerbsfähigkeit auswirken.

Ein Ansatzpunkt, eine wirtschaftliche und soziale Entwicklung von größerem Gleichgewicht in den Mitgliedsstaaten der Europäischen Gemeinschaft zu erzielen, kann in den Arbeiten der Kommission und des Ministerrates der Europäischen Wirtschaftsgemeinschaft zur mittelfristigen Wirtschaftspolitik gesehen werden. Das vor einigen Tagen veröffentlichte mittelfristige Wirtschaftsprogramm will die Wirtschaftspolitik der Mitgliedsstaaten für die Jahre 1966 bis 1970 koordinieren. Dies ist, wie im Programm zum Ausdruck gebracht worden ist, nicht ohne Berücksichtigung der Sozialpolitik möglich. Gerade aus diesem Grunde befaßt sich das Programm auch mit der

Beschäftigungspolitik, der Einkommenspolitik, der Berufsausbildungspolitik und der Sozialversicherungspolitik.

Zur Arbeitszeitfrage stellt das Programm zum Beispiel fest, daß angesichts der Arbeitsmarktperspektiven ein Maßhalten bei den Arbeitszeitverkürzungen in den kommenden Jahren sehr wichtig sei. Dies sei ganz besonders in einigen Ländern zu beachten, in denen in den vergangenen Jahren bereits starke Arbeitszeitverkürzungen stattgefunden hätten und die durchschnittliche Arbeitszeit bereits einen sehr niedrigen Stand erreicht habe. *Wir sind gemeint.* Ebenso heißt es dort, daß ein gleichgewichtiges spannungsfreies Wachstum in den kommenden Jahren nur erreicht werden könne, wenn es der Einkommenspolitik gelinge, die Expansion der nominalen Einkommen mit den realen Produktionskosten in Einklang zu bringen und hiermit dazu beizutragen, ein Andauern inflationärer Tendenzen, wie sie in der vergangenen Zeit verzeichnet worden seien, zu verhindern. Gleichzeitig müsse im Hinblick auf ein optimales wirtschaftliches Wachstum darauf geachtet werden, daß die Entwicklung der Einkommensstruktur ausreichende Investitionsanstrengungen ermögliche. Das sind dem Sinne nach die hier interessierenden Hinweise des Programmes.

Wir haben immer wieder darauf hingewiesen, daß die Sozialpolitik nicht isoliert betrachtet werden könne und daß die Kommission bei ihren sozialpolitischen Vorschlägen und Entscheidungen auch die Kostenfrage berücksichtigen müsse, was bisher nicht geschehen ist. Meine in Brüssel mehrfach gestellte Frage, welche Unterlagen bei der Kommission für die wirtschaftlichen Folgen ihrer sozialpolitischen Empfehlungen vorhanden seien, wurde früher dahin beantwortet, daß die mit der Sozialpolitik befaßten Stellen nicht die Aufgabe hätten, sich dieser Frage zu widmen, ihre Aufgabe sei es, den sozialen Fortschritt voranzutreiben; in letzter Zeit lautete die Antwort, daß es praktisch unmöglich sei, solche Rechnungen aufzustellen. Vielleicht deutet sich nun aber doch ein Wandel an.

Es ist erfreulich, wenn die Kommission der Europäischen Wirtschaftsgemeinschaft aus den Arbeiten für das mittelfristige Wirtschaftsprogramm Konsequenzen für ihre eigenen sozialpolitischen Arbeiten zieht. In dem Entwurf eines sozialpolitischen Arbeitsprogramms für die letzte Übergangsstufe wird eine stärkere Berücksichtigung der wirtschaftlichen Möglichkeiten in der Europäischen Wirtschaftsgemeinschaft gefordert. Ein weiteres Beispiel für eine mögliche Umorientierung auf dem Gebiet der Sozialpolitik kann man vielleicht aus der Behandlung eines Sonderfalles ablesen. Der erste Verordnungsentwurf der Kommission für eine Angleichung der Arbeitsbedingungen im Straßenverkehr forderte einen Zwei-Mann-Besatzungszwang für größere Lastkraftwagen. Wenn diese Vorschriften Wirklichkeit geworden wären – und eine Verordnung der Europäischen Wirtschaftsgemeinschaft hätte hier unmittelbar geltendes Recht gesetzt –, wären bei uns allein auf Grund dieser Vorschrift ein zusätzlicher Arbeitskräftebedarf von etwa 150000 Personen und eine außerordentlich hohe zusätzliche Kostenbelastung entstanden. Die Kommission hat erfreulicherweise eingesehen, daß derartige Belastungen unzumutbar sind und daß sie ihren Verordnungsentwurf entsprechend umstellen muß.

Wenn auch der soeben erwähnte Entwurf eines Arbeitsprogrammes für die Sozialpolitik in der Europäischen Wirtschaftsgemeinschaft wesentlich ausgewogener als alle früheren Programme ist, so bleibt doch eine entscheidende Frage offen. Dies ist die Frage danach, ob die Kommission auch in Zukunft weiterhin in der bisherigen Weise sozialpolitische Empfehlungen in einem bunten Strauß darbieten will. Hier ist insbesondere seitens der deutschen Unternehmer, aber auch von mehreren Regierungen lebhafte Kritik an der Kommission geübt worden. Die Kommission hat versucht, auf dem Wege über sozialpolitische Empfehlungen eine Art europäischer Sozialgesetzgebung zu schaffen, zu der sie nach dem Vertrag die rechtliche Befugnis nicht hat. Zu erwähnen sind in diesem Zusammenhang insbesondere folgende Empfehlungen:

- Jugendarbeitsschutz,
- Mutterschutz,
- Kindergeld,
- Definition der Leistungsberechtigten in der Sozialen Sicherheit,
- Invalidität,
- Entschädigungsvoraussetzungen bei Berufskrankheiten.

Auch wenn diese Empfehlungen für die Mitgliedsstaaten nicht verbindlich sind, so ist doch das politische Gewicht, das von ihnen ausgeht, nicht zu unterschätzen. Da die Kommission mit diesen Empfehlungen einheitliche Normen für die Mitgliedsstaaten zu erreichen beabsichtigt, greift sie damit auch in die Sozialordnungen ein. Diese sind aber trotz mancher gleichgerichteter oder gleicher Ziele auf Grund anderer geschichtlicher, wirtschaftlicher und sozialer Entwicklungen ganz unterschiedlich gewachsen. Das zeigt sich allein schon darin, welches Schwergewicht die Mitgliedsstaaten dem einen oder anderen Zweig der Sozialen Sicherheit geben.

Setzt man die Gesamtausgaben für die Soziale Sicherheit gleich 100, so ergibt sich zum Beispiel folgende Relation:

	Alterssicherung	Familienbeihilfe
Bundesrep. Deutschland	55,9 v. H.	3,7 v. H.
Frankreich	29,7 v. H.	31,4 v. H.
Italien	44,4 v. H.	18,8 v. H.
Niederlande	46,2 v. H.	16,0 v. H.
Belgien	33,5 v. H.	22,8 v. H.

Hieraus geht hervor, daß die Bundesrepublik Deutschland der Alterssicherung ein wesentlich größeres Gewicht gibt als Frankreich. Änderungen in dem einen oder anderen Zweig können natürlich nicht ohne Auswirkungen auf das Gesamtgefüge der Sozialen Sicherheit bleiben.

Problematisch an dem Verfahren ist darüber hinaus, daß die Kommission soziale Einzeltatbestände aus ihrem gewachsenen Zusammenhang herausreißt und nach dem Prinzip der sogenannten »Rosinentheorie« den jeweils höchsten Stand in den Mitgliedsstaaten aneinanderreiht, ohne zu prüfen, inwieweit die Empfehlungen mit den wirtschaftlichen und sozialen Verhältnissen in den Mitgliedsstaaten in Einklang gebracht werden können.
Ein Beispiel: Die Empfehlung zum Jugendarbeitsschutz ist im wesentlichen nach dem am weitestgehenden Gesetz, nämlich dem der Bundesrepublik Deutschland, ausgerichtet. Hinzu kommen jedoch einige Tatbestände, die in den anderen Ländern weiter entwickelt sind. So soll zum Beispiel für alle Jugendlichen einheitlich eine 40-Stunden-Woche gelten. Das Mindestalter für die Zulassung der Beschäftigten soll einheitlich auf 15 Jahre und später auf 16 Jahre erhöht werden. Allen Jugendlichen soll ein gesonderter Bildungsurlaub zustehen. Diese Empfehlung würde, wenn sie in den Mitgliedsstaaten erfüllt werden sollte, die anderen Staaten vor wesentlich größere Schwierigkeiten stellen als uns. Umgekehrt wäre es jedoch mit der Empfehlung zum Kindergeld. Die Kommission möchte, daß das Kindergeld bereits beim ersten Kind gewährt wird. Wenn diese Regelung in der Bundesrepublik Deutschland eingeführt werden sollte, so würde das eine Mehrbelastung von etwa 2,5 Mrd. DM nach sich ziehen. Selbst Frankreich, das hinsichtlich des Kindergeldes an erster Stelle in Europa steht, würde erhebliche zusätzliche Belastungen haben, weil die Empfehlung das Empfangsalter wesentlich über das in Frankreich geltende Alter hinaus erhöht.

Die Kommission nimmt in ihren Empfehlungen kaum Rücksicht auf die politischen Ordnungsvorstellungen in den einzelnen Mitgliedsstaaten. Die Sozialpolitik ist aber integrierter Bestandteil der gesamtpolitischen Verantwortung. So lange diese nicht den Organen der Europäischen Wirtschaftsgemeinschaft übertragen ist – und dafür, daß es oder daß es bald geschieht, sehe ich keine Anhaltspunkte – so lange muß deshalb auch die Gestaltung der Sozialpolitik den Mitgliedsstaaten überlassen bleiben.

Hieraus folgt nicht, daß die Europäische Wirtschaftsgemeinschaft sich auf diesem Gebiet völlig zurückhalten müßte. Für die weitere Entwicklung des Gemeinsamen Marktes, sowohl aus wirtschafts- als auch aus sozialpolitischen Gründen, wäre es wünschenswert, daß sich die Sozialordnungen in den einzelnen Mitgliedsstaaten nicht noch weiter auseinander bewegten. Um dies zu vermeiden, könnte die Europäische Wirtschaftsgemeinschaft ihre vertraglichen Mittel einsetzen, um die Mitgliedsstaaten zu einer stärkeren Zusammenarbeit in allen sozialpolitischen Fragen zu veranlassen. Sie sollte auch von den ihr vertraglich eingeräumten Befugnissen auf dem Gebiet der Freizügigkeit stärkeren Gebrauch machen. Es genügt nicht, daß nur die juristischen Voraussetzungen dafür geschaffen werden, daß sich die Arbeitnehmer innerhalb der Europäischen Wirtschaftsgemeinschaft frei bewegen, sich an jedem Ort niederlassen und dort eine Arbeit übernehmen können. Die Kommission könnte sich hier stärker den kulturellen und sozialen Integrationsmaßnahmen für die Wanderarbeitnehmer widmen. Derartige Maßnahmen würden auch den Erfordernissen einer ausgewogenen Beschäftigungspolitik der Mitgliedsstaaten entgegenkommen. Hier stellt sich für die Europäische Wirtschaftsgemeinschaft auch die Aufgabe, die Berufsausbildung zu fördern und gegebenenfalls die Endqualifikation anzugleichen.

Wichtig scheint mir, noch auf einen besonderen Aspekt hinzuweisen, der gerade für die Wirtschaft von besonderer Bedeutung ist. Durch den Abbau der Zollschranken

werden neue, bisher unsichtbare Handelshemmnisse deutlich. Hierzu gehören auch die Sicherheitsbestimmungen für Maschinen und Arbeitsgeräte. Der freie Warenverkehr in der Europäischen Wirtschaftsgemeinschaft kann durch die unterschiedlichen nationalen sicherheitstechnischen Bestimmungen behindert werden. Auf diesem Gebiet sollte die Kommission alles versuchen, um diese technischen Hemmnisse abzubauen, weil sie den freien Warenverkehr behindern.
Ich habe hier nur auf einige Probleme hinweisen können, die sich in der europäischen Sozialpolitik stellen. Dabei war es unvermeidlich, gerade auch die kritischen Punkte zu behandeln, und hier ist für uns in der Tat Anlaß gegeben, aufzumerken. Ich habe aber auch darauf hingewiesen, daß es genügend Ansatzpunkte für eine europäische Sozialpolitik gibt, die ebenso dem sozialen Fortschritt dienen wie sie den wirtschaftlichen Möglichkeiten Rechnung tragen würde. Eine weise Politik würde es hier sein, in langsamen Schritten, dann aber um so erfolgreicher vorzugehen, nicht alles und nicht alles sofort regeln und reglementieren zu wollen. Das bedeutet freilich den Verzicht auf spektakuläre Maßnahmen. Das Problem ist uns aus unserem eigenen Lande wohlvertraut.

Ich gehe abschließend noch kurz auf eine Frage ein, die uns zur Zeit in der innerdeutschen Diskussion bewegt. Das ist die Frage der Mitbestimmung.

Sie wissen sicherlich, daß schon das Betriebsverfassungsgesetz in den Befugnissen, die es der Vertretung der Belegschaften gibt, über alle entsprechenden Vorschriften in anderen EWG-Ländern hinausgeht. Etwas der Mitbestimmung in der Montanindustrie Vergleichbares gibt es in keinem der anderen fünf Länder der Europäischen Wirtschaftsgemeinschaft.

Unter diesen Gesichtspunkten verdient das Bestreben der Kommission zu einer Angleichung des Gesellschaftsrechts und vielleicht zur Schaffung einer Gesellschaft europäischen Typs besondere Aufmerksamkeit. Wir sollten diese Bestrebungen im Hinblick auf Niederlassungsfreiheit und auf notwendige Kooperation unterstützen. Dann wird es aber erforderlich sein, daß in der Europäischen Wirtschaftsgemeinschaft ein Gesellschaftsrecht geschaffen wird, das allen Staaten gleiche Vorschriften für die Bestellung der Unternehmensorgane auferlegt. Wenn wir jetzt unser System der Unternehmensverfassung weitgehend ändern wollten, dann wäre die Angleichung des Gesellschaftsrechts zweifellos wesentlich erschwert. Obwohl die Frage auch in anderen Staaten aufgeworfen ist, so ist doch nicht damit zu rechnen, daß diese Staaten unser System der erweiterten Mitbestimmung, wie es in der Montanindustrie gilt, übernehmen würden. Darauf, daß hier Hemmnisse von großer Tragweite für eine gemeinsame europäische Politik auf einem sehr wichtigen Gebiet erwachsen könnten, wollte ich wenigstens hingewiesen haben.

Ich habe eine Reihe von Fragen behandelt, die zu einer kritischen Betrachtung Anlaß geben. Das große Ziel des Gemeinsamen Marktes wird von uns allen bejaht. Wenn das aber so ist, dann müssen wir auch bestrebt sein, in dieses werdende Europa so viel als möglich von unseren eigenen wirtschafts- und sozialpolitischen Vorstellungen einzubringen. Damit stellt sich für die Unternehmer die Aufgabe, sich informiert zu halten, auf die Entwicklung in Brüssel ein besonderes Augenmerk zu lenken und letztlich auch in tätiger Mitarbeit unser gemeinsames Interesse zu fördern.

(Vortrag beim Arbeitgeberverband der Eisen- und Metallindustrie des Saarlandes, Saarbrücken, 1966)

Bildungshilfen und Bildungsförderung – eine unternehmerische Aufgabe

Wenn ich hier über Bildungshilfen und Bildungsförderung als unternehmerische Aufgabe spreche, so bin ich mir zweier Gefahren bewußt. Die eine könnte darin bestehen, Eulen nach Athen zu tragen; die andere, daß heute viel über Bildung gesprochen wird, bis schließlich nur noch ein Schlagwort übrig bleibt.

Obwohl mir gerade die zweite Gefahr in zunehmendem Maße gegeben zu sein scheint, halte ich es für erforderlich, daß wir uns als Unternehmer stets von neuem mit den Bildungsproblemen unserer Zeit und insbesondere mit unseren eigenen Bildungsaufgaben und -möglichkeiten kritisch auseinandersetzen, bewährte Methoden weiterverfolgen und mit Initiative neue Wege beschreiten.

Dabei sollten wir uns jedoch nicht von dem weitverbreiteten Pessimismus leiten lassen, als seien wir in allen Fragen der Bildungspolitik in der Bundesrepublik Deutschland weit hinter dem Mond. Ich halte es für wichtig, daß wir mit Stolz sowohl in der Öffentlichkeit als auch in unseren eigenen Reihen hervorheben, was bereits in der Vergangenheit an unternehmerischer Bildungsarbeit geleistet wurde und heute geleistet wird. Die betriebliche Berufsausbildung hat in unserem Lande eine lange und gute Tradition. Aus handwerklichen und gewerblichen Ursprüngen ist Ende des vergangenen Jahrhunderts die industrielle Berufsausbildung hervorgegangen, die nach wie vor in der ganzen Welt als hervorragend gilt. Mit jährlich schätzungsweise 2,33 bis 3 Mrd DM Aufwendungen für die Berufsausbildung leistet die deutsche Wirtschaft einen Beitrag, der nicht nur für die Wirtschaft selbst, sondern für unser Volk von lebenswichtiger Bedeutung ist.

Daß die Berufsausbildung dem Wandel der wirtschaftlichen Verhältnisse gerecht werden muß und damit stets vor neue Aufgaben gestellt wird, will ich nur am Rande vermerken.

Der unternehmerische Beitrag an Bildungsmaßnahmen und -einrichtungen geht aber weit über das eigentliche Gebiet der Berufsausbildung hinaus. Ich möchte zum Beispiel nur die Stiftungen erwähnen, die in Vergangenheit und Gegenwart den Universitäten, Technischen Hoch- und Fachschulen, den Volkshochschulen und anderen Einrichtungen des Bildungswesens zugute gekommen sind. Gerade in kleineren Städten verdanken solche Schulen oft ihr Entstehen und ihre Existenz unternehmerischer Initiative und Hilfe. Wir wollen auch nicht vergessen, daß schon vor Jahrzehnten viele Unternehmer Stiftungen errichtet haben, die begabten jungen Menschen durch die Vergabe von Stipendien und Studienförderungsmitteln das Studium und damit den sozialen Aufstieg möglich machten. Schließlich erscheint es mir angebracht, an die Förderung allgemeiner kultureller und bildungspolitischer Bestrebungen zu erinnern, die nicht nur im Mäzenatentum für Museen, Theater, bildende Künste und Musik, sondern auch in den Betrieben schon seit mehr als 50 Jahren durch die Gründung von Werkbüchereien und durch allgemeinbildende Veranstaltungen ihren sichtbaren Niederschlag gefunden haben.

Der Öffentlichkeit ist hierüber leider relativ wenig bekannt, und *wir sollten uns deshalb ernsthaft überlegen, ob es nicht an der Zeit ist, ihr mehr Einblick zu geben, was von Unternehmern und Unternehmen für die Bildung getan wird.* Warum – so kann man fragen – befleißigen wir uns häufig noch einer so großen Zurückhaltung, während sonst über jede Vortragsveranstaltung, jede Ausstellung oder ähnliches in der Lokalpresse berichtet wird. Daß wir uns auf diesem Gebiet in der Öffentlichkeit mehr bemerkbar machen sollten, erscheint mir notwendig, weil man den Unternehmen oft den Vorwurf macht, in einer Abwehrhaltung zu verharren und sich alles von den Gewerkschaften abringen zu lassen. Die gerade erwähnten Beispiele zeigen aber das Gegenteil.

Freilich: Auch in unseren eigenen Reihen besteht über die Notwendigkeit von Bildungshilfen nicht immer volle Einmütigkeit, und insbesondere Einrichtungen, die weniger der speziellen fachlichen Weiterbildung dienen, werden häufig kritisch betrachtet. Daß Bildungshilfen und Bildungsförderung unternehmerische Aufgaben sind, ist noch keineswegs selbstverständlich, obwohl sich jeder Unternehmer darüber im klaren sein müßte.

Ich halte es deshalb für erforderlich, die mit dem Thema verbundene Feststellung kurz zu begründen, bevor ich mich der Frage zuwende, was zu tun ist, um die zugleich hierin liegende Forderung zu verwirklichen. Wir müssen uns mit zwei Einwänden auseinandersetzen:
Der eine: Das haben wir früher auch nicht nötig gehabt.
Der andere: Das ist heute nicht mehr erforderlich.

So merkwürdig es klingt, beide Einwände werden oft aus gleichem Munde geäußert, und zwar der erste dann, wenn es sich um neue Einrichtungen handelt, der zweite, wenn es um die Weiterführung oder Modernisierung bestehender Einrichtungen geht. So begegnen zum Beispiel Informationen über allgemeine wirtschaftliche, sozial- und gesellschaftspolitische Zusammenhänge, Weiterbildungsmaßnahmen für Vorgesetzte u. ä. oft dem erstgenannten Einwand, innerbetriebliche Vortragsveranstaltungen oder Werkbüchereien dagegen dem zweiten.

Wenn man sich an der Vergangenheit orientiert, mögen manche Einwände berechtigt erscheinen. Wir können aber die Gegenwart und vor allem die Zukunft nicht mit Maßstäben der Vergangenheit messen. Wer in Bildungsfragen solche Maßstäbe anlegt, wird den Erfordernissen unserer Zeit nicht gerecht.

Die politischen, wirtschaftlichen, die sozialen und gesellschaftspolitischen Vorgänge sind in zunehmendem Maße komplexer geworden. Die Umwelt ist für den einzelnen weniger leicht überschaubar, obwohl eine Fülle von Informationsmöglichkeiten zur Verfügung steht. Zugleich ist die Interdependenz aller Vorgänge gewachsen, und zwar sowohl im Betrieb wie in der Wirtschaft, im Staat wie in der Gesellschaft.

Die geringere Überschaubarkeit der unseren Alltag beeinflussenden Probleme erschwert vor allem den jüngeren Menschen das Hineinfinden in ihre Umwelt. Die Interdependenz macht es auch älteren schwierig, sich ein Urteil zu bilden und Entscheidungen zu fällen. Als Unternehmer sind wir aber in steigendem Maße darauf angewiesen, Aufgaben und damit Verantwortung zu delegieren. Das können wir nur, wenn wir Mitarbeiter haben, die auch die außerbetrieblichen Zusammenhänge richtig beurteilen und hieraus die entsprechenden Schlußfolgerungen ziehen können. Hierin liegt das unmittelbare betriebliche Interesse an einer über die fachliche Ausbildung hinausreichenden Information und Bildung vor allem qualifizierter Mitarbeiter aller Stufen.

Darüber hinaus: Als Unternehmer setzen wir uns für die Erhaltung einer freien Gesellschaftsordnung ein. Es muß uns also ein Anliegen sein, daß nicht nur unsere engeren Mitarbeiter sich ein richtiges Urteil bilden, sondern daß eine möglichst objektive Urteilsbildung in weiten Kreisen der Bevölkerung möglich ist.

Unabhängig hiervon stellen die ständig komplizierter werdenden technischen, wirtschaftlichen und organisatorischen Abläufe in den Betrieben wachsende Anforderungen an unsere Mitarbeiter, die in weit stärkerem Maße als früher ein Mitdenken und Mitverantworten erfordern. Allein die steigenden Aufwendungen für den Arbeitsplatz lassen erkennen, in welchem Umfange die Verantwortung der betrieblichen Vorgesetzten und im Grunde jedes einzelnen Mitarbeiters zugenommen hat. Zugleich aber müssen wir erkennen, daß die Sorgfalt im Umgang mit fremdem und eigenem Eigentum in den Jahren relativ leichten Geldverdienens abgenommen hat, das Bewußtsein hierfür also wieder geschärft werden muß. Auch dies ist nicht zuletzt eine Frage des Wissens von den Werten und den betrieblichen Zusammenhängen.

In den vergangenen Jahren und fast noch mehr in den letzten Monaten haben wir so manche Klage über das ungenügende Kostenbewußtsein gehört, und wir wissen auf der anderen Seite, welche geradezu phantastischen Vorstellungen über Gewinne und Gewinnverwendung bei vielen Arbeitnehmern bestehen. Wir würden es uns zu einfach machen, in diesen Erscheinungen nur Auswirkungen gewerkschaftlicher Propaganda zu sehen; wir müssen zugleich bereit sein, für besseres Wissen zu sorgen.

Es liegt nahe, daß wir als Unternehmer zunächst technische, wirtschaftliche, sozial- und gesellschaftspolitische Vorgänge im Auge haben, wenn wir an unternehmerische Bildungsmaßnahmen und -einrichtungen denken. *Aber wir sollten nicht vergessen, daß unsere eigenen Bemühungen nur auf dem Boden einer befriedigenden Allgemeinbildung gedeihen können.* Wo diese Voraussetzung nicht gegeben ist, sind unsere Bemühungen zum Scheitern verurteilt. Deshalb ist allen Maßnahmen, die einer gesunden Bildungsgrundlage dienen, die größte Bedeutung beizumessen.

In diesem Zusammenhang spielen die Modernisierung der Schulbücher, das Wirtschaftspraktikum für angehende Volksschullehrer und Berufsschullehrer und eine fortgesetzte Information der Lehrerschaft eine bedeutsame Rolle. Wichtig ist aber auch die Zusammenarbeit mit den Volkshochschulen – ein von uns leider vernachlässigtes Gebiet – und die weitere Förderung der Werkbüchereien, bei denen es heute weniger darauf ankommt, die Menschen – wie es früher hieß – an das Buch heranzuführen, um so mehr aber darauf, durch eine gute Auswahl von Sachbüchern die Grundlagen beruflicher und allgemeiner Bildung zu festigen.

Damit aber bin ich bereits bei den Bildungshilfen, die der Unternehmer geben kann. Er erscheint wir wesentlich, daß ein Unternehmen nur das selbst tut, was andere nicht oder nicht in gleicher Qualität tun können. Wo also die Möglichkeiten zur Zusammenarbeit mit anderen gegeben sind, sollte man sie nutzen und sollte Vorbehalte, die vielleicht aus der Vergangenheit her berechtigt erscheinen, zu überwinden trachten. Ich denke dabei auch an die bereits erwähnte Zusammenarbeit mit den Volkshochschulen. Zwar weiß ich, daß die Befürchtungen eines starken parteipolitischen Einflusses in manchen Ländern und vor allem in einigen Großstädten berechtigt sind. Die Gewerkschaft hat über die Arbeitsgemeinschaft »Arbeit und Leben« ihren Einfluß geltend gemacht. Auch wir sollten uns der Volkshochschulen im Interesse unserer Mitarbeiter bedienen, aber auch für technische, wirtschaftliche und sozialpolitische Themen durch Referenten aus den Betrieben, durch Studienmaterial und andere Hilfen die notwendige Unterstützung geben.

Zur beruflichen Weiterbildung möchte ich mich hier im Hinblick auf die große Bedeutung dieses Themas für die Entwicklung unserer Wirtschaft etwas ausführlicher äußern und einmal über das sprechen, was sich an die betriebliche Berufsausbildung anschließen muß, nämlich die sich über viele Jahre erstreckende Weiterbildung. Sie hat vier Ziele:

1. die Vermittlung spezieller Fachkenntnisse,
2. die Erweiterung des Gesichtskreises,
3. die Entwicklung der Persönlichkeit,
4. die Information von Führungskräften und des Führungsnachwuchses.

Die Zahl der betrieblichen Weiterbildungsmaßnahmen ist groß. Leider fehlt hierüber noch der systematische

Überblick. Eine Analyse der wesentlichen Maßnahmen ergibt jedoch fünf Bereiche:

1. Förderung am Arbeitsplatz und im Rahmen des Gesamtbetriebes,
2. berufliche Fortbildung,
3. Förderung von Führungskräften,
4. allgemeine Förderung zur Erweiterung des Gesichtskreises und Entwicklung der Persönlichkeit,
5. betriebliche Weiterbildung für Firmenfremde.

Die bedeutendste Weiterbildungsmaßnahme sehe ich in der Förderung am Arbeitsplatz. Dem unmittelbaren Vorgesetzten fällt dadurch neben der Aufgabe der Arbeitsanweisung und -kontrolle eine überaus wichtige pädagogische Aufgabe zu. Er muß außer dem Leistungsvollzug, für den er verantwortlich ist, auch verstehen, seine Mitarbeiter zu beurteilen, und versuchen, ihre spezifischen Eignungen und Neigungen zu erkennen. Durch innerbetriebliche Umsetzung und durch den richtigen Arbeitseinsatz der Mitarbeiter kann nicht nur die Produktivität der Arbeitsleistung und damit des gesamten Betriebes gesteigert werden, sondern gleichfalls die Zufriedenheit des Arbeitnehmers mit seiner Arbeit. Das Interesse des Betriebes und das der Mitarbeiter läuft in diesem Punkte in der Regel parallel: Der Betrieb braucht qualifizierte Mitarbeiter, und die Mitarbeiter wollen entsprechend ihrer Leistungsfähigkeit gefördert werden. Die Förderung am Arbeitsplatz ist eine permanente betriebsgebundene Maßnahme, die mit dem Eintritt eines Mitarbeiters beginnt und ihn bei entsprechender Qualifikation während seines Berufslebens begleitet. Auf diesem Gebiete gibt es auch keine Unterschiede zwischen großen, mittleren und kleinen Betrieben; man wird nur den Führungskräften und auch den Mitarbeitern immer wieder klarmachen müssen, wie im betrieblichen Arbeitseinsatz mit seinen Leistungsanforderungen zugleich eine wichtige betriebliche Bildungsmaßnahme verwirklicht wird.

Ergänzend und zur Unterstützung der Tätigkeit am Arbeitsplatz braucht der Mitarbeiter heute allgemeine betriebliche Informationen, die ihm von der Unternehmensleitung unmittelbar oder über mittelbare Kommunikationswege, z. B. Werkzeitschriften, Bekanntmachungen, Betriebsversammlungen, Vorträge oder Filme, zugehen können.

Wir müssen aber auch der Tatsache Rechnung tragen, daß durch die rasche technische Entwicklung eine in der Jugend erworbene Berufsausbildung bei weitem nicht mehr für ein ganzes Berufsleben ausreicht. Deshalb liegt es auch im Interesse des Betriebes, gerade den qualifiziert Ausgebildeten die Möglichkeit zu bieten, sich laufend über den neuesten Stand ihres Wissensgebietes zu informieren. Diese besondere fachliche Information kann auf vielen Wegen geschehen. Ich möchte hier nur einige zielgerichtete Maßnahmen erwähnen, wie z. B. fachliche Berichte, Arbeitsbesprechungen, Arbeitsgemeinschaften, den Erfahrungsaustausch, Vorträge, Filme, Messebesuche, Besuche bei Kunden-Betrieben oder auch bei befreundeten Firmen im In- und Ausland. Daneben haben wir zum Beispiel im Hause Siemens noch andere spezielle Einrichtungen, wie auslandskundliche Seminare für Mitarbeiter, die im Ausland eingesetzt werden sollen.

Ein weiteres wichtiges Gebiet der unternehmerischen Bildungsarbeit ist seit jeher die Förderung der beruflichen »Fortbildung«, also jenes Teiles der Weiterbildung, die – auf einer vorangegangenen Ausbildung aufbauend – den Menschen gewissermaßen zu einem neuen Berufsziel führt.

In der Regel wird die berufliche Fortbildung mit dem 30. bis 35. Lebensjahr eines Mitarbeiters abgeschlossen sein.

Die *allgemeine* berufliche Fortbildung wird in der Regel nur an Tages- oder Abendschulen außerhalb der Firma betrieben werden können, zum Beispiel wenn ein

Facharbeiter nach erfolgreichem Lehrabschluß eine Abendschule besucht, um Techniker zu werden, oder wenn er durch ein Tagesstudium an einer Ingenieurschule das Ingenieurzeugnis erstrebt. Die Förderung der eigenen Initiative und die materielle Unterstützung solcher Bemühungen qualifizierter Kräfte halte ich auch aus gesellschaftspolitischen Gründen für eine wesentliche unternehmerische Aufgabe.

Unabhängig hiervon spielt die *spezielle* berufliche Fortbildung, also das Vertiefen eines abgeschlossenen Ausbildungsstandes, für die Betriebe eine wichtige Rolle. Ein Beispiel hierfür ist der Besuch von Refa-Kursen durch einen Ingenieur mit dem Ziel, die Refa-Scheine zu erwerben. Solche Maßnahmen können sowohl betrieblich wie auch außerbetrieblich durchgeführt werden. Sie sind in allen betrieblichen Bereichen erforderlich; denken wir nur an die ständig wachsende Bedeutung der Datenverarbeitung im Büro- und Fabrikbetrieb, die eine große Zahl von Angestellten vor neue Aufgaben stellt, oder an den stärkeren Einsatz von Automaten und Halbautomaten, deren Bedienung und Wartung eine Umschulung des Arbeiters notwendig macht.

Der dritte Schwerpunkt unternehmerischer Bildungsarbeit ist die Förderung von Führungskräften. Betriebliche Vorgesetzte benötigen heute einen größeren Überblick und umfassendere Fähigkeiten als nur die technische Beherrschung ihrer betrieblichen Arbeitsaufgabe. Weil mehr von ihnen gefordert werden muß als spezielles Wissen und Können, möchte ich dem weitverbreiteten Mißverständnis begegnen, daß man Führungskräfte »ausbilden« könne. Wenn Fach- oder Hochschulen damit werben, daß sie dies täten, so handelt es sich nach meiner Auffassung hierbei um einen Irrtum. Man kann Menschen *fachlich ausbilden* und ihnen Grundkenntnisse vermitteln, die es ihnen erlauben, bei menschlicher und charakterlicher Eignung einmal Führungskräfte zu werden. Die

Entwicklung zur Führungskraft aber ist ein jahrelanger Prozeß, der auf verschiedenen Wegen, unter anderem durch Hilfsmittel wie systematische Beurteilungen, Versetzungen, Seminare unterstützt werden kann.

Wir müssen die Förderung von Führungskräften als eine zweistufige Unternehmensaufgabe sehen. Die erste Stufe ist die Auslese und Heranbildung derjenigen Mitarbeiter, die eine Eignung zum Vorgesetzten erkennen lassen. Möglichkeiten hierzu sind Delegation von zunächst kleinen, aber entwicklungsfähigen Führungsaufgaben und Verantwortungen, Arbeitsplatzwechsel von Linien- zu Stabaufgaben und umgekehrt, Einsatz als Stellvertreter, Seminare und Informationsschriften, wobei insbesondere die Kenntnisse über Fragen der Menschenführung und Führungstechnik, des Arbeitseinsatzes, der Arbeitsunterweisung und Leistungskontrolle sowie der Beurteilung von Mitarbeitern vermittelt werden. Ist diese mehrere Jahre dauernde Phase der Heranbildung abgeschlossen und ist der Mitarbeiter Vorgesetzter geworden, so müssen sich – vor allem im größeren Betriebe – laufende Informationsmaßnahmen für Vorgesetzte aller Ebenen anschließen. Dies kann in Informationsgesprächen, Seminaren, Konferenzen und durch Informationsschriften geschehen. Solche Maßnahmen können innerbetrieblich durchgeführt werden. Ich halte es aber im Interesse eines Erfahrungsaustausches und als Mittel gegen »Betriebsblindheit« für wichtig, auch außerbetriebliche Veranstaltungen in Anspruch zu nehmen und möchte in diesem Zusammenhang auf die fast 40 Institutionen des Wuppertaler Kreises hinweisen. Sie sind für viele Unternehmen ein wichtiger Bestandteil der Bildungsarbeit geworden.

Eins sollte freilich auch gesagt werden: Es kann nicht alles serviert werden. Eigene Initiative und eigenes Bemühen des Mitarbeiters sind von entscheidender Bedeutung und verdienen dort, wo sie sich zeigen, besondere Förderung.

Während ich bisher im wesentlichen von den Bildungsmaßnahmen und -einrichtungen gesprochen habe, die mehr oder weniger unmittelbar der beruflichen Entwicklung der Mitarbeiter dienen, wende ich mich nun einem Gebiet zu, das in den letzten Jahren zunehmend an Bedeutung gewonnen hat, dessen Wichtigkeit jedoch noch nicht allgemein erkannt ist: die Erweiterung des Gesichtskreises und die Entwicklung der Persönlichkeit der Mitarbeiter. Wir haben als Unternehmer ein lebenswichtiges Interesse daran, daß unsere Mitarbeiter sich über die wirtschaftlichen, sozialen und politischen Probleme ein eigenes Urteil bilden können. In einer Zeit der Massenmedien, der hemmungslosen Propaganda, eines von vielen Seiten lancierten Zweckpessimismus, der den Menschen nur sagt, was alles schlecht ist, und sie damit unzufrieden machen soll, ist es notwendig, daß sie selbst klar Grenzen und Möglichkeiten des Staates, der Wirtschaft, aber auch ihrer selbst erkennen.

Ich halte deshalb die Vermittlung von Kenntnissen, aber auch unserer unternehmerischen Auffassungen über wirtschaftliche und sozialpolitische Probleme für eine der wichtigsten Aufgaben unternehmerischer Bildungsarbeit. Unsere Mitarbeiter werden pausenlos mit Argumenten über Gewinne, Investitionen, Kosten, Wirtschafts- und Sozialpolitik überschüttet, und dies mit einer deutlichen Richtung gegen das Unternehmertum. Wer aber erklärt ihnen, wie *wir* die Dinge sehen, die wir letzten Endes für ihren Arbeitsplatz verantwortlich sind? Von uns aber wollen sie es wissen, und sie erwarten von uns eine klare Konzeption vor allem auch in Fragen der Menschenführung und der betrieblichen Sozialpolitik. Hier liegt die große Bedeutung der Mitarbeiter-Seminare und anderer unternehmerischer Einrichtungen, wie zum Beispiel das Haus Steinheim oder Haus Friedrichsbad.

Die wirtschaftliche und soziale Entwicklung der letzten Jahre hat neben vielen erfreulichen Fortschritten leider auch den zunehmenden Trend zum Wohlfahrtsstaat mit der gefährlichen Begleiterscheinung gebracht, die Eigeninitiative zu hemmen, dafür aber alles vom Staat oder vom Arbeitgeber zu erwarten. Ich sehe darüber hinaus mit Sorge, daß man bei uns zwar sehr viel über die Jugend theoretisiert, ihr aber häufig nicht die Wege zeigt oder die Aufgaben gibt, die ihr das Hineinwachsen in die Welt der Erwachsenen erleichtern; es ist wichtig, sie in einer Entwicklungsstufe anzusprechen, in der Erlebnis und Bewährung für das Reifen des jungen Menschen eine entscheidende Rolle spielen. Deshalb messe ich sozialpädagogischen Maßnahmen, wie den sozialpädagogischen Kursen des Christlichen Jugenddorfwerkes oder den Kurzschulen der Deutschen Gesellschaft für Europäische Erziehung, im Rahmen der unternehmerischen Bildungsarbeit besondere Bedeutung bei. Ich möchte in diesem Zusammenhang auch die Arbeit der Gemeinnützigen Gesellschaft für Jugendfreizeiten erwähnen, die allein aus unternehmerischer Initiative entstanden ist. Bei den sozialpädagogischen Maßnahmen sollten wir aber auch erkennen, daß es mit einmaliger Entsendung zu derartigen Kursen nicht getan ist. *Erziehung ist ein fortdauernder Prozeß, und das Hineinwachsen junger Menschen in Staat, Gesellschaft und Beruf vollzieht sich nicht von heute auf morgen.* Als Unternehmer können wir hierzu neben der beruflichen Ausbildung und gezielten sozialpädagogischen Maßnahmen vor allem durch Anregungen beitragen. Wir sollten uns nicht zum Ziel setzen, alles allein machen zu wollen. Aber wir können die Fähigkeit zur Zusammenarbeit, die wir innerbetrieblich erstreben und mit gutem Erfolg verwirklichen, hier auch außerbetrieblich noch besser fördern. Dazu gehört auch, daß wir mehr als bisher mit den Jugendorganisationen Kontakt halten. Die Möglichkeiten zur Beteiligung von Jugendlichen aus den Betrieben zum Beispiel an den verschiedenen Veranstaltungen im Rahmen des Deutsch-Französischen Jugendwerkes sind, soweit ich sehe, nur wenig genutzt, und wir könnten auch mehr tun, um unseren Lehrlingen und anderen Jugendlichen Anregungen oder Möglichkeiten zu geben, sich an Veranstaltungen von Jugendgruppen zu beteiligen. Die Möglichkeiten hierzu sind bei uns ebenso gegeben wie in anderen Ländern, vor allem in Japan, Schweden und USA. Modelle, die wir im Hause Siemens durchgeführt haben, ließen erkennen, daß die Jugendlichen für moderne Formen der freien Gruppenarbeit, vor allem aber für Veranstaltungen, bei denen von ihnen etwas gefordert wird, durchaus zu gewinnen sind, und zwar interessanterweise auch im Urlaub oder an Wochenenden.

Die Zusammenarbeit mit den anerkannten Jugendorganisationen erscheint mir aber auch aus einem anderen Grunde wichtig. Wir beobachten heute in weiten Kreisen der jüngeren Generation eine von Vorurteilen geprägte Einstellung gegen die Unternehmer. Sie geht so weit, daß selbst materielle Hilfen nur unter dem Gesichtspunkt gesehen werden, der Unternehmer könne sie ja von der Steuer absetzen. Ein unmittelbares Interesse an Bildungsproblemen oder anderen Aufgaben des Gemeinwohls wird uns heute häufig nicht unterstellt. Das können wir nur durch bessere Kontakte ändern.

Das gleiche gilt für andere Bereiche unseres öffentlichen Lebens. Die Angehörigen der mit Erziehung und Bildung im weitesten Sinne befaßten Gruppen – Lehrer, Professoren, Offiziere, Geistliche –, aber auch viele Angehörige anderer Berufe, haben ein sehr unterschiedliches Bild von den Betrieben der Wirtschaft; die Skala reicht von verständnisvoller Anerkennung bis zu der Ansicht, daß die Betriebe die Ghettos unserer Zeit seien. Viele aus diesen Bereichen haben keine Beziehung zur Wirtschaft, die berufen ist, unser Zeitalter wesentlich zu prägen. Es erscheint mir deshalb notwendig, ihnen zu zeigen, wie der industrielle Arbeitsplatz heute aussieht, welche Probleme die

Menschen an ihren Werkbänken und Schreibtischen bewegen und welche Probleme der Betrieb in sachlicher und in menschlicher Beziehung zu lösen hat. Viele falsche Vorstellungen können dadurch zurechtgerückt werden. Informationen durch praktische Mitarbeit (Industriepraktika), Betriebsführungen, Vorträge, Filme, Erfahrungsaustauschgespräche, Seminare oder auch Druckschriften sind hier geeignete Mittel und Wege für diese betriebliche Bildungsarbeit.

Ich möchte an dieser Stelle noch anmerken, daß ich eine wichtige unternehmerische Aufgabe darin sehe, Fachkräfte und Führungskräfte aus den Entwicklungsländern in die betriebliche Bildungsarbeit einzubeziehen. In dem Hause, dem ich angehöre, findet sich ständig eine große Zahl von ausländischen Informanten und Praktikanten, denen wir für ihre berufliche Weiterbildung und für ihre allgemeine Orientierung, wie wir glauben, wertvolle Hilfen geben. Darin liegt meiner Überzeugung nach ein sehr bedeutungsvoller Beitrag zur Entwicklungshilfe, und wir können etwas für den deutschen Namen in der Welt tun.

Das weitgesteckte Thema erlaubt es nicht, alle Möglichkeiten erschöpfend zu behandeln. Wenn es mir aber gelungen wäre, den Ausführungen des Herrn Staatssekretärs Barth einige Aspekte aus der Sicht des Unternehmers anzuschließen, so wäre das wohl im Sinne der heutigen Veranstaltung. Das Wort Bildung wird heute oft im Zusammenhang mit dem Wort Politik gebraucht, und es ist ein Zeichen für unsere Zeit, daß die Bildung tatsächlich zu einem bedeutenden politischen Instrument geworden ist. Bildungsarbeit ist die Vorsorge eines Volkes für seine Zukunft, sie ist aber auch, wenn ich den betrieblichen Rahmen wieder sehen darf, die Sicherung des weiteren Wachstums und Gedeihens unserer Wirtschaft. So möchte ich mich dazu bekennen, daß Bildungshilfen und Bildungsförderung eine unternehmerische Aufgabe von größter Bedeutung sind.

In vielen Unternehmen ist dies keine neue Erkenntnis, sondern eine bis an das Ende des vorigen Jahrhunderts reichende Tradition. An zahlreichen Stellen wird in den Unternehmen, zum Beispiel gerade im Hinblick auf die Neuordnung der Berufsausbildung, eine sehr umfangreiche Arbeit geleistet, die für die zukünftige Entwicklung richtungweisend sein kann. Daß die Wirtschaft ihren Bildungsauftrag ernst nimmt, zeigen auch die Investitionen, die hierfür geleistet werden. Wenn ich Zahlen aus dem Hause Siemens nenne, so erwähne ich sie nur als Beispiel, weil mir diese Zahlen natürlich am besten bekannt sind.

Bei uns beträgt der Aufwand für die Ausbildung eines gewerblichen oder kaufmännischen Lehrlings heute rund 15000,– DM. Für Aus- und Weiterbildung haben wir im vergangenen Geschäftsjahr rund 64 Mio DM aufgewandt, das sind mehr als 3 Prozent der Lohn- und Gehaltssumme. An unseren Weiterbildungsmaßnahmen waren im gleichen Geschäftsjahr rund 34000 Mitarbeiter beteiligt. Aus vielen Gesprächen mit anderen Unternehmern weiß ich, daß dort Entsprechendes geschieht. Darum glaube ich, daß wir heute die Leistungen der deutschen Unternehmer auf dem Gebiet der Bildungsarbeit nicht in den Schatten stellen sollten. Freilich müssen wir in unseren eigenen Reihen laufend das, was wir tun, überprüfen und den veränderten Verhältnissen anpassen. Und sicherlich wird niemand von uns behaupten wollen, daß alles schon zum besten sei und daß uns nichts weiteres zu tun übrig bleibe.

Ich habe versucht zu begründen, warum Bildungshilfen und Bildungsförderung eine unternehmerische Aufgabe sind, und ich habe gesagt, daß wir aus der unternehmerischen Aufgabe heraus ganz zwangsläufig dazu geführt werden, uns wirksam dieser Fragen anzunehmen. *Das ist unser wohlverstandenes Interesse. Ich möchte aber hervorheben, daß wir über dies Interesse hinaus als Anhänger der Sozialen Marktwirtschaft auch eine gesellschafts-*

politische Verantwortung gegenüber der Gesamtheit tragen und daß wir uns bei allem, was wir tun, dieser Verantwortung bewußt sein sollten. Dazu gehört auch, daß wir, unter Wahrung unseres eigenen Standpunktes, die Bestrebungen beispielsweise der Gewerkschaften auf dem Gebiet der Bildungsarbeit zu würdigen haben. Man sollte meinen, daß es hier, wo es ja um *sachliche* Fragen geht, möglich sein müßte, sich in vielem auch über gemeinsame Ziele zu verständigen.

Eins sollten wir meines Erachtens bei den Bildungsbemühungen innerhalb unserer Unternehmen immer vor Augen haben: Das Heil wird nicht von Institutionen und nicht von einer ins einzelne gehenden und reglementierenden Gesetzgebung abhängen. Ich sage das nicht, weil es uns so bequemer wäre, sondern deshalb, weil ich mir eine größere Wirkung verspreche, wenn innerhalb des vom Gesetzgeber gesteckten Rahmens Initiative und Einfallsreichtum sich entfalten können und nicht alles über einen Leisten geschlagen wird. Voraussetzung wird allerdings sein, daß wir uns zu diesem Bildungsauftrag auch bekennen und vor allem, daß wir danach handeln.

(Vortrag aus Anlaß des zehnjährigen Bestehens des Jugend- und Bildungsausschusses der Bundesvereinigung der Deutschen Arbeitgeberverbände, München, Juli 1966)

Tradition und Fortschritt – ein unternehmerisches Beispiel

Es ist mir eine Ehre, Sie namens des Hauses Siemens zu einem Festakt anläßlich des 150. Geburtstages unseres Firmengründers Werner von Siemens und anläßlich der 100. Wiederkehr des Tages, an dem die Entdeckung des dynamoelektrischen Prinzips veröffentlicht wurde, hier begrüßen zu können. Wir haben diese beiden Gedenktage zum Anlaß genommen, heute das

»Werner von Siemens-Institut für Geschichte des Hauses Siemens«

zu eröffnen.

Unsere Absicht war, die Leitung Herrn Professor Spandöck zu übertragen, der bisher schon dem Archiv und dem Museum vorstand und der sich große Verdienste um das werdende Institut erworben hat. Ein tragisches Geschick hat ihn wenige Tage vor der Eröffnung aus unserer Mitte gerissen, und wir bedauern schmerzlich, daß er diesen Tag der Krönung seiner Arbeit nicht mehr sehen durfte. Herr Professor Trendelenburg, der schon bei den Vorbereitungen wesentlich mitgewirkt hat, ist in diesen Tagen helfend eingesprungen, und wir danken ihm dafür sehr.

Als das Vorstandsmitglied, zu dessen Bereich das Institut gehören wird, möchte ich dem Chef des Hauses, Herrn Ernst v. Siemens, für die schöne Aufgabe danken, die uns hier gestellt wurde. Mit dem Namen des Instituts wollen wir dem Gründer unseres Hauses, dessen Leben und Wirken ein besonderer Raum gewidmet ist, ein Denkmal setzen, freilich nicht nur ein Denkmal; denn mit den Studienräumen und der Darstellung unseres Unternehmens bis heute wollen wir die Verbindung der Vergangenheit mit der lebendigen Gegenwart sichtbar machen.

Als Werner Siemens das dynamoelektrische Prinzip entdeckte und hierüber am 4. Dezember 1866 seinem Bruder Wilhelm nach London berichtete, schrieb er mit vorsichtiger Zurückhaltung, daß die neue Idee »aller Wahrscheinlichkeit nach reüssieren und bedeutende Resultate geben werde«. Wohl war er sich dessen bewußt, mit dieser Entdeckung einen neuen Weg der Elektrotechnik aufzuzeigen. In seinem später erstatteten Bericht heißt es am Ende: »Der Technik sind gegenwärtig die Mittel gegeben, elektrische Ströme von unbegrenzter Stärke auf billige und bequeme Weise überall da zu erzeugen, wo Arbeitskraft disponibel ist. Diese Tatsache wird auf mehreren Gebieten derselben von erheblicher Bedeutung werden.« Sicherlich konnte aber Werner Siemens ebensowenig wie die Mitglieder der Preußischen Akademie der Wissenschaften, vor denen sein Freund Professor Magnus am 17. Januar 1867 erstmals über die Entdeckung berichtete, ahnen, welche gewaltige technische Entwicklung damit beginnen würde. Die Vielfalt der Anwendungsgebiete der Elektrotechnik, ohne die wir uns das moderne Leben kaum mehr vorstellen können, ist in starkem Maße von der Entdekkung beeinflußt worden. Deshalb war es unser Bemühen, im »Werner von Siemens-Institut« diese technische Entwicklung in ihrer vielseitigen Verzweigung, zugleich aber auch die gegenseitige Befruchtung der verschiedenen Gebiete erkennbar werden zu lassen.

Das Institut ist aus dem 1907 gegründeten Siemens-Archiv und dem 1916 errichteten Siemens-Museum entstanden. Die wertvollen Bestände sind uns glücklicherweise in Berlin weitgehend erhalten geblieben. Wir haben beide Einrichtungen in der Nachkriegszeit wieder aufgebaut und sie hier in München in einem Hause in der Prannerstraße zusammengefaßt, das viele Jahrzehnte hindurch unsere Münchener Zweigniederlassung beherbergte.

Die Überzeugung, daß die Geschichte eines Unternehmens auch für die Aufgaben der Gegenwart gute Lehren zu geben vermag, hat uns 1957 veranlaßt, im damaligen Siemens-Museum die ersten Studienräume einzurichten, denen nun weitere gefolgt sind. Mit dem Institut, das wir Ihnen heute vorstellen, möchten wir einige Gedanken verwirklichen, die uns lange beschäftigt haben. Unsere Überlegung war immer, wie wir es erreichen könnten, so viele interessante Materialien, wie sie hier vereinigt sind, nicht nur der internen Belehrung im Kreise unserer Mitarbeiter dienen zu lassen, sondern auch in besonderem Maße der Allgemeinheit zugänglich zu machen. Dazu darf ich bemerken, daß auch bisher schon Archiv und Museum viele Besucher, insbesondere Studierende, aus dem In- und Ausland gesehen haben.

Das Institut ist der Geschichte unseres eigenen Hauses in allen ihren Zweigen gewidmet. Wir dürfen aber sagen, daß bei der Stellung, die unser Haus seit jeher in der Elektrotechnik gehabt hat, hier mit dem Beispiel des in Deutschland größten Unternehmens dieses Industriezweiges zugleich ein Beitrag für die Geschichte der Elektrotechnik überhaupt geleistet wird. Sie werden nachher beim Rundgang sehen, in welcher Weise wir versucht haben, diese Geschichte in Forschung, Entwicklung und Fertigung sichtbar zu machen.

In diesem Zusammenhang wollen wir auch einen Einblick in den vielfältigen Organismus eines Großbetriebes geben und zeigen, wie sich die Aufgabenbereiche – Forschung und Entwicklung, Fertigung und Verwaltung – und die Menschen in einem Unternehmen – Männer und Frauen, Arbeiter und Angestellte, Lehrlinge und Meister, Ingenieure und Kaufleute – wechselseitig beeinflussen. Das haben wir versucht in einem zentralen Raum anzudeuten. Sie finden dort ferner Angaben über die wirtschaftliche Entwicklung und über die Verbreitung des Hauses Siemens in Deutschland und in der Welt. Ein besonderer Raum ist der Personal- und Sozialpolitik gewidmet.

Zusammengefaßt darf ich das, was wir mit diesem Institut erreichen möchten, dahin kennzeichnen:

Zu den Aufgaben des Instituts sollen gehören

- Information über das Haus Siemens,
- über Leben und Wirken Werner von Siemens',
- über die Entwicklung der Elektrotechnik am Beispiel unseres Hauses.
- Darstellung und Erklärung der Wirkungsweise von Geräten und Maschinen der Elektrotechnik,
- Förderung von Forschungsarbeiten zur Geschichte der Elektrotechnik und ihrer Industrie.
- Veröffentlichung von historisch-wissenschaftlichen Arbeiten.
- Vortragsveranstaltungen.

Für wissenschaftliche Arbeiten stehen die Studienräume, das Archiv mit einem bis in die Anfänge zurückreichenden und bei weitem noch nicht ausgeschöpften Schriftgut und eine Spezialbibliothek zur Verfügung. Wir glauben, daß sich hier insbesondere auch für junge Menschen, die sich in der Ausbildung befinden, Möglichkeiten anbieten.

In diesem Sinne hoffen wir, mit dem Institut auf der einen Seite der Wissenschaft dienen, auf der anderen aber auch einem breiteren Publikum ein interessantes und vielleicht anregendes Bild des Werdens und Wachsens eines elektrotechnischen Unternehmens vermitteln zu können, dessen Tradition der Fortschritt ist. So verbindet sich die Geschichte mit der Gegenwart und den Aufgaben der Zukunft. Wenn wir uns nach zwei verlorenen Kriegen wieder hocharbeiten konnten, verdanken wir das in der Wirtschaft zu einem großen Teil den technischen und den unternehmerischen Leistungen, von denen unser Institut am Beispiel eines Unternehmens Zeugnis ablegt.

München ist eine Stadt, in der von jeher Wissenschaft und Kultur Pflege und Förderung erfahren haben. Dafür hoffen wir auch mit diesem Institut einen bescheidenen Beitrag zu leisten. Mit der Geschichte des Hauses Siemens ist München vielfältig verbunden. In diesem Sinne schlagen wir auch heute und hier die Brücke von unserem alten Standort Berlin, dem wir die Treue gehalten haben, zu der bayerischen Landeshauptstadt, in deren Weichbild nun unser Institut, wie wir hoffen, die ihm gestellten Aufgaben erfüllen und den in Deutschland und im Ausland interessierten Kreisen offenstehen möge.

Ich möchte nicht schließen, ohne allen Mitarbeitern unseres Hauses zu danken, die bei der Zielsetzung und bei der Gestaltung in großer Hingabe an die Sache mitgewirkt haben. Mein Dank gilt ebenso meinen Kollegen, die die Arbeit wirkungsvoll gefördert haben.

Wie das so zu gehen pflegt, kam es am Ende nicht nur darauf an, es so schön wie möglich zu machen, sondern auch rechtzeitig für die Eröffnungsfeier fertig zu werden. Das zweite ist gottlob gelungen, wenn auch sicherlich noch immer etwas zu tun übrig bleibt. Ob auch das erste gelang, werden Sie selbst beurteilen.

(Ansprache zur Eröffnung des Werner von Siemens-Instituts für Geschichte des Hauses Siemens, München, Dezember 1966)

Rentenpolitik im Wandel der Zeit

Ich möchte Herrn Professor Meinhold und Herrn Heubeck noch einmal danken für den umfangreichen Stoff, den sie uns gegeben haben. Ich bedanke mich auch für die Diskussion und auch für die Antworten, die Sie den Diskussionsrednern gegeben haben.

Die Diskussion hat sich weitgehend auf die Rentenfrage – sie ist wirklich eine Frage von großer Bedeutung – beschränkt. Ich möchte nur, damit wir noch einmal das wichtigste zusammenfassen, auf einige andere Punkte hinweisen, die von Herrn Professor Meinhold entweder ausdrücklich oder implicite zur Sprache gebracht worden sind. Es waren sehr wichtige Punkte, die in unserem Arbeitskreis für Sozialpolitik bei der begrenzten Zeit nicht alle diskutiert werden konnten, auf deren Bedeutung man aber hinweisen sollte.

Herr Professor Meinhold hat mit besonderem Nachdruck auf die Gleichwertigkeit der Wirtschafts- und Sozialpolitik hingewiesen. Wir sind uns sicherlich darüber einig geworden, daß Wirtschafts- und Sozialpolitik wechselseitig voneinander abhängig sind und daß ihre optimale Koordinierung vielleicht besser, als es bisher der Fall war, erreicht werden müßte. Es ist von der Sicherung der Sozialleistung durch ihre Konsolidierung gesprochen worden. Aus allem, was hier gesagt worden ist, war ersichtlich, daß die Sozialpolitik der nächsten Jahre nicht mehr in einer nur schematischen Erhöhung von Sozialleistungen bestehen kann. Die Sozialversicherung benötigt daher eine Phase der Konsolidierung.

Wenn man nun aber in der Sozialpolitik die Frage aufwirft, welche Schwerpunkte zu bilden sind, dann wird man in der Tat eine Vorausschau brauchen. Das hier apostrophierte »Sozialbudget« ist also die erforderliche mittelfristige Vorausschau, um das, was man vorhat und das, was man machen kann, in ein abgewogenes Verhältnis innerhalb der Sozialpolitik und im Verhältnis zur Wirtschaftspolitik zu bringen.

Herr Professor Meinhold hat dann – auf diesen Punkt möchte ich auch besonders aufmerksam machen – die Frage behandelt: eigene Verantwortung oder Hilfe durch die Gesellschaft. Es wurde zum Ausdruck gebracht, daß die eigene Vorsorge ein wichtiges Glied in der Kette ist, es wurde weiterhin gesagt, daß die Rentenversicherung auch eine private Leistung ist, weil ja der einzelne Beiträge zahlt. Darüber müssen wir uns wohl einig sein, daß nicht alles Heil vom Staate erwartet werden kann und daß die Sozialpolitik des Staates so beschaffen sein sollte, daß sie der Eigenständigkeit der betrieblichen und der autonomen Sozialpolitik der Sozialpartner auch Raum läßt.

Es klang, wenn auch nicht im einzelnen behandelt, die Frage des Eigentums an. Herr Professor Meinhold hat das Recht des Beitragszahlers als ein Eigentumsrecht bezeichnet. In einem Arbeitskreis, der sich mit der Sozialpolitik befaßt, ist besonders hervorzuheben, welche große Rolle gerade in der Sozialpolitik, so wie wir sie verstehen, die Eigentumsförderung verdient.

Angeklungen ist weiterhin ein sehr wichtiges Thema. Wenn man sich über die Sozialpolitik unterhält und über die Interdependenz von Wirtschafts- und Sozialpolitik, wird man sicherlich feststellen, daß eine der wichtigsten Verbindungen, wo sich Wirtschaft und Sozialpolitik treffen, die Lohnpolitik ist. Die Lohnpolitik wirkt sich ja auch auf die Sozialleistungen sehr unmittelbar aus. Die Tarifpartner überlegen sich leider nicht immer bei den Vereinbarungen, die sie treffen, daß sie ja mittelbar damit auch die Rentenversicherung behandeln und bestimmen.

Einen Punkt, der überhaupt nicht erwähnt worden ist – wir können ja nicht alles erwähnen –, wo sich aber Wirtschafts- und Sozialpolitik sehr eng treffen, möchte ich doch hier wenigstens genannt haben: die berufliche Mobilität. Damit ist die Umschulung des Arbeitnehmers angesprochen, der auf seinem bisherigen Platze nicht bleiben kann, weil die Fortschritte der Technik, wie z. B. die Automatisierung, eine Umsetzung erfordern. Ich glaube, daß hier auch eine wichtige Verbindungslinie von der Wirtschaftspolitik zur Sozialpolitik führt.

Was die Altersversorgung speziell anbelangt, so bestand ja die allgemeine Auffassung, die Leistungsfähigkeit der gesetzlichen Rentenversicherung müsse erhalten bleiben. Es bleibt die Frage: Wie kann das am besten gelöst werden? Hier liegt der konkrete Vorschlag des Herrn Dr. Heubeck vor, der in der Diskussion auch viel Anklang gefunden hat, künftig nicht mehr vom Brutto-, sondern vom Nettoeinkommen auszugehen.

Herr Dr. Heubeck hat auch angeregt, einmal durch Studien festzustellen, in welcher Weise man das berechtigte Verlangen der Selbständigen, sich der gesetzlichen Alterssicherung zu bedienen, befriedigen könnte. Er hat das Schwergewicht darauf gelegt, durch entsprechende staatliche Maßnahmen die echte Eigenvorsorge in diesem Kreise zu fördern und zu unterstützen, wobei dann sicherlich auch der Gedanke noch eine gewisse Rolle spielt, daß gesetzliche und private Alterssicherung sich ja, wie das heute schon auf vielen Gebieten der Fall ist, gegenseitig ergänzen sollen.

(Resümee als Vorsitzender des Arbeitskreises »Sozialpolitik« des Wirtschaftstages der CDU/CSU, Bonn, Januar 1967)

Grundfragen moderner Führungstechnik

»Führungstechnik« möchte ich im umfassenden Sinne von »techne« herleiten, d. h., ich möchte es als Kunst auffassen und nicht im Sinne einzelner Techniken, Methoden und Kunstgriffe verstehen.

Weiterhin möchte ich, wenn ich von »moderner« Führungstechnik spreche, nicht sagen, daß wir gegenüber früheren Zeiten schlechthin Besseres gefunden hätten. Insoweit möchte ich das Alte und das Neue, das Moderne, nicht werten. Modern wird eine Führung dann sein, wenn sie den menschlichen und sachlichen Forderungen unserer Zeit gerecht wird. Dabei werden wir auch manchmal das, was sich als modern bezeichnet, kritisch zu betrachten haben.

Das Thema ist weit gespannt und umfaßt natürlich alle Bereiche des staatlichen, politischen und wirtschaflichen Lebens. Ich möchte mich auf das Anwendungsgebiet beschränken, das mir aufgrund meiner Erfahrungen heute am nächsten liegt; ich will also von den Führungsfragen in einem Wirtschaftsunternehmen sprechen. Einmal kann man sagen, daß hier heute vielleicht das weiteste Anwendungsgebiet der Führungstechnik gegeben ist; auf der anderen Seite treten hier viele Fragen und Probleme auf, die sich genau so oder ähnlich in anderen Bereichen stellen, so daß vieles, was hier zu sagen ist, auch für solche Bereiche Gültigkeit hat. Sicherlich wäre es reizvoll, einen Vergleich zu heutiger Führungstechnik beispielsweise im Staatsdienst und in den politischen Parteien zu ziehen. Es läge mir auch nahe, da ich bis zum Jahre 1950 im Staatsdienst gewesen bin. Ich möchte mich aber heute auf die

Führungsfragen in den Wirtschaftsunternehmen beschränken und insoweit bei meinem jetzigen Arbeitsgebiet bleiben.

Wenn wir von der Führungstechnik sprechen, dann sollte auch und vor allem festgestellt werden, daß Führung zunächst einmal eine Frage der Gesinnung ist, die aus der Verantwortung für die Menschen, die geführt werden sollen, und für das Ganze erwächst. Ferner sollte ruhig ausgesprochen werden, daß die Führungsposition, wie zu allen Zeiten, Macht beinhaltet, eine Macht, die heute nicht mehr in dem Maße, wie es früher der Fall war, ererbt, sondern im Laufe eines beruflichen Lebens erworben wird. Ich möchte mir den Ausspruch von Jakob Burckhardt, nach dem Macht an sich böse ist, nicht zu eigen machen; sie kann auch die Quelle von vielem Guten sein. Betrachten wir nun die Macht, wie sie heute in den Wirtschaftsunternehmungen ausgeübt wird, dann ist festzustellen, daß sie vielen Einschränkungen unterliegt. Eingeschränkt ist sie einmal durch eine Fülle gesetzlicher Vorschriften sowohl auf sozialpolitischem wie auf wirtschaftlichem Gebiet. Hierzu kommt eine gesetzlich verankerte Betriebsverfassung, die das Mitspracherecht der Belegschaften und ihrer Vertretungen sehr viel stärker ausgebaut hat als in den Ländern der anderen westlichen Welt. Mindestens so stark, vielleicht noch stärker, ist aber die Einschränkung durch das Leben selbst. Hier wirken einmal die in den letzten Jahrzehnten immer komplizierter gewordenen technischen, wirtschaftlichen und sozialen Vorgänge. Die Zeit, in der der Unternehmer wesentlich aufgrund seines Instinktes und aus eigenem Willen und eigener Überlegung entscheiden konnte, ist vorüber. Seine Entscheidungen bedürfen einer sehr gründlichen Vorprüfung und Vorberatung im Kreise seiner Mitarbeiter, der Experten, ohne deren Arbeit und unter Umständen auch Mitentscheidung gar nicht mehr auszukommen ist. Daß hierdurch mit der Team-Bildung gegenseitige sachliche und auch persönliche Abhängigkeiten entstehen, leuchtet ein. Eine weitere Einschränkung ergibt sich aus der Rolle, die heute die Öffentlichkeit spielt. Schließlich und nicht zuletzt ist der Wandel der Menschen, der sich in den letzten Jahrzehnten vollzogen hat, zu beachten. Die Menschen sind heute freiheitsbewußter geworden, kritischer und sicherlich nicht geneigt, eine Autorität anzuerkennen, die sich nur auf Funktion stützt. Das möchte ich positiv werten; denn darin liegt ein Ansporn für die Vorgesetzten, es sich nicht leicht zu machen und sich nur auf Weisungen zu beschränken. Sie müssen durch Überzeugung und durch Persönlichkeit führen. Negativ wirkt, daß heute die junge Generation sehr wohl ihre Rechte kennt und zu wahren gewillt ist, daß aber demgegenüber das Gefühl der Verpflichtung doch nicht selten in den Hintergrund tritt.

Entgegen dem, was man häufig hört, möchte ich aufgrund der Erfahrung der letzten 15 Jahre sagen, daß der harte und schonungslose Vorgesetzte selten geworden ist und daß im Gegenteil, was auch nicht gut ist, sehr häufig eine gewisse Weichheit festzustellen ist, die sich aus all den Gründen, die ich hier kurz skizziert habe, scheut, auch einmal etwas Unangenehmes zu sagen oder zu tun. Es war mir interessant, bei einer Besprechung, die Unternehmer aus den sechs EWG-Ländern in Brüssel hatten, von Kommissar Marjolin, einem französischen Sozialisten, zu hören, daß die europäischen Unternehmer seiner Meinung nach den Aufgaben einer modernen Wirtschaftsführung nicht ausreichend gerecht würden und daß sie mehr von den Amerikanern lernen müßten, vor allem, so sagte er, Härte. Es war aber weiter interessant, daß in der Diskussion sowohl von französischer wie auch von deutscher Seite entgegengehalten wurde, daß wir gewiß manches von den Amerikanern lernen könnten, daß wir uns aber hüten sollten, alles zu übernehmen, und gerade über das, was Herr Marjolin Härte nannte, entspann sich eine Auseinandersetzung. Die Wahrheit liegt sicherlich in der Mitte. Wie auf allen Gebieten, streben wir auch in der Führung nach rationellen Methoden; doch sollten wir nicht vergessen, daß wir es mit Menschen und ihrem Schicksal zu tun haben und daß auch gerade in der Führung das irrationale Moment nicht ausgelassen werden darf.

Ich möchte mich nun zunächst mit den Fragen der Führungstechnik befassen, wie sie durch die Veränderung der Arbeitsaufgaben gestellt werden, und dann zweitens mit den Fragen, die sich aus der Veränderung der Menschen für uns ergeben. Drittens darf ich dann zusammenfassend auf die Folgerungen zu sprechen kommen, die sich aus diesen Veränderungen ergeben.

Zunächst die Veränderung der Arbeitsaufgaben.

Geändert hat sich am sichtbarsten, in welchen Wirtschaftsbereichen die Mennschen arbeiten und in welchem Maß und in welcher Form sie zusammenwirken. Vom Regelfall des Familienbetriebes in Landwirtschaft, Handwerk und Kontor sind wir heute zum Regelfall des größeren Betriebes in Industrie- und Dienstleistungsunternehmen übergegangen. Natürlich haben wir auch heute noch eine Fülle kleinerer und mittlerer Unternehmen – und wir werden sie hoffentlich behalten –, in denen noch etwas von den früheren Vorstellungen und der früheren Arbeitsweise erhalten geblieben ist; aber auch diese Betriebe beschäftigen mehr fremde Arbeitnehmer, als das früher der Fall war, sie müssen sich den Erfordernissen der neuen Zeit anpassen, und sie tun es auch.

Aus alledem ergeben sich vielfältige Über- und Unterordnungsverhältnisse und eine entsprechende Vielzahl von Führungsaufgaben. Um das Jahr 1800 waren 80 Prozent der Erwerbstätigen in Mittel- und Westeuropa in der Landwirtschaft beschäftigt, der Rest zu etwa gleichen Teilen im Handwerk und in Dienstleistungsberufen. Heute sind es nur noch wenig über zehn Prozent in der Landwirtschaft, nahezu 50 Prozent in Industrie und Handwerk und 40 Prozent in den Dienstleistungsberufen. Von den in der Industrie Beschäftigten arbeiten heute 80 Prozent in Betrieben mit über 100 Arbeitskräften, davon die Hälfte in Betrieben mit über 1000 Arbeitskräften. Demgegenüber arbeiteten zum Beispiel um das Jahr 1850 in Preußen selbst in der Industrie nur fünf Prozent in Betrieben, die mehr als 100 Arbeitskräfte zählten.

Die Führungsfragen, die sich hieraus ergeben, möchte ich unter drei Aspekten sehen:

1. Auswirkungen fortschreitender Arbeitsteilung.
2. Zunehmende Anforderungen an fachliche Qualifikation der Mitarbeiter.
3. Zunehmendes Erfordernis der Delegation von Führungsfunktionen.

Zu 1. Auswirkungen fortschreitender Arbeitsteilung

a) Arbeitsteilung wird häufig negativ bewertet in einem, ich möchte sagen, »romantischen« Vergleich zwischen ganzheitlicher, sinnerfüllter Handwerksarbeit und stückhafter, sinnentleerter Fließbandarbeit. Hier ist zu sagen, daß die Abneigung gegen gleichförmig wiederkehrende Tätigkeiten von geistig anspruchsvollen Menschen nach aller Erfahrung oft überschätzt wird. Dennoch liegt hier ein Problem, auch wenn es richtig ist, daß die mit gleichförmiger Tätigkeit befaßten Menschen bei ihrer Arbeit zufriedener sind, als häufig angenommen wird.

Die Führungsaufgabe hier beginnt schon bei der Arbeitsunterweisung, bei der es sehr darauf ankommt, die Teilarbeit im Zusammenhang mit dem ganzen Arbeitsprozeß zu erklären und das Ziel, zum Beispiel das Endprodukt und seine Verwendung, anschaulich werden zu lassen. Je weniger die Bedeutung und der Erfolg der Arbeit vom Mitarbeiter selbst erlebt und beurteilt werden können, desto mehr ist es Aufgabe der Vorgesetzten, die Leistung zu beachten, natürlich aber auch auf Fehler aufmerksam zu machen und dabei zu helfen, sie rechtzeitig zu korrigieren. Wichtiges Kriterium für die Beachtung der Leistung gerade bei einfachen Arbeiten ist die leistungsgerechte Entlohnung, insbesondere im Vergleich mit anderen, die ähnliche Arbeiten verrichten. Dahin zielen alle Bemühungen einer analytischen Arbeitsbewertung, eine richtige Zeitvorgabe beim Leistungslohn und, soweit das einem Menschen möglich ist, das Ausschalten subjektiver Beurteilungsmomente. Allgemein möchte ich aufgrund eigener Erfahrungen sagen, daß selbstverständlich die Höhe des Lohnes eine sehr große Rolle spielt, daß aber nichts bitterer empfunden wird als Ungerechtigkeit und subjektives Führungsverhalten der Vorgesetzten.

b) Arbeitsteilung führt nun aber nicht zur Vereinfachung der Arbeit und zu mehr Routine. Auf fachlich höherer Ebene finden wir eine Spezialisierung von Wissensgebieten, die immer vielfältiger und vielschichtiger werden. Daraus hat sich etwas ergeben, was man mit einem Schlagwort »Verwissenschaftlichung« der Unternehmensaufgaben nennt. In zunehmendem Maße sind durch Automation in der Fertigung und durch die Datenverarbeitung auch in der Verwaltung bereits viele einfache, gleichförmige menschliche Tätigkeiten von Maschinen übernommen worden. Gerade der Vorstoß in diese Gebiete ist nur durch Spezialisierung möglich.

Hier stellt sich nun auf höherer Ebene die gleiche Führungsaufgabe, das heißt die Aufgabe, den Mitarbeitern die Einordnung der Spezialgebiete in übergreifende Zusammenhänge vor Augen zu stellen, den Horizont zu weiten, Überblick zu vermitteln, sie anzuleiten, den Blick über die Zäune ihres Arbeitsgebietes hinaus zu richten. Neben der Information bei der Tagesarbeit und in vielen Besprechungen, zu denen das Betriebsleben Anlaß gibt, dienen hierzu vor allem die fachliche Weiterbildung qualifizierter Mitarbeiter und ihr Tätigkeitswechsel. Hierauf kann nicht genug Gewicht gelegt werden; denn aus den Reihen dieser qualifizierten Mitarbeiter werden später die Führungspositionen besetzt. Es hat sich immer schlecht bewährt, wenn ein hervorragender Spezialist, der aber Spezialist geblieben war, in die leitende Stellung kam. Für die Besetzung solcher Posten muß wieder eine Entspezialisierung eintreten, und diese kann nur gelingen, wenn sie rechtzeitig vorbereitet wird.

c) Überhaupt ist sowohl beim Mitarbeiter mit einfachen wie mit qualifizierten Tätigkeiten das Verständnis für das Betriebsgeschehen als Ganzes, darüber hinaus für wirtschafts- und gesellschaftspolitische Zusammenhänge zu fördern. Das liegt natürlich einmal im Interesse des Unternehmens selbst, aber ebenso auch im Interesse der Menschen, die sich, wenn irgend möglich, nicht nur als Rad in einem großen Betriebe empfinden sollten, und die ja auch in einem demokratischen Staat mitdenkende und mithandelnde Staatsbürger sein sollten. Diesen Sinn für das Ganze und für die Zusammenhänge zu fördern, wird auf sehr vielfältige Weise versucht, zum Beispiel durch Werkzeitschriften, auf Betriebsversammlungen, durch sozialpädagogische Kurse für Jugendliche, in sogenannten Meisterwochen, Informationsgesprächen und Seminaren für die Mittlere und Obere Führungsschicht.

Zu 2. Zunehmende Anforderungen an fachliche Qualifikation der Mitarbeiter

a) Diese Anforderungen sind durch technischen Fortschritt und durch die Verfeinerung und Verwissenschaftlichung der Arbeitsmethoden in allen Unternehmensbereichen gestiegen. Parallel hierzu ist die Entwicklung der

Aus- und Weiterbildung in Schulen und Betrieben zu sehen.

In Deutschland hatten wir im Jahre 1960 gegenüber dem Jahre 1913 etwa 40 Prozent Volksschüler weniger, dafür 50 Prozent mehr höhere Schüler und 250 Prozent mehr Studierende. Natürlich bin ich mir darüber klar, daß die Zahl an sich nicht allein aussagekräftig für die Qualität ist.

Neben der Berufsausbildung in den Schulen haben wir in Deutschland weiterhin die betriebliche Berufsausbildung, die eng mit der Ausbildung des Nachwuchses verbunden ist. Die betrieblichen Schwerpunkte liegen hier bei der Facharbeiterausbildung und bei der Ausbildung von Kaufleuten; daneben läuft die Ausbildung von Praktikanten vor dem Studium und während des Studiums.

Wir glauben, daß dies »duale System« auch heute noch gut und zweckentsprechend ist und ebenso den Bedürfnissen der Unternehmen wie denen der Auszubildenden entspricht. In den romanischen Ländern hat die Schulausbildung den Vorrang. Das ist eine Frage, die bei der Harmonisierung der Berufsausbildung innerhalb der Europäischen Wirtschaftsgemeinschaft eine Rolle spielt. Im ganzen scheint es, daß man sich auf eine möglichst große Gemeinsamkeit der Lehrmethoden, der Berufsziele und der Berufsbilder einigen wird, daß man aber die Frage des Vorranges betrieblicher oder schulischer Ausbildung den einzelnen Staaten überlassen wird.

b) In zunehmendem Maße stoßen wir heute auf das Problem, daß infolge des Fortschrittes der Wissenschaft und Technik das in der Ausbildung vermittelte Wissen immer rascher veraltet. Insbesondere stellt sich durch die Automation und durch die Datenverarbeitung die Frage, wie die Aufgaben in fünf, zehn, 20 Jahren aussehen werden, für die heute schon ausgebildet werden soll.

Für die Ausbildung ergibt sich hieraus, daß sie eine möglichst breite Grundlage für die spätere Spezialisierung geben und eine möglichst große Flexibilität gewährleisten muß. Dafür gibt es zum Beispiel das Konzept der sogenannten Stufenausbildung.

Wichtig wird in diesem Zusammenhang die Weiterbildung. Sie stellt sich als permanente Führungsaufgabe am Arbeitsplatz dar, in betrieblichen und überbetrieblichen Kursen, aber auch als Aufgabe jedes einzelnen. Nicht alles kann nur dargeboten werden; wir müssen darauf bedacht sein, gerade auch die persönliche Initiative des einzelnen zu fördern und, so weit sie nicht erkennbar ist, zu wecken. Mit einer undifferenzierten Forderung nach Bildungsurlaub, der ja viel zu kurz sein würde, um eine echte Weiterbildung zu gewährleisten, ist das Problem nicht zu lösen.

Zu 3. Zunehmendes Erfordernis der Delegation von Führungsfunktionen

a) Mit dem Wachstum der Unternehmen und mit der Spezialisierung ist die Delegation von Führungsfunktionen auf eine immer breiter werdende Schicht von Führungskräften notwendig geworden.

Nur als Beispiel darf ich hier einmal die Personalorganisation eines Großunternehmens erwähnen, da sich hier das Zusammenwirken von Stabs- und Linienfunktionen ganz gut veranschaulichen läßt.

Die Personal- und Sozialpolitik ist in der Unternehmensleitung vertreten und wird durch Abteilungen für Grundsatzfragen der Personal- und Sozialpolitik unterstützt. Diese Abteilungen gliedern sich in Referate, die spezialisiert sind, zum Beispiel auf Fragen der Personalplanung, der Aus- und Weiterbildung, der Beurteilung, der Förderung und des beruflichen Aufstiegs von Nachwuchskräften, auf Lohnfragen, auf Gehaltsfragen im tarifgebundenen und im übertariflichen Kreis, auf Fragen der Sozialversicherung, des Arbeitsrechts, der Betriebsverfassung und auf andere Aufgaben.

In den Werken und Betrieben gibt es Personalleiter und Personalabteilungen, von denen die Werksleiter und die Vorgesetzten aller Ebenen bei der Verwirklichung der Personal- und Sozialpolitik beraten werden und die ihnen auch möglichst viel Verwaltungsarbeit, bis zur Gehalts- und Lohnabrechnung, abnehmen müssen.

Träger der Personalführung im eigentlichen Sinne der Führung des einzelnen Mitarbeiters bleiben aber stets die Linienvorgesetzten.

In einem kleinen Betriebe sind alle diese Funktionen unter Umständen in der Hand des Chefs vereinigt. Ihre Aufteilung in einem großen Unternehmen ist nicht nur eine Frage der Bewältigung der Quantität, sondern insbesondere eine Frage der Komplexität der Aufgaben, die ohne Spezialisierung nicht zu meistern sind. Kleinere Unternehmen übernehmen dann auch auf diesem Gebiet vieles, was vorher in großen Unternehmen erprobt und erarbeitet wurde.

Das war nur ein Beispiel. Wir finden auf allen Unternehmensgebieten eine wachsende Zahl von Spezialisten in Stabsfunktionen und von dispositiv tätigen Führungskräften. Es ist eine Existenzfrage für jedes Unternehmen, die geeigneten Nachwuchskräfte hierfür zu finden und weiterzubilden; in größeren Unternehmen werden sie in der Regel aus den Reihen der eigenen Mitarbeiter gewonnen.

b) Das gilt auch für die ersten Positionen. Wenn ich an das Beispiel des eigenen Unternehmens denke, so ist festzustellen, daß der überwiegende Teil der Vorstandsmitglieder als Arbeitnehmer in unserem Hause begonnen hat, um dann über qualifiziertere Funktionen schließlich in die erste Reihe zu gelangen. Es ist in diesem Zusammenhang interessant festzustellen, daß herkunftsmäßig diese Vorstandsmitglieder aus allen Bevölkerungsschichten stammen.

c) Für die Gewinnung geeigneter Nachwuchskräfte sind wichtige Hilfsmittel die regelmäßige Beurteilung und eine laufende vernünftige Planung ihrer Förderung. Daß zu den Beurteilungskriterien fachliche Voraussetzungen gehören, ist klar; mindestens aber in gleicher Weise muß es bei den Führungskräften auf Persönlichkeit und Charakter ankommen. In dem Hause, dem ich angehöre, haben wir den Grundsatz, daß beispielsweise bei zwei Bewerbern, die natürlich tüchtig sein müssen, der den Vorrang für eine Führungsstelle verdient, der vielleicht in der sachlichen Qualifikation ein wenig hinter dem anderen zurücksteht, ihn aber nach der charakterlichen Seite hin überragt. Das ist der Grundsatz; daß es gelingt, an ihm immer festzuhalten, behaupte ich nicht, da wir ja alle Menschen sind, aber im ganzen ist es uns, wie ich glaube, gelungen.

Von Bedeutung ist, daß in der freien Wirtschaft trotz steigender fachlichen Anforderungen berufliche Ausbildung und Laufbahn immer noch nicht streng miteinander gekoppelt sind, und immer noch sind wir bemüht, jedem Mitarbeiter unabhängig von seiner Vorbildung die gleichen Aufstiegschancen zu geben. Die Schwierigkeiten sind zwar größer geworden, sich in der Praxis und durch Selbststudium die nötige fachliche Qualifikation zu erwerben; dafür sind aber auch mehr Möglichkeiten gegeben, eine qualifizierte Ausbildung zu erhalten.

Daß diese fachlichen Voraussetzungen und die Persönlichkeit in der Praxis nicht zu trennen sind, scheint klar. Schon für die Einzelleistung sind Leistungsbereitschaft und Leistungswille, Initiative und Selbständigkeit ebenso wichtig wie Kenntnisse, insbesondere heute, wo Wissen rascher überholt ist als früher.

Besondere Bedeutung erhält die Persönlichkeit bei Leistungen, die in der Zusammenarbeit und durch sie erbracht werden. Die Leistung der Vorgesetzten ist schon von der Aufgabenstellung her eine Leistung an anderen, durch andere, mit anderen. Darum muß bei ihrer Auswahl und Beurteilung die Persönlichkeit in viel weiterem Umfange berücksichtigt werden als bei Mitarbeitern, die nur ihre eigene Arbeit zu vertreten haben.

Nach allem ist bei den Mitarbeitern, die für qualifizierte Aufgaben in Betracht kommen, eine regelmäßige schriftliche Beurteilung notwendig. Sie hat auch den mittelbaren Nutzen, daß der Vorgesetzte zur intensiven Beschäftigung mit dem Mitarbeiter angehalten wird, daß wesentliche Beurteilungsgesichtspunkte vorgegeben werden und daß eine stärkere Verbindlichkeit hinsichtlich der Folgerungen eintritt, die aus dem Urteil zu ziehen sind. In größeren Unternehmen, in denen der einzelne der Leitung häufig nicht bekannt sein kann, ist es notwendig, den Überblick über die Nachwuchskräfte, ihre bisherigen beruflichen Erfahrungen und ihre persönliche Qualifikation durch geeignete Förderungsmaßnahmen sicherzustellen. Dafür gibt es viele Hilfsmittel; als Beispiel nenne ich die Förderkarteien.

Nun zu den Ursachen der Veränderung der Menschen: Die Veränderung der Menschen gegenüber den Anfängen des Jahrhunderts ist heute ein Hauptthema aller Wissenschaften, die sich mit dem Menschen und der Gesellschaft befassen. Dafür gibt es eine kaum noch übersehbare Literatur und eine Vielzahl von Hypothesen. Ich möchte hier nur einige übereinstimmende Feststellungen vortragen, die zum Verständnis der Führungsprobleme in unserer Zeit beitragen können.

Die Veränderungen reichen bis in die Keimzelle der menschlichen Gesellschaft, in die Familie. Die Familie ist in der Regel nicht mehr Lebens- und Arbeitsgemeinschaft; damit hat sich insbesondere die Stellung und Funktion des Vaters verändert. Die Familie ist auch nicht mehr in gleichem Maße wie früher das Urbild für Über- und Unterordnung, für selbstverständliche Ausübung und Anerkennung von Autorität im Sinne des Patriarchats, das ja im vergangenen Jahrhundert auch den Führungsstil der Unternehmen vielfältig geprägt hat.

Die Lösung von traditionellen Bindungen ist auch in anderen Lebensbereichen wie Staat, Kirche und Schule festzustellen. Der Drang nach Freiheit des Individuums bringt allerdings die Gefahr, die Verpflichtung und Verantwortung gegenüber der Gemeinschaft zu vernachlässigen, und die Gefahr einer Maßlosigkeit egoistischer Ansprüche.

Verschärft wird diese Gefahr durch das Erlebnis staatspolitischer und gesellschaftspolitischer Katastrophen oder Ausnahmesituationen. Das sogenannte Wirtschaftswunder ließ viele Ansprüche des einzelnen mit steigendem äußeren Lebensstandard und Konsum wachsen. Damit hat das Gefühl für Verpflichtung nicht Schritt gehalten. Auch hat die Verknappung der menschlichen Arbeitskraft durch die Voll- und Überbeschäftigung häufig eine unangemessene Selbsteinschätzung des einzelnen gefördert.

Diese Veränderungen sind unabhängig davon, wie man sie bewertet, wohl nicht rückgängig zu machen. Sie müssen deshalb als Tatsachen gesehen und bei der Führung der Menschen berücksichtigt werden. Dies wirft die Frage auf nach den Auswirkungen auf Auffassung und Ausübung von Autorität.

Es bestehen keine Gesellschaftsschichten mehr, die durch Geburt oder Tradition einen unbestrittenen Führungsanspruch erheben können, wie früher Grundbesitz, Offizierskorps, Beamtentum. Die Notwendigkeit von Über- und Unterordnung wird im allgemeinen zwar eingesehen, aber Dienststellung und Weisungsbefugnis allein verleihen noch keine Autorität, ja sie fordern eher zu besonders kritischer Einstellung gegenüber ihren Trägern heraus.

Nach wie vor hat freilich die fachliche Autorität Gewicht. Sie zu gewinnen, ist jedoch einerseits erschwert durch die zunehmende Spezialisierung, andererseits kann sie nur dort Tragfähigkeit entwickeln, wo die Geführten aufgrund ihrer Qualifikation in der Lage sind, sie zu beurteilen. Man kann das leicht am Beispiel der Bedeutung der fachlichen Autorität im Forschungs- und Entwicklungsbereich gegenüber der fachlichen Autorität eines Meisters in der Fertigungswerkstatt, in der angelernte Frauen arbeiten, deutlich machen.

Entscheidend ist nach allem heute mehr und mehr die persönliche Autorität, wie sie in der Begegnung von Vorgesetzten zu Mitarbeitern bei den alltäglichen Führungsaufgaben erlebt wird. Innere Festigkeit und Aufgeschlossenheit gegenüber den sachlichen und menschlichen Problemen der Geführten sind ihre wichtigsten Kennzeichen. Ihre innere Festigkeit entspricht dem Bedürfnis der Geführten nach Sicherheit, die Aufgeschlossenheit entspricht dem Bedürfnis, verstanden zu werden.

Damit komme ich zum dritten Bereich, nämlich der Berücksichtigung der sachlichen und menschlichen Forderungen an eine moderne Führungstechnik.

Die Forderungen, die durch die Veränderung der Aufgaben und durch die Veränderung der Menschen an eine moderne Führungstechnik gestellt werden, treffen sich in dem *Leitbild einer Führung in und durch Zusammenarbeit,* heute häufig als kooperative Führung gekennzeichnet.

Die Verwirklichung dieses Leitbildes ist am häufigsten in Arbeitsgruppen mit fachlich anspruchsvollen Aufgaben und entsprechend qualifizierten Mitarbeitern zu finden. Schon die Spezialisierung zwingt hier den Vorgesetzten, das selbständige Denken und Urteilen seiner Mitarbeiter zu fördern und auf ihre Auffassungen einzugehen. Hier ist es selbstverständlich geworden, daß die Mitarbeiter auf ihrem Spezialgebiet häufig besser Bescheid wissen als die Vorgesetzten. Die Aufgabe des Vorgesetzten liegt vor allem in der Zielsetzung, der Planung, der Koordinierung und der Überprüfung der Aufgaben. Er muß bereit und fähig sein, Aufgaben und Verantwortung zu delegieren, freilich auch die Verantwortung tragen, wenn die Delegation aus sachlichen oder personellen Gründen zu Mißerfolgen führt. Die Neigung, sich nur den Erfolg als Feder an den Hut zu stecken, sich aber vom Mißerfolg auf Kosten der unterstellten Mitarbeiter zu distanzieren, ist verbreitet, darf aber nicht geduldet werden.

Es kommt also darauf an, als Mitarbeiter Menschen zu haben, die selbst etwas einsehen und entsprechend ihrer Einsicht frei und verantwortlich handeln zu können. Bei Meinungsverschiedenheiten zwischen Vorgesetzten und Mitarbeitern hat der Vorgesetzte dann allerdings auch die Aufgabe, seine Mitarbeiter von der Richtigkeit seiner Auffassung zu überzeugen. In der Praxis ergeben sich hieraus kaum Schwierigkeiten, da die Mitarbeiter in der Regel anerkennen, daß dem Vorgesetzten die letzte Entscheidung in dem Maße zusteht, in dem er hierfür die Verantwortung zu tragen bereit ist.

Schwieriger ist eine kooperative Führung in Arbeitsgruppen zu verwirklichen, in denen die innere Beziehung der Mitarbeiter von ihrer Aufgabe und Qualifikation her gesehen nicht ohne weiteres gegeben ist. Hier muß der Vorgesetzte die Möglichkeit des Mitdenkens erst durch Information schaffen. Die Erfahrung, daß man sich innerlich für eine Sache nur engagieren kann, wenn man sie kennt und in ihrer Bedeutung begreift, gilt jedoch auch bei einfacheren Arbeiten. In diesem Zusammenhang muß man auch das sogenannte betriebliche Verbesserungsvorschlagswesen sehen.

Es wäre ein Mißverständnis, die Führung in und durch Zusammenarbeit als Preisgabe des Führungsanspruchs und als Nachgiebigkeit im Sinne der sogenannten »weichen Welle« aufzufassen. Kooperative Führung sollte gleich weit entfernt sein von der falschen Scheu, von Mitarbeitern etwas zu fordern, wie von selbstherrlicher Durchsetzung kraft Dienststellung und Dienstgewalt.

Diese Art der Führung kann auch nicht als bloße Technik im Sinne eines Kunstgriffs, der erfolgversprechend erscheint, praktiziert werden. Sie setzt die Überzeugung voraus, daß die Bemühung um Mitdenken und Mitverantwortung der Geführten der richtige Weg ist, den Menschen unserer Zeit, den Unternehmen und einer freien Gesellschaftsordnung gerecht zu werden.

Eines gilt sicherlich auch heute: Wenn Information und Überzeugungskraft eingesetzt sind, zum Schluß muß einer doch sagen: so wird es gemacht, und dafür übernehme ich die Verantwortung.

(Vortrag bei der Evangelischen Akademie Bad Boll, April 1967)

Kirche und Arbeitgeber im Spannungsfeld der Sozialpolitik

Dem Vorschlag, über »Die Begegnung von Kirche und Arbeitgebern in der Sozialpolitik« zu sprechen, bin ich gern gefolgt, weil es sich in der Tat um ein Thema von großer Bedeutung handelt, mit dem viele Unternehmer sich in den letzten Jahren befaßt haben. Ich bin mir bewußt, daß darin mancher Zündstoff enthalten ist. Der mir gestellten Aufgabe würde ich nicht gerecht werden, wenn ich nur in allgemeinen Ausführungen und in Unverbindlichkeit die Bereitschaft zur Begegnung betonte.

Eine solche Bereitschaft versteht sich; ich möchte aber gerade auch den Fragen nicht ausweichen, die bei vielen Unternehmern und auch bei mir zu Zweifeln Anlaß gegeben haben. So kann ich sehr wohl in die Lage kommen, einiges zu sagen, was nicht allen meinen Zuhörern in gleicher Weise gefallen wird. Ich glaube aber, daß wir nur dann weiterkommen, wenn wir in voller Offenheit miteinander sprechen.

Es ist unbestreitbar, daß auf dem Gebiet der Sozialpolitik eine Begegnung zwischen Kirche und Arbeitgebern stattfindet, und zwar geschieht das in den verschiedensten Formen, auf den verschiedensten Ebenen und im Hinblick auf die verschiedensten sozialpolitischen Fragen. Wenig gesprochen wird von einem Fall oder jedenfalls einer Möglichkeit der Begegnung, der, wie mir scheint, besonders bedeutungsvoll ist. Ich meine die Begegnung zwischen dem einzelnen Arbeitgeber in seiner Eigenschaft als Mitglied der Kirche und dem Pfarrer der Gemeinde in Ausübung seiner seelsorgerischen Aufgabe. Hier, innerhalb der Gemeinde, kann der Unternehmer als Christ angesprochen und auch aufgerufen werden, sich als Arbeitgeber an christlichen Vorstellungen zu orientieren. Diese Möglichkeit einer wenn auch nur mittelbaren Einflußnahme der Kirche auf das soziale Verhalten des einzelnen Arbeitgebers scheint mir bedeutungsvoll zu sein, wichtig von der Wirksamkeit her, wichtig aber auch als Fundament für einschlägige kirchliche Äußerungen. Wollte die Kirche auf diese Form der Begegnung mit dem Arbeitgeber in dem ihr nächstliegenden seelsorgerischen Bereich verzichten, dann könnte sie letzten Endes die Grundlage für alle generellen Ausführungen von Sozialkammern, Arbeitsausschüssen und welchen Gremien auch immer verlieren.

Erlauben Sie mir einen Vergleich mit dem Arbeitgeber. In der lebendigen Wirklichkeit des Betriebes wird er nicht nach allgemeinen Verlautbarungen seiner Verbände beurteilt werden, sondern nach seinem eigenen Verhalten. Die Belegschaften erwarten von ihm eine gute Führung des Betriebes, wirtschaftlichen Erfolg, Gerechtigkeit gegenüber den Mitarbeitern und eine soziale Haltung. Je größer die Zahl der Unternehmer ist, die solchen Anforderungen entsprechen, um so mehr Glaubwürdigkeit verdienen dann auch die Verlautbarungen ihrer Verbände.

Das gilt auch für die Kirche. In der Begegnung des Pfarrers mit den Mitgliedern seiner Gemeinde, auch mit dem Arbeitgeber, kann die Kirche ihrer Aufgabe dienen und viel zur Haltung der Menschen und zum sozialen Frieden beitragen. Je mehr Pfarrer sich gewissermaßen vor Ort im Gedankenaustausch mit ihren Gemeindemitgliedern den alle bewegenden Fragen widmen, um so mehr Erfahrungen werden der Kirche zugute kommen, und um so größer wird auch die Kenntnis der personalen und sachlichen Fragen auf dem Gebiete der Sozialpolitik werden, die ja häufig nicht nur von einer Seite zu betrachten sind. Das könnte sich in fruchtbarer Weise auf die allgemeinen Stellungnahmen der Kirche und der von ihr eingesetzten Gremien auswirken und viel zum Gewicht, zum Sachgehalt und zur Glaubwürdigkeit solcher Auslassungen beitragen. Ich könnte mir denken, daß dann angesichts des wirklichen Lebens auch der Wunderglaube an die Heilkraft immer neuer Institutionen auf ein rechtes Maß zurückgeführt würde.

Eine solche gegenseitige Anregung innerhalb der Kirche würde die seelsorgerische Aufgabe in hohem Maße erleichtern und in ihrer Wirkung verstärken; denn es ist kein Geheimnis, daß es manche generelle Verlautbarung der Kirche gibt, die bei Gemeindemitgliedern Zweifel und Unruhe ausgelöst hat, Zweifel, denen gegenüber der Pfarrer es mit der Antwort oft nicht leicht hatte.

Obwohl ich dem seelsorgerischen Bereich hier ein besonderes Gewicht beimesse, möchte ich davon im folgenden nicht mehr sprechen. Einmal muß ja eine solche Begegnung wohl oder übel zunächst auf die Arbeitgeber beschränkt bleiben, die sich als Glied der Kirche fühlen und insoweit seelsorgerischer Ansprache geöffnet sind. Zum anderen handelt es sich gewiß in der Sozialpolitik um eine Frage der Grundstruktur unserer sozialen Ordnung. Ich werde mich daher im folgenden mit der Begegnung zwischen Kirche und Arbeitgebern als zweier Kräfte unserer pluralistischen Gesellschaft, als zweier sozialer Wertträger befassen.

Ich treffe diese letzte Feststellung nicht gern, weil ich von meiner Jugend her noch gewöhnt bin, in der Kirche mehr zu sehen, etwas Höheres als eine der vielen anderen Kräfte, die in dieser Welt und in unserer sozialen Ordnung wirken. Aber es scheint, als ob dieser Standpunkt heute nicht mehr aufrecht erhalten wird.

Die Palette der Begegnungen ist außerordentlich breit. Sie geht von der im rein kirchlichen Bereich konzipierten Stellungnahme, die von der Kirche aus eigener Initiative in den sozialpolitischen Raum hineingetragen wird, über die Bemühungen der unterschiedlichsten gemeinsamen

Gremien, sozialpolitische Probleme in gegenseitiger Durchdringung zu überdenken und zu gemeinsamen Aussagen zu gelangen, bis hin zum betonten Engagement einzelner Persönlichkeiten. Eins ist aber all diesen Begegnungen gemeinsam: Während kein Zweifel daran besteht, daß sich die Arbeitgeber in der Sozialpolitik auf einem ihnen zukommenden Felde bewegen, finden wir häufig die Meinung vertreten, daß die Kirche auf diesem Felde als Gast zu betrachten sei, als willkommener manchmal, manchmal auch als unerbetener. »Begegnung« bedeutet in der Wirklichkeit also nicht immer einträchtigen Dialog mit dem Ziele gemeinsamen Zusammenwirkens, sondern auch Konfrontation, teils auch Kollision.

Wir suchen nach den Gründen: Ich versuche, einige dieser Gründe kurz zu kennzeichnen, die einem Unternehmer, der für die Begegnung eintritt, oft genannt werden, wenn er mit seinen Freunden darüber spricht.

Zum einen wird gesagt, die Kirche möge sich auf ihre ureigensten Aufgaben besinnen und beschränken, auf Verkündung, Seelsorge, Nächstenliebe. Dort habe sie genug zu tun, und sie brauche sich nicht in Dinge einzumischen, deren Regelung von der Sache her oder von Gesetzes wegen anderen überlassen sei. Weiterhin wird der Kirche die notwendige Sachkenntnis bestritten, um sich zu sozialpolitischen Fragen zu äußern, und man weiß auch Beispiele zu nennen. Man wirft der Kirche vor, in ihren sozialpolitischen Verlautbarungen die grundlegenden Veränderungen unserer Arbeitswelt und unserer Wirtschafts- und Gesellschaftsordnung gegenüber dem vorigen Jahrhundert nicht zu sehen und nicht sehen zu wollen. Auch der Verdacht des Opportunismus wird geäußert; die Kirche – so wird gesagt – habe es im vorigen Jahrhundert mit dem Adel und mit dem Besitzbürgertum als der »herrschenden Klasse« gehalten, sich nun aber in der Demokratie alsbald auf die Seite der Gewerkschaften als die der stärkeren Bataillone geschlagen; hierbei wird auch darauf hingewiesen, daß rund die Hälfte der Bundestagsabgeordneten einer Gewerkschaft angehört. Manche sehen in dem neu erwachsenen sozialpolitischen Engagement der Kirche den Versuch der Wiedergutmachung für ihr Schweigen in vergangener Zeit, manche eine zu einseitige Auslegung ihres Auftrages, den Schwachen zu helfen; die Kirche suche die »Schwachen« auf der soziologischen Strukturkarte immer noch dort, wo sie in der zweiten Hälfte des 20. Jahrhunderts zumindest in der Bundesrepublik Deutschland wohl nicht mehr zu finden seien.

Ich bin in vielen Unterhaltungen, gerade mit Pfarrern, auf den Gedanken gestoßen, daß die Kirche im vorigen Jahrhundert mit der Macht gegangen sei – »Thron und Altar« – und daß ihr ein gleiches nicht noch einmal widerfahren dürfe. Im ganzen glaube ich, daß es sich, was zunächst die Vergangenheit betrifft, um eine zu einseitige Betrachtung handelt. Sicherlich waren, wie zu allen Zeiten, so auch im vorigen Jahrhundert die Vertreter unserer Kirche Kinder ihrer Zeit und haben danach gedacht und gehandelt. Es gibt aber doch sehr viele Beispiele, daß damals von den Vertretern der Kirche Schäden der Zeit erkannt wurden und daß dem in Wort und Tat entgegengetreten worden ist. Es wäre darum ein Unrecht, das man unseren Vorfahren täte, wenn man in dem Pastor aus Hauptmanns Webern den Prototyp des evangelischen Geistlichen jener Zeit sehen wollte. Ich glaube auch nicht, daß unsere Kirche in der Zeit des nationalsozialistischen Regimes so viel Widerstandskraft und auch so viel Heldenmut bewiesen hätte, wenn sie nicht an eine noch lebendige Tradition hätte anknüpfen können und wenn sie sich wirklich in der Vergangenheit so sehr von ihrem Auftrage entfernt hätte, wie das heute behauptet wird.

Was aber unsere Zeit betrifft, so meine ich doch, daß in vielen Äußerungen von kirchlicher Seite die heutige Arbeitswelt nicht so gesehen wird, wie sie wirklich ist, und daß häufig sowohl das Bild des Arbeitgebers wie das des Arbeitnehmers und ihrer wirtschaftlichen und sozialen Stellung in unserer Zeit mit den verblassenden Farben der Vergangenheit gemalt wird. Ich erläutere dies an einem Beispiel.

In dem vom Landeskirchenrat herausgegebenen Gemeindeblatt einer großen deutschen Stadt wurde in laufender Folge ein Tagebuch aus der Fabrik veröffentlicht. Dem Vorspruch der Redaktion entnehme ich, daß die Verfasserin dieses Tagebuches in die Fabrik gegangen sei, weil sie von einer ökumenischen Dienstgruppe um Mitarbeit gebeten wurde. Es heißt dann weiter in dem Vorspruch, daß die Industrie ein Teil dieser Welt sei, daß aber die Menschen, die darin arbeiteten, »uns kirchlichen Leuten ziemlich fremd seien; sie kämen nicht in unsere Veranstaltungen, Gottesdienste und Gruppen, und so sei es denn die Aufgabe der Gemeinde, die Nöte, Ängste und Fragen ihrer Zeitgenossen kennenzulernen, ernst zu nehmen und darauf eine Antwort zu geben«. Weiter aus dem Text des Tagebuches einige Sätze, einige nur von vielen:

»Montagfrüh ist immer Sklavenmarkt. Dort wurde ich diesmal auch verhökert.«

»Wenn das Zuchthäusler machen müßten – die wüßten wenigstens warum.«

»Menschlichkeit ist kaum möglich, und wenn, dann nur, wenn sie die heilige Ordnung nicht stört.«

»Man schafft unmenschliche Arbeitsbedingungen und verachtet die, die nicht anders können, als sich diesen Bedingungen anzupassen.«

»Dieser Schlag hat weh getan; es gibt in dieser Fabrik keine Instanz, die gegen offensichtliche Mißstände einschreitet.«

»Ich will nicht vergessen, was ich dort erlebt habe an Freundschaft und Haß, an Mut und Resignation, an Erduldung und Unterdrückung.«

Niemand von uns behauptet, daß überall alles in bester Ordnung sei. Fehler, Mißstände und Irrtümer gibt es überall und auf jeder Seite. Aber die Vorstellungen, die hier mit der Autorität eines kirchlichen Organs verbreitet werden, stehen zur Wirklichkeit in einem so diametralen Gegensatz und atmen so viel von der Leidenschaft der Aussage, wie sie einst in Thomas Münzer lebendig war, daß es nicht verwundern kann, wenn Mißtrauen und Ressentiment gegenüber kirchlichen Äußerungen dadurch genährt werden. Und wenn man dann noch den Vorspruch der Redaktion liest, dann fragt man sich, ob man durch eine solche Sprache Seelen gewinnen will, die sich der seelsorgerischen Bemühung in der Gemeinde entziehen.

Ich habe vorher dargelegt, welche Einwände gegenüber der sozialpolitischen Aktivität der Kirche erhoben werden. Nicht alles ist gleich begründet, und manches mag sich widersprechen. Aber diese Einwände sind in der Welt, und man muß sich mit ihnen auseinandersetzen. Sie müssen vor allem Anlaß sein, die Frage zu stellen, inwieweit die Kirche sich zu sozialpolitischen Fragen äußern soll. Ich glaube nicht, daß es jemand gibt, der den Auftrag und die Legitimität der Kirche, auf diesem Gebiet Stellung zu nehmen, grundsätzlich in Frage stellt, auch auf die Gefahr hin, daß solche Stellungnahmen als unbequem empfunden werden sollten. Jedenfalls ist das meine Meinung. Diese grundsätzliche Bejahung des kirchlichen Auftrages schließt aber nicht aus, daß die Frage nach den Grenzen dieses Auftrages zu stellen ist. Diese Grenzen abzustecken und einzuhalten, scheint mir aus zwei Gründen wichtig. Einmal rührt ein großer Teil des Unbehagens daher, daß man das Empfinden hat, die Kirche überschreite diese Grenzen. Zum anderen ist die Einhaltung dieser Grenzen deshalb bedeutsam, weil ja letztlich jede Äußerung aus dem kirchlichen Raum mit einer ganz beachtlichen und auch politisch wirksamen

Autorität versehen ist. Die Autorität der Kirche sollte nicht so eingesetzt werden, daß sie im Streit der Meinungskämpfe mißbraucht werden kann.

Ich komme also zu den Grenzen:

Hier betone ich vor allem, daß kritische Stellungnahmen genereller Art sich auf das Grundsätzliche beschränken und sich nicht zu politischen Detailvorschlägen präzisieren sollten. Ein in meinen Augen negatives Beispiel waren die Empfehlungen des bikonfessionellen Arbeitskreises zur Vermögensbildung. War dieser auch keine offizielle Institution der Kirchen, so gab er sich doch betont konfessionell, und die Kirchen haben sich auch nicht distanziert. Für die breite Öffentlichkeit gewann dieser Arbeitskreis damit kirchliche Autorität, so daß sich die Kirchen in der öffentlichen Diskussion auch seine Stellungnahme zurechnen müssen.

Indem dieser Arbeitskreis sich eindeutig für die Möglichkeit einer tarifvertraglichen Vereinbarung vermögenswirksamer Zuwendungen aussprach – es geht mir hier nicht um die Vermögensbildung als solche –, begab er sich in die Niederungen der Tagespolitik und ergriff Partei.

Ein anderes Beispiel: Wohl keiner bestreitet der Kirche das Recht, sich aufgerufen zu fühlen, wenn es um die Wahrung der personalen Würde des einzelnen geht. Wenn nun aber mit kirchlicher Autorität ausgestattete Persönlichkeiten, als sei dies der einzige Weg zur Wahrung dieser personalen Würde, ganz konkrete Vorschläge machen, die dann zufällig genau den gewerkschaftlichen Mitbestimmungswünschen entsprechen, dann drängt sich angesichts einer solchen ins Detail gehenden Kongruenz doch der Zweifel auf, ob es sich hier noch um eine eigenständig erarbeitete Meinung handelt. Es ist bedauerlich, aber unvermeidbar, daß solche konkreten tagespolitischen Vorschläge die Kirche nicht nur in das Spannungsfeld, sondern auch in das Schußfeld sozialpolitischer Auseinandersetzungen bringen.

Ich bin daher der Meinung, daß der Auftrag der Kirche darin liegen sollte, sich zum sozialpolitischen Ordnungsgerüst unseres Staates im Sinne ihres Lehrauftrages zu äußern, nicht aber zu Fragen der Tagespolitik Stellung zu nehmen. Dem wird nun sicherlich entgegengehalten, die Kirche solle damit in eine Position wirkungsloser Unverbindlichkeit abgedrängt werden. Das trifft aber nicht zu. Gewiß sind die Grenzen schwer zu ziehen; aber diese Schwierigkeit sollte meines Erachtens für die Kirche ein Anlaß sein, in Zweifelsfällen eher diesseits jener Grenze zu bleiben. Langfristig liegt dies sicherlich in ihrem eigenen Interesse. Wenn die Kirche zu allzuvielen tagespolitischen Fragen Stellung nimmt, dann könnte es leicht geschehen, daß ihre Äußerungen nicht überall so ernst genommen werden, wie es erwünscht wäre. Durch ein Zuviel kann bei den Angesprochenen sehr leicht ein gewisser Sättigungsgrad erreicht und überschritten werden. Das ist eine ganz natürliche Reaktion, die berücksichtigt werden sollte. Wer nun mit Auswahl, dann aber in wirklich wichtigen grundsätzlichen Fragen seine Stimme erhebt, wird immer mehr Aufmerksamkeit finden als wer immer wieder zu allen möglichen und sich häufig wandelnden Gedanken und Geschehnissen der Tagespolitik Stellung nimmt.

Die zweite Voraussetzung, die bei jeder kirchlichen Stellungnahme gewahrt werden müßte, ist die einer strengen Überparteilichkeit. Die Möglichkeit, diese Überparteilichkeit zu verlieren, ist um so größer, je mehr sich die Kirche in tagespolitische Detailfragen verstrickt. Das ist natürlich ein äußerst schwieriges Problem; denn ich verkenne nicht, daß letztlich in jeder Stellungnahme eine gewisse Parteilichkeit im Sinne einer grundsätzlichen Übereinstimmung mehr mit den Vorstellungen des einen oder des anderen Sozialpartners liegen kann. Diese Art von Parteilichkeit möchte ich der Kirche nicht bestreiten; das ist unmittelbar verbunden mit einer profilierten und ernstzunehmenden

Äußerung. Ich möchte aber – nicht zuletzt im Interesse der Kirche selbst – eindringlich bitten, dieses schwierige Problem der Parteilichkeit vor jeder Äußerung streng und redlich zu überdenken. Feste Maßstäbe kann natürlich niemand an die Hand geben; aber um die Vielschichtigkeit des Problems anzudeuten, möchte ich nur darauf hinweisen, daß meinen Freunden und mir in der Vergangenheit nicht nur die offene, ganz eindeutige Hilfe für die gewerkschaftlichen Vorstellungen Bedenken bereitet hat. Mindestens die gleiche Sorge macht uns die versteckte unbewußte Parteilichkeit in manchen Stellungnahmen, und diese lag zum Teil in den Akzenten, in Auslassungen und in der Unterschiedlichkeit der Intensität des Engagements gegenüber den beiden Sozialpartnern.

Ein dritter Punkt: Die Gefahr jener unbewußten Parteilichkeit ist um so geringer, je fundierter der Sachverstand derer ist, die im Namen der Kirche Stellung nehmen. Hier ist sicherlich in den letzten Jahren viel geschehen. Ich möchte dies nicht zuletzt auf die Arbeiten zurückführen, die hier, in Bad Boll, in Loccum und in den anderen Akademien verdienstvoll geleistet werden. Trotz allem ist aber der Ruf nach mehr Sachverstand bei sozialpolitischen Äußerungen noch nicht unberechtigt geworden. Es wird bei allem Bemühen noch lange dauern, bis die Ausstrahlungen dieser Arbeit in alle Bereiche der Kirche dringen. Dies gilt um so mehr, als sozialpolitischer Sachverstand nicht einfach zu erwerben ist, sondern schließlich nur das Ergebnis ganz intensiver Arbeit sein kann und eine ausführliche Kenntnis auch der wirtschaftlichen Tatsachen und Zusammenhänge voraussetzt.

Diese Kenntnis kann nicht allein durch kurzfristige Industriepraktika junger Theologen gewonnen werden. Sollen diese Praktika Früchte tragen, so reicht es nicht aus, wenn der junge Theologe einige Wochen lang als Arbeiter unter Arbeitern tätig ist; er sollte den Betrieb im ganzen und im Zusammenwirken aller kennenlernen und damit den Standpunkt für eine unparteiische Beurteilung der Zusammenhänge und des Arbeitsalltages aller Beteiligten gewinnen. Durch eine solche Ausgestaltung der Industriepraktika wäre meines Erachtens besser zu erreichen, daß die späteren Sozialpfarrer wirklich über den Dingen stehen und echte und wirksame Anregungen geben können. Es gibt hier eine Gefahr, die aus psychologischen Gründen verständlich genug ist. Man darf nicht übersehen, daß die erste Begegnung mit dem Arbeitsalltag und den Zwängen des Betriebsablaufs auf den jungen Theologen auf Grund seiner besonderen psychischen und intellektuellen Veranlagung ganz anders wirken wird als auf die Mehrzahl der Arbeitnehmer und daß er sich deshalb davor hüten muß, seine Empfindungen und Reaktionen für allgemeingültig zu halten.

Ich weiß nicht, welche Richtlinien die Sozialpfarrer von der Kirchenleitung für ihre Arbeit erhalten, und ich habe sehr unterschiedliche Erfahrungen gemacht. Ich habe erlebt, daß fruchtbare Anregungen konkreter Art gegeben wurden; ich habe auch erlebt, daß eine bedeutsame Aufgabe in der Organisierung von Reisen für Betriebsräte nach Jugoslawien zum Studium der in diesem Lande geltenden Betriebsverfassung gesehen wurde.

Auf jeden Fall gilt all den Männern, die sich der oft mühevollen und opferreichen Aufgabe eines Sozialpfarrers unterziehen, besondere Hochachtung. Viel wird immer von der Persönlichkeit abhängen; aber wichtig für die Aufgabe und vom Standpunkt aller Beteiligten, der Kirche, der Gewerkschaften, der Belegschaften und der Arbeitgeber, wird es sein, welches sachliche Rüstzeug den Sozialpfarrern mit auf den Weg gegeben wird.

Schließlich – und damit komme ich zur letzten der Grenzen, die Beachtung verdienen – sollte mit offenem Visier gekämpft werden. Hierzu gehört es, den Eindruck zu vermeiden, als ob die Kirche, die ja nicht nur in der Öffentlichkeit Stellung nimmt, bei den vielen Möglichkeiten, die ihr gegeben sind, einseitig nur den Vorstellungen des einen Sozialpartners ihr Ohr und ihr Wort leihe und diese Vorstellungen dann als kirchliche Ansicht vertrete.

Ohnehin wird oft gesagt, daß die Kirchen mehr politische Macht besäßen als ihrer seelsorgerischen Tätigkeit gut tue. Hierzu ein offenes Wort: Die Gründe für solche Meinungen sind nicht unverständlich. Wir erleben es auf der einen Seite immer wieder, daß Vertreter der Kirchen in den Chor einfallen, der die Macht der Unternehmer anprangert und ihre Kontrolle fordert. Gleichzeitig spüren die Unternehmer aber tagtäglich all die vielen Bindungen, denen sie in unserem System der sozialen Marktwirtschaft unterworfen sind und auch sein sollen.

Ich möchte deshalb in diesem Zusammenhang ein Wort zur Macht der Unternehmer sagen.

In vielen Gesprächen, die ich mit Vertretern der kirchlichen Seite gehabt habe, ist immer wieder diese Frage der Macht angeschnitten worden, und es ist gesagt worden, daß diese Macht viel zu weitgehend, ja daß sie eigentlich unbeschränkt und darum politisch und sozial gefährlich sei. Auch hier ist man von der Wirklichkeit sehr weit entfernt. Sicherlich wäre man unglaubwürdig, wenn man leugnen wollte, daß die Unternehmer Macht hätten. Macht an sich ist nicht böse; sie kann auch die Quelle von vielem Guten sein, und sie wird ja überall ausgeübt, wo leitende Funktionen wahrgenommen werden, in der Politik, in der Wirtschaft,bei den Gewerkschaften, denen ja auch ein großer wirtschaftlicher Konzern mit vielen Unternehmungen zur Verfügung steht, vielleicht auch in der Kirche, kurzum in allen Bereichen; und in allen Bereichen gibt es Über- und Unterordnung, Entscheidungs- und Weisungsbefugnisse. Die Macht aber muß, das ist sicherlich unser aller Ansicht, in Schranken gehalten werden, und es bedarf eines Gleichgewichts der Kräfte.

Ich bin nun der Ansicht – und ich kann wirklich etwas

aus Erfahrung darüber sagen –, daß die Macht der Unternehmensleitungen häufig sehr übertrieben dargestellt wird. Sie ist nach der wirtschaftlichen und sozialen Seite durch eine Fülle von Gesetzen eingeschränkt. Vielleicht noch viel stärker ist aber die Einschränkung durch das Leben selbst. Es ist heute in den Unternehmen mit der weithin durchgeführten Arbeitsteilung und den immer komplizierter werdenden Abläufen technischer und wirtschaftlicher Art nahezu unmöglich geworden, auf Grund von Intuitionen autoritäre Entschlüsse zu fassen. Die Entscheidungen der leitenden Persönlichkeiten in den wesentlichen Fragen der Unternehmensführung bedürfen einer sorgfältigen Vorbereitung durch sachkundige Mitarbeiter. Auf diese Teamarbeit ist die Leitung sachlich angewiesen, und das führt zwangsläufig auch zu persönlicher Rücksichtnahme. Wenn nicht das Herz – was natürlich zu wünschen ist –, so gebietet es die Klugheit. Überdies wird – auch dafür gibt es Erfahrungen – heute auf die Dauer jeder Schiffbruch erleiden, der nur mit Befehl und Weisung leiten und der nicht davon Kenntnis nehmen will, daß infolge der Veränderung der Menschen und wegen des immer komplizierter werdenden Ablaufs der technischen, der wirtschaftlichen und der sozialen Vorgänge Überzeugen und gegenseitige Information von ausschlaggebender Bedeutung sind. Die vielfältigen Unternehmeraufgaben verlangen heute Unternehmerfähigkeiten und unternehmerisches Denken von vielen in einem Unternehmen. Je größer der Betrieb, desto mehr Personen stellen den Unternehmer – oder besser gesagt: die »Unternehmensführung« dar. Ebenso sicher ist freilich, daß die grundsätzlichen Entscheidungen, die in der Praxis in gründlicher Teamarbeit vorbereitet werden, schließlich von wenigen getroffen und verantwortet werden müssen. Der Unternehmer, der nur fragt und nicht entscheidet, findet weder Vertrauen bei der Belegschaft noch bei den Betriebsvertretungen. Dies alles gilt entsprechend und in allen Abstufungen für den gesamten Bereich der Unternehmungen.

Wer nun tagtäglich all das zu beachten hat und dann hört, wie kirchliche Vertreter von »unkontrollierter Macht der Unternehmer« sprechen, von der Objektstellung des Mitarbeiters und so fort, der wird auch psychologisch schließlich dafür empfänglich sein, die Frage nach der politischen Macht der Kirchen zu stellen, die Frage, auf welchen Grundlagen diese Macht beruht, und welchen Kontrollen und Bindungen sie ihrerseits unterliegt.

Von besonderer Bedeutung scheint mir, daß stets klar erkennbar wird, welcher Verbindlichkeitsgrad einer bestimmten Stellungnahme zukommt. Hier ist es leider manchmal so, daß die Ansicht der Mehrheit in irgendeinem Gremium oder gar die Ansicht einer einzelnen Persönlichkeit als Stellungnahme der Kirche hinausgeht oder jedenfalls so weitergegeben wird. Ich erinnere hier nur an das bereits angeschnittene Problem der Arbeitskreise. Um es zu verdeutlichen, sei mir eine Überspitzung erlaubt: Wenn ich mich mit einigen Mitarbeitern beider Konfessionen zusammensetze und wir dann zu einer sozialpolitischen Frage Stellung nehmen, so würde das nach den bisherigen Erfahrungen als die Stellungnahme eines sachverständigen und, wenn ich Glück habe, bikonfessionellen aus Arbeitgebern und Arbeitnehmern zusammengesetzten Arbeitskreises in die Welt gehen. Falls es uns noch gelänge, je einen Amtsträger der beiden Konfessionen zu gewinnen, so würde man uns sogar kirchliche Autorität zubilligen.

Ich glaube also wirklich, daß stets klargestellt werden sollte, wieweit eine bestimmte Äußerung als Stellungnahme der Kirche gewertet werden muß. Zum anderen sollte bei allen Äußerungen bedacht werden, daß auch die sachverständigste Stellungnahme sich innerhalb der den Kirchen von ihrem Auftrag her gesetzten Grenzen halten muß.

Schließlich sei noch aus leidvoller Erfahrung der jüngsten Vergangenheit daran erinnert, daß bei der Verbreitung kirchlicher Stellungnahmen durch die Massenmedien in jedem Falle eine Simplifizierung zu erwarten ist. Da werden dann wohldurchdachte Einschränkungen und Kautelen ignoriert. Es heißt dann einfach: »Die Kirche ist für ... oder die Kirche ist gegen ...«, so daß man sich schon im voraus daran gewöhnt hat, daß der Stellungnahme die Interpretation und die Klarstellung von Mißverständnissen auf dem Fuße folgt.

Nicht deutlich ist mir, nach welchen Gesichtspunkten die Gremien, die namens der Kirche sprechen oder zu sprechen scheinen, zusammengesetzt sind, wie sie im einzelnen entstehen, ob zufällig oder planmäßig, und ob nicht auch die personelle Zusammensetzung von Zufällen abhängig ist. Wenn das der Fall wäre, so wäre das ein Hindernis für eine gerechte Abwägung aller in Betracht kommenden Gesichtspunkte, bevor gleichsam ex cathedra gesprochen wird.

Zusammenfassend möchte ich sagen: Die Beachtung der aufgezeigten Grenzen würde mancher Kritik an den Stellungnahmen der Kirchen zu sozialpolitischen Fragen den Wind aus den Segeln nehmen und manches ausgesprochene oder nicht ausgesprochene Unbehagen dämpfen. Das würde auch der Kirche selbst dienen. Dabei mitzuhelfen, ist auch Sache der Arbeitgeber. Freilich fragt es sich, ob hier nicht auch bei ihnen ein Versäumnis vorliegt. Wenn man von den Äußerungen der Kirche Sachkunde und Überparteilichkeit verlangt, muß man auch selbst bemüht sein, Sachkunde und Kenntnis von den eigenen Problemen zu vermitteln. Ich habe manchmal den Eindruck, daß die Gewerkschaften es besser und frühzeitiger verstanden haben, die Kirchen mit ihren Problemen vertraut zu machen, als die Unternehmer, die, eingefangen in die Welt des Betriebes und dort freilich mit Arbeit ausreichend versehen, vielleicht zu wenig auf das geachtet haben, was außerhalb der Unternehmen vor sich ging.

Begegnungen, in welcher Form und auf welcher Ebene auch immer, halte ich nach allem für dringend notwendig. Sie dienen den Arbeitgebern, indem sie es ihnen erleichtern, sich als Angehörige ihrer Kirche auf dem Gebiet der Sozialpolitik auch an kirchlichen Vorstellungen zu orientieren; sie dienen aber auch der Kirche, indem sie ihrer Stimme im sozialpolitischen Raum mehr Resonanz verleihen.

(Vortrag anläßlich einer Veranstaltung des Sozialausschusses und des Sozialamtes der Evang. Kirche von Westfalen, Villigst, Juni 1967)

Gegen künstliche EWG-Harmonisierung

Der folgende Beitrag bezieht sich auf einen »Akzent« im »Volkswirt« 14/67 (»EWG-Sozialhürden«). Dort hatte es geheißen, »erst eine Revision der Römischen Verträge könnte die ›europäische‹ Sozialpolitik beleben«. –

Eine gemeinsame Sozialpolitik sieht der EWG-Vertrag nicht vor, abgesehen von einigen Gebieten, zum Beispiel dem wichtigen Bereich der Freizügigkeit der Arbeitskräfte, auf dem den EWG-Organen die ausschließliche Gesetzgebungsbefugnis eingeräumt worden ist. Im Grundsatz liegt die Zuständigkeit in sozialpolitischen Fragen aber nach dem EWG-Vertrag bei den Mitgliedstaaten. Dennoch bieten die Sozialvorschriften des Vertrages eine sehr gute Basis für eine »europäische« Sozialpolitik, europäisch verstanden als Gegensatz zu einer einseitig nationalen und in sich abgeschlossenen Sozialpolitik.

»Daß die weitergehenden Absichten der Generaldirektion unter Levi Sandri (Soziale Angelegenheiten) schon in ihren Anfängen trotz lebhafter Unterstützung der Gewerkschaften scheiterten« – wie es in dem oben zitierten Bericht des »Volkswirt« heißt – liegt deshalb auch nicht einmal so sehr am EWG-Vertrag, sondern eher daran, daß die Kommission lange Zeit in ihrer Sozialpolitik die politischen, wirtschaftlichen und sozialen Tatsachen in den Mitgliedsstaaten nicht berücksichtigt hat, wie es im Interesse des Erfolges einer europäischen Sozialpolitik wünschenswert gewesen wäre.

Die Sozialpolitik ist ein Kernstück der Innenpolitik eines jeden Landes. Sie hängt wesentlich von den jeweils unterschiedlichen gesellschaftspolitischen Strukturen und Vorstellungen ab.

Für die Sozialpolitik gilt mehr als für die anderen Vertragsgebiete der Gemeinschaft der Grundsatz, daß die EWG nicht mehr und nicht weniger erreichen kann, als die Mitgliedstaaten zulassen. Gerade auf dem schwierigen Gebiet der Sozialpolitik und bei der Kompetenzverteilung, wie sie hier der EWG-Vertrag aus guten Gründen vorsieht, ist die Kommission auf einen möglichst weitgehenden consensus omnium angewiesen. Diesen herbeizuführen, ist, wie man zugeben muß, eine schwierige und dornenvolle Aufgabe. Sie kann aber schon auf Grund der geltenden Vertragsbestimmungen gelöst werden, und eine solche Politik kann auf die Dauer wirkungsvoller sein als die Verfolgung weitausholender Projekte, die ohne die Zustimmung der Mitgliedsstaaten ohnehin nicht zu verwirklichen sind.

Auf neuen Wegen

Der Ministerrat hat auf seiner Juni-Tagung noch keine endgültigen Beschlüsse über die zukünftige europäische Sozialpolitik getroffen. Man kann deshalb auch sagen, daß sich die europäische Sozialpolitik zur Zeit in einer Phase der Neuorientierung befindet. Ansätze zu einer neuen realistischen Politik sind in den Leitlinien der Kommission für die Sozialpolitik in der EWG enthalten, die im Januar 1967 veröffentlicht wurden.

Auch die Gewerkschaften suchen nach neuen Wegen. Ermutigend ist, daß sie – wie auch die Kommission – das vom Präsidium der Union der Europäischen Industrieverbände (UNICE) im Dezember 1966 verabschiedete Memorandum zur Sozialpolitik in der EWG als sehr positiv bezeichnen und darin eine gute Grundlage einer europäischen Sozialpolitik sehen. Vielleicht lassen sich auf dieser Basis Ansätze für eine größere Gemeinsamkeit in den grundsätzlichen sozialpolitischen Fragen der Gemeinschaft finden.

Kritik der »Rosinentheorie«

Dabei wird nach wie vor entscheidend sein, ob die Kommission an dem bisherigen sozialen Harmonisierungsverfahren, gegen das sich in der Hauptsache die Kritik gerichtet hat und woran auch ihre bisherige Politik letztlich gescheitert ist, festhalten will. Durch Empfehlungen auf einzelnen Teilbereichen der sozialen Ordnung, zum Beispiel Jugendarbeitsschutz, Mutterschutz, Definitionen für die Berechtigung zum Empfang von Kindergeld, Definition der Personen, die als Familienangehörige oder Hinterbliebene eines Sozialversicherten gelten, versuchte die EWG-Kommission eine Art europäischer Sozialgesetzgebung zu schaffen, die im Sinne der sogenannten »Rosinentheorie« den jeweils höchsten sozialen Stand der einzelnen Mitgliedstaaten zugrunde legte.

Eine derartige Empfehlungspolitik mußte scheitern, nicht nur weil sie die kostenmäßigen Auswirkungen und die wirtschaftlichen Möglichkeiten in den einzelnen Staaten unberücksichtigt ließ, sondern vor allem auch, weil sie Einzeltatbestände aus dem geschichtlich gewachsenen Gesamtzusammenhang der Sozialordnungen herausriß und ohne Rücksicht auf die inneren Wechselbeziehungen in den Sozialordnungen einheitliche europäische Normen aufstellen wollte.

Vergeßliche Kommission

Die Lohn- und Arbeitskosten in den Mitgliedsstaaten der EWG weisen generell keine derartigen Unterschiede auf, daß dadurch wettbewerbsverzerrende Verfälschungen hervorgerufen werden, die durch rechtsetzende Eingriffe der EWG-Organe zu beseitigen wären. Die Kommission wollte bisher erklärtermaßen die Angleichung der Sozialpolitik auch gar nicht allein aus wirtschaftlichen, sondern wesentlich aus politischen und aus Gründen einer sozialen Konvergenz der Mitgliedstaaten.

Aber dabei wurde vergessen, daß die Sozialpolitik in den einzelnen Mitgliedstaaten Ausfluß unterschiedlicher Traditionen und unterschiedlicher politischer Grundkonzeptionen ist. Darauf beruht zum Beispiel der Umstand, daß Frankreich stärkeres Gewicht auf die Familienunterstützung legt, während umgekehrt die Bundesrepublik das Schwergewicht in der Altersversorgung sieht. Diese Unterschiede müssen nicht beseitigt werden. Eine Wirtschaftsunion, wie sie im EWG-Vertrag konzipiert ist, kann auch bei unterschiedlichen Sozialsystemen bestehen.

Das bedeutet keine Ablehnung jeglicher Harmonisierung der Sozialpolitik in der EWG. Im Gegensatz zu der »künstlichen Harmonisierung«, wie man die bisher von der Kommission vertretene Politik bezeichnen könnte, wird hier eine »natürliche Harmonisierung« vertreten, das heißt, daß das Wirken des Gemeinsamen Marktes zu einer langsamen Annäherung der Sozialordnungen führen wird.

Das vollzieht sich bereits. Wir können feststellen, daß sich in den letzten Jahren zum Beispiel in den Arbeitszeit- und Urlaubsfragen eine wesentliche Annäherung in der EWG vollzogen hat, wenn auch nach wie vor die Bundesrepublik in der Arbeitszeitverkürzung an der Spitze liegt, oder umgekehrt gesagt, die Bundesrepublik die kürzeste Arbeitszeit im EWG-Vergleich hat. Das zeigte die Erhebung der EWG über die Arbeitszeit in rund 30 verschiedenen Branchen im April 1966.

Der evolutionäre Prozeß könnte durch eine verstärkte Zusammenarbeit der Mitgliedstaaten auf EWG-Ebene verstärkt werden. Diese sozialpolitische Zusammenarbeit ist noch aus anderen Gründen notwendig. In Zukunft wird es nämlich immer weniger möglich sein, daß die Mitgliedstaaten ihre Sozialpolitik ausschließlich nach nationalen Gesichtspunkten betreiben.

Die Mitgliedstaaten haben durch die Verabschiedung des Programms für eine mittelfristige Wirtschaftspolitik in der Gemeinschaft bereits anerkannt, daß die zunehmende volkswirtschaftliche Integration auch eine stärkere Koordinierung der Wirtschaftspolitiken notwendig macht, wenn eine harmonische nationale wie gemeinschaftliche Wirtschaftsentwicklung nicht gefährdet werden soll. Die EWG ist außerdem kein autarker Wirtschaftsraum. Sie ist auf den internationalen Handel angewiesen. Deshalb wird sie sich auf dem internationalen Markt auch nur dann behaupten können, wenn sie die Wettbewerbsfähigkeit ihrer eigenen Wirtschaft aufrechterhält.

Für die Wettbewerbsfähigkeit der nationalen Volkswirtschaften untereinander wie für die Wettbewerbsfähigkeit der Gemeinschaft insgesamt auf dem Weltmarkt ist die Sozialpolitik als kostensetzender Faktor von unmittelbarer Wichtigkeit. Deshalb muß auch, wie in dem mittelfristigen Wirtschaftsprogramm und in den einzelnen konjunkturpolitischen Empfehlungen des Ministerrats zum Ausdruck kommt, die nationale Sozialpolitik auf die gemeinschaftlichen Ziele abgestimmt werden.

In Zukunft wird es kaum noch möglich sein, die Auswirkungen nationaler sozialpolitischer Fehlentwicklungen über Maßnahmen der Zoll- oder Handelspolitik oder über die Wechselkurse zu korrigieren. Aus diesen sachlichen Gründen müssen die Mitgliedstaaten, und zwar die Regierungen und das Parlament im staatlichen Bereich und die Sozialpartner im tariflichen Bereich, die Konsequenzen ziehen und eine verstärkte Zusammenarbeit auf Gemeinschaftsebene auf sozialpolitischem Gebiet suchen.

Diese Zusammenarbeit wird durch die Vertragsvorschriften ermöglicht und gefordert. Wichtig sind in diesem Zusammenhang die Arbeiten im Rahmen des mittelfristigen Wirtschaftsprogramms. Die Kommission ist durch die Sozialvorschriften des Vertrages aufgerufen, die sozialpolitische Zusammenarbeit zwischen den Mitgliedstaaten zu fördern. Eine derartige Zusammenarbeit macht nicht nur einen Erfahrungsaustausch auf sozialpolitischem Gebiet zwischen den Mitgliedstaaten der EWG möglich, sondern wird langfristig auch zu einer besseren Koordinierung sozialpolitischer Maßnahmen in den Mitgliedstaaten und damit zu einer Annäherung ihrer Sozialordnungen führen müssen.

Darin erschöpft sich jedoch eine europäische Sozialpolitik nicht. Den EWG-Organen sind Befugnisse zum Beispiel auf dem Gebiet der Freizügigkeit der Arbeitskräfte übertragen worden. Die Herstellung der Freizügigkeit der Menschen gehört zu einem der wesentlichen, auch politischen Ziele der EWG. Diese Freizügigkeit wird mit der neuen Verordnung, die am 1. 7. 1968 in Kraft treten soll und die zur Zeit im Wirtschafts- und Sozialausschuß der EWG und im Europäischen Parlament beraten wird, rechtlich völlig verwirklicht sein.

Dadurch wird aber die EWG-Kommission auf diesem Gebiet nicht arbeitslos werden. Nach Überwindung der rechtlichen Hindernisse für die freie Wanderung werden sich weitere wichtige Aufgaben, zum Beispiel auf dem Gebiete der sozialen und kulturellen Integration der Wanderarbeiter, stellen.

Eine vorrangige Bedeutung wird in Zukunft der Beschäftigungspolitik im Gemeinsamen Markt zukommen. Das mittelfristige Wirtschaftsprogramm der Gemeinschaft hat aufgezeigt, wie notwendig es in Zukunft sein wird, den Arbeitsmarkt in der EWG stärker zu koordinieren.

Es sollte auch geprüft werden, inwieweit die Mittel des Sozialfonds der EWG (aus dem Umschulungsmaßnahmen der Mitgliedstaaten zugunsten Arbeitsloser mitfinanziert werden) eingesetzt werden können, die beschäftigungspolitischen Ziele der EWG zu fördern.
Auf den genannten Gebieten stellen sich vielfältige Aufgaben für die Sozialpolitik der EWG und ihrer Mitgliedstaaten. Man sollte keine dramatischen Erfolge dieser europäischen Sozialpolitik erwarten. Es wäre auch falsch, zu meinen, daß die Sozialordnungen, die derart in den geschichtlichen und politischen Traditionen der Mitgliedstaaten verwurzelt sind, von heute auf morgen geändert werden könnten und eine einheitliche EWG-Sozialordnung geschaffen werden könnte. Eine vom Geiste des gemeinsamen abendländischen Erbes getragene sozialpolitische Zusammenarbeit in der EWG wird aber nicht nur dazu helfen, das Verständnis für die sozialen Probleme der Mitgliedstaaten und den Erfahrungsaustausch zu vertiefen, sondern sie wird auch das langfristige Ziel einer politischen Integration Europas fördern.
(Artikel in »Volkswirt«, Nr. 42/1967, Oktober 1967)

Für Freizügigkeit in der EWG

Als Berichterstatter habe ich die Stellungnahme der Fachlichen Gruppe für Sozialfragen zu den Vorschlägen einer Verordnung und einer Richtlinie über die Freizügigkeit der Arbeitnehmer in der EWG zu vertreten und einführend zu erläutern.

Es handelt sich wohl um die wichtigste Vorlage der Kommission auf sozialpolitischem Gebiet in diesem Jahre. Mit der neuen Verordnung werden die Beschränkungen und Diskriminierungen, die der Freizügigkeit der Arbeitnehmer innerhalb unserer Gemeinschaft noch im Wege standen, endgültig beseitigt. Der Auftrag des EWG-Vertrages, spätestens bis zum Ende der Übergangszeit innerhalb der Gemeinschaft die Freizügigkeit der Arbeitnehmer herzustellen, wird vorzeitig mit Wirkung vom 1. Juli 1968 erfüllt, ein bedeutendes Ereignis in der sozialpolitischen Entwicklung der EWG, das durch die Anwesenheit des Herrn Vizepräsidenten, Professor Levi Sandri, unterstrichen wird, dem ich dafür danken möchte, daß er bereits zum zweiten Mal in diesem Jahre mit diesem Gremium in eine Aussprache über ein wichtiges sozialpolitisches Ereignis eintritt.

Die Fachliche Gruppe hat den vorliegenden Verordnungsentwurf nicht isoliert betrachtet, sondern ihn in Beziehung zu anderen Aspekten der Sozialpolitik in der EWG gesetzt. Erlauben Sie mir deshalb zunächst einige allgemeine Bemerkungen. Der Herr Vizepräsident hat in seiner Ansprache im Februar an erster Stelle der dringlichen Aufgaben die Beschäftigungspolitik genannt. Die Fachliche Gruppe bringt in der vorliegenden Stellungnahme zum Ausdruck, sie halte es für dringend erforderlich, daß Mitgliedstaaten sich mit Vorrang einer gemeinschaftsgemäß koordinierten Beschäftigungspolitik widmen. Sie ist darüber besorgt, daß es bisher nicht ausreichend gelungen ist, innerhalb der Gemeinschaft einen Arbeitskräfteausgleich herbeizuführen, der gleichermaßen zur Deckung des Arbeitskräftebedarfs und zu einer wirksamen Verminderung der Arbeitslosenquote in den Regionen der Gemeinschaft führt, die ein Arbeitskräfteüberangebot aufweisen. Die Freizügigkeit dient zur Herbeiführung dieses Zieles. Die Freizügigkeit kann ihre Wirksamkeit nur im Rahmen einer auf Gemeinschaftsebene abgestimmten Beschäftigungspolitik entfalten.

Es ist zu begrüßen, daß die Fragen der Beschäftigungspolitik in den Mittelpunkt der sozialpolitischen Diskussion in Europa gerückt sind.

In enger Verbindung mit der Beschäftigungspolitik als eines Schlüsselproblems für die Verwirklichung der Freizügigkeit der Arbeitnehmer ist die Berufsausbildungspolitik in der Gemeinschaft zu sehen. In der auf dieser Plenarsitzung zur Verabschiedung stehenden Studie über die Aktionsprogramme für eine gemeinsame Berufsausbildungspolitik wird dazu Näheres ausgeführt. Unter dem Aspekt der Freizügigkeit hat die Berufsausbildungspolitik vor allem zwei Funktionen.

- Durch eine allgemeine Verbesserung der beruflichen Qualifikationen sowie durch eine allmähliche Angleichung der beruflichen Endqualifikation innerhalb des Gemeinsamen Marktes kann gleichermaßen den Arbeitnehmern die Arbeitsaufnahme in einem anderen Mitgliedstaat wie den Unternehmen die Deckung des Arbeitskräftebedarfs erleichtert werden.
- Durch Maßnahmen zur beruflichen Ausbildung, Weiterbildung und Fortbildung sowie durch Umschulungsmaßnahmen sollten die Arbeitnehmer besonders in den Gebieten mit Arbeitskräfteüberangebot auf die Anfor-

derungen des gemeinschaftlichen Arbeitsmarktes vorbereitet werden.

Der gegenwärtige Stand der Freizügigkeit ist dadurch gekennzeichnet, daß die Wanderung der Arbeitskräfte überwiegend aufgrund eines wirtschaftlichen und sozialen Gefälles stattfindet. Die Fachliche Gruppe ist jedoch der Meinung, daß die Wanderung der Arbeitskräfte nicht wegen ungünstiger Verhältnisse erfolgen, sondern ein Mittel sein sollte, das dem Arbeitnehmer seinen sozialen Aufstieg und die Entfaltung seiner Persönlichkeit erleichtert. *In diesem Sinne ist die Freizügigkeit ein Grundrecht der Arbeitnehmer der Mitgliedstaaten und ihrer Familien, das dem Grundsatz der Menschenwürde und der Freiheit entspricht.* Sie muß dazu beitragen, dem einzelnen die Entfaltung seiner Persönlichkeit zu ermöglichen. Sie ist in hervorragender Weise geeignet, zur Schaffung eines gesamteuropäischen Bewußtseins beizutragen.

Einer auf diese Ziele hin angelegten Berufsausbildungspolitik ist daher erhöhte Aufmerksamkeit zuzuwenden.

In diesem Zusammenhang möchte ich auf das besondere Problem der Beratung und der Aufklärung der Wanderarbeitnehmer hinweisen. Die gegenwärtige Situation ist dadurch gekennzeichnet, daß sich der weitaus größere Teil der Arbeitnehmer zur Wanderung entschließt, ohne die Beratung amtlicher Stellen in Anspruch zu nehmen. So begrüßenswert es ist, daß die Arbeitnehmer einen freien Entschluß ohne rechtliche Behinderung verwirklichen können, so bringt dieser Zustand doch eine Reihe von Schwierigkeiten und Nachteilen mit sich, die nur dadurch vermieden werden können, daß die Arbeitnehmer rechtzeitig die Möglichkeit zur Berufsberatung und Berufsaufklärung erhalten wie auch über die allgemeinen Lebensverhältnisse, die Beschäftigungsmöglichkeiten sowie über Fragen des Arbeits- und Sozialrechts unterrichtet werden. In der Stellungnahme sind dazu konkrete Vorschläge unterbreitet worden.

Ich habe auf die Bedeutung der Beschäftigungspolitik und der Berufsausbildungspolitik in der Gemeinschaft hingewiesen. Dem Europäischen Sozialfonds, über dessen neue Aufgabenstellung nach Ende der Übergangszeit jetzt schon Überlegungen angestellt werden, sollte in Zukunft eine aktive Rolle im Rahmen dieser beiden genannten Politiken zugewiesen werden.
Mit besonderem Nachdruck ist schließlich darauf hinzuweisen, daß die rechtliche Gleichstellung der Arbeitnehmer, wie sie durch die vorliegenden Entwürfe erreicht wird, durch umfassende soziale und kulturelle Maßnahmen ergänzt werden muß, damit eine Integration der Arbeitnehmer und ihrer Familien in den Aufnahmeländern herbeigeführt wird. Dazu gehört die Vervollständigung des Systems zur Anerkennung und gegenseitigen Verrechnung der Rechte und Anwartschaften auf dem Gebiet der sozialen Sicherung. Es ist der Hoffnung Ausdruck zu geben, daß möglichst bald die noch ausstehenden Vorschriften vorgelegt werden.

Ich habe darzulegen versucht, daß sich im Zusammenhang mit der Freizügigkeit eine Reihe von Aufgaben für die Gemeinschaft stellt, die von besonderer Dringlichkeit sind, und im engen Zusammenhang mit der wirtschaftlichen Entwicklung im Gemeinsamen Markt stehen. Dem Programm für die mittelfristige Wirtschaftspolitik kommt zur Förderung und Koordinierung dieser Aufgaben daher eine besondere Bedeutung zu.

Es würde zu weit führen, in diesem Zusammenhang noch im einzelnen auf andere Aspekte der Sozialpolitik einzugehen. Erwähnt sei nur das schwierige Problem, zu ausreichenden und vergleichbaren Sozialstatistiken zu gelangen. Erwähnt sei das große Thema der Arbeitssicherheit, die Angleichung der Arbeitsschutzvorschriften. Es ist auch darauf hinzuweisen, daß ein einheitlicher Arbeitsmarkt sich nur dann herstellen läßt, wenn man zu einer Anerkennung der Diplome und Befähigungsnachweise gelangt. Schließlich darf nicht vergessen werden, daß es auch ein Problem der Freizügigkeit der »selbständigen Erwerbstätigen« gibt.

Meine Ausführungen spiegeln die sehr eingehenden Beratungen wider, die in der Arbeitsgruppe und in der Fachgruppe über diese akuten Probleme europäischer Sozialpolitik geführt worden sind. Sie machen das Bemühen deutlich, in einer Phase der Neuorientierung der europäischen Sozialpolitik zu einer von allen Gruppen dieses Gremiums getragenen Auffassung über die sachlichen Notwendigkeiten zu gelangen. Ich bin sicher, daß wir damit eine Grundlage für noch zu vertiefende Überlegungen gefunden haben, die in Zusammenhang mit der Beratung der sozialen Lage in der Gemeinschaft zur Zeit in der Fachgruppe für Sozialfragen angestellt werden.

Ich möchte jetzt im zweiten Teil meiner Ausführungen zu den von der Kommission vorgelegten Entwürfen im einzelnen Stellung nehmen.

Zunächst ist bemerkenswert, daß die Verordnungen bereits am 1. Juli 1968 in Kraft treten sollen. Es ist sehr zu begrüßen, daß dadurch die Freizügigkeit zum gleichen Zeitpunkt voll und ganz verwirklicht werden wird wie der freie Warenverkehr in der Gemeinschaft. In der Tat besteht zwischen der weiteren Entwicklung des Gemeinsamen Marktes und der Freizügigkeit der Arbeitskräfte ein enger Zusammenhang, und es liegt im Sinne des EWG-Vertrages, daß alle darin enthaltenen Freiheits- und Freizügigkeitsrechte möglichst gleichzeitig Geltung erlangen.

Der vorliegende Verordnungsentwurf sieht die Beseitigung noch bestehender Beschränkungen und Diskriminierungen vor. Ihr Wegfall liegt im Sinne der vollen Verwirklichung der Freizügigkeit, allerdings hat die Fachliche Gruppe eine Einschränkung in der Wohnungsfrage gemacht. Die Kommission sieht vor, daß der Arbeitnehmer seine Familienangehörigen dann nachholen kann, wenn er eine ihm geeignet erscheinende Wohnung gefunden hat. Die Fachliche Gruppe war der Meinung, daß in jedem Falle sichergestellt werden sollte, daß der Arbeitnehmer für seine Familie über eine Wohnung verfügt, die in dem Gebiet, in dem er beschäftigt ist, den für die inländischen Arbeiter geltenden normalen Anforderungen entspricht. Es soll dadurch verhütet werden, daß sich für den ortsunkundigen Ausländer von vornherein eine verschlechterte Situation ergibt.

Mit besonderer Genugtuung hat die Fachgruppe es begrüßt, daß die Kommission den Wegfall der Arbeitserlaubnis vorsieht, für deren Aufrechterhaltung keine Gründe mehr bestehen. Ebenso hat es die Fachliche Gruppe begrüßt, daß künftig ausländische Arbeitnehmer ohne Rücksicht auf die Dauer ihres Aufenthaltes und ihrer Betriebszugehörigkeit hinsichtlich der Wählbarkeit in den betrieblichen Vertretungsorganen den inländischen Arbeitnehmern gleichgestellt werden.

Ein Grundgedanke des vorliegenden Verordnungsentwurfes ist der Vorrang des Arbeitsmarktes der Gemeinschaft. Die Fachliche Gruppe bekennt sich, wie schon bei früherer Gelegenheit, zu diesem Prinzip. Sie hat sich sehr eingehend mit den Möglichkeiten befaßt, wie diesem Grundsatz in der Praxis Rechnung getragen werden kann. In einem Änderungsvorschlag zu Art. 27 hat die Fachliche Gruppe eine Formel zu finden versucht, durch die gleichzeitig dem Vorrang der Beschäftigung von Staatsangehörigen aus den Mitgliedstaaten wie auch den Bedürfnissen des Arbeitsmarktes Rechnung getragen werden soll. Danach sollen die Mitgliedstaaten und die Kommission alles unternehmen, um unter Berücksichtigung der Fristen, die mit der Dringlichkeit des Bedarfs vereinbar sind, das Gleichgewicht zwischen Stellenangebot und Arbeitsgesuch in der Gemeinschaft herzustellen. Der Ausgleich zwischen Stellenangeboten und Arbeitsgesuchen in der Gemeinschaft hängt – und damit verweise ich auf meine einleitenden Ausführungen – in einem entscheidenden Maße von einer wirksamen Beschäftigungs- und Berufsausbildungspolitik in der Gemeinschaft ab. Er ist außerdem aufs engste mit wirksamen Ausgleichs- und Vermittlungsverfahren verknüpft.

Die Fachliche Gruppe begrüßt es, daß die Kommission diesen regulierenden Maßnahmen einen besonderen Schwerpunkt im Verordnungsvorschlag zumißt. Für die Zusammenführung und den Ausgleich von Stellenangeboten und Arbeitsgesuchen stellt die Kommission ein Rahmensystem auf. Es wird darauf ankommen, mit welcher Wirksamkeit dieses System in die Praxis umgesetzt werden kann. Es sind dafür noch eine Reihe von Voraussetzungen zu erfüllen:

- Die Informationsgrundlagen müssen verbessert werden. Die Aussagekraft der zwischen den Arbeitsverwaltungen ausgetauschten Angaben über Stellenangebote und Stellengesuche muß verfeinert werden. Neue Bearbeitungs- und Übermittlungstechniken sollten geprüft werden, damit der Austausch der Informationen nicht allmonatlich, wie die Kommission vorsieht, erfolgen kann, sondern in kürzeren Zeiträumen.
- Weiter ist darauf hinzuweisen, daß die Verfahren nur dann funktionieren können, wenn die Arbeitsverwaltungen der Mitgliedstaaten sich besser als bisher auf die Anforderungen einstellen und ihre Methoden und Maßnahmen verbessern.

  In der Stellungnahme sind dazu und zu einigen anderen Einzelpunkten konkrete Vorschläge gemacht worden.

Zusammenfassend ist festzustellen, daß die Freizügigkeit nicht nur in enger Beziehung zu den anderen Aspekten der gemeinschaftlichen Politik steht, sondern daß auch die für ihr Wirksamwerden vorgesehenen Verfahren weiterhin der ständigen Verbesserung und Überprüfung bedürfen. Die Fachliche Gruppe ist der Meinung, daß auch weiterhin der fortlaufenden Beobachtung aller mit der Freizügigkeit verbundenen Fragen große Bedeutung zukommt und daß alle auf diese Weise gewonnenen Erkenntnisse und Erfahrungen auch in Zukunft der Verbesserung des Gemeinschaftsrechts auf diesem Gebiet zugute kommen sollen.

Ich habe bisher zu der neuen Verordnung über die Freizügigkeit gesprochen, mit der die bisher noch geltende Verordnung Nr. 38 ersetzt werden soll. Zum Abschluß möchte ich noch einige Bemerkungen zu dem vorliegenden Richtlinienentwurf machen. Dieser Richtlinienentwurf regelt die Verwaltungsverfahren und Praktiken für Aufnahme, Beschäftigung und den Aufenthalt der Arbeitnehmer. Den von der Kommission vorgeschlagenen wichtigsten Änderungen stimmt die Fachliche Gruppe uneingeschränkt zu. Sie begrüßt es vor allem, daß die Aufenthaltserlaubnis künftig die Bezeichnung »Personalausweis« für Staatsangehörige eines EWG-Mitgliedstaates erhalten soll und daß diese Personalausweise kostenlos oder gegen einen Betrag ausgegeben werden sollen, der die für die Erteilung von Personalausweisen an Inländer geforderten Gebühren nicht überschreitet. Nach Ansicht der Fachlichen Gruppe weist der Richtlinienentwurf noch eine Lücke auf, die noch vor Verabschiedung durch den Rat durch die Kommission ausgefüllt werden sollte. Es handelt sich um das Verbleiberecht. Zu beiden Komplexen besteht noch kein Gemeinschaftsrecht. Die Fachliche Gruppe vertritt die Auffassung, daß das Aufenthaltsrecht der Arbeitnehmer, deren Tätigkeit durch eine vorübergehende Arbeitsunfähigkeit infolge Krankheit oder Unfall oder durch Arbeitslosigkeit unterbrochen wird, in der Richtlinie geregelt werden sollte.

Ich möchte abschließend allen denen, die an der Ausarbeitung der Stellungnahme beteiligt waren, für ihre Mitarbeit, für ihre wertvollen Anregungen und für das gute Klima der Zusammenarbeit danken. Dieser Dank erstreckt sich ganz besonders auf den Vorsitzenden der

Arbeitsgruppe, Herrn Canonge, den Vorsitzenden der Fachlichen Gruppe, Herrn Beermann, auf die Kollegen, die Mitglieder der Arbeitsgruppe waren, auf die technischen Berater und schließlich auf die Vertreter der Kommission, die in den Sitzungen zu zahlreichen Fragen Stellung genommen haben.

Noch ein kurzes Wort zur aktuellen Situation. Während der sozialpolitischen Debatte, die wir im Februar geführt haben, war es übereinstimmende Meinung, daß die Wiederaufnahme des Dialogs im Rahmen des Ministerrats und die Wiederaufnahme des Dialogs zwischen Ministerrat und Kommission als ein Fortschritt anzusehen war. Die Zusammenarbeit zwischen Ministerrat und Kommission ist Voraussetzung für eine europäische Sozialpolitik, die den Notwendigkeiten Rechnung trägt, die sich bei dem gegenwärtigen Stand der Integration sowohl für die Arbeitnehmer wie für die ganze Wirtschaft ergeben. Mit zunehmender Integration wird die Abhängigkeit der nationalen Wirtschaftsentwicklung von der in den anderen Mitgliedstaaten nur deutlicher. Auch die nationale Sozialpolitik wird sich zunehmend an den Zielen der Gemeinschaft orientieren müssen.

Auf Gemeinschaftsebene stellen sich einige sozialpolitische Probleme mit besonderer Dringlichkeit, auf deren Bedeutung die Fachliche Gruppe in dieser Stellungnahme hingewiesen hat. Es handelt sich vor allem um die Abstimmung der nationalen Beschäftigungspolitik, um die gemeinsame Berufsausbildungspolitik, um die Regionalpolitik, um die Reform des Sozialfonds und um die im engen Bezug zur Freizügigkeit stehenden Fragen, die noch ungeklärt sind.

Wir müssen der Erwartung Ausdruck geben, daß man auf diesen Gebieten mit Vorrang alle Bemühungen unternimmt, um aus dem Bereich der Grundsatzerklärungen Schritt für Schritt herauszukommen. Es besteht auch ein Interesse daran, daß unser Ausschuß mit seinen aus den verschiedenen Bereichen des wirtschaftlichen und sozialen Lebens stammenden Vertretern an dem Gedankenaustausch, der Vorbereitung und der endgültigen Beurteilung der zu treffenden Maßnahmen eng beteiligt bleibt.

Ich möchte schließlich der Hoffnung Ausdruck geben, daß die vorliegenden Entwürfe unter Berücksichtigung unserer Anregungen so rechtzeitig verabschiedet werden, daß sie am 1. Juli 1968 in Kraft treten können. Der 1. Juli 1968 wird dann nicht nur für den Warenverkehr in der Gemeinschaft ein entscheidendes Datum sein, sondern auch für die Arbeitnehmer, den Arbeitsmarkt und für die sozialpolitische Entwicklung im gemeinsamen Europa, für dessen Gestaltung wir alle hier unseren Beitrag leisten möchten.

(Rede vor dem Wirtschafts- und Sozialausschuß der Europäischen Gemeinschaften, Brüssel, Oktober 1967)

Für eine funktionsfähige Notstandsgesetzgebung

Zunächst darf ich meinen Dank zum Ausdruck bringen, daß uns ebenso wie den Vertretern anderer Organisationen hier Gelegenheit gegeben ist, unsere Ansicht vorzutragen.

Ich bin aufgefordert worden, zu sechs konkreten Fragen Stellung zu nehmen. Ich möchte nur wenige allgemeine Ausführungen vorausschicken. Sie scheinen mir notwendig zu sein, weil die Stellung, die man zu der Notstandsverfassung im ganzen einnimmt, auch für die Antwort auf die einzelnen Fragen entscheidend ist. Das hat sich wohl auch heute bei der Diskussion des Vormittags sehr deutlich gezeigt. Ein zweiter Grund, daß ich einige allgemeine Ausführungen machen möchte, liegt daran, daß sich die Organisation, die ich hier vertrete, bisher noch nicht in einem Hearing geäußert hat.

Daß wir in unserer Lage in der Bundesrepublik Deutschland leicht vor Situationen gestellt werden können, in denen es um Freiheit und Existenz geht, darüber brauchen wir wohl nicht zu sprechen. Nun ist angesichts der apokalyptischen Gefahren, die heute bestehen, gesagt worden, daß es überhaupt keinen Sinn habe, sich mit einer Notstandsgesetzgebung zu beschäftigen. Aber ich meine, es gibt doch viele Möglichkeiten, die wir alle nicht voraussehen können. Darum halte ich es für notwendig, daß von den verfassungsmäßigen Organen im Rahmen dessen, was menschliche Voraussicht überhaupt vermag, Vorkehrungen getroffen werden. Ich meine, es wäre ein Versäumnis, wenn das nicht auch auf dem Wege der Gesetzgebung geschähe. Auf Freiwilligkeit allein – auch dieses

Thema ist heute ausgiebig erörtert worden – kann man sich meines Erachtens nicht verlassen. Ich komme auf dieses Thema bei einer der Fragen noch einmal zurück, bei der es besonders naheliegt.
Auch das Mißtrauen, das in einer Demokratie immer gegenüber Befugnissen der Exekutive bestehen wird, sollte meines Erachtens angesichts des Regierungsentwurfs nicht zu weit getrieben werden. Viele Überlegungen, die wir heute anstellen, sind durch die Vergangenheit beeinflußt. Aber bei der Notstandsgesetzgebung, wie sie hier beabsichtigt ist, wäre es doch die im Wege der parlamentarischen Demokratie zustande gekommene Bundesregierung und ein vom gewählten Parlament und vom Bundesrat beschickter Ausschuß, denen besondere Befugnisse zugebilligt werden sollen. Ich meine deshalb, daß man nicht nur Mißtrauen hegen, sondern daß man dem demokratischen Verantwortungsbewußtsein der dann Berufenen auch Vertrauen schenken sollte. Entgegen dem, was zwar nicht häufig, aber gelegentlich in der Öffentlichkeit gesagt wird, berechtigt uns die Geschichte der Bundesrepublick in den letzten beiden Jahrzehnten doch dazu, dieses Vertrauen zu haben. Es wird nach meiner Überzeugung auch in Zukunft gerechtfertigt sein. Schließlich darf man sagen, daß in allen Demokratien, die in der Geschichte überdauert haben, in den Zeiten der Not Beschränkungen der Freiheit oft willig entgegengenommen worden sind. Schließlich kommen noch die zahlreichen Klauseln gegen alle nur erdenklichen Möglichkeiten eines Mißbrauchs hinzu, die der Regierungsentwurf enthält.

Dann möchte ich noch einen Gesichtspunkt erwähnen, der heute vormittag auch schon anklang. Die Bundesregierung wird im Falle der Not einfach gezwungen sein zu handeln, wenn, was nicht ausgeschlossen werden kann, Parlament und Bundesrat an der Ausübung der Befugnisse verhindert sein sollten. Dann wäre, um einmal das Schlagwort zu gebrauchen, die Stunde der Exekutive in viel stärkerem Maße gekommen, als die Gegner der Notstandsverfassung von dieser befürchten; und die Befugnisse der deutschen Bundesregierung würden sich dann nicht aus deutschem Verfassungsrecht herleiten. Jedenfalls haben wir die Möglichkeit, die alliierten Vorbehaltsrechte aus dem Deutschlandvertrag abzulösen. Welches auch immer unsere politischen Abhängigkeiten sein mögen, es scheint mir doch wichtig, daß wir auf Gebieten, auf denen die Möglichkeit dazu besteht, unsere Souveränität wieder gewinnen. Voraussetzung wird freilich sein, daß das, was als Notstandsverfassung am Ende beschlossen wird, auch praktikabel ist. Sie sollte nur das Notwendige, aber dieses auch wirklich enthalten.

Das sind etwa die Erwägungen, von denen ich ausgehe. Sie wären überflüssig, wenn unser Grundgesetz auch für extreme Notzeiten ausreichende Möglichkeiten vorsähe. Das ist aber im bisherigen Verlauf des Hearings von fast allen Verfassungsrechtlern, wie ich meine, zu Recht, verneint worden.

Ich komme nun zu Frage 1. Hier wird nach der rechtlichen Vorsorge gefragt, die für die Sicherstellung des Arbeitskräftebedarfs erforderlich erscheint. Es handelt sich um die geplante Neufassung des Art. 12 des Grundgesetzes und den damit zusammenhängenden Entwurf eines Arbeitssicherstellungsgesetzes. Es geht also um die Zulässigkeit von Dienstverpflichtungen für bestimmte lebens- und verteidigungswichtige Bereiche und um die Einschränkung der Freiheit, den Beruf oder Arbeitsplatz aufzugeben.

Art. 12 des Grundgesetzes geht in seiner jetzigen Fassung von der Freiheit der Berufswahl und der Berufsausübung aus. Er sieht zwar schon jetzt in Abs. 2 unter gewissen Voraussetzungen eine öffentliche Dienstleistungspflicht vor. Ich kann mir aber nicht vorstellen, daß dies ausreichen würde, um im Verteidigungsfall die notwendigen Maßnahmen an Umgruppierungen und Umsetzungen im

Bereich der dann im Vordergrund stehenden Aufgaben der Wirtschaft und der Verwaltung durchzuführen. Die jetzige rechtliche Grundlage ist, wie ich meine, mit Sicherheit zu schmal und zu ungewiß. Auch bei einer sehr extensiven Auslegung, die ich aber für höchst fragwürdig und unerwünscht hielte, wird man sie meines Erachtens nicht als ausreichend ansehen können. Daher kann, so scheint mir, eine Ergänzung des Art. 12 etwa in dem Sinne, wie sie im jetzigen Regierungsentwurf enthalten ist – ohne daß ich mich damit auf alle Einzelheiten festlegen will – nicht entbehrt werden. Hieraus ergibt sich weiter, daß auch Durchführungsvorschriften im Sinne des Entwurfs eines Arbeitssicherstellungsgesetzes erforderlich sind.

Nun wird niemand leugnen können, daß die vorgesehenen Maßnahmen tief und einschneidend in das ganze öffentliche Leben, in die Wirtschaft und in die persönliche Sphäre der betroffenen Arbeitnehmer – übrigens auch der Arbeitgeber – eingreifen. Es läßt sich aber meines Erachtens mit überzeugenden Gründen nicht bestreiten, daß im Verteidigungsfall die Regeln des freien Arbeitsmarktes nicht bestehenbleiben werden und nicht genügen können. Nach allen Erfahrungen wird dann auf Lenkungsmaßnahmen nicht verzichtet werden können. Ich halte es demgegenüber, um noch einmal an die heutige Debatte anzuknüpfen, für irreal, wenn vorgeschlagen wird, man solle und könne sich mit freiwilligen Verpflichtungen begnügen. Sicherlich, freiwillige Meldungen sind im Falle der Not höchst wünschenswert. Man darf auch hoffen, daß es an solchen Freiwilligen nicht fehlen wird. Der Entwurf des Gesetzes schließt ja auch solche freiwilligen Meldungen nicht aus und berücksichtigt sie ausdrücklich in § 1 Abs. 3 und in § 27. Aber allein darauf eine Konzeption der Verteidigungsplanung und die Sicherstellung der dann unentbehrlichen Arbeitskräfte aufbauen zu wollen, wäre jedenfalls nach meiner Meinung allzu gewagt und widerspricht, wie ich fürchte, auch allen menschlichen Erfahrungen. Bestimmte und konkrete Regelungen, die ja vor allem dem Schutz und der lebensnotwendigen Versorgung der Bevölkerung dienen sollen, können meines Erachtens nicht entbehrt werden. Ich nenne nur die öffentlichen Versorgungsbetriebe und die Krankenhäuser. Wenn hier freiwillige Kräfte nicht ausreichen – sie werden mit Sicherheit nicht überall und nicht an allen Stellen zur Verfügung stehen – kann meines Erachtens im allgemeinen Interesse auf Dienstverpflichtungen nicht verzichtet werden.

Somit beantworte ich die Frage 1 dahin, daß meines Erachtens neue Rechtsgrundlagen für den hier behandelten Bereich geschaffen werden sollten und daß ich in den Vorschlägen des Regierungsentwurfs eine geeignete Basis hierfür sehe.

Frage 2. Hier wird eine sehr schwierige und sehr heikle Frage aufgeworfen. Nach den Entwürfen können Dienstverpflichtungen und Beschränkungen des Arbeitsplatzwechsels vorgenommen werden. Das kann unter Umständen ein früherer Zeitpunkt sein, als sich aus Art. 115 a Abs. 1 ergibt, der die Feststellung des Zustandes äußerer Gefahr behandelt. Auch darüber ist heute gesprochen worden. Nun ist es wohl sehr schwierig, diesen Zustand der äußeren Gefahr gesetzlich genau festzulegen. Sicher umfaßt er den eigentlichen Kriegsfall, in dem ein Angriff mit Waffengewalt erfolgt, aber auch den Fall, daß ein solcher Angriff erst droht. Daß in diesem Augenblick, den festzustellen in erster Linie der Bundestag berufen ist, Dienstverpflichtungen zulässig sein müssen, erscheint mir persönlich nicht fraglich. Der Streit geht aber wohl in erster Linie darum, ob auch eine etwas frühere Zeitphase vorgesehen werden kann, wie es ja in den vorliegenden Entwürfen formuliert ist. Gemeint ist hier, soweit ich sehe, eine Spannungszeit, ein Übergangszustand, in dem zwar noch Friede herrscht, eine gewisse Bereitstellung aber politisch und sachlich erforderlich erscheint. Die Entwürfe wollen nun diese Entscheidung der Bundesregierung mit Zustimmung des Gemeinsamen Ausschusses übertragen.

Ich meine, mit der Möglichkeit solcher Spannungszeiten muß man rechnen. Niemand kann voraussehen, ob diese Zeiten äußerst kurz bemessen sein werden, ob sie sich über einen längeren Zeitraum hinziehen und ob sie überhaupt zu bewaffneten Konflikten führen werden. Daß aber in dieser Phase, bevor die wirklichen Feindseligkeiten beginnen, personell und organisatorisch bestimmte Vorkehrungen auf den verschiedensten Gebieten getroffen werden müssen, scheint mir unumgänglich zu sein. Übrigens könnte vielleicht anderenfalls auch die unerwünschte Versuchung eintreten, den Zustand äußerer Gefahr schon zu einem früheren Stadium erklären zu wollen, um überhaupt handlungsfähig zu sein.

Nach allem meine ich – so meine Antwort auf diese Frage – daß der Fassung des Regierungsentwurfs zuzustimmen ist.

Nun die Frage 3. Sie ist auch recht schwierig und problematisch. Ich verkenne nicht, daß auf den ersten Blick eine gewisse Ungerechtigkeit darin zu liegen scheint, daß nur Wehrpflichtige, also nur Männer, dienstverpflichtet werden können, daß aber andererseits Frauen an ihrem Arbeitsplatz festgehalten werden können, während Frauen, die nicht in Beruf und Arbeit stehen, nicht herangezogen werden sollen.

Etwa 30 Prozent der Frauen in unserem Lande sind berufstätig. Aber auch die Hausfrauen sind in ihrem Wirkungskreis schwer zu entbehren und, sofern sie Kinder unter 15 Jahren haben, ohnehin schon von den Verpflichtungen des Arbeitssicherstellungsgesetzes befreit. Da von Dienstverpflichtungen nach dem Willen des Gesetzgebers überdies grundsätzlich nur Gebrauch gemacht werden soll, wenn es auf andere Weise nicht geht – ich verweise da auf § 1 Abs. 3 des Arbeitssicherstellungsgesetzes – scheint es mir nicht geboten, von vornherein noch weitere Möglichkeiten gesetzlicher Dienstverpflichtungen vorzusehen. Vielleicht kann man sagen, daß ein Appell an freiwillige Helferinnen, etwa als Pflegerinnen in Krankenhäusern, nicht ungehört bleiben würde und daß man dem Gedanken der freiwilligen Bereitschaft hier wohl am ehesten mit guten Gründen Raum geben könnte.

Ich habe also, um die Frage 3 zu beantworten, keine Änderungsvorschläge zu machen oder Anregungen zu geben.

Nun die Frage 4. Die Frage, ob die Abgrenzung der Dienstverpflichtungen und der Beschränkungen des Arbeitsplatzwechsels nach Zweck und Bereich sachgerecht erfolgt ist, möchte ich im großen und ganzen bejahen. Die in Art. 12 vorgesehenen Maßnahmen sind allein zulässig »für Zwecke der Verteidigung«. So steht es im Verfassungsentwurf und dementsprechend auch im Entwurf des Arbeitssicherstellungsgesetzes. Das ist die eine Voraussetzung, die es ausschließt, daß Dienstverpflichtungen aus anderen Gründen, etwa aus arbeitsmarktpolitischen Erwägungen, ausgesprochen werden. Zum anderen sollen nur Wehrpflichtige dienstverpflichtet werden, also Männer, die ohnehin nach geltendem Recht jederzeit zur Bundeswehr herangezogen werden können. Schließlich sollen Dienstverpflichtungen nur für bestimmte, besonders wichtige Bereiche erfolgen, die im Entwurf der Notstandsverfassung nur ziemlich allgemein, im Arbeitssicherstellungsgesetz in § 3 wesentlich differenzierter genannt werden. Es ist kaum zu bestreiten, daß es sich hier um einen recht weit gezogenen Kreis handelt. Hinzu kommt, daß der Bundesrat inzwischen noch weitergehende Wünsche geäußert hat und weitere Betriebe aus dem Transport- und Versorgungsbereich einbeziehen möchte.

Ich meine, es ist schwierig und auch nicht empfehlenswert, hier eine allzu kasuistische Aufzählung vorzunehmen, die wahrscheinlich doch unvollständig bleiben würde. Unter diesen Umständen ist allerdings die Ermächtigung in § 3 Abs. 2 des Entwurfs, die den Anwendungsbereich des Gesetzes notfalls zu ändern oder zu ergänzen gestattet, von Bedeutung.

In diesem Zusammenhang noch ein kurzes Wort dazu, welche Stellen diese Maßnahmen durchführen sollten, ein Thema, das heute vormittag Herr Apel dargelegt hat. Hier scheint es mir richtig, daß im Entwurf des Gesetzes die Arbeitsämter bestimmt werden. Ich bin nicht, wie es in den Vorschlägen des Bundesrats anklingt, der Ansicht, daß die Behörden der inneren Verwaltung geeigneter wären, diese Aufgaben zu übernehmen.
Begründet worden ist dies einmal mit dem Prinzip der Einheit der Verwaltung. Aber wir haben ja diese Einheit der Verwaltung gar nicht mehr. Es gibt eine Fülle von Spezialverwaltungen. Man kann das bedauern, aber es ist so. Wir haben nun hier die durchaus sachkundige Arbeitsverwaltung.

Die Behörden der inneren Verwaltung würden doch in jedem Falle gezwungen sein, auf die Unterstützung der in diesen Fragen viel sachverständigeren Arbeitsämter zurückzugreifen. Doppelarbeit und Umständlichkeit des Verfahrens wären die Folge. Dann scheint es mir doch richtig und zweckmäßiger, von vornherein die Arbeitsverwaltung zu beauftragen, die nach Erfahrungen und Organisation die notwendigen sachlichen Voraussetzungen mitbringt, und doch wohl in besonderem Maße nach der sozialen Seite hin.

Es ist ja gerade als Grund dafür, daß die Arbeitsämter es nicht sein sollten, gesagt worden, daß sie soziale Einrichtungen seien. Aber gerade unter sozialen Gesichtspunkten sind sie es doch, die von allen Behörden mit den sozialen und wirtschaftlichen Situationen der Arbeitnehmer am besten vertraut sind. Ich meine, sie sind am ehesten in der Lage, das nötige soziale Verständnis zu zeigen. Nun weiß ich sehr wohl das Ressentiment zu würdigen, das nach den Erfahrungen im nationalsozialistischen Staat hier eine Rolle spielt. Aber einmal müssen wir uns, meine ich, davon frei machen und unsere Behörden nach dem beurteilen, was sie heute als Behörden unseres Staates sind. Ähnliche Einwände könnten ja schließlich gegen jede andere Behörde, auch der inneren Verwaltung, erhoben werden.

Die Frage 5. Diese Frage berührt, soweit ich sehe, die private Wirtschaft nicht. Ich meine, ich sollte sie deshalb nicht beantworten. Der Entwurf eines Arbeitssicherstellungsgesetzes sieht, wie hier mit Recht gesagt wird, nur Verpflichtungen in privatrechtliche Arbeitsverhältnisse vor. Die Frage zielt, wenn ich sie recht verstehe, auf die Heranziehung zur Tätigkeit in öffentlichen Verwaltungen ab. Darum möchte ich keine Stellungnahme dazu geben.

Und nun als letzte die heute morgen viel umstrittene Frage 6. Hier möchte ich mir erlauben, zunächst einen Vorbehalt zur Formulierung der Frage anzumelden. Es ist hier von einer durch das Grundgesetz im Kern gewährleisteten Streikfreiheit die Rede. Wenn man der Auffassung wäre, daß eine grundgesetzliche Garantie vorhanden ist, dann müßte hier nicht von Streikfreiheit, sondern von der Freiheit des Arbeitskampfes die Rede sein, da unser Recht von der Parität beider Sozialpartner und damit auch von der Parität ihrer Kampfmittel ausgeht. Deshalb müßte das gleiche wie für den Streik auch für die Aussperrung gelten. Zum zweiten ist aber nach der überwiegenden Lehre das Recht des Arbeitskampfes kein verfassungsmäßig garantiertes Recht.

Die Verpflichtungen nach dem Regierungsentwurf haben nur mit privatrechtlichen Arbeitsverhältnissen zu tun, also mit dem Bereich, der für mich bei der Beantwortung entscheidend ist. Es bleibt also beim arbeitsrechtlichen Verhältnis zwischen dem Verpflichteten und dem Arbeitgeber. Das allgemeine Arbeitsrecht gilt weiter, nur mit der einen Ausnahme, daß der Verpflichtete nicht ohne Zustimmung des Arbeitsamtes kündigen kann. Das Recht zu streiken wird dadurch nicht berührt; denn wer streikt, will ja nicht kündigen. Entsprechendes gilt dann auch bei Beschränkung des Arbeitsplatzwechsels. Rechtlich gesehen bleibt also auf jeden Fall, wie man auch die grundgesetzliche Frage beurteilen mag, nach der Fassung der Entwürfe die Freiheit des Arbeitskampfes weiter bestehen.

Das trifft auch für Art. 91 Abs. 4 der Notstandsverfassung zu, die Vorschrift, über die heute morgen auch schon gesprochen wurde. Es ist die einzige Vorschrift, die den Arbeitskampf ausdrücklich erwähnt. Nach der Fassung und der Systematik des Entwurfs besagt sie in diesem Zusammenhang, wenn ich es recht sehe, nur, daß ein sozialadäquater Arbeitskampf nicht den Tatbestand eines inneren Notstandes darstelle. Daher sind polizeiliche und sonstige Maßnahmen im Sinne der Absätze 1 bis 3 des Art. 91 gegen solche Arbeitskämpfe nicht zulässig. Rein rechtlich gesehen scheint es nach dem, was ich vorher ausgeführt habe, fraglich, ob es juristisch dieser Feststellung überhaupt bedarf; denn die Notstandsverfassung schweigt sonst über das Recht des Arbeitskampfes und läßt es somit unangetastet. Soviel zur juristischen Beurteilung.

Ich möchte aber nicht verfehlen, noch etwas Zweites zu sagen. Es ist eine andere Frage als die juristische, ob während eines allgemeinen Notstandes gestreikt und ausgesperrt werden sollte. Ich glaube, daß das im Stadium einer allgemeinen Not nicht vertretbar wäre. Man wird es zu vermeiden suchen müssen, indem man auf beiden Seiten – ich spreche jetzt von den Sozialpartnern – Einsicht zeigt. Hier wird es wesentlich auf die Leitung in den Vereinigungen der Sozialpartner ankommen. Hier würde in der Tat die freiwillige Bereitschaft zu einer gemeinsamen Lösung bei strittigen Arbeitsbedingungen von entscheidender Bedeutung sein.

Vors. Schmitt-Vockenhausen: Vielen Dank, Herr Dr. Kley. Herr Kollege Wilhelmi, keine Fragen? – Die Herren Berichterstatter, keine Fragen? – Aus dem Ausschuß sind auch keine Fragen an den Herrn Sachverständigen. – Herr Senator Ruhnau!

Senator Ruhnau (Hamburg): Können Sie sich vorstellen, daß im Verteidigungsfall – ich will mit Ihnen nicht über die Aussperrung streiten; ich nehme das einmal so, wie Sie es gesagt haben – ausgesperrt würde?

Dr. Kley: Nein. Ich habe gesagt, ich bin der Meinung, daß weder gestreikt noch ausgesperrt werden sollte und daß man, wenn Konflikte über Arbeitsbedingungen entstehen – sie werden immer entstehen –, dann hoffentlich auf beiden Seiten Einsicht zeigt und zu einem vernünftigen Kompromiß kommt.

(5. Öffentliche Informationssitzung des Rechtsausschusses und des Innenausschusses des Deutschen Bundestages; Äußerung namens der Bundesvereinigung der Deutschen Arbeitgeberverbände, Bonn, Dezember 1967)

Für ein europäisches Gesellschaftsrecht

Aus der Fülle der von Herrn Petrilli angeschnittenen noch zu lösenden Fragen greife ich ein Thema auf, nämlich die Frage des europäischen Gesellschaftsrechts.

Die Bestrebungen der Kommission, auf gesellschaftsrechtlichem Gebiete zu harmonisieren und teilweise auch Gemeinschaftsrecht zu schaffen, verfolgen wir in den Unternehmen mit großem Interesse. Der technische Fortschritt und der mit ihm verbundene hohe Aufwand für Forschung und Entwicklung machen Konzentration und Kooperation über die Grenzen hinweg notwendig, und dafür kann die beabsichtigte Rechtsangleichung von großem Nutzen sein. Um nicht mißverstanden zu werden, weise ich aber auch darauf hin, daß im Gemeinsamen Markt für mittlere und kleinere Unternehmen ein weites und wachsendes Feld der Betätigung bleiben wird. Es ist interessant, daß in den Vereinigten Staaten, in denen die Giganten unter den Unternehmen zu Hause sind, gerade auch für mittlere und kleine Unternehmen ein solches Betätigungsfeld nicht nur geblieben ist, sondern sich sogar weiterentwickelt.

Bei der Schaffung des Typs einer Europäischen Gesellschaft ist sicherlich eine Fülle rechtlicher und anderer Schwierigkeiten zu überwinden. Ich denke an die Frage der Namens- oder Inhaber-Aktie, Fragen der Publizität, der Bilanzgestaltung, der Besteuerung und vieles andere.

In diesem Zusammenhang äußere ich einen Gedanken, der hoffentlich politisch auch zu verwirklichen ist. Man sieht, daß bereits das bestehende Recht in den Mitgliedsstaaten nicht leicht zu harmonisieren ist; es ist in der

Geschichte gewachsen, und es beruht auf langen Traditionen. Es wäre wirklich sehr erwünscht, wenn die bereits vorhandenen Gräben nicht durch neue Gesetzgebungen in den Mitgliedsstaaten noch vertieft würden. Darum wäre es sehr zu begrüßen, wenn die Kommission im gegenseitigen Gedankenaustausch mit den Regierungen gerade auf Gebieten, auf denen sie im Begriff ist, Gemeinschaftsrecht zu schaffen, vor der Setzung neuen Rechts in den Mitgliedsstaaten ihre Auffassungen geltend machen könnte. Das würde vielleicht dazu beitragen, daß nicht neue Gesetze geschaffen werden, die dann wieder neue Hindernisse für die Harmonisierung oder für das Gemeinschaftsrecht mit sich bringen. Dies gilt zum Beispiel auch für die Frage der Mitverwaltung der Arbeitnehmer in den Unternehmen. Gewiß scheint mir, daß es für die Europäische Gesellschaft nur ein einheitliches Recht geben kann und daß zum Beispiel Differenzierungen nach dem Sitz der Gesellschaft zu schwerwiegenden Wettbewerbsnachteilen in dem einen oder anderen Lande führen müßten und sich daher im Grunde integrationshemmend auswirken würden,

(Stellungnahme auf dem EUROFORUM 68, Saarbrücken, Januar 1968)

Kein europäisches Gesellschaftsrecht?

»Die wirtschaftlichen und politischen Aufgaben der Gegenwart erfordern übernationale Lösungen. Ein wichtiger Faktor für Produktivitätssteigerungen, ständiges Wirtschaftswachstum und Währungsstabilität ist die internationale wirtschaftliche Zusammenarbeit. Die für die wirtschaftliche Zusammenarbeit der Länder bestehenden Institutionen müssen gestärkt werden.« Das ist nicht etwa eine programmatische Erklärung eines europäischen Gremiums, sondern ein wörtliches Zitat aus dem Grundsatzprogramm des Deutschen Gewerkschaftsbundes von 1963.

Nicht nur bei den europäischen Politikern steht die »Europäische Handelsgesellschaft« in hoher Gunst. Jedermann fordert sie schon seit Jahren unter dem Stichwort der europäischen Integration. Jedermann wünscht sie sich seit Jahren im Hinblick auf die weltweite Konkurrenz – besonders der Amerikaner und Japaner. Vergleicht man beispielsweise die Größenordnung europäischer Unternehmen mit der ihrer amerikanischen Konkurrenz, so denkt man unwillkürlich an Servan-Schreiber, der die Theorie vertritt, daß die Unternehmen in der Gemeinschaft bald durch die in Europa angesiedelten amerikanischen Unternehmen überrundet sein müßten.

Trotz Zollunion, trotz gemeinsamer Agrarpolitik und trotz eines Programmes für eine mittelfristige Wirtschaftspolitik gibt es noch kein europäisches Gesellschaftsrecht.

Auf vielen Gebieten herrscht die Leitmaxime: Europa. Auf einem der wichtigsten, nämlich auf dem der industriellen Integration, gilt immer noch das Prinzip der

Nationalität. Der Grund ist in den anscheinend unüberwindlichen rechtlichen und steuerlichen Schwierigkeiten für die Verschmelzung von nationalen Unternehmen über ihre Landesgrenzen hinweg zu sehen. *In Wahrheit liegt ein entscheidender Grund dafür in der Mitbestimmungsproblematik.*

Nach meiner Ansicht kann nur eine Handelsgesellschaft europäischen Typs, eine Aktiengesellschaft mit einheitlichen, in allen sechs EWG-Ländern anerkannten Rechtsgrundlagen die europäische Integration auf diesem Gebiet vorantreiben und Europa – und mit ihm die Bundesrepublik Deutschland – international für die nächsten Jahrzehnte wettbewerbsfähig erhalten. An den rechtlichen Voraussetzungen einer solchen Handelsgesellschaft wird mit voller Unterstützung der Wirtschaft aller sechs Mitgliedstaaten gearbeitet. Abgesehen von lösbaren steuerrechtlichen Problemen hat jedoch bisher die Frage der Beteiligung der Arbeitnehmer in den Organen einer solchen Handelsgesellschaft dazu geführt, daß man sich noch nicht auf ein gemeinsames Konzept hat einigen können. Den Nichteingeweihten ist das sicherlich nicht ganz verständlich. Entscheidet man sich für wesentliche Möglichkeiten zur Förderung der europäischen Integration, dann muß man auch den Mut haben, über einige Hürden zu springen und auch nationalen Ballast abzuwerfen.

Im Grunde sind es zwei Problemkreise der Mitbestimmung, die einer Lösung harren, die aber auch die europäischen Bemühungen zum Scheitern führen können.

Erstens besteht in der Bundesrepublik Deutschland ein betriebliches Mitbestimmungsrecht, welches auch nicht annähernd von den Mitbestimmungsrechten erreicht wird, die es in den anderen Ländern der europäischen Gemeinschaft gibt. Darüber hinaus ist die paritätische wirtschaftliche Mitbestimmung nach dem Montan-Modell überhaupt ohne Nachahmung.

Zweitens betreiben die Gewerkschaften schon seit Jahren mit ständig wachsender Intensität ihre Wünsche nach Ausdehnung der paritätischen Mitbestimmung auf weite Bereiche der übrigen deutschen Industrie.

Um aus diesem Dilemma herauszukommen, gibt es im Prinzip zwei Überlegungen zur Verwirklichung eines europäischen Gesellschaftsrechtes:

a) Die Harmonisierung des europäischen Gesellschaftsrechts.

b) Die Schaffung einer »Europäischen Handelsgesellschaft«, die unabhängig von den nationalen Rechtsformen ist.

Nach dem Prinzip der Harmonisierung stellt sich die juristische Konstruktion wie folgt dar: Bei einer grenzüberschreitenden Fusion würde die fusionierte Gesellschaft dem Recht des Staates folgen, in dem sie ihren Sitz hat. Das würde bedeuten, daß bei der Fusion eines ausländischen mit einem deutschen Unternehmen »nach« der Bundesrepublik das fusionierte ausländische Unternehmen dem deutschen Mitbestimmungsrecht unterliegen würde. Da die ausländischen Unternehmen offenbar kein Interesse haben, sich der ihnen ungeläufigen deutschen Mitbestimmung zu unterwerfen, kommt es entweder zu keiner Fusion, oder die grenzüberschreitenden Fusionen gehen »aus« der Bundesrepublik Deutschland heraus, oder sie finden außerhalb Deutschlands statt. Die daraus für die Bundesrepublik Deutschland entstehenden politischen und wirtschaftlichen Nachteile liegen auf der Hand. Unser Land und unsere Wirtschaft würden sich in eine sehr bedenkliche Isolation hineinmanövrieren.

Bei dem Prinzip einer originären Europäischen Handelsgesellschaft würde das nationale Gesellschaftsrecht durch eine europäische Regelung ersetzt, die das Recht aller Mitgliedstaaten in gleicher Weise zu ändern hätte. Einen Mittelweg bietet das Gutachten, das im Auftrag der Europäischen Kommission von dem niederländischen Professor Sanders erstellt wurde. Sanders sprach sich für eine sogenannte differenzierte Lösung aus. Danach soll die Mitbestimmung in den Ländern, in denen es sie nicht gibt, nicht eingeführt werden, während die Länder, in denen bereits gesetzliche Mitbestimmungs-Neuregelungen vorliegen, ihre jeweilige Mitbestimmung beibehalten sollen. Durch diesen Vorschlag würde die Einheitlichkeit, die gerade mit der Schaffung einer Europäischen Handelsgesellschaft erreicht werden soll, wieder beseitigt.

Das Fazit ist: Eine einheitliche Regelung kann nur ohne oder nur mit Mitbestimmung erfolgen; wobei dann auch noch zu entscheiden wäre, welche Art von Mitbestimmung einheitlich gelten soll.

Wenig oder nichts spricht dafür, daß die übrigen EWG-Staaten die deutsche Mitbestimmung nach dem Betriebsverfassungsgesetz oder gar die Montan-Mitbestimmung bei sich einführen. Denn: Nur einige der Mitgliedstaaten, wie z. B. Belgien und Frankreich, kennen zwar Betriebsräte, die auf gesetzlicher Grundlage beruhen. Andererseits sind deren Rechte bei weitem nicht mit denen unserer Betriebsräte nach dem Betriebsverfassungsgesetz zu vergleichen. In Italien gibt es nicht einmal eine gesetzliche Regelung für die Betriebsräte; sie entstehen vielmehr auf Grund der Vereinbarungen zwischen den Spitzenorganisationen der Industrie und den Gewerkschaften.

Bei einer rechtlich und tatsächlich so unterschiedlichen Lage ist es völlig unverständlich, daß der Deutsche Gewerkschaftsbund die paritätische Mitbestimmung unter dem Mantel der Europäischen Handelsgesellschaft in die Länder der Gemeinschaft »exportieren« möchte. Die Rechtfertigung, daß Frankreich mit der von de Gaulle proklamierten »Participation« auf dem Wege zur paritätischen Mitbestimmung sei und daß deshalb die deutsche Gewerkschafts-Forderung nichts Ungewöhnliches bedeute, ist bei Licht besehen irreführend. Den Begriff Participation analog dem Begriff »Cogestion« (= Mitbestimmung) zu verwenden, ist mehr als eine Übersetzungsschwierigkeit; es ist falsch. Was unter Participation zu verstehen ist, ergibt sich aus den Erklärungen de Gaulles in seiner Pressekonferenz vom 9. September 1968. De Gaulle sprach sich damals für eine größere Wirkungskraft der Betriebsräte aus. (Dabei ist zu bemerken, daß 1964 noch 15000 von 24000 Betrieben, die nach der gesetzlichen Regelung einen Betriebsrat hätten haben müssen, ohne Betriebsrat waren.) Vor allem, so sagte de Gaulle, müsse erreicht werden, daß die Masse der Arbeitnehmer zur Mitarbeit in den hierfür bestimmten Gremien veranlaßt werde. Außerdem müsse eine regelmäßige Informierung der Arbeitnehmer über die Lage und Aussichten des Betriebes organisiert werden.

Es zeigt sich also, daß das, was de Gaulle in Frankreich einführen will, schon lange – und weit mehr – in der Bundesrepublik Deutschland durch das Betriebsverfassungsgesetz erreicht worden ist. Eine Beteiligung der Arbeitnehmer an der Unternehmensleitung soll dagegen in Frankreich nicht in Frage kommen. Dies brachte auch Premierminister Couve de Murville bei seiner Regierungserklärung vom 18. Juli 1968 zum Ausdruck, als er erklärte: »Über die notwendige Umgestaltung der sozialen Beziehungen hinaus kann niemand bestreiten, daß ein Unternehmen geleitet werden muß und daß diese Leitung Aufgabe derjenigen ist, die die Verantwortung tragen.«

Die französischen Gewerkschaften sind im Gegensatz zu den Behauptungen des Deutschen Gewerkschaftsbundes keineswegs Befürworter einer uneingeschränkten Mitbestimmung nach deutschem Muster. Die »Confédération Générale des Cadres« (CGC), die die Interessen der Angestellten vertritt, erklärte z. B. zur »participation«, daß diese ein Beratungssystem sei, in dessen Rahmen die Arbeitnehmervertreter an der Vorbereitung der Entscheidungen teilnehmen sollten, die für das Unternehmen von Bedeutung sind. Die oberste Verantwortung müsse dagegen bei denen bleiben, die die Arbeitgeberfunktion ausübten.

Außerhalb der EWG ist die Mitbestimmungsdiskussion gleichfalls im Gange, so z. B. in der Schweiz und in England. Auch dort gehen die gewerkschaftlichen Vorschläge auch nicht annähernd so weit wie das geltende deutsche Recht oder gar wie die Vorstellungen des Deutschen Gewerkschaftsbundes; im übrigen stoßen die gewerkschaftlichen Bemühungen in diesen Ländern keineswegs auf Gegenliebe. So erklärte z. B. der Landesverband Freier Schweizer Arbeiter, daß die unqualifizierte Einmischung der Arbeitnehmer in die Geschäftsführung die schweizerischen Unternehmen zum Schaden aller lähmen und schließlich auch die ganze freie Wirtschaftsordnung, welcher der Arbeitnehmer so viel zu verdanken habe, zum Einsturz bringen würde.

Dem englischen Mitbestimmungsvorschlag, der dem Parteitag der Labour-Party am 30. September 1968 unter der Kennzeichnung »industrial democracy« vorgelegt worden ist, steht die englische Öffentlichkeit und nach wie vor der größte Teil der Gewerkschaften skeptisch gegenüber. Man befürchtet durch die »Mitbestimmung« eine Verwischung der Fronten. Man befürchtet auch, daß Arbeitnehmervertreter in der Unternehmensspitze von den Belegschaften nach einiger Zeit nicht mehr als »ihre« Leute anerkannt werden. Die Vorschläge der Labour-Führung laufen angesichts dessen mehr auf Mitberatung und Information als auf Mitbestimmung hinaus. Von einer paritätischen Vertretung der Arbeitnehmer in den Unternehmensorganen ist keine Rede.

Weder innerhalb noch außerhalb der EWG gibt es also Vorschläge, die so weit gehen wie die nach dem deutschen Betriebsverfassungsgesetz oder gar so weit wie die des Deutschen Gewerkschaftsbundes. Eine Mitbestimmungs-Solidarität der europäischen Gewerkschaften mag zwar der Wunschtraum des Deutschen Gewerkschaftsbundes sein, aber die Tatsachen sind anders.

Die sehr unterschiedliche Art der Mitwirkung der in

den einzelnen Mitgliedstaaten Arbeitenden machen die Schwierigkeiten in der Mitbestimmungsfrage deutlich. Man muß sich deshalb auf deutscher Seite bewußt sein, einen Kompromiß zu finden, daß die notwendige »Europäische Handelsgesellschaft« nur ohne die Art von Mitbestimmung, wie sie sich der Deutsche Gewerkschaftsbund vorstellt, erreicht werden kann. Andernfalls würden die deutschen Unternehmen Gefahr laufen, innerhalb der Gemeinschaft isoliert zu werden.

Hielte der Deutsche Gewerkschaftsbund an seinen Vorstellungen fest, gäbe es entweder einen schlechten Kompromiß oder überhaupt kein europäisches Gesellschaftsrecht. Das wäre ein Pyrrhussieg: In beiden Fällen hätten die deutsche Wirtschaft und damit auch der deutsche Arbeitnehmer das Nachsehen.
(Aufsatz in »Limes«, Oktober 1968)

Sozialethische Erwägungen zur Mitbestimmung in der Wirtschaft

Zu dem Entwurf einer Studie über Fragen der Mitbestimmung aus kirchlicher Sicht möchte ich einige grundsätzliche Bemerkungen machen.

Die Legitimation der Evangelischen Kirche, zu aktuellen Fragen der gesellschaftlichen Ordnung Stellung zu nehmen, folgt aus der Aufgabe, die konkreten Gestaltungen des gesellschaftlichen Lebens an den Offenbarungen der Heiligen Schrift zu messen. Ist eine echte Diskrepanz zwischen Leben und Offenbarung feststellbar, so erscheint eine Äußerung auch in konkreter Form angezeigt.

Niemand wird sagen können, daß die Gestaltung unseres Arbeitslebens gerade in der Bundesrepublik Deutschland in einer tiefgreifenden Gegensätzlichkeit zu christlichen Grundsätzen stehe. Die im Entwurf gegebene Definition des Partnerschaftsverhältnisses zwischen sozialen Gruppen als des »Ausdrucks der gegenseitigen Achtung und des gemeinsamen Dienstes« ist in der Bundesrepublik Deutschland weitgehend verwirklicht. Damit wird der insoweit durchaus zu bejahenden Forderung der Sozialethik entsprochen. Weitergehende Forderungen gehören nicht in den Bereich der Sozialethik, sondern in den der politischen Auseinandersetzung. Die Entwicklung des so definierten Partnerschaftsverhältnisses ist nicht allein Ausdruck der über viele Jahrhunderte hinweg erfolgten Übernahme der Botschaft der Heiligen Schrift aus dem theologischen Bereich in den allgemeinen Sittenkodex, einer Botschaft, nach welcher der Mensch eine besondere Würde besitzt, die ihren Ausdruck in seiner Mündigkeit und Weltgestaltung findet; es ist auch das Ergebnis des Wirkens humanistischer Ideale und der Entwicklung bildungsmäßiger Voraussetzungen und freiheitlicher politischer Strukturen.

Hieraus ergibt sich, daß eine Veranlassung sozialethischer Art, konkrete Vorstellungen zur weiteren Ausgestaltung dieses Partnerschaftsverhältnisses zu entwickeln, verneint werden muß. Solche Vorschläge gehören in den unmittelbaren Bereich der Politik und nicht zur Sozialethik. Während im politischen Leben die Suche nach dem Kompromiß einer freiheitlich geordneten Gesellschaft immanent ist und der sachgerechte politische Kompromiß ein unerläßliches Element eines geordneten Gemeinwesens darstellt, ist der Kompromiß im sozialethischen Bereich in hohem Maße problematisch. Die Sozialethik muß den Anspruch erheben, sich an absoluten Wertvorstellungen zu orientieren. Zweifellos finden auch hinsichtlich dieser Wertvorstellungen historisch und gesellschaftlich bedingte Veränderungen statt, die eine Weiterentwicklung und damit die Auseinandersetzung über sozialethische Grundsätze notwendig erscheinen lassen.

In dem Denkschrift-Entwurf ist jedoch weniger um Kompromisse sozialethischer Art, als vielmehr um Kompromisse politischer Auswirkungen sozialethischer Konzeptionen gerungen worden. Dieses Ringen hat keinen Erfolg gehabt. In der entscheidenden Aussage zur Zusammensetzung der Aufsichtsräte stehen sich drei der Sache nach nicht sozialethisch, sondern politisch begründete unterschiedliche Auffassungen gegenüber. Hierbei ist zu berücksichtigen, daß die Mehrheit nur eine solche von neun gegen sechs Stimmen bei einer Enthaltung gewesen ist, eine Mehrheit also, die vielleicht ausgereicht hätte, um eine politische Entscheidung zu fällen, die aber eine nur aus der sozialen Ethik heraus zu begründende kirchliche Stellungnahme allein vom Grundsatz her nicht tragen kann. Bereits dieses Mehrheitsverhältnis zeigt, wie außerordentlich umstritten die hier zur Diskussion gestellten Gedanken sind und wie unvermeidlich es im Falle einer Veröffentlichung der Denkschrift sein müsste, daß diese kirchliche Stellungnahme in den politischen Meinungsstreit über die vielleicht zur Zeit schwierigste innenpolitische Auseinandersetzung in Deutschland hereingezogen würde. Dies hat sich schon angekündigt, als jetzt in der Presse vorzeitig über die bisher nicht veröffentlichte Denkschrift berichtet wurde und sich daran eine öffentliche Diskussion sehr politischen Inhalts knüpfte.

Aus der Sicht bloßer unternehmerischer Interessenvertretung könnte die Darstellung konkreter Möglichkeiten einer Ausgestaltung der Partnerschaft in Ziffer 28 noch akzeptiert werden, weil jedenfalls alle in der Kammer vertretenen Standpunkte dargelegt und damit der weiteren ohnedies anhängigen politischen Diskussion überantwortet wären. Das Mitglied der Evangelischen Kirche muß sich jedoch die Frage stellen, ob mit dieser Einbeziehung politischer Interessengegensätze zwischen den Sozialpartnern in die Evangelische Kirche etwas Positives bewirkt werden kann. Die Gefahr, daß hierdurch tiefgreifende politische Meinungsunterschiede in den Bereich der Kirche getragen werden und Spannungen nicht vermindert, sondern vermehrt werden, ist sehr groß und könnte leicht zu erneuter Unruhe in den Gemeinden und schließlich zu einer Zerreißprobe führen, insbesondere wenn man die möglichen parallel laufenden Entwicklungen im politischen Feld berücksichtigt. Befassen sich kirchliche Stellungnahmen, wie es hier geschehen soll, u. a. mit Fragen der Änderung des Aktienrechts und des Bankensystems, Fragen, die in der Tagespolitik heftig umstritten sind und die auf der anderen Seite einer sehr sachkundigen Überprüfung bedürfen, dann ist die sozialethische Rechtfertigung nicht mehr erkennbar. Nicht ohne Grund hat sich die katholische Soziallehre in offiziellen Äußerungen zu diesem Fragenkomplex konkreter Vorschläge enthalten.

Hinzu kommt ein weiteres: Es ist dankbar zu werten, daß die Arbeiten und Überlegungen in der Kammer und in dem von ihr eingesetzten Unterausschuß allseitig von dem ehrlichen Willen getragen wurden, Einigungen zu erzielen und Standpunkte einander anzugleichen. In vielen, auch wichtigen Bereichen ist dies gelungen. In einer, die Gesamtkonzeption des Entwurfs auch in seiner gegenwärtigen Form noch stark bestimmenden Frage ist dies jedoch nicht der Fall. Der Entwurf geht sehr stark von der Antithese von Kapital und Arbeit aus und leitet wichtige Schlußfolgerungen aus dieser Antithese her. Diese Antithese, zu Beginn des industriellen Zeitalters vor allem von Marx begründet, entspricht jedoch heute den tatsächlichen Gegebenheiten durchaus nicht mehr. Zu Recht nimmt der Entwurf auf der Seite des Produktionsfaktors »Arbeit« eine Personalisierung vor. Eine gleiche Personalisierung ist aber auch auf der Seite des Produktionsfaktors »Kapital« geboten. Längst ist das Stadium der wirtschaftlichen Entwicklung, in der das Kapital in den Händen weniger Großeigentümer konzentriert war, überwunden. Der Entwurf der Denkschrift geht in seiner Ziffer 1 auch heute noch erkennbar von diesem Stadium aus. Das Eigentum an den Produktionsmitteln hat aber im Laufe der Jahrzehnte auch im Rahmen der großen Kapitalgesellschaften eine ständig stärkere Personalisierung erfahren. Nicht nur der selbständige Unternehmer, der auch heute noch im Verhältnis zu den vergleichsweise wenigen Kapitalgesellschaften die große Mehrheit des Unternehmertums repräsentiert, hat ein persönliches Eigentümerinteresse an seinem Unternehmen, sondern auch die oft in die Hunderttausende gehenden Kleinaktionäre großer Kapitalgesellschaften haben es. So richtig es ist, daß wir im bedeutenden Umfange institutionelle Großanleger haben, so falsch ist es, die stets wachsende Bedeutung der persönlichen Eigentümer an Kapitalgesellschaften zu übersehen. Für diese stellt ihr Eigentumsanteil am Produktionsfaktor »Kapital« der Wirtschaft ein Element persönlicher Freiheit und der Möglichkeit persönlicher Mitwirkung und häufig eine ganz wesentliche Sicherung ihrer wirtschaftlichen Existenz im Alter dar. Dieses personale Element ist auch unter sozialethischen Vorstellungen in hohem Maße schutzwürdig und über das Erreichte hinaus zu fördern, insbesondere wenn berücksichtigt wird, daß solches Eigentum häufig im Laufe eines langen Arbeitslebens unter Mühe und Verzicht erworben ist.

Diesem personalen Element trägt der Entwurf keine Rechnung. Bei Anerkennung aller Grenzen, die sich aus der Natur der Sache ergeben, muß es aber ein wesentliches Ziel unserer zukünftigen Entwicklung sein, immer mehr Menschen zu persönlichem Eigentum auch an den Produktionsmitteln zu verhelfen; *der Zugang zu diesem persönlichen Eigentum ist die vielleicht wichtigste Unterscheidung zwischen einer freiheitlichen und einer kommunstischen Gesellschaftsordnung.*

So richtig es ist, daß im Entwurf der Denkschrift die berechtigten Anliegen der Arbeitnehmer herausgestellt werden, so haben auf der anderen Seite die aus der Schutzfunktion des Eigentums sich ergebenden Rechte der Eigentümer nicht die entsprechende Anerkennung gefunden. Dies steht nicht im Einklang mit der evangelischen Eigentumsdenkschrift und dem dort zugrunde liegenden Gedanken einer Entwicklung zu weiterer Selbstverantwortlichkeit des einzelnen.

Ich habe hier die Gründe dargelegt, aus denen ich dem Entwurf nicht zustimmen kann. Dabei habe ich mich auf die hauptsächlichsten Fragen beschränkt und Einwendungen, die darüber hinaus noch gemacht werden könnten, übergangen. Der Veröffentlichung dieses Entwurfs kann ich nur widerraten. Daß eine Veröffentlichung bevorstehe, ist in der Presse behauptet worden; aber diese Verlautbarungen waren nach meiner Kenntnis nicht autorisiert. Wenn der Rat aber der Meinung ist, daß ein kirchliches Wort notwendig sei, dann würde es meines Erachtens einer nochmaligen und grundlegenden Überprüfung des Entwurfs bedürfen. Die Diskussionen über die Mitbestimmung werden noch lange anhalten; ein kirchliches Wort käme nicht zu spät, auch wenn es erst nach einer solchen Überprüfung erginge.

In diesem Zusammenhang scheint mir noch ein weiterer Gesichtspunkt von Bedeutung. Zur Zeit wird eine »Denkschrift der Denkschriften« vorbereitet, in der die Möglichkeiten und Grenzen kirchlicher Stellungnahmen zu gesellschaftlichen und politischen Fragen abgesteckt werden sollen. Die Notwendigkeit einer solchen Untersuchung hat sich offenbar auf Grund der Erfahrungen ergeben, die mit früheren Denkschriften gemacht wurden. Die Erkenntnisse, die sich bei dieser Untersuchung ergeben, werden sicherlich für künftige kirchliche Stellungnahmen bedeutungsvoll sein. Ist es sinnvoll und der Sache entsprechend, jetzt eine Denkschrift zur Mitbestimmung zu veröffentlichen, bevor diese Erkenntnisse vorliegen?

(Stellungnahme zur Studie der Kammer für soziale Ordnung der Evangelischen Kirche in Deutschland, November 1968)

Soziale Marktwirtschaft und Unternehmer

Mein Thema lautet: »Die Stellung des Unternehmers in der Sozialen Marktwirtschaft«. Über dieses Thema ist schon oft gesprochen worden, und man könnte sich fragen, ob es notwendig ist, sich erneut damit zu befassen. Aber leider ist es ein sehr akutes Thema; denn die Stellung des Unternehmers in der Sozialen Marktwirtschaft ist heute umstritten. Wenn wir auf die Vergangenheit blicken, dann können wir, ohne uns zu Unrecht zu rühmen, doch feststellen, daß wir in den bald 20 Jahren der Sozialen Marktwirtschaft bemerkenswerte Erfolge gehabt haben. Dies war sicherlich ein Ergebnis der gemeinsamen Arbeit aller am Wirtschaftsprozeß Beteiligten; wir als Unternehmer haben aber jedenfalls das Unsere dazu getan, und wir sollten es auch aussprechen. Wir haben heute in der Bundesrepublik Deutschland einen Lebensstandard wie niemals zuvor in unserer Geschichte. Wir können auch darauf hinweisen, daß wir mit dem Betriebsverfassungsgesetz das fortschrittlichste Gesetz überhaupt in der westlichen Welt haben und daß insbesondere in den übrigen Staaten der Europäischen Wirtschaftsgemeinschaft eine Mitsprache, Mitbeteiligung und Mitwirkung der Arbeitnehmer, wie sie das Betriebsverfassungsgesetz vorsieht, nicht vorhanden ist.

Aber wir müssen feststellen, daß dies alles nicht so recht gewürdigt wird und daß der jungen Generation, die jetzt aus den Hochschulen zu uns in die Unternehmen kommt, dieser durch Arbeit und Bemühung erreichte Zustand als ganz normal erscheint. Diese jungen Leute kommen heute aus der besonderen Atmosphäre der Hochschulen mit sehr viel Kritik zu uns. Das würde an sich nicht schaden; im Gegenteil, Kritik wäre zu begrüßen, wenn sie sich nicht ausschließlich im Negativen erschöpfte. Es wird sicherlich eine wesentliche Aufgabe unternehmerischer Personalpolitik im nächsten Jahrzehnt sein, all diese zu uns Kommenden, die ja potentielle Führungskräfte sind, für das gemeinsame Ganze im Unternehmen zu begeistern und über das Negative der Kritik hinweg zu der Teamarbeit zu bringen, ohne die wir heute ein Unternehmen nicht führen können.

Wenn wir dies bedenken und dazu die politischen Tendenzen sehen, die wir in allen Parteien finden, nicht nur bei den Gewerkschaften, dann glaube ich, ist es doch gut, sich über die Stellung des Unternehmers in der Sozialen Marktwirtschaft gerade aus der heutigen Sicht erneut klar zu werden.

Dabei sollte man an die Spitze stellen, daß die *Grundmaxime unternehmerischen Handelns in der Sozialen Marktwirtschaft der Wettbewerb ist und bleiben muß.* Wir müssen uns zu dieser Grundmaxime unternehmerischen Handelns auch dann bekennen, wenn der Verzicht auf den Wettbewerb einmal verlockend erscheint; es gibt ja in dieser Beziehung aus letzter Zeit einige Beispiele. Jede andere Einstellung wäre auf lange Sicht gleichbedeutend mit der Preisgabe einer freien Wirtschaft und eines freien Unternehmertums. Damit wäre niemand gedient – am wenigsten, wie ein Vergleich mit anderen Wirtschaftssystemen zeigt, den Arbeitnehmern.

Wenn man vom freien Wettbewerb spricht, dann muß man einen Blick auf die auch in der Unternehmerschaft sehr unterschiedlich beurteilte Konzertierte Aktion lenken. Es ist in letzter Zeit viel Kritik an der Konzertierten Aktion des Bundeswirtschaftsministers geübt worden, und zwar auch an unserem eigenen Verhalten in diesem Zusammenhang. Zum Beispiel hat der Vorsitzende der Regierungskommission, die in der Frage der Mitbestimmung ein Gutachten erstatten soll, Professor Biedenkopf aus Bochum, in einem viel beachteten Vortrag, den er vor der Metallindustrie gehalten hat, auf die Vorbehalte hingewiesen, die seiner Meinung nach vom Standpunkt der freien Marktwirtschaft und vom Standpunkt des Wettbewerbs gegen die Konzertierte Aktion geltend zu machen seien. Er hat dem Sinne nach gesagt, daß hier der Minister, also die Exekutive, gemeinsam mit den Sozialpartnern im stillen Kämmerlein und ohne daß die Öffentlichkeit voll informiert werde, Vorentscheidungen wesentlicher Art träfe, die dann die politische Entscheidung des Parlaments und auch die Entscheidungen der Sozialpartner präjudizierten. Wir sollten uns darüber klar sein, daß die Konzertierte Aktion zwar ein zweckmäßiges Instrument für den Meinungsaustausch zwischen der Regierung und den Sozialpartnern über bestimmte, klar umrissene Fragen sein kann und auch sein sollte, daß es aber bedenklich wäre, die Konzertierte Aktion zu einem wirtschaftspolitischen Dirigentenstab für einen konzertierten Wettbewerb werden zu lassen oder, wofür es einige Anzeichen gibt, die gegenwärtige Diskussion über gesellschaftspolitische Probleme in dieses Gremium zu verlagern und solche Fragen auf diesem Weg entscheiden zu wollen. Ich glaube, daß die gegenüber der Konzertierten Aktion geäußerte Kritik bis zu einem gewissen Grade zutrifft und Gefahren aufzeigt, auf die wir achten sollten.

Im Zusammenhang mit der Stellung des Unternehmers in der Sozialen Marktwirtschaft hören wir weiterhin das Argument, daß die Macht der Unternehmer einer Begrenzung bedürfe. Dieses Argument wird nicht nur von den Gewerkschaften, sondern auch von anderer Seite gebraucht. Ich glaube, wir hätten es als Unternehmer etwas leichter, wenn wir wirklich so mächtig wären wie andere glauben oder zu glauben vorgeben; denn die Soziale Marktwirtschaft ist ja im Gegensatz zum reinen »laissez-faire« der industriellen Aufbauperiode gekennzeichnet durch gesetzliche Vorschriften zum Schutz und zur sozialen Sicherung der Arbeitnehmer, durch Gesetze gegen den Mißbrauch wirtschaftlicher Macht und durch manchmal wohl schon zu dirigistische gesamtwirtschaftliche Lenkungsmaßnahmen. Die gesetzlichen Vorschriften zum Schutz und zur sozialen Sicherung der Arbeitnehmer sollten wir dabei sicherlich nicht nur als einen Faktor betrachten, der uns Kosten verursacht, sondern als den bedeutenden sozialen Fortschritt, den sie gegenüber früheren Zeiten tatsächlich darstellen.

Wir sollten auch an unseren Partner, die Gewerkschaften, denken. Ihr Einfluß bewirkt in der Tat eine erhebliche Beschränkung unserer angeblichen Macht. Dieser Einfluß ist zudem viel größer, als es der Organisationsgrad der Arbeitnehmer vermuten ließe, dank der Vollbeschäftigung, derer wir uns nun mit einer kurzen Unterbrechung seit so langer Zeit erfreuen und die letzten Endes auch das Ergebnis unternehmerischer Leistung in der Marktwirtschaft ist.

Aber die wichtigste und eigentliche Beschränkung, der unsere Macht begegnet, liegt im Wettbewerb und damit in der Natur unternehmerischen Handelns in der freien Wirtschaft selbst begründet. Entgegen der bloßen Verteilerstellung staatlicher Unternehmen im Ostblock sind wir alle der rauhen Luft des Wettbewerbs ausgesetzt. Sie wird um so rauher, je mehr eine Wirtschaft wie die deutsche wegen der Begrenztheit des eigenen Marktes auf den Weltmarkt angewiesen ist. Die Schwierigkeiten, die wir alle kennen, das erforderliche Kapital zu beschaffen, um mit dem ungeheuer raschen technischen Fortschritt unserer Zeit Schritt zu halten, begrenzen die vermeintliche Macht der Unternehmer in der Sozialen Marktwirtschaft ganz entscheidend.

Eine weitere Frage, der wir wahrscheinlich demnächst in der gesellschaftspolitischen Diskussion viel begegnen werden, ist die Frage der Konzentration. Die Konzentration wird als eine Gefahr für den Wettbewerb angesehen, und es wird allgemein die Sorge vor übergroßen Machtstellungen geäußert, einmal vom volkswirtschaftlichen, dann aber auch vom gesellschafts- und ordnungspolitischen Standpunkt aus.

Sicherlich können wir den Konzentrationsfanatikern, die in vielen Lagern zu finden sind, nicht folgen; wir sollten es jedenfalls nicht tun. Mir erscheint es sehr aufschlußreich, daß von den Gewerkschaften gegen die Konzentration im allgemeinen wenig eingewendet wird; es gibt sogar eine ganze Reihe von Stimmen im gewerkschaftlichen Lager, die die Konzentration für etwas Notwendiges und Unumgängliches und darum auch zu Begrüßendes erklären. Auf Unternehmerseite hat man diese Meinung der Gewerkschaften häufig als ein Zeichen wirtschaftlicher Einsicht angesehen. Zwar ist in der Tat die Einsicht in wirtschaftliche Notwendigkeiten bei unserem Sozialpartner gewachsen; auf der anderen Seite begegnen sich aber auch die Konzentrationsbestrebungen der Wirtschaft mit dem Mitbestimmungsstreben der Gewerkschaften: Denn je größer die Gebilde werden, um so stärker wird versucht, daraus Gründe für die gewerkschaftliche Mitbestimmung abzuleiten.

Die Konkurrenz innerhalb des europäischen Marktes und auf dem Weltmarkt verlangt auf bestimmten Gebieten aus wirtschaftlichen und technischen Gründen Zusammenfassungen und Konzentration. Aber wir sollten auch nie vergessen, daß eine gesunde Struktur unserer Wirtschaft zugleich den Fortbestand und die weitere Entwicklung der kleineren und mittleren Unternehmen verlangt. Wir wissen auch, daß dafür ungeachtet mancher Unkenrufe die Voraussetzungen durchaus gegeben sind. Alles in allem wird man bei der Konzentration sagen können, daß es eine Frage des Maßes ist und daß dieses Maß wirklich nur durch echte technische und wirtschaftliche Notwendigkeiten bestimmt werden sollte.

Dies waren nur einige Schlaglichter. Wir dürfen mit Recht sagen, daß eine Machtstellung, wie sie uns angedichtet wird, nicht existiert. Aber die Bemühungen von gewerkschaftlicher und anderer Seite, in der breiten Öffentlichkeit das Schreckgespenst eines übermächtigen Unternehmertums aufzubauen und zu erhalten, sind, wie ein Blick in die Presse zeigt oder wie man in den Massenmedien jederzeit erfahren kann, nicht erfolglos geblieben. Es war interessant, daß nach der Pressekonferenz, die wir soeben hatten, einer der Journalisten mich gefragt hat: »Wie kommt es eigentlich trotz aller Leistungen, die ja anerkannt werden müssen, daß das Image des Unternehmers in der Öffentlichkeit so schlecht ist und daß er politisch so wenig zu bewirken vermag?«

Ich glaube, es gibt sehr viele Gründe dafür. Wir waren alle in den vergangenen zwei Jahrzehnten durch die Aufbauarbeit im eigenen Unternehmen so beansprucht, daß es für uns sehr schwer war und auch heute noch ist, in der Öffentlichkeit so hervorzutreten und so für unsere Sache zu werben, wie es beispielsweise Funktionäre der Gewerkschaften tun können, deren einzige oder wesentliche Aufgabe gerade darin besteht. Da das Image des Unternehmers, um dieses moderne Wort zu gebrauchen, letzten Endes auch für politische Entscheidungen von Bedeutung ist, sollten wir dieser Frage künftig mehr Aufmerksamkeit zuwenden als bisher. In unseren Unternehmen gibt es unter den jüngeren Führungskräften – Ingenieure, Physiker, Chemiker, Kaufleute, Juristen – eine doch immerhin beachtliche Zahl von Mitarbeitern, die nicht nur politisches Interesse haben, sondern auch bereit wären, sich politisch zu betätigen. Natürlich spielt immer die praktische Frage eine Rolle »Wie tue ich das?« Es sollten ja gerade gute und tüchtige Leute sein, und diese sehen die Laufbahn im eigenen Unternehmen vor sich und fürchten, sie durch eine politische Tätigkeit zu gefährden. Es gibt eine Reihe von Vorschlägen, wie hier zu helfen wäre. Ich glaube, wir sollten uns diesen Problemen sehr aufmerksam zuwenden. Wir sollten dabei auch nicht vergessen, daß im Bundestag, wo die politischen Entscheidungen fallen, die Hälfte der Abgeordneten quer durch alle Parteien hindurch gewerkschaftlich organisiert ist und daß es – auch wieder quer durch alle Parteien hindurch – nur etwa 70 Abgeordnete gibt, die man, ohne daß sie alle Unternehmer wären, dem unternehmerischen Lager zurechnen kann. Wir haben in der Vergangenheit erfahren, welche Rolle diese Zusammensetzung des Bundestages für die Gesetzgebung spielt. Da uns in der nächsten Zeit sicherlich ganz entscheidende Fragen bevorstehen, über die politisch entschieden werden muß, sollten wir trotz aller Schwierigkeiten, die wir in den Unternehmen deshalb haben, unserer politischen Repräsentation mehr Aufmerksamkeit widmen als bisher.

Zu den negativen Vorstellungen über die Unternehmer gehört noch ein weiteres Bild aus längst vergangenen Zeiten. Es ist die Vorstellung vom Unternehmer, der alle Entscheidungen mit einsamen Entschlüssen selbstherrlich trifft. Wir alle wissen aus unserer täglichen Arbeit, daß dies der Wirklichkeit längst nicht mehr entspricht. Bei der heutigen Kompliziertheit aller Lebensbereiche kann kein gut geführtes Unternehmen auf qualifizierte Mitarbeiter verzichten, die die meisten Entscheidungen in Teamarbeit vorbereiten oder innerhalb eines übertragenen Verantwortungsbereiches selber treffen. Ich wende mich nachher noch den leitenden Angestellten zu; aber diese Entwicklung geht herunter bis zum Meister und zum Einrichter. Hier liegt in der Wirklichkeit des Lebens – und das wissen wir alle – sehr viel mehr Mitwirkung und Mitbestimmung als darin, daß der Aufsichtsrat paritätisch zusammengesetzt ist. Diese Wirklichkeit wird sehr oft vergessen oder geleugnet.

Außerdem sollte man vielleicht, wenn man von der Machtstellung der Gewerkschaften und der angeblichen

Macht der Unternehmer spricht, auch auf eine Tatsache hinweisen, die unsere Stärke und auch unsere Schwäche ist, nämlich die Tatsache, daß die Solidarität der Unternehmer untereinander naturgemäß weit weniger ausgeprägt ist als bei den Gewerkschaften. Das liegt einmal daran, daß wir trotz zahlreicher gleicher Interessen doch zugleich Konkurrenten sind, und zum anderen daran, daß wir – wohl im Gegensatz zu den bisherigen Gewerkschaften – keine einheitliche soziologische Gruppe darstellen. Es gibt, vor allem bei Klein- und Mittelbetrieben, den selbständigen Unternehmer, der Kapital und Führung in einer Hand vereinigt, und den Manager-Unternehmer in den meisten Großunternehmen, in denen Kapital und Führung auseinanderfallen. Hinzu kommt die ganz verschiedene Aufgabenstellung; der Industrielle, der Bankier, der kleine Einzelhändler, der Fuhrunternehmer und der Landwirt haben so völlig verschiedene Aufgaben und manchmal auch eine so unterschiedliche Ausbildung, daß ein Bewußtsein, sich mit anderen in einer gemeinsamen Gruppe zu befinden, nicht so leicht aufkommt. Darum zeigen die Unternehmer häufig nur dann ein hohes Maß an Solidarität, wenn sie sich in der Abwehr befinden, in der Abwehr beispielsweise bei Arbeitskämpfen, in der Abwehr aber auch in der Frage der Mitbestimmung. Aber wir sollten uns bei aller Wahrung unserer Individualität darüber klar sein, daß die allgemeine politische Entwicklung, insbesondere bestimmte gesellschaftspolitische Tendenzen, die sich zur Zeit abzeichnen oder mit denen man zumindest rechnen muß, die Stellung des Unternehmers, wo er auch stehen mag, entscheidend beeinträchtigen können. Wir sollten daher versuchen, das Maß an Solidarität aufzubringen, das heute – nicht zuletzt zur Erhaltung unserer Individualität – einfach notwendig ist.

(Auszüge aus einem Vortrag vor der Landesvereinigung der Arbeitgeberverbände Hamburg, Hamburg, Juni 1969)

Soziale Partnerschaft im Hause Siemens

Eine bedeutsame Maßnahme des Hauses Siemens auf sozialpolitischem Gebiet neben der Neuregelung der Erfolgsbeteiligung war die Ausgabe von Belegschaftsaktien. Wir haben allen unseren Mitarbeitern die Möglichkeit geboten, zur vermögenswirksamen Anlage nach dem 312-DM-Gesetz bis zu drei Aktien der Siemens AG zum Kurs von 156, also etwa zum halben Börsenkurs zu, erwerben. Nahezu 50000 Mitarbeiter haben hiervon Gebrauch gemacht. Auch unter den bisherigen Aktionären befanden sich bereits zahlreiche Mitarbeiter unseres Hauses, die zum Teil im Rahmen der im Jahr 1950 geleisteten Wiederaufbauprämie Aktien erhalten oder auf dem üblichen Wege am Markt erworben hatten. Etwa ein Viertel unserer Mitarbeiter im Inland sowie zahlreiche Pensionäre sind heute Aktionäre des Unternehmens.

In der Ausgabe von Belegschaftsaktien sehen wir einen wichtigen Beitrag zu den gegenwärtig viel diskutierten Bemühungen um die Förderung der Vermögensbildung in Arbeitnehmerhand. Wir sind der Auffassung, daß im Rahmen der Vermögensbildung der Erwerb von Aktien und Investment-Zertifikaten besonders gefördert werden sollte, da er dem Sparer einen Anteil am Produktivkapital und damit am Wertzuwachs der Wirtschaft verschafft.

Bei einer langfristigen Betrachtung im Sinne der Vermögensbildung ergibt sich für die Vergangenheit folgendes Bild: Vor zehn Jahren betrug der Kurs der Siemens-Aktie bei einem Nennwert von DM 100,– noch 326 Prozent, heute steht der Kurs der 50,– DM-Aktie auf 287, also auf den Nennwert von 100 umgerechnet auf 574 Prozent. Die Beteiligung am Wertzuwachs des Unternehmens kommt in dieser Entwicklung deutlich zum Ausdruck. Ich hoffe, daß wir die Möglichkeit, Belegschaftsaktien zu erwerben, auch weiterhin eröffnen können. Dabei wird, wie die Erfahrung lehrt, eine rechtzeitige Information sehr wichtig sein.

Wir würden es begrüßen, wenn der Gesetzgeber den Bemühungen großer Unternehmen zur Förderung der Vermögensbildung der Arbeitnehmer in Form des Beteiligungssparens noch mehr als bisher gerecht würde. Insbesondere halten wir einen Abbau der steuerlichen Nachteile für erforderlich, die das Aktiensparen gegenüber dem herkömmlichen Kontensparen gerade für den kleinen Sparer immer noch hat. Wir verfolgen daher die öffentliche Diskussion um die Vermögensbildung mit großer Aufmerksamkeit; ich habe mich in den Funktionen, die ich außerhalb des Hauses wahrnehme, bemüht, auch meinerseits Anregungen zu geben.

Aus der laufenden Arbeit des letzten Jahres gehe ich auf einen Punkt kurz ein, der bei der letzten Vertreterversammlung bereits verabschiedet war, nämlich die neuen Richtlinien für das Verbesserungsvorschlagswesen. Sie haben sich in der Praxis bewährt, wozu sicherlich auch die eingehende Werbung in den Siemens-Mitteilungen beigetragen hat. In der ersten Hälfte des Geschäftsjahres 1968/69 hat sich die Zahl der Verbesserungsvorschläge gegenüber dem gleichen Vorjahreszeitraum um fast 90 Prozent erhöht. Eine Aufschlüsselung der Zahlen für die einzelnen Betriebe steht im Mai-Heft der Siemens-Mitteilungen. Wir können uns darüber freuen, daß unsere Bemühungen, durch moderne Richtlinien das Mitdenken jedes einzelnen und damit die betriebliche Zusammenarbeit zu fördern, auf so fruchtbaren Boden gefallen sind.

Eine andere Frage ist der Stand der Forschungsaufträge über die Handhabung der Betriebsverfassung in unserem Hause und über das Verhältnis Arbeiter : Angestellte. Die

Untersuchungen der Professoren Fürstenberg und Specht stehen nunmehr vor dem Abschluß. Die Auswertung der Ergebnisse wird die nächsten Monate beanspruchen; im Herbst dieses Jahres kann mit der Vorlage vorläufiger Abschlußberichte gerechnet werden. Die beiden Professoren werden den Verhandlungsausschuß des Gesamtbetriebsrats in einer für Ende September vorgesehenen Sitzung unterrichten.

Als ich im Jahre 1950 in das Haus eintrat, war das Betriebsverfassungsgesetz eines der damals am heftigsten umstrittenen Themen der deutschen Innenpolitik. Eine meiner ersten und während meiner ganzen Amtszeit wichtigsten Aufgaben war es, als Chef der Zentralpersonalverwaltung das Betriebsverfassungsgesetz in unserem Hause anzuwenden, das heißt nicht nur die hierfür notwendigen formalen Voraussetzungen, sondern auch Maßstäbe für die Handhabung des Gesetzes, für die Entwicklung einer vertrauensvollen Zusammenarbeit zu schaffen und schaffen zu helfen.

Daß es trotz anfänglicher Schwierigkeiten gelungen ist, einen gemeinsamen Weg zu finden, und wir auch trotz sachlicher Meinungsverschiedenheiten, wie sie es immer geben wird, auf der Basis der gegenseitigen Achtung in vielen Fragen einen Ausgleich der Interessen erzielt haben, erfüllt mich mit Dankbarkeit gegenüber meinen Gesprächspartnern und meinen Mitarbeitern, aber auch mit Stolz und Genugtuung.

Wir halten das Betriebsverfassungsgesetz für eine gute Lösung, und es hat sich bei uns im Hause bewährt. Sicher scheint mir, daß das Gesetz bei richtiger Handhabung eine gute Basis darstellt, auch bei unterschiedlichen Interessen Lösungen zu finden, die allen Beteiligten gerecht werden.

Heute und hier soll nicht über das Thema gesprochen werden, das in unserer Zeit die Öffentlichkeit bewegt, das Thema der erweiterten Mitbestimmung. Ich bin an der öffentlichen Diskussion beteiligt. Sie wissen, daß die

Frage der Anwendung des Betriebsverfassunsgesetzes in dieser Diskussion eine große Rolle spielt. Mir liegt nur daran, hier am Ende meiner bisherigen Tätigkeit zum Ausdruck zu bringen, daß ich mich nicht erst jetzt, sondern seit bald zwei Jahrzehnten nicht nur mit Worten zu diesem Gesetz und zu der Aufgabe der Betriebsräte bekannt habe. Ich habe, was in meinen Kräften stand, getan, um in unserer täglichen Praxis dies Gesetz auch wirklich mit Leben zu erfüllen, in dem vom Gesetz verlangten Geist der Zusammenarbeit, der zugleich der unseres Hauses ist. Vieles verändert und entwickelt sich weiter. Der Geist der Zusammenarbeit wird uns aber hoffentlich erhalten bleiben, und diesen Geist unseres Hauses zu zitieren, scheue ich mich nicht. Für ihn wird, so hoffe ich, Zeit zu allen Zeiten sein.

Das Betriebsverfassungsgesetz fördert diese vertrauensvolle Zusammenarbeit zwischen Arbeitgeber und Betriebsrat. Das war nicht immer so. In § 1 des Betriebsrätegesetzes von 1920 hatte es noch geheißen, daß die Betriebsräte der Wahrnehmung der Interessen der Arbeitnehmer *gegenüber* dem Arbeitgeber dienen. Im Betriebsverfassungsgesetz ist aus einem Gegeneinander ein Miteinander geworden.

Diese Forderung ist nicht immer leicht zu erfüllen und wird gelegentlich auch nicht erfüllt oder kann auch nicht erfüllt werden. Dennoch halte ich den Grundsatz für richtig; denn er schafft die Voraussetzungen, gemeinsam etwas zu erreichen und nicht nur gegenseitig zu bremsen. Immer wird es dabei wesentlich auf die Menschen ankommen, die sich als Gesprächs- und Verhandlungspartner gegenüberstehen.

Vertrauensvolle Zusammenarbeit muß vom gegenseitigen Verständnis für die Belange des anderen Partners getragen sein. In unserem Hause ist dieses gegenseitige Verständnis schon frühzeitig gesucht und gepflegt worden. In einer Studie des Internationalen Arbeitsamtes in Genf über die Beziehungen zwischen Arbeitgebern und Arbeitnehmern aus dem Jahr 1930 wurde dies sehr anerkennend gewürdigt. Es heißt dort:

»Die Beziehungen zwischen Arbeitgebern und Arbeitnehmern auf dem Gebiet des Betriebsrätewesens gestalten sich bei den Firmen Siemens besonders glatt und stetig, teilweise wegen des aufrichtigen Strebens der Sozialpolitischen Abteilung nach Erzielung der besten Ergebnisse und teilweise wegen des Umstandes, daß ein beträchtlicher Teil der Betriebsratsmitglieder, darunter der Vorsitzende des Ausschusses des Gesamtbetriebsrates, Jahr für Jahr wiedergewählt wurden, seitdem die Einrichtung der Betriebsräte durch Gesetz geschaffen wurde. Die Vorteile einer derartigen Beständigkeit in bezug auf die Politik der Betriebsräte sind offensichtlich, daß sowohl auf seiten der Leitung wie der Arbeitnehmerschaft der Firma Übereinstimmung darüber besteht, daß es wünschenswert wäre, die Wahlen nicht alljährlich, wie im Gesetz vorgesehen, sondern jedes zweite Jahr vorzunehmen. Man ist überzeugt, daß eine längere Amtsdauer der Betriebsratsmitglieder sowohl vom Standpunkt der Arbeitnehmer sowie von dem der Leitung vorteilhaft sein würde.«

Diese letzte Forderung ist inzwischen erfüllt. Im Betriebsverfassungsgesetz von 1952 sehen wir die seit jeher in unserem Hause vertretene Konzeption einer vertrauensvollen Zusammenarbeit zwischen der Leitung des Unternehmens und den gewählten Vertretern der Arbeitnehmer bestätigt. Auf dieser Grundlage konnten wir Formen der Zusammenarbeit finden und Institutionen schaffen, die trotz der Größe und Dezentralisation des Unternehmens eine Beteiligung von Vertretern aus allen Unternehmensbereichen an den Beratungen mit der Firmenleitung ermöglichten. Wesentlich waren hierfür die Vereinbarungen über die Zusammensetzung und die Aufgaben des Gesamtbetriebsrates, in dem sich die Struktur des Unternehmens widerspiegelt.

Im Sinne der gleichmäßigen Wahrnehmung der Interessen aller Mitarbeiter und einer einheitlichen Handhabung wurde von den Betriebsvertretungen ebenso wie von der Firmenleitung Wert darauf gelegt, alle Fragen von allgemeiner Bedeutung zwischen Firmenleitung und Gesamtbetriebsrat zu erörtern und für das gesamte Unternehmen einheitlich zu regeln. Als besonders wertvoll betrachte ich in diesem Zusammenhang die Arbeit der verschiedenen Kommissionen des Gesamtbetriebsrats, deren Ergebnisse sich entweder unmittelbar in Maßnahmen der Firmenleitung niederschlagen oder – bei wichtigen Themen – Gegenstand von Verhandlungen zwischen der Firmenleitung und dem Verhandlungsausschuß des Gesamtbetriebsrates werden. Ich bin davon überzeugt, daß diese Form der Zusammenarbeit, bei der in allen wichtigen Fragen die Verhandlungen für das gesamte Unternehmen einheitlich geführt werden, am besten dazu geeignet ist, sachgerechte Lösungen zu finden, die die Interessen aller unserer Mitarbeiter berücksichtigen.

Die Bedeutung, die damit dem Gesamtbetriebsrat zukommt, schmälert nicht die Wichtigkeit der Betriebsräte der einzelnen Betriebe. Die Angelegenheiten, die wegen der Größe unseres Hauses örtlich besser geregelt werden können, sind zahlreich, und wir legen deshalb großen Wert darauf, daß sich unsere Betriebs- und Personalleitungen die Pflege der vertrauensvollen Zusammenarbeit mit ihren Betriebsräten angelegen sein lassen.

Die elf Verbindungskreise, die die Koordinierung zwischen Gesamtbetriebsrat und örtlichen Betriebsräten sowie die informelle Zusammenarbeit zwischen den Betriebsräten erleichtern sollen, wurden nicht zuletzt deshalb geschaffen, weil wir alle – Firmenleitung und Gesamtbetriebsrat – uns der Bedeutung der örtlichen Betriebsräte bewußt sind. Aus dem gleichen Grund treten ja auch Sie alljährlich zusammen, was vom Gesetz nicht vorgeschrieben ist.

Mich freut es besonders, daß die Betriebsräte-Gespräche, die wir vor Jahren eingeführt haben, inzwischen zu einem festen Bestandteil der Zusammenarbeit zwischen den Partnern in unserem Unternehmen geworden sind. Sie erinnern sich vielleicht, daß diesen Gesprächen zunächst sowohl die Gewerkschaft und der Gesamtbetriebsrat als auch manche Betriebsleitungen mit gewisser Skepsis begegneten. Die Befürchtungen gingen teilweise dahin, die Betriebsräte könnten der Gewerkschaft oder ihren Aufgaben als Vertreter der Arbeitnehmer entfremdet werden. Die Praxis der Betriebsräte-Gespräche hat die Befürchtungen widerlegt und gezeigt, welche Bedeutung eine sachgerechte Information für die Arbeit der Betriebsräte hat.

Von Anfang an waren wir uns mit dem Gesamtbetriebsrat darüber einig, daß die Gespräche ausschließlich dem Meinungs- und Erfahrungsaustausch dienen, aber keinesfalls die Verhandlungen zwischen Firmenleitung und Gesamtbetriebsrat oder zwischen örtlichen Betriebsleitungen und Betriebsrat ersetzen sollen. Da die Teilnehmer aus verschiedenen Betrieben und verschiedenen Unternehmensbereichen kommen, trägt der Erfahrungsaustausch entscheidend dazu bei, auch die manchmal unterschiedliche Interessenlage der Arbeitnehmer in den Standorten und Bereichen zu erkennen. Darüber hinaus vermittelt er Kenntnisse über die Zusammenhänge und stärkt insofern zweifellos die Stellung der Betriebsräte in den Verhandlungen, gibt ihnen aber auch die Möglichkeit, die erzielten Verhandlungsergebnisse gegenüber ihren Wählern besser vertreten zu können. Zugleich haben die Vertreter der Firmenseite bei diesen Gesprächen zahlreiche Anregungen erhalten, so daß man wirklich von einem für beide Seiten wertvollen Erfahrungsaustausch sprechen kann.

Ich knüpfe an die heute wohl von uns allen gut geheißenen Betriebsräte-Gespräche eine Bemerkung allgemeiner Art an. Es handelt sich um etwas, was der Gesetzgeber nicht vorgeschrieben hat und auch schwerlich vorschreiben kann und wird. Wir können nicht alles vom Gesetzgeber erwarten; es können auch nicht alle Unternehmen über einen Leisten geschlagen werden. Der Spielraum auch für eigenständiges Verhalten ist heute zwar eingeschränkter als früher, aber er ist noch vorhanden. Einfallsreichtum und Mut sollten uns helfen, im Rahmen dessen, was wir als Haus vermögen, der betrieblichen Sozialpolitik die den wechselnden Bedürfnisse entsprechenden Impulse zu geben. Unsere Vorfahren haben das getan, wir selbst haben uns darum bemüht, und so wird es gewiß bleiben.

Der Erfahrungs- und Meinungsaustausch findet heute in vielfältiger Weise statt. Wir können daran ablesen, wie sich die Betriebsverfassung im Laufe der Zeit entwickelt hat und wohl auch weiter entwickeln wird. Dabei denke ich zum Beispiel an die Information der Betriebsräte und des Gesamtbetriebsrats über Rationalisierungsmaßnahmen. In dem Maße, in dem die Rationalisierung an Bedeutung gewonnen hat, spielte dieses Thema bei unseren Verhandlungen eine wachsende Rolle, und die Information hierüber wurde auf allen Ebenen verstärkt. Natürlich hat es da und dort vorübergehende Schwierigkeiten gegeben, und es kann sie in dem einen oder anderen Falle auch noch geben. Sie wissen, daß es eine Zeit braucht, bis sich neue Maßnahmen, die nicht rein formaler Natur sind, sondern im Einzelfall bedacht und durchgeführt werden müssen, in einem so großen Hause durchsetzen. Insgesamt aber glaube ich, daß wir gerade in der Information über wirtschaftliche Vorgänge – nicht zuletzt mit Hilfe der Siemens-Mitteilungen – weiter fortgeschritten sind.

Aus dem gleichen Grunde messe ich auch der Tätigkeit des Wirtschaftsausschusses besondere Bedeutung bei; die Vertreter des Gesamtbetriebsrates sind daran beteiligt. Der verstorbene Sprecher des Vorstandes, Dr. Lohse, so-

wie die Vorsitzenden des Vorstandes, Dr. Tacke und Dr. Plettner, haben mehrfach in Sitzungen des Wirtschaftsausschusses zu aktuellen wirtschaftlichen Fragen Stellung genommen. In jeder Sitzung wird neben der eingehenden Unterrichtung über die Lage des Unternehmens von Vorstandsmitgliedern oder Generalbevollmächtigten ausführlich über Probleme einzelner Unternehmensbereiche oder spezielle Themen, wie Auslandsgeschäft, Investitionen, berichtet. Unmittelbar nach ihrer Verabschiedung werden der Geschäftsbericht, Bilanz, Gewinn- und Verlustrechnung in Verbindung mit einem Sozialbericht eingehend erörtert. Zusammen mit dem von Firmenleitung, Wirtschaftsausschuß und Gesamtbetriebsrat verabschiedeten Vierteljahresbericht veröffentlicht die Werkzeitschrift regelmäßig ausführliche Berichte über die Sitzungen des Wirtschaftsausschusses. Auf diese Weise hat die Tätigkeit des Wirtschaftsausschusses auch für die Information aller Mitarbeiter sowie für die Zusammenarbeit zwischen örtlichen Betriebsleitungen und Betriebsräten zunehmend an Gewicht gewonnen.
Durch Betriebsräte-Gespräche, intensive Zusammenarbeit mit dem Wirtschaftsausschuß, Verbindungskreise und jährliche Vertreterversammlung haben wir gemeinsam Maßnahmen getroffen, die das Betriebsverfassungsgesetz den Verhältnissen unseres Hauses entsprechend ergänzen. Niemals darf übersehen werden, daß es bei der Zusammenarbeit zwischen Arbeitgeber und Betriebsrat nur teilweise auf das Gesetz und die bestehenden Institutionen ankommt. Wesentlich wichtiger ist es, in welchem Geist das Gesetz gehandhabt wird. Wenn das Vertrauen fehlt, wird auch ein anderes Gesetz ebensowenig zu guter Zusammenarbeit führen wie das geltende. Wird es dagegen beiderseits in partnerschaftlichem Geist erfüllt, so wird sich ungeachtet mancher Schwierigkeiten in Einzelfragen, die auf natürlichen Interessengegensätzen beruhen, das Vertrauen einstellen und erhalten bleiben.

Wir können rückschauend feststellen, daß wir uns in der Vergangenheit von diesem partnerschaftlichen Geist haben leiten lassen. Ich gebe der Hoffnung und der Zuversicht Ausdruck, daß dies auch in Zukunft so sein wird.

Zum Schluß möchte ich Sie bitten, mir zu erlauben, einige persönliche Worte zu sagen. In unserem Hause sind dem für die Personal- und Sozialpolitik verantwortlichen Vorstandsmitglied innerhalb des Vorstandes sehr mannigfaltige Aufgaben anvertraut. Zu seinen wesentlichsten Aufgaben gehört, daß er der Gesprächspartner der Betriebsräte ist. So habe ich es immer gesehen; es ist eine Aufgabe, die ich nicht nur mit dem Verstande, sondern auch mit dem Herzen wahrgenommen habe.

Wenn man nun eine solche Aufgabe bald zwei Jahrzehnte zu erfüllen hatte – und wenn man das so gern getan hat, wie ich es tat – dann ist man mit ihr verwachsen, und der Abschied wird nicht leicht. Aber einer der obersten Grundsätze einer guten Personalpolitik muß es sein, wenn die Zeit gekommen ist – und einmal muß er ja kommen, dieser Tag – auch den Platz für den jüngeren Nachfolger freizumachen. Ich tue das mit Befriedigung; denn Herr v. Oertzen, mir seit langem wohlbekannt und seit einiger Zeit mein Vertreter, hat sich schon bisher den Aufgaben, für die er verantwortlich sein wird, mit großer Hingabe gewidmet und wird sie, seit langem und von der Pike auf unserem Hause verbunden, wie ich nicht zweifle, erfolgreich wahrnehmen, insbesondere auch als Ihr künftiger Gesprächspartner.

Mir bleiben noch Worte des Dankes. Danken möchte ich allen Mitarbeitern, ohne deren Fachkunde, Hingabe an die Sache und Vertrauen ich mein Amt als Ihr Gesprächspartner nicht hätte führen können. So gilt mein Dank der Sozialpolitischen Abteilung und allen ihren Mitarbeitern. Stellvertretend für alle nenne ich vier Namen:

Den Leiter der Sozialpolitischen Abteilung, Herrn

Dr. Dräger, den großen Sozialpolitiker unseres Hauses, so voller Ideenreichtum, so der Tradition dienend und zugleich dem Neuen zugewandt, Herrn Dr. Schwarzbauer, der hohe Fachkunde mit einem unbestechlichen Sinn für Gerechtigkeit verbindet und der viele schwierige Verhandlungen im In- und Ausland erfolgreich bestritten hat, Herrn Lüders, der heute als Nachfolger des hochverdienten Herrn v. Hassell das Allgemeine Referat leitet, damit im besonderen die Betriebsverfassung zu betreuen hat und der, wie wir alle, zwar Jahr für Jahr älter wird, sich aber Elan und Initiative seiner jungen Jahre erhalten hat.

Ich danke auch meinen Vorstandskollegen, die mir oft geholfen haben, sozialpolitisch Wesentliches zu verwirklichen, und nenne im besonderen den heutigen Vorsitzenden des Vorstandes, Herrn Dr. Tacke, der ja selbst einmal mein bisheriges Ressort geleitet hat und ihm und seinen Aufgaben verbunden geblieben ist. Diese Verbundenheit habe ich auch in hohem Maße bei den Betriebsleitungen gefunden, die ja die schwierige Aufgabe haben, die Sozialpolitik vor Ort zu vertreten und zu verwirklichen. Daß der Chef des Hauses, Herr Ernst v. Siemens, und sein Vertreter, Herr Peter v. Siemens, gerade den sozialpolitischen Fragen immer besonders zugewandt waren und sind, das war immer eine große Hilfe für unsere Arbeit und wird es bleiben.

Nun aber wende ich mich zum Abschied an Sie: Ihnen allen möchte ich herzlich danken. Die Arbeit des Betriebsrats ist, wie ich sehr wohl weiß, oft nicht einfach; aber ich kann Ihnen bezeugen, daß Sie auf der einen Seite die Belange der Belegschaft immer mit Nachdruck wahrgenommen, daß Sie aber auf der anderen Seite auch an das Ganze gedacht haben. Im Zusammenleben der Menschen kommt man nicht ohne Kompromisse aus; das gilt auch für uns. Voraussetzung ist auf beiden Seiten der Wille dazu, insbesondere aber auch Offenheit und die Gewißheit, daß man sich auf das Wort des Partners verlassen kann. Es so zu halten, haben wir uns beiderseits bemüht.

Ein Wort schließlich noch an Gesamtbetriebsrat und Verhandlungsausschuß. Über die bedeutsame Aufgabe des Gesamtbetriebsrates habe ich schon gesprochen. Persönlich am nächsten bekannt sind mir natürlich die Mitglieder des Verhandlungsausschusses. Seinen früheren und heutigen Mitgliedern gilt mein besonderer Dank. Sie werden verstehen, daß ich hier noch einmal meines alten langjährigen Gesprächspartners Eugen Tausig gedenke, der sich vor einem Jahr verabschiedete. Herr Turek hat seine Nachfolge angetreten, wie es scheint, mit Erfolg. Wir haben viele Gespräche miteinander gehabt, schwierige und weniger schwierige. Dabei haben sich auch persönliche und freundschaftliche Beziehungen ergeben. Und wenn wir dann nach einer schwierigen Verhandlung noch beisammen saßen und ein Glas miteinander tranken, dann kam auch die Fröhlichkeit zu ihrem Recht. Auch solcher Stunden denke ich sehr gern.

Ich sage Ihnen allen ein herzliches Lebewohl!

(Auszüge aus einer Rede vor der Vertreterversammlung der Siemens-Betriebsräte, Hamburg, Juli 1969)

Überbetriebliche Mitbestimmung
Ein Bundeswirtschafts- und Sozialrat?

Die Frage der überbetrieblichen Mitbestimmung wurde in den letzten Jahren durch die Forderungen der Gewerkschaften, ihre Mitbestimmungsrechte in den Unternehmensorganen und Betrieben auszuweiten, in den Hintergrund der Diskussion gedrängt. Dies mag insofern verwundern, als – historisch gesehen – das Problem der Mitbestimmung im gesamtwirtschaftlichen Rahmen erheblich älter ist.

Ausschließlich unter diesem Aspekt wurde das Problem seinerzeit von Naphtali in seinem 1928 erschienenen Buch »Wirtschaftsdemokratie« gesehen. Die Gedanken Naphtalis haben zwar auch heute noch bestimmenden Einfluß auf den gewerkschaftlichen Standort, wie sich aus dem Vorwort Ludwig Rosenbergs und Otto Brenners zu einer vom DGB veranlaßten Neuauflage seines Werkes im Jahre 1966 ergibt. Doch für Naphtali waren »Sozialismus und Wirtschaftsdemokratie als Endziel untrennbar miteinander verknüpft«; für ihn gab es »keine vollendete Wirtschaftsdemokratie ohne sozialistisches Wirtschaftssystem«, und »das Ideal des Sozialismus« war für ihn »ohne demokratischen Aufbau der Wirtschaftsführung nicht zu verwirklichen«.

Es leuchtet ein, daß diese Konzeption einer sogenannten »Wirtschaftsdemokratie« vom DGB nicht mehr unverhüllt propagiert werden konnte, wenn er sich gleichzeitig unter dem Druck der Tatsachen und der öffentlichen Meinung glaubhaft zu machen mühte, daß er seinen Frieden mit der marktwirtschaftlichen Ordnung der Bundesrepublik Deutschland geschlossen und der im Grundsatzprogramm aus dem Jahre 1963 noch immer enthaltenen Sozialisierung abgeschworen habe.

Wenn die Gewerkschaften sich statt dessen auf die Mitbestimmung in den einzelnen Unternehmen konzentrierten, so mag dabei die Hoffnung ausschlaggebend gewesen sein, daß die Unvereinbarkeit dieser Forderungen mit unserer freiheitlichen Wirtschafts- und Gesellschaftsordnung weniger ins Auge springe. Eine Preisgabe der Konzeption einer allumfassenden »Wirtschaftsdemokratie« dürfte in dieser Beschränkung nicht zu sehen sein: Das Ziel bleibt – wie es 1966 auf dem Bundeskongreß des DGB formuliert wurde – ein durchgehendes Mitbestimmungssystem »am Arbeitsplatz selbst, im Betrieb, im Unternehmen, im Industriezweig, im nationalen Rahmen und in den europäischen Institutionen«.
Die unmittelbare Anknüpfung an den Gedanken der »Wirtschaftsdemokratie« im Sinne von Naphtali mag eine Äußerung Otto Brenners vor dem 7. Ordentlichen Gewerkschaftstag der IG Metall illustrieren: »Mitbestimmung, Demokratie und sozialistische Gesellschaftsordnung gehören zusammen, bilden ein System. Der Weg führt über Mitbestimmung zum Sozialismus.« Ähnliche Äußerungen gibt es auch von anderen führenden Männern der Gewerkschaften.

Vor diesem Hintergrund müssen auch die im Februar dieses Jahres veröffentlichten Überlegungen des DGB zur überbetrieblichen Mitbestimmung gesehen werden. Die hier erhobene Forderung, einen »Bundeswirtschafts- und Sozialrat« zu bilden, dem auf Landesebene entsprechende Gremien folgen sollen, ist, wie der DGB ausdrücklich betont, lediglich als Teilstück des von ihm angestrebten umfassenden Mitbestimmungssystems zu sehen.

Solange aber ein »Wirtschafts- und Sozialrat« nach den Vorstellungen der Gewerkschaften nur krönender Abschluß ihrer vom Arbeitsplatz bis zu den europäischen

Institutionen reichenden Mitbestimmungskonzeption sein soll, so lange ist eine isolierte Diskussion des vorgelegten Modells unmöglich. Wie auch immer ein Bundeswirtschafts- und Sozialrat im einzelnen ausgestaltet wäre: Es bestünde ein grundsätzlicher Unterschied, ob dieses Gremium in das Gesamtgefüge einer freiheitlich-marktwirtschaftlichen oder einer gewerkschaftlich mitbestimmten Ordnung eingebaut wäre.

Nur im ersten Falle könne nämlich von einer Repräsentanz der Unternehmer gesprochen werden. Im anderen Falle aber würden diese Repräsentanten von Organisationen benannt werden, die ihrerseits bereits mit gewerkschaftlichen Einflüssen durchsetzt wären; denn langfristig würde die gewerkschaftliche Mitbestimmung in allen großen Unternehmen auch auf die Struktur der unternehmerischen Verbände durchschlagen.

Auch wenn die von den Gewerkschaften und von den Unternehmerverbänden vorgeschlagenen Repräsentanten in einem Bundeswirtschafts- und Sozialrat zahlenmäßig gleich wären, so wäre ein solches Gremium, eben weil die unternehmerische Seite in ihrer Willensbildung nicht mehr unabhängig vom gewerkschaftlichen Einfluß sein könnte, von vornherein kopflastig zugunsten einer Überrepräsentanz der Gewerkschaftsseite.

Ein Wirtschafts- und Sozialrat nach den Vorstellungen des DGB wäre damit also nicht nur die Krönung seiner Mitbestimmungskonzeption, sondern gleichzeitig die Krönung der Machtkonzentration, die eine Ausweitung der paritätischen Mitbestimmung den Gewerkschaften brächte.

Es ist zu bedauern, daß der DGB das Problem der überbetrieblichen Mitbestimmung durch die Verknüpfung mit seinen übrigen Mitbestimmungsforderungen auf ein Gleis geschoben hat, auf das sie nicht notwendig gehört. Tatsächlich könnte ein Bundeswirtschafts- und Sozialrat – oder wie immer ein solches Gremium zu nennen wäre –

durchaus einen Platz in einer marktwirtschaftlich orientierten Gesamtordnung haben.
Dies beweist schon die Tatsache, daß in allen fünf EWG-Partnerstaaten derartige Gremien als Beratungsorgane für Parlament und Regierung bestehen. Sie unterscheiden sich zwar jeweils in der Struktur ihrer Zusammensetzung und in ihren Aufgaben; doch ihnen allen ist gemeinsam, daß sich hier Repräsentanten verschiedener Gruppen zusammenfinden, um den staatlichen Instanzen gegenüber Beratungsfunktionen wahrzunehmen.

Ein ähnliches Gremium finden wir auf europäischer Ebene im Wirtschafts- und Sozialausschuß der Gemeinschaften. Die langjährigen Erfahrungen, die ich als Mitglied dieses Ausschusses gemacht habe, bestärken mich in meiner Ansicht, daß die Bildung eines ähnlichen Gremiums auch für die Bundesrepublik Deutschland durchaus diskussionswürdig sein könnte, allerdings nicht unter den gewerkschaftlichen Prämissen.

Sicherlich wird es nicht möglich sein, Struktur und Aufgaben eines der nationalen Organe anderer Länder oder des EWG-Ausschusses schematisch für die Bundesrepublik Deutschland zu übernehmen. Die Ausgestaltung eines »Wirtschafts- und Sozialrates« müßte unter Berücksichtigung der Verhältnisse in unserem Lande sorgfältig überlegt werden, wobei wir die Erfahrungen des Auslandes mitverwerten sollten. Die Diskussion müßte vor allem der Zusammensetzung eines solchen Gremiums und der Abgrenzung seiner Aufgaben besondere Sorgfalt widmen.

Der »Wirtschafts- und Sozialrat« sollte nicht ein zur Institution gewordenes Spitzengespräch der Tarifpartner sein; auch andere Gruppen unserer pluralistischen Gesellschaft müßten vertreten sein. Bei der Abgrenzung der Funktionen wäre Sorge zu tragen, daß nicht ein Nebenparlament geschaffen wird, daß also die Rechte der gewählten Volksvertretung unangetastet bleiben.

Die gleiche Aufmerksamkeit würde das Verhältnis eines

Wirtschafts- und Sozialrates zu den bereits bestehenden autonomen Gruppen erfordern. Sowohl die Rechte und Aufgaben der Unternehmerverbände wie auch der Gewerkschaften wären zu respektieren.

Daß dies notwendig ist, zeigt sich ganz deutlich auf tarifpolitischem Gebiet; denn es wäre ganz offensichtlich ein Widerspruch in sich, wenn durch ein solches Gremium gerade die weitaus bedeutsamste Form überbetrieblicher Mitbestimmung eingeschränkt würde, nämlich die Mitbestimmung bei Lohn- und Arbeitsbedingungen im Rahmen der Tarifautonomie der Sozialpartner.

(Aufsatz in der »Neuen Ruhrzeitung« vom 24. September 1969)

Sozialpartner in der kirchlichen Arbeit

Der Arbeitskreis Evangelischer Unternehmer hat sich nach dem Tode seines ersten Vorsitzenden Dr. Walter Bauer eine neue Leitung gegeben und seine Aufgabenstellung präzisiert. Wenn ich von der Redaktion der »Stimme der Arbeit« gebeten worden bin, als der neu gewählte Vorsitzende etwas darüber zu sagen, welche Position des Unternehmers innerhalb der evangelischen Kirche durch den Arbeitskreis vertreten werden soll, muß ich darauf hinweisen, daß wir erst am Anfang unserer Arbeit stehen. Zunächst ist noch eine Reihe von Überlegungen und Gesprächen notwendig, für die wir gerade erst die Voraussetzung geschaffen haben. Immerhin ist es aber schon heute möglich, einige Grundgedanken darzulegen, wie wir uns die Arbeit unseres Kreises vorstellen.

1. Seit langem schon bestehen in der evangelischen Kirche Zusammenschlüsse von Arbeitnehmern in der Industrie- und Sozialarbeit, die sich auf die ganze Bundesrepublik Deutschland erstrecken. Auf der Unternehmerseite gab es bisher nur örtliche und regionale Arbeitskreise. Es hat sich aber als notwendig herausgestellt, auch die evangelischen Unternehmer über einzelne Regionen hinweg in Verbindung zu bringen. So ist seinerzeit der Arbeitskreis Evangelischer Unternehmer in der Bundesrepublik Deutschland entstanden. Dabei kam es weniger auf eine feste Organisation an als darauf, Gelegenheiten zu schaffen, wichtige Probleme der Wirtschafts- und Gesellschaftspolitik zu erörtern und in der evangelischen Unternehmerschaft zur Meinungsbildung in solchen Fragen beizutragen. So hat der Arbeitskreis zum Beispiel

unter Federführung von Herrn Dr. Bauer seinerzeit ein ausführliches Exposé zu den Fragen der Entwicklungspolitik erarbeitet, das allen deutschen Delegierten auf der Weltkirchenkonferenz in Uppsala zugeleitet wurde. In ähnlicher Weise sollen auch künftig vom Arbeitskreis wichtige Themen aufgegriffen und gegebenenfalls in Kommissionen bearbeitet werden. Damit sollen den kirchlichen Organen in Fragen der Gestaltung der gesellschaftlichen Verhältnisse in Deutschland und einer geeigneten Form der Hilfe für die Entwicklungsländer Anregungen und Vorschläge zur Verfügung gestellt werden.

2. Wenn evangelische Unternehmer eine solche Aufgabe angreifen, so tun sie dies nicht als Interessenpolitiker, sondern in Verantwortung vor dem Evangelium. Sicherlich wird ihre Interessenlage und ihre besondere Sicht der Probleme bei solchen Arbeiten eine Rolle spielen. Die Aufgabe wird aber gerade darin bestehen, eine sozialethische Klärung dieser Gesichtspunkte durchzuführen und zu Lösungen zu kommen, die für die Gesamtheit unserer Mitbürger nützlich sind. Um dies zu ermöglichen, ist auch von Anfang an daran gedacht, nach allen Seiten und vor allem auch mit den verschiedenen Einrichtungen der Industrie- und Sozialarbeit innerhalb der Evangelischen Kirche in Deutschland Kontakte aufzunehmen und Gespräche zu führen. Ein lebendiger Gedankenaustausch mit allen Kräften, die auf dem Felde der Gesellschaftspolitik wirken, ist notwendig. Der Arbeitskreis Evangelischer Unternehmer ist keine innerkirchliche Lobby; er will in Offenheit nach allen Seiten an der gemeinsamen Aufgabe mitarbeiten.

3. Der Arbeitskreis will bemüht sein, auf der einen Seite gegenüber den Institutionen unserer Kirche die unternehmerischen Auffassungen, auf der anderen Seite gegenüber der Unternehmerschaft und ihren Verbänden die kirchlichen Bemühungen zu verdeutlichen. Die Verbindung zwischen Unternehmerschaft und Kirche ist in der Ver-

gangenheit durch mancherlei Umstände belastet gewesen. Dies hängt zum Teil damit zusammen, daß bei den Unternehmern der Eindruck entstand, die Kirche habe sich einseitig der Arbeitnehmerschaft zugewandt und sich hierbei von den wirklichen Anliegen des Arbeitnehmers unserer Zeit ein irriges Bild gemacht. Auf der anderen Seite ist von Mitarbeitern der Kirche gesagt worden, die Unternehmerschaft wolle nicht an den großen Aufgaben der Zukunft mitarbeiten und verweigere sich zu weiten Teilen notwendigen Reformbestrebungen. Hier sind viele Mißverständnisse aufzuklären, und es muß eine geduldige Arbeit des Brückenschlages erfolgen.

Der Arbeitskreis möchte den Unternehmern deutlich machen, welche Bestrebungen auf sozialpolitischem Felde es in der Kirche gibt, und möchte mit ihnen zusammen in Tagungen und Studienkreisen an der Lösung der Frage arbeiten, welche schöpferischen Initiativen gerade auch von Unternehmern für die Gestaltung der Zukunft ausgehen können. Eine besondere Rolle werden in diesem Zusammenhang die Fragen der Bildungspolitik spielen. Dabei ist an eine intensive Zusammenarbeit mit den entsprechenden kirchlichen Organen gedacht.

4. Unsere Welt ist von einer großen Unruhe ergriffen. Sie dokumentiert sich in den verschiedenen Protestbewegungen, die vor allem an den Universitäten ihre Wurzeln haben. Wo dieser Protest eine Ablösung überholter und hinderlicher Vorstellungen und Institutionen als echtes Ziel aufstellt, wird eine wirkliche Zusammenarbeit möglich sein. Anders steht es allerdings dort, wo es sich um den revolutionären Versuch handelt, die Grundlagen der Gesellschaft umzustürzen und erst vom Punkt Null aus einen Neuaufbau zu versuchen. Der Arbeitskreis möchte sich auch in diesen Problemen engagieren. Er möchte dazu mithelfen, daß die Entwicklung in evolutionären Bahnen bleibt und nicht in revolutionäre Bahnen abgleitet. Dies bedeutet die Abwehr marxistischen und

anarchistischen Gedankengutes, aber gleichzeitig auch die Entfaltung eigener Vorstellungen, wie die gesellschaftliche Zukunft gestaltet werden soll, und die Verbreitung solcher Vorstellungen in weiteren Kreisen unseres Volkes.

5. Damit ist noch einmal an entscheidender Stelle die Bildungsaufgabe angeschnitten. Bildung kann nur in einem kooperativen Zusammenwirken aller gesellschaftlichen Kräfte verwirklicht werden. Der Arbeitskreis möchte deswegen in Verbindung mit allen anderen auf diesem Felde Tätigen den Versuch machen, Bildungsprozesse in den einzelnen Betrieben und in der Gesellschaft als ganzer zu fördern. Demokratie ist zum großen Teil auch eine Bildungsaufgabe. Wenn es nicht gelingt, den Menschen unserer Zeit jene Kenntnisse und jenes tiefere Wissen zu vermitteln, das sie brauchen, um den wichtigen Aufgaben ihres Alltages gerecht zu werden, so kann nicht erwartet werden, daß wir als Gesellschaft der Zukunft gewachsen bleiben.

(Aufsatz in der »Stimme der Arbeit«, September 1969)

Zukunftswege der Sozialpolitik

Sie haben sich für diesen Jubiläumskongreß des Bundesverbands Druck ein Motto gewählt, das sehr weit in die Zukunft reicht – »Die Druckbetriebe an der Wende zum dritten Jahrtausend«. Man könnte den Versuch einer so weiten Vorausschau angesichts der Geschwindigkeit, mit der sich die Welt verändert, als gewagt ansehen. Aber für das Druckgewerbe ist fortschrittliches, in die Zukunft gerichtetes Denken eine Tradition, die ihm gleichsam von Anfang an mit in die Wiege gelegt wurde. Die Historiker sind sich ja darüber uneinig, ob sie den Beginn des Zeitalters, das wir Neuzeit nennen, mit der Entdeckung Amerikas, mit der Reformation oder schon etwas früher um 1450 mit der Erfindung der Buchdruckerkunst durch Johannes Gutenberg hier in dieser Stadt ansetzen sollen. Wie dem auch sei, der Beitrag des Druckgewerbes zur Verbreitung von Wissen und Bildung erhielt für den Fortschritt der Menschheit eine immer größere Bedeutung, der auch das Hinzukommen neuer Massenmedien in unserer Zeit keinen Abbruch getan hat.

Bei einem Wirtschaftszweig, in dem Fortschritt zur Tradition gehört, ist es nicht verwunderlich, daß er auch in manchen Bereichen der Sozialpolitik beispielhaft vorangegangen ist. So wurden die ersten Tarifverträge im heutigen Sinne gegen die Mitte des vorigen Jahrhunderts im Druckgewerbe abgeschlossen, und seit 1869, als Ihr Verband hier in Mainz unter dem Namen »Deutscher Buchdrucker-Verein« gegründet wurde, standen sich erstmals zwei auf nationaler Ebene organisierte Tarifpartner gegenüber. Von den weiteren sozialpolitischen Pionierleistungen, die vom Druckgewerbe mitgetragen wurden, nenne ich hier nur die Anfänge der Unfall- und Krankenversicherung durch überbetriebliche Unterstützungskassen und eine Berufsgenossenschaft.

Auf Unternehmerinitiative hin gegründete Kranken- und Unterstützungskassen und andere Einrichtungen dieser Art waren die ersten Schritte zur Existenzsicherung der schwer arbeitenden Menschen zum Beginn des industriellen Zeitalters, die aus eigener Kraft keine ausreichende finanzielle Vorsorge gegen Alter und Krankheit treffen konnten.

Seitdem hat die politische, wirtschaftliche und soziale Entwicklung auch einen grundlegenden Wandel der Sozialpolitik bewirkt, die den gesellschaftlichen Veränderungen zwar unterworfen war, sie aber zugleich mitgestaltet hat. Der Gesetzgeber hat sich zahlreicher Probleme angenommen, und heute haben wir die drei Säulen der Sozialpolitik – die staatliche, die tarifliche und die betriebliche Sozialpolitik. Dabei war und ist eine deutliche Akzentverschiebung zugunsten gesetzlicher und auch tariflicher Regelungen zu beobachten.

Dennoch sollte man die zukünftige Bedeutung der betrieblichen Sozialpolitik nicht gering achten. Viele Einrichtungen, die heute als selbstverständliche Bestandteile staatlicher oder tariflicher Sozialpolitik gelten, hatten ihre Vorläufer aus unternehmerischer Initiative. Diese Initiative wird sich künftig vor allem jenen Aufgaben zuwenden müssen, die noch nicht befriedigend gelöst sind und auf gesetzlichem oder tariflichem Wege auch gar nicht befriedigend gelöst werden können oder die auf Grund veränderter gesellschaftlicher Verhältnisse neu hinzukommen.

Wenn man über Zukunftswege der Sozialpolitik nachdenkt, so muß man versuchen, sich ein Bild vom künftigen Aussehen unserer Gesellschaft zu machen, der dann die Sozialpolitik gerecht werden soll. Dabei wird sofort klar, wie schwierig es ist, Prognosen zu geben, die über ein Jahrzehnt hinausgehen. Zwar entwickelt sich die Futurologie, seitdem ihr bei ihren Planspielen Datenverarbeitungsanlagen zur Verfügung stehen, zu einer ernst zu nehmenden Wissenschaft. Man wird sich der Erkenntnisse der Zukunftsforschung und der Kybernetik in wachsendem Maße bedienen, sich aber gleichzeitig darüber klar sein müssen, daß gerade auf diesem Gebiet die Grenzen zwischen Wissenschaft und Spekulation, zwischen objektiver Aussage und subjektiver Wunschvorstellung besonders fließend und häufig kaum erkennbar sind.

Wenn wir nun überhaupt von Zukunftswegen der Sozialpolitik sprechen und versuchen wollen, uns ein Bild von ihren Möglichkeiten und Grenzen im Jahre 2000 zu machen, dann müssen wir eine Möglichkeit außer acht lassen: den Krieg. Kriege und ihre Folgen haben in der Vergangenheit sehr bedeutende Wirkungen auf die Sozialpolitik gehabt. Sie haben sozialpolitische Entwicklungen beschleunigt, die im Keim schon vorhanden waren; sie haben aber auch Entwicklungen ausgelöst, die ohne Krieg nicht oder nicht so vor sich gegangen wären, wie es dann geschehen ist. Obwohl wir uns alle darüber einig sind, daß, wenn zu einer Zeit, so heute und in Zukunft der Krieg ein Wahnsinn wäre, so wissen wir doch aus der Geschichte, daß die Hoffnung auf die menschliche Vernunft sehr oft getrogen hat. Aber heute und hier gehe ich davon aus, daß sie es diesmal nicht tun wird, und mein Blick auf die Zukunft hat den Frieden zur Voraussetzung. Dabei wird es von wesentlicher Bedeutung sein, ob und wie es uns gelingt, das Problem der Entwicklungsländer zu lösen.

Ich gehe ferner von einer auch für die Gestaltung der Sozialpolitik grundlegenden Voraussetzung aus: daß Freiheit, Selbstverwaltung und parlamentarische Demokratie in unserem Lande auch im Jahre 2000 bestehen werden. Soweit wir in die Zukunft zu blicken vermögen, scheint mir dies nicht irreal gedacht. Ich sehe keine Bereitschaft der überwiegenden Mehrheit unseres Volkes, sich einem totalitären Regime zu unterwerfen, insbesondere auch nicht bei der Jugend, die im Jahr 2000 beginnen wird, ihr eigenes Lebenswerk zu überblicken.

Bei der Behandlung des Themas beschränke ich mich auf unser Land, aber das heißt nicht, daß nur von der Bundesrepublik Deutschland die Rede sein kann. Unsere Hoffnung ist, daß unser Volk im Jahr 2000 nicht mehr geteilt sein wird. Jenseits der Grenze, die uns trennt, haben wir keine Demokratie, und so folgt auch die Sozialpolitik dort anderen Grundsätzen. Ich bin überzeugt, daß bei Fortfall des Zwanges die Mehrzahl auch dort sich für die Demokratie entscheiden würde. Daraus folgt, daß ich bei den Gedanken, die ich entwickle, auch für den Fall der Wiedervereinigung die gleichen Voraussetzungen annehmen möchte wie für die heutige Bundesrepublik Deutschland. Das heißt nicht, daß dann nicht auf Grund einer jahrzehntelang getrennten Entwicklung von der anderen Seite her sozialpolitische Gedanken und Ideen einwirken könnten, welche die Entwicklung nicht unwesentlich modifizieren würden. Aber ich glaube nicht, daß das Bild ein grundsätzlich anderes sein würde, als wenn wir nur von der Bundesrepublik ausgehen.

Zum zweiten kann man nicht von der Sozialpolitik unseres Landes sprechen, ohne zu bedenken, daß es ein Teil Europas ist. Ich nehme an, daß Europa am Ende unseres Jahrhunderts geschlossener und in sich geeinigter sein wird, als das heute der Fall ist, wenn ich auch zugebe, daß man hier der Gefahr des Wunschdenkens erliegen kann. Aber das gemeinsame Erbe und sehr reale Interessen lassen das Bild eines in sich verbundenen Europa im Jahre 2000 doch nicht als Illusion erscheinen. Wir sind heute manchmal entmutigt; aber wir sollten auch nicht vergessen, daß – mit allen Schwierigkeiten und oft auch kleinlichem Streit – in einer geschichtlich sehr kurzen Periode mit der Europäischen Wirtschaftsgemeinschaft, die freilich nicht das ganze Europa ist, beträchtliche Fortschritte erzielt worden sind. Was die Sozialpolitik betrifft, so sind wir hier freilich noch sehr in den Anfängen. Das liegt zum Teil daran, daß die Befugnisse der Gemeinschaftsorgane nach den römischen Verträgen auf diesem Gebiet eingeschränkt sind. Aber diese juristischen Schwierigkeiten lasse ich hier beiseite; das Problem liegt tiefer. Gerade in der Sozialpolitik spielen geschichtliche und weltanschauliche Entwicklungen eine große Rolle, und sie waren in den sechs Ländern der Gemeinschaft sehr unterschiedlich. Auch die Schwerpunkte sind sehr unterschiedlich gesetzt, beispielsweise in Frankreich mit der Familienpolitik, bei uns mit der Altersversorgung. So sind Ansprüche und Lasten ganz verschiedener Art entstanden, und jeder weiß, daß in der Sozialpolitik Schritte, die einmal getan wurden, kaum wieder rückgängig zu machen sind. Das ist es, was der Harmonisierung der europäischen Sozialpolitik in unserer Zeit so große Hemmnisse bereitet; sie wäre aus dem Gesichtswinkel der Betroffenen nur durchsetzbar, wenn man zu einer Kumulierung der Systeme käme, und das wäre volkswirtschaftlich nicht tragbar. Dennoch glaube ich, daß wir im Jahre 2000 weiter sein werden, wenn ich auch nicht annehme, daß die Harmonisierung dann vollkommen sein wird; das ist wahrscheinlich auch nicht nötig. Aber bei stärkerer wirtschaftlicher Verflechtung und zunehmender Freizügigkeit – und mit beidem ist zu rechnen – werden die Länder der Gemeinschaft und hoffentlich des ganzen Europa gezwungen sein, auch die sozialpolitische Entwicklung anzugleichen, wie unterschiedlich heute auch noch die Systeme sind und die Menschen sein und denken mögen. So wird ein Sachzwang entstehen, der die Regierungen einfach nötigen wird, sich auch auf diesem Gebiete besser abzustimmen als bisher, vor allem dort, wo Neues geschaffen werden soll.

Alles zeigt, wie eng die Sozialpolitik mit der allgemeinen Politik und mit der Wirtschaftspolitik verbunden ist; man kann sie nicht isoliert betrachten. Gewiß ist auch, daß die Sozialpolitik von zwei Faktoren wesentlich beeinflußt wird, einmal von den echten Bedürfnissen der Menschen in einer sich wandelnden Welt, zum zweiten aber auch von den jeweils herrschenden gesellschaftspolitischen Auffassungen, je nachdem, ob die stärkere Betonung des individuellen oder des kollektiven Moments dem Geist der Zeit entspricht. Wir müssen uns also fragen, welches die Menschen sein werden, die im Jahre 2000 leben, und welches die dann herrschenden gesellschaftspolitischen Auffassungen sein mögen.

Dann stellt sich die für alle Zukunftsbetrachtungen entscheidende Frage: Was ist aus unserer heutigen Sicht unabwendbare Entwicklung und was kann von Menschen noch nach der einen oder der anderen Richtung hin bestimmt werden? Das heißt, auf die Sozialpolitik bezogen: weitere Entwicklung zum Kollektiven hin oder Erhaltung und Förderung des individuellen Spielraums, totale Versorgung durch die Gesamtheit oder auch eigene Verantwortung und Selbsthilfe, mehr Staat oder weniger Staat, Eigentum als nicht mehr wesentlicher gesellschaftspolitischer Faktor oder im Gegenteil Eigentum als notwendige gesellschaftsbildende Kraft. Welche der Alternativen der einzelne *wünscht*, ist gewiß häufig von seiner sozialen Stellung abhängig, weitgehend aber auch von seinen politischen und weltanschaulichen Auffassungen; sie werden auch seine futurologischen Ansichten beeinflussen. Mit diesem Vorbehalt versuche ich aber wenigstens, darzustellen, was zwangsläufig und was noch bestimmbar erscheint. Wenn wir die Entwicklung der Sozialpolitik in den letzten beiden Jahrzehnten betrachten, so hat sie sich zunehmend von kollektiven Gedanken genährt; es fragt sich, ob hier eine notwendige und von keinem Menschen aufzuhaltende Entwicklung vorliegt, die sich fortsetzen und verstärken wird. Vieles in der Stimmung unserer Zeit scheint dafür zu sprechen.

Im übrigen muß die bisherige sozialpolitische Entwicklung gesehen werden auf dem Hintergrund einer Steigerung der Einkommen und des allgemeinen Wohlstandes, die in einem kaum unterbrochenen Fortschreiten während zweier Jahrzehnte eine Besonderheit in der Geschichte unseres Volkes darstellt. Das war möglich auf Grund eines stetigen Wachstums unserer Wirtschaft, eines Wachstums, das, so sagt man voraus, anhalten und im Zuge des immer rascheren Fortschritts der Technik auf einigen Gebieten explosiven Charakter annehmen wird.

Trotz steigenden Einkommen und zunehmendem Wohlstand haben wir es aber mit einer wachsenden Bewegung zu tun, die als Unruhe und Mißbehagen an der Wohlstandsgesellschaft bezeichnet wird, und es bestätigt sich, *daß der Mensch nicht vom Brot allein lebt.* Diese sogenannte Unruhe mag von einer verhältnismäßig geringen Zahl von Menschen ausgehen; aber die Geschichte lehrt uns, daß die aktiven Minderheiten es sind, die die Entwicklung vorantreiben. Diese Bewegungen können wir bei einer sozialpolitischen Zukunftsbetrachtung nicht außer acht lassen. Von dort her wird alles, was heute gilt und was sich nach bisheriger Auffassung evolutionär weiterentwickeln soll, in Frage gestellt; der Gedanke, daß Freiheit ohne Ordnung nicht denkbar sei, findet dort keinen Widerhall. Die Ordnung wird nicht gewollt und bekämpft. Wir sehen, daß die bestehende Ordnung und ihre Vertreter den Angreifern bisher, auch vom Geistigen her, oft hilflos gegenüberstehen. Ich kann das Thema hier nicht vertiefen, bemerke aber, daß ich den Sieg dieser Gruppen und ihrer Auffassungen in die Kategorie des Abwendbaren einreihen möchte.

Rund 80 Prozent der Berufstätigen befinden sich heute in unselbständiger Position; auf die Bevölkerung bezogen, sind es rund 35 Prozent. Dies zahlenmäßige Gewicht der Unselbständigen kann das kollektive Moment begünstigen, einmal weil es sich um eine erhebliche Zahl von Wählern handelt, und zweitens, weil die wirklichen oder angenommenen Interessen dieses Kreises durch häufig mächtige Organisationen wahrgenommen werden, die ihrerseits kollektiven Regelungen zuneigen. Die Selbständigen sehen sich vielen Schwierigkeiten ausgesetzt. Die kleinen und mittleren Unternehmer haben es häufig nicht leicht bei der Beschaffung des Kapitals, dessen sie wegen des zunehmenden technischen Fortschritts bedürfen. Im Handwerk gibt es Zweige, die der Rationalisierung nicht oder nur in beschränktem Maße zugänglich sind; sie haben Mühe, steigende Löhne und Soziallasten aufzubringen. Auf der anderen Seite sehen wir auf vielen Gebieten den Sachzwang zur Konzentration.

Nach allem stellt sich die auch sozialpolitisch wichtige Frage, ob die Zahl der Selbständigen in den kommenden Jahren sinken wird. Dies ist nicht zwangsläufig. Einmal gibt es eine Reihe von wirtschaftlichen Gründen, die dagegen sprechen, die ich aber hier nicht behandeln kann. Hält man im übrigen eine solche Entwicklung nicht für wünschenswert – und das ist meine Meinung –, dann hätte der Gesetzgeber beispielsweise auf steuerlichem und wirtschaftsrechtlichem Gebiet Möglichkeiten, ihr zu begegnen. Auf dem Gebiete der Sozialpolitik wäre die Altersversorgung von größtem Gewicht.

Die Arbeitswelt wird sich in den kommenden Jahren wesentlich verändern. Die Veränderungen werden vielleicht nicht so dramatisch sein, wie viele es annehmen, aber sie werden eintreten. Automation und Rationalisierung werden die Lohnsysteme beeinflussen; die Ansätze sind überall erkennbar. Der Fabrikarbeiter der Zukunft wird sehr häufig ein Angestellter sein, der nicht mehr durch persönliche Leistung die produzierte Stückzahl beeinflußt, sondern von einem Schaltpult aus darüber wacht, daß der programmierte, vollmechanisierte Produktionsvorgang störungsfrei abläuft. Das sozialpolitische Problem der Unterscheidung zwischen Angestellten und Lohnempfängern mag bis zum Jahre 2000 gelöst sein. Der Anteil der im Dienstleistungsgewerbe Beschäftigten wird erheblich zunehmen. Automation und Rationalisierung werden auch weiterhin auf die Arbeitszeit verkürzend einwirken. Arbeitszeit und Freizeit halten sich am Ende die Waage. Theoretisch könnten dann viele einen zweiten Beruf ausüben. Ob das wirklich in großer Breite geschehen wird, scheint aber zweifelhaft. In jedem Fall wird das Problem einer sinnvollen Gestaltung der Freizeit verstärkt auftreten.

Das Ziel müßte sein, diese Freizeit auch für das Bildungsinteresse der Gesellschaft und des einzelnen im weitesten Sinne heranzuziehen. Dazu würde auch gehören, einen Mangel zu beseitigen, den wir heute empfinden; es ist sehr notwendig, das Interesse des einzelnen für die gesellschaftspolitischen Zusammenhänge und für seine staatsbürgerliche Verantwortung zu wecken und zu fördern. So betrachtet, könnte mehr Freizeit dem Interesse des Ganzen dienlich sein. Der zunehmenden Arbeitszeitkürzung allgemein steht heute eine zeitlich sehr viel höhere Arbeitsbelastung der besonders Qualifizierten gegenüber. Es ist, um mit Goethes Tasso zu sprechen, immer sehr schwer, dem Seidenwurm das Spinnen zu verbieten; dennoch fragt es sich, ob all die technischen Hilfsmittel, die künftig zur Verfügung stehen, nicht auch diesen Menschen zu einer sinnvolleren Zeit- und Lebenseinteilung verhelfen könnten, und damit den »Wert des Lebens« erhöhen würden.

Ich behandele nun, anknüpfend an die vorangegangenen Betrachtungen, einige konkrete Probleme, die sich heute für die Zukunft abzeichnen. Hierbei beginne ich mit der Sozialversicherung und hier im besonderen mit der Altersversorgung; ich betrachte sie aber nicht isoliert, sondern sehe sie im Zusammenhang mit dem Thema der Vermögensbildung.

Die öffentlichen Sozialleistungen betrugen 1950 etwa 12 Milliarden DM und werden im Jahre 1972 auf über 100 Milliarden DM, also ungefähr um das Neunfache seit 1950 gestiegen sein. Die Soziallastquote, also der Anteil der Sozialleistungen am Bruttosozialprodukt, liegt damit bei über 16 Prozent. Diese Entwicklung wird sich fortsetzen, wenn auch mit vermindertem Tempo. Gleichzeitig ging der Anteil der öffentlichen Mittel an der Finanzierung der Sozialleistungen laufend zurück. Er lag im Jahre 1950 bei 41 Prozent und wird im Jahre 1972 nur noch 27 Prozent betragen. Die Belastung der Versicherten und der Arbeitgeber ist entsprechend gestiegen.
Das Rentenfinanzierungsgesetz vom Juli dieses Jahres sieht vor, mit einem Beitragssatz von 18 Prozent ab 1973 den Rentenberg zu überwinden. Der Gipfel dieses Berges soll im Jahre 1976 mit 49,4 Rentnern auf 100 Pflichtversicherte erreicht sein und bis 1985 langsam wieder auf das derzeitige Verhältnis von etwa 46:100 absinken. Der Beitragssatz von 18 Prozent soll jedoch beibehalten werden. Da sich gleichzeitig das Verhältnis zwischen Arbeitern und Angestellten immer mehr zugunsten der Angestellten verschieben wird, sind Ausgleichsleistungen zwischen Arbeiterrenten- und Angestelltenversicherung vorgesehen.

Das ist die Entwicklung der Rentenversicherung, soweit sie vom Gesetzgeber schon vorausgeplant ist. Könnten wir heute das historisch gewachsene Gebäude der Altersversorgung niederreißen und »auf der grünen Wiese« ein neues errichten, so würde es vielleicht anders aussehen. Vielleicht gäbe es dann keine Trennung von Arbeitern und Angestellten, wahrscheinlich würde das System sogar alle Staatsbürger einschließlich der Hausfrauen und Selbständigen – deren Einkommenslage häufig keineswegs besser ist als die der Unselbständigen – einschließen.

Andererseits könnte eine so umfassende staatliche Vorsorge nicht darauf gerichtet sein, durch hohe Zwangsbeiträge für jeden eine Altersversorgung sicherzustellen, die ihn aller Verantwortung zu eigener Vorsorge enthebt. Sie könnte vielmehr nur eine gewisse Grundversorgung gewährleisten, die dann auch – denn das Prinzip der Dynamisierung der Renten ist ein unbestreitbarer Fortschritt – ohne allzu große finanzielle Belastung der allgemeinen Einkommensentwicklung angepaßt werden könnte.

Die hohen Zwangsbeiträge unseres heutigen Systems müssen auch unter dem Gesichtspunkt der Vermögensbildung gesehen werden. Eine durchschnittliche Altersrente aus der Rentenversicherung entspricht einem Kapitalwert von etwa 60 bis 70000 DM. Nur kann der Sozialversicherte über dieses Vermögen nicht frei verfügen, und es ist auch nicht vererblich. Der Selbständige kann statt dessen frei verfügbares und vererbliches Vermögen bilden; ich hoffe, daß nicht eine konfiskatorische Erbschaftssteuer – Möglichkeiten, die man in Betracht ziehen muß – die Vermögensbildung künftig sinnlos machen wird. Es fragt sich nun, in die Zukunft gesehen, ob die heutige Unterscheidung zwischen Arbeitnehmern und Selbständigen hinsichtlich der Alterssicherung noch gerechtfertigt sein wird. Weder sind die Arbeitnehmer zu einer gewissen eigenen Vorsorge nicht mündig genug; noch sind alle Selbständigen zu völliger Eigenvorsorge in der Lage. Die gleiche – und nicht zu hohe – Belastung für alle durch die staatliche Vorsorge und der gleiche – und möglichst große – Freiheitsspielraum für alle zu eigenverantwortlicher Vorsorge wäre der heutigen und künftigen Struktur unserer Gesellschaft angemessen.

Unter solchen Gesichtspunkten komme ich zu der Frage, ob es nicht richtig wäre, nach Überwindung des Rentenbergs die Beitragsbemessungsgrenze und damit auch die Obergrenze für die spätere Rentenbemessung nicht ständig weiter zu erhöhen, sondern auf einer angemessenen Höhe »einfrieren« zu lassen. Wir dürfen hoffen, daß im Zuge des wirtschaftlichen Wachstums die Einkommen auch in Zukunft stärker steigen werden als das Preisniveau und daß sich damit der Lebensstandard weiter verbessern wird. Wenn die Beitragsbelastung gleichzeitig konstant gehalten wird, könnten wir schließlich doch erreichen, daß dem einzelnen mehr Spielraum für die Eigenvorsorge bleibt und daß der Staat davor bewahrt wird, erhöhte Renten auch an jene zahlen zu müssen, die zu eigener Vorsorge durchaus in der Lage wären.

Im Zusammenhang mit der Altersversorgung entsteht ein Problem, mit dessen Lösung sich die künftigen Sozialpolitiker zu befassen haben werden. Sie kennen die Bestrebungen, das Pensionsalter auf 60 Jahre herabzusetzen. Die Lebenserwartung der älteren Jahrgänge steigt. Wir hatten jetzt einen gewissen Rückgang; er ist, wie ich glaube, daraus zu erklären, daß er in einer Generation eintrat, die in ungewöhnlichem Maße Entbehrungen aller Art zu tragen hatte. Biologen sprechen davon, daß um das Jahr 2000 die Lebenserwartung bei 150 Jahren liegen könnte. Auch wenn dies nicht zutreffen sollte, steigen wird die Lebenserwartung sicherlich. Aber die Dauer der beruflichen Tätigkeit wird damit nicht Schritt halten und auch nicht Schritt halten können; im Gegenteil, sie soll sogar verkürzt werden. Wir müßten dann am Ende zu einem zahlenmäßigen Übergewicht der nicht berufstätigen Älteren gelangen, für deren Lebensunterhalt die Berufstätigen in noch viel stärkerem Maße, als das heute der Fall ist, mit aufzukommen hätten.

Eine Aufgabe wird darin bestehen, den Älteren, die nicht mehr voll berufstätig sein können, doch noch eine gewisse Beschäftigung zu sichern. Das Ziel sollte sein, den Älteren, die nicht mehr oder nicht mehr voll berufstätig sein können, ein Leben ohne Not und Sorge zu sichern, das ihnen gleichzeitig auch die Befriedigung kultureller

Bedürfnisse ermöglicht. Auf der anderen Seite müßte aber verhindert werden, daß die noch Berufstätigen für die Altersversorgung übermäßig hohe Lasten zu tragen haben, die dann zugleich alles auffressen, was an eigener Vorsorge geleistet werden könnte. Man könnte in Versuchung kommen, hier die Quadratur des Zirkels zu sehen. Es ist aber nicht so. Die Alterssicherung könnte aus mehreren Quellen fließen, einmal, sicherlich zu einem wesentlichen Teil, aus der Sozialrente, die aber, wie ich zur Erwägung gegeben habe, auf einer bestimmten Höhe zu halten wäre, zum zweiten aus eigener Vorsorge und zum dritten aus Vermögensbildung. Auch die betriebliche Altersversorgung kann in diesem Zusammenhang von nicht unwesentlicher Bedeutung bleiben.

Vermögensbildung ist heute ein viel besprochenes Thema. Man kann aber auch eine unterschwellige Tendenz erkennen, die dem Eigentum und dem Vermögen gesellschaftspolitisch keinen großen Wert mehr zumißt, so daß die Gesellschaft schließlich nur noch aus Einkommensbeziehern und Rentenempfängern bestehen würde. Es ist aber eine Binsenwahrheit, daß Eigentum den Menschen freier und unabhängiger macht, und es liegt auch in der menschlichen Natur, Eigentum zu bilden, für sich selbst und für die Nachkommen. So wird es auch noch im Jahre 2000 sein. Ich glaube aber, *daß unsere westliche Gesellschaftsordnung nur Bestand haben wird, wenn es uns gelingt, freiheitlich Eigentum bei möglichst vielen entstehen zu lassen und diesen Prozeß auch durch gesetzliche Maßnahmen zu fördern.* Darum messe ich der heutigen Diskussion über die Vermögensbildung, gerade im Hinblick auf die Zukunft, eine sehr entscheidende Bedeutung bei. Es wird gewiß ein langfristiger Prozeß sein; aber wenn wir heute entscheidende Schritte in dieser Richtung tun, dann könnte im Laufe der nächsten 30 Jahre sehr viel Eigentum bei sehr vielen entstanden sein.

Die Frage der Vermögensbildung wird häufig reduziert

auf die Formel »Förderung der Vermögensbildung in Arbeitnehmerhand«. Das ist zu eng. Es muß nämlich angestrebt werden, die Vermögensbildung *aller* Bevölkerungskreise mit verhältnismäßig geringem Einkommen zu fördern. Hierzu gehören nicht ausschließlich Arbeitnehmer.

Den Grundsatz der Eigenverantwortung und Eigeninitiative sollte man auch hier in den Vordergrund stellen. Die Zurückdrängung der Eigeninitiative zugunsten gesetzlichen Zwangssparens und der Freiheit der Wahl der Anlageform zugunsten kollektiver Fonds in Form einer »Super-Sozialversicherung« halte ich daher nicht für den richtigen Weg. Wenn neben der Sozialversicherung nun auch noch die Vermögensbildung unter staatlichem Zwang durchgeführt würde, dann wären wir nicht mehr weit entfernt von einer staatlichen Totalversorgung, die letztlich auch zu totaler Abhängigkeit vom Staat führen müßte. An diesem Maßstab sollten auch die vier Modelle gemessen werden, die vor einiger Zeit von den Bundesministerien für Arbeit, Wirtschaft und Finanzen zur Diskussion gestellt wurden.

Wie hat nun eine Vermögensbildungspolitik auszusehen, die die genannten Grundsätze berücksichtigt? Hier muß man, glaube ich, zunächst anerkennen, daß der Gesetzgeber durchaus nicht untätig war. Es gibt schon jetzt eine Reihe von Gesetzen und Maßnahmen, die die private Vermögensbildung in sehr erfreulichem Umfange begünstigt haben. Neben diesen Förderungsmaßnahmen müßte aber meines Erachtens das Hauptaugenmerk künftig auf der Heranführung des Sparers an die verschiedenen Formen des Beteiligungssparens liegen.

Im Gegensatz zum herkömmlichen Kontensparen bringt das Wertpapiersparen dem Sparer nicht nur eine Verzinsung seines Kapitals, sondern beteiligt ihn darüber hinaus am Produktivkapital und damit am Wertzuwachs unserer Wirtschaft. Freilich ist dieser Wertzuwachs nicht selbstverständlich; Eigentum am Produktivkapital birgt vermehrte Chancen, aber auch vermehrte Risiken in sich. Wenn man aber beispielsweise die letzten zehn Jahre betrachtet, so muß man doch sagen, daß sich das Wertpapiersparen gelohnt hat. Eine wesentliche Aufgabe für die Zukunft läge in einer besseren Aufklärung und Information der Sparwilligen.

Über diese Aufklärung hinaus sollte man einen Fortfall der derzeitigen Doppelbesteuerung von Erträgen aus Beteiligungsvermögen und statt dessen die Einführung einer einheitlichen Teilhabersteuer erwägen, wie es Professor Stützel vorschlägt. Die bisherige Besteuerung fördert nämlich die Konzentration des Aktienbesitzes in verhältnismäßig wenigen Händen, weil sie einen Mann mit relativ kleinem Vermögen, sobald er sich an einer Aktiengesellschaft beteiligt, genauso behandelt wie einen reichen Mann. Die Auswirkungen dieses Plans auf die staatlichen Steuereinnahmen müssen natürlich noch eingehend geprüft werden.

Das Beteiligungssparen hat noch einen anderen Vorzug, dessen gesellschaftspolitische Bedeutung man nicht übersehen sollte. Beim Kontensparen hat der Sparer keinerlei Einfluß auf die Art der Verwendung seines Geldes durch die Bank, mit der Aktie erwirbt er dagegen ein Stimmrecht. Es ist klar, daß zwei oder drei Aktien einer großen Gesellschaft dem einzelnen noch keinen nennenswerten Einfluß bringen. Aber wir sprechen ja hier nicht über Änderungen von heute auf morgen, sondern über eine langfristige Entwicklung – und langfristig würde ein verstärktes Beteiligungssparen aller kleinen Sparer zweifellos zu einem vermehrten wirtschaftlichen Einfluß zwar nicht des einzelnen, aber dieser größten Bevölkerungsgruppe insgesamt führen.

Besonders würde dies bei Belegschaftsaktien gelten, deren Ausgabe bei Fortfall der Doppelbesteuerung noch wesentlich attraktiver würde, als sie es ohnehin schon ist.

Es gibt noch andere Möglichkeiten, um der Vermögensbildung zusätzliche Impulse zu geben.

Ich denke dabei in erster Linie an weitere Privatisierungsmaßnahmen, beispielsweise auch bei Sozialwohnungen, und an eine Verbesserung des 312-DM-Gesetzes. Auch die tarifvertragliche Vereinbarung von Investivlöhnen wird genannt. Es sollte aber dabei auf eine gewisse Eigenbeteiligung des einzelnen – und dafür gibt es ja Vorbilder – nicht verzichtet werden. Andernfalls schalten wir die Eigeninitiative völlig aus und kommen – auf dem Weg über den Tarifvertrag – doch zum Zwangssparen; deshalb halte ich beim tarifvertraglichen Investivlohn auch die Freiheit bei der Anlage für richtig.

Damit bin ich mitten im Thema der tariflichen Sozialpolitik. Ein wesentliches Merkmal dieser Tarifpolitik in den vergangenen 20 Jahren war die Ausweitung der Tarifinhalte. Einmal sind die traditionellen Regelungen immer differenzierter geworden, zum anderen wurden weite Bereiche des Arbeitslebens mit einbezogen, die früher nicht Bestandteil von Tarifverträgen waren. Es ist möglich, daß die künftige Ausweitung der Tarifinhalte unter anderem auch eine gewisse Festlegung der Beziehungen zwischen Arbeitnehmern und Arbeitgebern und Gewerkschaften im Betrieb und Unternehmen beinhalten wird. Ansätze dafür sind bereits vorhanden. Man wird aber darauf achten müssen, daß damit nicht in den Zuständigkeitsbereich des Gesetzgebers übergegriffen wird.

Neben der Tendenz zur Ausweitung der Tarifinhalte gibt es aber auch eine gegenläufige Tendenz zu deren Einschränkung. Sie ist häufig zurückzuführen auf Bestrebungen, tarifliche Vereinbarungen gesetzlich abzusichern. Die gesetzliche Verankerung allgemein üblicher tarifvertraglicher Vorschriften kann in Einzelfällen durchaus die sachgerechteste Lösung darstellen. Man sollte jedoch grundsätzlich nicht übersehen, daß gesetzliche Regelungen stets mit einer zusätzlichen Ausweitung der Staatstätigkeit verbunden sind und daß es nicht immer ein Fortschritt ist, das sehr flexible sozialpolitische Instrument des Tarifvertrages durch starres Gesetzesrecht abzulösen.

Grundlage der Tarifpolitik ist die Tarifautonomie der Sozialpartner. Beide Sozialpartner sind heute der Auffassung, daß sie nicht angetastet werden sollte. Ich glaube, daß das richtig ist und daß es in 30 Jahren auch noch richtig sein kann. Es gibt hier aber Gefahren. Wenn die gewerkschaftliche Mitbestimmung in den Unternehmen, wie sie zur Zeit gefordert wird, Wirklichkeit werden sollte, dann könnte das Auswirkungen auf die Tarifautonomie haben. Das durch die sogenannte paritätische Mitbestimmung bedingte Übergewicht der Gewerkschaften bei Tarifauseinandersetzungen könnte sehr bald den Staat als Mittler auf den Plan rufen. Ich will zur Frage der Mitbestimmung im einzelnen nicht sprechen. Die Entscheidung dieser Frage wird für die Zukunft unserer Gesellschaft von grundlegender Bedeutung sein. Wenn das bisher noch vorhandene Gleichgewicht sich zugunsten der Gewerkschaften verschieben sollte, dann könnte das zu politischen Auswirkungen von großer Tragweite führen und nicht nur die Tarifautonomie gefährden. Die gegenseitigen Argumente sind so vielfältig ausgetauscht, daß es kaum möglich ist, noch etwas neues zu sagen. Ich möchte aber auf eine Gefahr hinweisen, die abzuwenden in aller Interesse liegt. Wir bejahen starke Gewerkschaften, deren Aufgabe es ist, das Interesse der Arbeitnehmer materiell und ideell zu vertreten und zu fördern. Wenn aber die Gewerkschaften durch ihre Vertreter unmittelbar in die Unternehmensführung eingreifen, dann könnte eine Wirkung entstehen, die das Gegenteil des, wie man uns sagt, Gewollten darstellen würde. Dann könnte sich am Ende bei den Belegschaften die Meinung bilden, daß hier im Unternehmen ein Bündnis zwischen Gewerkschaftsvertretern und Managern entstanden sei, das dem einzelnen Arbeitnehmer wenig hülfe. Das könnte dann eines Tages zu Entwicklungen führen, die sich – unter Umständen revolutionär – gegen die heute vorhandenen und bejahten Organisationen richten. Wir können noch nicht ausreichend beurteilen, ob die wilden Streiks, die jetzt unsere Wirtschaft bedroht haben und die ja gerade bei der montanmitbestimmten Industrie ihren Anfang genommen haben, nur auf einer besonderen Situation beruhen oder ob sich hier Symptome künftiger Gefahren, gerade auch für die Gewerkschaften, abzeichnen.

Ich wies bereits darauf hin, daß die betriebliche Sozialpolitik auch in Zukunft ihre Bedeutung behalten wird. Allerdings, die Schwerpunkte werden sich verlagern. Wenn ich die Mitbestimmung nannte, so bringe ich zum Ausdruck, daß die Diskussion in der Öffentlichkeit häufig ein falsches Bild gibt. Es heißt dann: Gewerkschaften für die Mitbestimmung, Unternehmer gegen die Mitbestimmung. So ist es aber nicht. Wir alle wissen, daß die Welt sich geändert hat und daß ein Unternehmen nicht mehr so geführt werden kann wie vor 100 Jahren, damals als Ihr Verband gegründet wurde. Diese Entwicklung wird sich bis zum Jahre 2000 fortsetzen. Es geht also in der Diskussion um die Zukunft nicht um die Frage der Mitbestimmung überhaupt, sondern um die Frage von Art und Maß der Mitbestimmung. Man ist heute sehr leicht dazu geneigt, alles Heil von Institutionen zu erwarten und alles über einen Leisten zu schlagen. Es ist ein Wunderglaube; aber er ist weit verbreitet.

Das eigentliche Ziel sollte jedoch die Verwirklichung einer echten Partnerschaft im Unternehmen und im Betrieb sein. Unabhängig von gesetzlichen Bestimmungen gibt es dabei in den Unternehmen viel Möglichkeiten, neue Gedanken zu entwickeln und zu verwirklichen. Es brauchen nicht überall die gleichen Maßnahmen zu sein. Bei einer wissenschaftlichen Untersuchung, die gerade in dem Unternehmen durchgeführt wurde, dem ich angehöre, ist festgestellt worden, daß zum Nutzen des

Unternehmens und seiner Mitarbeiter über das Betriebsverfassungsgesetz hinaus bestimmte Formen der Zusammenarbeit entwickelt wurden, die vom Gesetzgeber gar nicht geregelt worden sind und auch nicht geregelt werden können, und so ist es auch in vielen anderen Unternehmen.

Abgesehen von den Maßnahmen, die sich, auch im Sinne der Partnerschaft, materiell niederschlagen, wie zum Beispiel die Beteiligung am Erfolg – wir haben sie in unserem Hause für die gesamte Belegschaft – oder die Ausgabe von Belegschaftsaktien, wird eine wesentliche Aufmerksamkeit dem ideellen Moment zuzuwenden sein, das ja schließlich dem Wunsch der Menschen nach Mitbestimmung auch zugrunde liegt. Die Mitarbeiter wollen

- informiert sein,
- im Team geführt sein,
- ihre Leistungskraft erhalten und beruflich weiterkommen.

Das Informationsbedürfnis hat erheblich zugenommen. Wer durch das Fernsehen täglich über alle Einzelheiten des politischen und wirtschaftlichen Lebens im In- und Ausland unterrichtet wird, hat ein starkes und wachsendes Bedürfnis, auch über den Betrieb und das Unternehmen, in dem er tätig ist, umfassend informiert zu werden. Diesem Informationsbedürfnis muß ein Unternehmen mit moderner Konzeption Rechnung tragen.

Ebenso wichtig wie die Information über das Unternehmen oder den Betrieb in seiner Gesamtheit ist die Unterrichtung über alle Angelegenheiten, über die ein Mitarbeiter für seine Tätigkeit Bescheid wissen muß. Hier zeigt sich die enge Verflechtung der betrieblichen Sozialpolitik mit der Personalführung. Ein hierarchischer Führungsstil neigte dazu, auch eine Hierarchie des Wissens und Besserwissens aufrechtzuerhalten, bei der Informationen nicht weitergegeben werden. Ein solcher Führungsstil ist mit den Erfordernissen unserer Zeit und unserer

Zukunft nicht vereinbar. Wir kommen nicht mehr aus ohne Teamarbeit und werden dafür in den kommenden Jahren und Jahrzehnten dynamische Spielregeln entwickeln müssen. Ein Mitarbeiter, von dem man Selbständigkeit, Anpassungsfähigkeit und Mitarbeit in der Gruppe erwartet, muß aber selbst gut informiert sein. Andernfalls wird für ihn auch die Bereitschaft zur Informationsweitergabe, die ja häufig erst erlernt werden muß, nicht zur Selbstverständlichkeit werden.

Ein Vorgesetzter, der nicht alles selber machen und überall am besten Bescheid wissen will, wird über die Vorbereitung von Entscheidungen durch seine Mitarbeiter hinaus an diese auch eigene Entscheidungsbefugnisse und die damit verbundene Verantwortung delegieren und sie zu diesem Zweck möglichst umfassend informieren. Er hat damit schon einen guten Teil seiner schwierigen Führungsaufgabe im Team erfüllt: Er bildet sich die vollwertigen Gesprächspartner heran, die er braucht und erwartet.

Ein Führungsstil, der diese Grundsätze beherzigt, wird die Mitarbeiter über eine bloß ausführende Tätigkeit innerhalb erteilter Weisungen hinaus zu aktivem Mitdenken anregen und sie damit zu *Mit*-Arbeitern im eigentlichen Sinne machen. Er vermittelt einer angesichts der zunehmenden Spezialisierung immer größer werdenden Zahl von Mitarbeitern eine rechtlich zwar nicht fixierbare, tatsächlich aber sehr reale Einflußmöglichkeit auf den Entscheidungsprozeß im Unternehmen. Jedem Mitarbeiter steht der Aufstieg in diese Gruppe offen, da eine moderne Personalführung dafür sorgen wird, daß entsprechend der Durchlässigkeit unserer heutigen Gesellschaft über den beruflichen Aufstieg allein Leistungs- und Verantwortungsbereitschaft, Begabung und Tüchtigkeit entscheiden. Diese Tatsache sollte auch bei der Diskussion um die Mitbestimmung mehr als bisher gewürdigt werden. Die so oft geschmähten »einsamen Entschlüsse« der Unternehmer gehören heute weitgehend der Vergangenheit an. Im übrigen sollte bei der Diskussion über die Mitbestimmung an ein bescheidenes, aber inhaltsreiches Wort erinnert werden, das merkwürdigerweise oft vergessen wird: der Sachverstand.

Ich muß mich noch einmal der betrieblichen Sozialpolitik im engeren Sinne zuwenden. Eine der Hauptaufgaben wird es sein, dem berechtigten Wunsch der Mitarbeiter nach Erhaltung der eigenen Leistungskraft Rechnung zu tragen. Die gesundheitliche Beanspruchung des Menschen durch das Berufsleben hat sich in ihrer Art vielfach gewandelt. Die harte körperliche Arbeit wird zwar an Bedeutung verlieren, aber mit den wachsenden Anforderungen der technisierten Arbeitswelt an die Konzentration und geistige Beweglichkeit jedes einzelnen werden die nervlichen und psychischen Belastungen um so mehr zunehmen. Die meisten Berufe werden zudem immer mehr und differenzierteres Wissen erfordern, und dieses Wissen wird von der Entwicklung in immer kürzeren Zeitabständen überholt. Was ein Unternehmen in dieser Hinsicht für seine Mitarbeiter zu tun bereit ist, hat große Bedeutung für seinen wirtschaftlichen Erfolg sowie für sein Ansehen und seine Stellung am Arbeitsmarkt. Da eine fortdauernde Leistungsfähigkeit dem einzelnen Mitarbeiter und dem Unternehmen gleichermaßen zugute kommt, wird hier die Kongruenz der Arbeitgeber- und Arbeitnehmerinteressen in der betrieblichen Sozialpolitik besonders deutlich sichtbar. Der betriebsärztliche Dienst wird in diesem Zusammenhang zunehmende Bedeutung gewinnen.

Mindestens ebenso wichtig wie die Erhaltung der Leistungsfähigkeit der Mitarbeiter in körperlicher Hinsicht durch Maßnahmen der Gesundheitsvorsorge ist die Erhaltung ihrer Leistungskraft in beruflicher Hinsicht. Den betrieblichen Maßnahmen der Aus- und Weiterbildung kommt damit ständig wachsende Bedeutung zu.

Das Schwergewicht liegt heute in den meisten Unternehmen noch bei der *Aus*bildung für den Beruf. Die Anstrengungen hierfür werden sicher auch in Zukunft noch erhöht werden müssen, wobei die Vermittlung einer möglichst breiten beruflichen Grundlage der beste Ausgangspunkt für eine spätere Weiterbildung und Anpassung an den technischen Fortschritt ist.

In Zukunft wird die Wirtschaft aber für die berufliche *Weiter*bildung ebenso viel wie für die Ausbildung aufwenden müssen. Der technische Fortschritt, der ständige wirtschaftliche und strukturelle Wandel und sich verändernde Organisationsmethoden werden eine breitgestreute fachliche Weiterbildung erfordern, um für die zukünftigen Aufgaben möglichst qualifizierte, bewegliche und vielseitig einsetzbare Mitarbeiter zu haben.

Man wird die Weiterbildung des einzelnen künftig nicht mehr oder minder dem Zufall überlassen dürfen, sondern umfassende Weiterbildungspläne aufstellen müssen, die auf Grund einer Analyse der Bildungsbedürfnisse für alle Mitarbeitergruppen eines Unternehmens die ihnen gemäßen Bildungsmaßnahmen vorsehen. Bei den Führungskräften wird hierbei darauf zu achten sein, daß sie zur Bewältigung ihrer Führungsaufgaben neben der rein fachlichen Weiterbildung auch einer ständigen Information über wirtschaftliche, soziale und gesellschaftspolitische Vorgänge bedürfen.

Alle diese Fragen werden in engster Zusammenarbeit im Unternehmen zu lösen sein, und gewiß wird hierbei die Zusammenarbeit mit den Betriebsvertretungen eine wesentliche Bedeutung haben. Für diese Zusammenarbeit hat sich das heutige Betriebsverfassungsgesetz in den vergangenen zwei Jahrzehnten als eine brauchbare und entwicklungsfähige Grundlage erwiesen. Natürlich wird dies Gesetz im Jahre 2000 anders aussehen als heute. Aber man kann nicht alles vom Gesetzgeber erwarten. Das beste und noch so vollkommene Gesetz wird uns nicht helfen, wenn es nicht im Geiste der Zusammenarbeit in den Unternehmen angewendet und weiterentwickelt wird.

In diesem Zusammenhang ist in neuerer Zeit ein weiteres Problem entstanden, das in den kommenden Jahrzehnten eine bedeutsame Rolle spielen wird. Der zunehmende Anteil an qualifizierten Kräften in den großen Unternehmen, aber nicht nur in ihnen, stellt Probleme auch für diese Schicht. Sie bestimmt häufig schon von ihrer Aufgabe her mit, weil ja die Entscheidungen der Unternehmensleitungen heute nur noch auf Grund einer sorgfältigen Vorbereitung durch qualifizierte Kräfte getroffen und durchgeführt werden müssen. Es ist jetzt deutlich geworden, daß diese Mitarbeiter vielfach glauben, in der öffentlichen Diskussion über die Mitbestimmung zu kurz gekommen zu sein, und sie bezeichnen sich als die dritte im Unternehmen wirkende Kraft. Hier gibt es offene Fragen; aber sie werden lösbar sein.

Und nun noch ein Wort über den Unternehmer und seine künftige sozialpolitische Aufgabe.

Es wird sehr häufig gesagt, daß die Unternehmensführung in zunehmendem Maße verwissenschaftlicht sein würde und daß der Computer die Unternehmensführung wesentlich prägen würde. Das ist zweifellos richtig; für unsere Entscheidungen wird uns eine weit größere Menge von Information zur Verfügung stehen, und wir werden uns auch über die Folgen unserer Entscheidung besser unterrichten können. Freilich, der Computer wird uns an richtigen Entscheidungen nicht hindern, er wird uns auch Fehlentscheidungen nicht vermeiden lassen. Auf der anderen Seite bin ich aber überzeugt davon, daß – wie bedeutend auch die technischen Hilfsmittel sein mögen, die uns zur Verfügung stehen – die schöpferische Kraft und die Persönlichkeit des einzelnen immer eine entscheidende Rolle spielen werden. Und das wird für das Gebiet der Sozialpolitik von ganz besonderer Bedeutung sein; gerade hier, wo wir es mit den Menschen zu tun haben, werden immer kühle Überlegung und Herz für die Menschen miteinander verbunden sein müssen; insbesondere das Letztere kann uns kein Computer ersetzen.

Es kam mir darauf an zu zeigen, daß vieles, wenn wir auf das Jahr 2000 blicken, noch in unserer Hand liegt. Wir alle, natürlich nicht nur die Unternehmer, haben in der Sozialpolitik noch Möglichkeiten der Entscheidung, welchen Weg wir gehen wollen. Wenn wir 30 Jahre zurückblicken und die seitdem eingetretene Entwicklung betrachten, dann haben wir mit einer neuen Betriebsverfassung, mit einer wesentlich verbesserten sozialen Sicherheit, die die paritätische Verantwortung von Unternehmern und Versicherten einschließt, mit einer Tarifverhandlung, die sich doch in vieler Hinsicht versachlicht hat, mit mannigfachen Formen einer Förderung der Partnerschaft in unserer Generation Voraussetzungen geschaffen, und wir müssen jetzt und für die Zukunft die Schwachpunkte aufs Korn nehmen:

Eine zeitgemäße Grundbildung in Schule und Hochschule, die Reform der beruflichen Ausbildung, die permanente Weiterbildung, den Wandel im Führungsstil, aber auch den Wandel in der Einstellung der Mitarbeiter zu den sachlichen Notwendigkeiten in Wirtschaft und Gesellschaft, die Schaffung besserer beruflicher Entwicklungsmöglichkeiten für die vielen in der Wirtschaft tätigen Frauen, ein Thema, das ich hier nicht mehr behandeln konnte, die Vertiefung des politischen und gesellschaftlichen Verständnisses durch einen breiten Strom von Information zur Meinungsbildung, die Pflege von Toleranz und Humanität an allen Fronten und, wo es nur möglich ist, die geistige Überwindung aller Unzulänglichkeiten, auch mit den Mitteln der Sozialpolitik, zugleich die geistige Überwindung aller Auflehnung gegen die Idee eines evolutionären gesellschaftlichen Fortschritts.

(Vortrag anläßlich des 100jährigen Jubiläums des Bundesverbandes Druck e. V., Mainz, Oktober 1969)

Sozialpartnerschaft im überbetrieblichen Bereich

Unbestreitbar liegt bei der Sozialpartnerschaft im überbetrieblichen Bereich die wichtigste Aufgabe in der gemeinsamen Verantwortung der Arbeitgeberverbände und der Gewerkschaften im Rahmen der Tarifautonomie. Das sollte auch so bleiben. Aber der Gedanke der Sozialpartnerschaft sollte doch wohl nicht auf die Verhandlungszimmer der Tarifkommissionen beschränkt sein. Zwar liegen hier die Interessengegensätze am sichtbarsten offen, und die ordnungs- und wirtschaftspolitische Bedeutung der beiden Seiten zugewiesenen Verantwortung, diese Gegensätze autonom und verbindlich zum Ausgleich zu bringen, ist hier am augenfälligsten. So tritt die Tatsache, daß jene autonome Regelungsbefugnis zwar das Kernstück, nicht aber erschöpfender Inhalt der Sozialpartnerschaft im überbetrieblichen Bereich ist, leichter in den Hintergrund des Bewußtseins. Schlagzeilen über einzelne Begegnungen können vergessen lassen, daß praktizierte Sozialpartnerschaft ein ständiger Prozeß ist und daß es einer ständigen Auseinandersetzung mit der Position des anderen Partners bedarf. Sie findet ja auch in den verschiedensten Fragen statt, und sie ist fruchtbar, wenn und solange sie beiderseits von dem ehrlichen Bemühen getragen ist, die Position des sozialen Gegenspielers zu verstehen und aufgrund dieses Verständnisses auch die eigene Position zu überprüfen. *Sozialpartnerschaft ist also in erster Linie Dialog.* Dabei wird sich jeder der beiden Sozialpartner des unverzichtbaren Kerns seiner Position klar bewußt sein müssen. Sozialpartnerschaft bedeutet also nicht, die für richtig erkannten Grundüberzeugungen und Grundpositionen einer utopischen Harmoniegläubigkeit zu opfern. Im Gegenteil: Bei allem Bemühen um Ausgleich und Verständigung muß und wird dieser der Sozialpartnerschaft wesensnotwendige Antagonismus bestehen bleiben. So gesehen, bedeutet Sozialpartnerschaft dann nicht nur »Dialog«, sondern – genauer – »kritischer Dialog«. Freilich kann man den kritischen Dialog auch übertreiben. Wir machen oft die Erfahrung, daß Gewerkschaftsführer auf jede Kritik ihrer Vorstellungen, auch wenn sie noch so sachlich vorgetragen wird, mit geradezu mädchenhafter Empfindlichkeit reagieren, während sie offenbar auf unserer Seite auch den nach Form und Inhalt stärksten Attacken gegenüber eine ungewöhnliche Duldsamkeit als selbstverständlich voraussetzen. Wer kritisch zu Ausführungen von Gewerkschaftsvertretern Stellung nimmt – die ja doch wohl Menschen sind wie andere auch, deshalb Unfehlbarkeit nicht für sich in Anspruch nehmen können und in einer Demokratie auch abweichende Meinungen tolerieren müssen –, der gerät in Gefahr, moralischer Gebrechen bezichtigt zu werden. Ich weiß wirklich nicht, warum Gewerkschaftsführer es notwendig haben, so untolerant zu sein; mit Sozialpartnerschaft hat das nichts zu tun.

Ein Beispiel ist die Broschüre, die der Deutsche Gewerkschaftsbund jetzt zur Mitbestimmung herausgebracht hat. In dieser Broschüre ist die Demagogie auf die Spitze getrieben. Da werden angebliche Unternehmeraussprüche mitgeteilt, wie zum Beispiel »Die Macht ist mein Glück allein«, oder »Wer Arbeitnehmer werden will, krümmt sich beizeiten«, oder »Wer nicht spurt, der fliegt«, oder »Mein Betrieb, mein Königreich«, oder »Unter meinen Wipfeln herrscht Ruh', nun schweig' auch Du!« Anhand einer Zeichnung wird bewiesen, daß der Arbeitgeber zu Hause bei seiner eigenen Frau nichts zu melden habe und daß er darum sehr böse sei, weil im Betrieb, wo er sich noch austoben konnte, jetzt die Mitbestimmung gefordert werde. Oder es finden sich folgende schöne Worte: »Napoleon war Arbeitgeber. Als Napoleon 1813 bei Leipzig rief: ›Die Welt dreht sich nur für uns‹, lieferte er den Unternehmern schon ein Argument. Sie verwenden es noch heute.« – und so geht das über 40 Seiten, herausgegeben vom Vorstand des Deutschen Gewerkschaftsbundes, voller Demagogie, freilich auch erheiternd, im ganzen ein beklagenswertes Niveau.

Wenn man das liest, dann fragt man sich, ob unserem Sozialpartner überhaupt an einer sachlichen Unterhaltung gelegen ist. Und doch wissen wir auch wieder aus zahlreichen Gesprächen und Verhandlungen, daß viele solche Unterhaltungen in der Vergangenheit möglich waren, und, so hoffe ich, auch in der Zukunft möglich sein werden. Die Frage stellt sich aber, ob demagogische Publizistik nicht am Ende alles zerstören kann, was an Ansatzpunkten für eine auch vor der Öffentlichkeit glaubhafte Gesprächsführung vorhanden ist.

Jedenfalls will ich mich aber durch diese Broschüre nicht davon abhalten lassen, noch einige Gedanken zu dem Dialog der Sozialpartner hier darzulegen, und zwar im Sinn einer Verbesserung und Intensivierung. Hier im besonderen sind es persönliche Überlegungen, die ich zur Diskussion stellen möchte und für die möglicherweise ein allgemeiner Konsensus noch nicht erwartet werden kann. Ausgangspunkt ist für mich die Frage, wieweit die praktizierten Formen der Sozialpartnerschaft im überbetrieblichen Bereich von Zufälligkeiten beeinflußt werden und wieweit es zweckmäßig und möglich wäre, das zu ändern. Solche Zufälligkeiten, teils persönlich, teils sachlich bedingt, lassen sich kaum verkennen. Jener kritische Dialog setzt beiderseits die Bereitschaft voraus, ihn zu führen. Oder: Besteht nicht in manchen Situationen, wenn sich die Sozialparner zum Beispiel in einer ganz bestimmten Frage »festgebissen« haben, die Gefahr, daß diese spezielle Konfrontation alle anderen Fragen und die Bereitschaft, sie zu erörtern, in sachlich unerwünschter Weise verdrängt? Und schließlich: Der kritische Dialog ist schwierig und mühsam. Wäre es nicht erwünscht, daß die Sozialpartner – trotz aller grundsätzlichen Einsicht in die Notwendigkeit, sich ihm zu stellen – in einem gewissen Maße auch dazu angehalten werden? Ein denkbarer Weg, dieses Ziel zu erreichen und die angedeuteten persönlichen und sachlichen Imponderabilien nach Möglichkeit auszuräumen, könnte in einer gewissen Institutionalisierung dieses Dialogs bestehen. Von solchen Überlegungen ausgehend, sollte man sich doch wohl mit dem Gedanken eines sogenannten »Bundeswirtschafts- und Sozialrats« auseinandersetzen. Die Diskussion in der Frage ist nicht neu; es gibt eine ganze Reihe von Stimmen, die sich in dieser Richtung geäußert haben. Freilich gibt es überall auch viel Skepsis. Einmal scheint die Erinnerung an den »Vorläufigen Reichswirtschaftsrat« der Weimarer Zeit nicht sehr ermutigend, zum anderen ist der Gedanke eines Bundeswirtschafts- und Sozialrats durch den Deutschen Gewerkschaftsbund aufs engste mit seinen Mitbestimmungsansprüchen verknüpft. Damit wurde die Diskussion über ein solches Gremium auf ein Gleis geschoben, auf das sie nicht notwendig gehört.

Die geistige Vaterschaft Fritz Naphtalis für die überbetriebliche Mitbestimmung, eine sogenannte Wirtschaftsdemokratie, ist unverkennbar; denn wenn es bei Naphtali schon heißt: »Sozialismus und Wirtschaftsdemokratie sind als Endziel untrennbar untereinander verknüpft«, so heißt es bei Otto Brenner: »Mitbestimmung, Demokratie und Sozialismus gehören zusammen, bilden ein System«. Berücksichtigt man weiter, daß das Ziel des Deutschen Gewerkschaftsbundes, wie es auf dem Bundeskongreß 1966 formuliert wurde, unverändert gerichtet ist auf ein durchgehendes Mitbestimmungssystem »am Arbeitsplatz, im Betrieb, im Unternehmen, im Industriezweig, im nationalen Rahmen und in den europäischen Institutionen«, so muß ein »Wirtschafts- und Sozialrat« nach den Vorschlägen des Deutschen Gewerkschaftsbundes wohl sogar als ein Eckstein in der gewerkschaftlichen Gesamtkonzeption gedacht sein.

Das alles haben wir – auch als Unternehmer – zu bedenken.

Doch ich glaube: Ebensowenig wie unsere Bejahung einer systemkonformen Mitbestimmung nach dem Betriebsverfassungsgesetz dadurch beeinträchtigt wird, daß die Gewerkschaften ihre systemwidrigen Forderungen ebenfalls als »Mitbestimmung« durchzusetzen versuchen, sollte man sich durch die bloße Namensgleichheit eines »Wirtschafts- und Sozialrats« hindern lassen, die Schaffung eines solchen Gremiums als eine Möglichkeit zur weiteren Ausgestaltung der sozialpartnerschaftlichen Beziehungen sorgfältig zu prüfen. Entscheidend ist nicht der Name, entscheidend wären der Standort, die Zusammensetzung und die Aufgaben eines solchen Gremiums. Daß ein »Wirtschafts- und Sozialrat« möglicherweise seinen Platz in einer marktwirtschaftlich orientierten Grundordnung haben kann, wird durch einen Blick über die Grenzen bestätigt. In den anderen fünf Partner-Staaten der Europäischen Wirtschaftsgemeinschaft sind ähnliche Gremien als Beratungsorgane für Parlament und Regierung vorhanden. Wenn sie sich auch im einzelnen in ihrer Zusammensetzung und in den ihnen übertragenen Aufgaben unterscheiden, so ist ihnen doch allen gemeinsam, daß sich in diesen Gremien Repräsentanten verschiedener Gruppen zusammenfinden, um Fragen, die für sie wichtig sind, gemeinsam zu erörtern und auf der Grundlage dieses Dialogs die staatlichen Instanzen unserer Nachbarländer zu beraten. Auch auf Gemeinschaftsebene gibt es ein solches Gremium. Sicherlich würden Standort, Struktur und Aufgaben eines »Bundeswirtschafts- und Sozialrates« sehr sorgfältig zu überlegen sein. Hierbei wird sich vor allem die Frage nach dem Verhältnis eines »Bundeswirtschafts- und Sozialrates« zu den Organen unseres Staates stellen. Sicherlich wäre es mit unserer Verfassungsordnung unvereinbar, einem »Bundeswirtschafts- und Sozialrat« Aufgaben zu übertragen, welche die Rechte und Verantwortungen von Bundestag, Bundesrat oder Bundesregierung schmälern würden.

Auch das Verhältnis eines Bundeswirtschafts- und Sozialrats zu den Organisationen der Unternehmer und der Arbeitnehmer wäre in Rücksicht auf die unterschiedlichen Zielsetzungen zu klären. Ebensowenig wie ein Bundeswirtschafts- und Sozialrat ein Ersatz für bestehende Kontakte zwischen jenen Organisationen untereinander sein kann, wird er bewährte Formen ihrer Kommunikation mit den staatlichen Organen ersetzen können.

Dies sind einige, sehr unvollständige Gedankensplitter zu einem Thema, das viele Möglichkeiten in sich birgt, auch von einer nicht zu leugnenden politischen Bedeutung ist und mit dem wir uns deshalb ernsthaft beschäftigen sollten. Jedenfalls meine ich, daß wir den Gedanken nicht a limine ablehnen sollten. Kritiker werden vielleicht sagen, daß ich durch meine langjährige Zugehörigkeit zum Wirtschafts- und Sozialausschuß der Europäischen Gemeinschaften bereits verdorben sei. Aber ich wäre nicht so lange in diesem Gremium geblieben, wenn ich nicht die Überzeugung gewonnen hätte, daß dort viel Nützliches geschieht.

Ich denke, wir alle haben das Gefühl, daß die Stellung und die Aufgabe des Unternehmers in unserer Zeit und in unserem Lande von vielen Seiten her angegriffen und in Frage gestellt wird. Vor dem Urteil der Geschichte brauchen wir uns nicht zu verstecken. Wir haben in den vergangenen zwei Jahrzehnten nicht nur wirtschaftlich Wesentliches zum Erfolg der Sozialen Marktwirtschaft beigetragen, der nur von Blinden geleugnet werden kann; wir haben auch auf dem sozialpolitischen Gebiet unsere Aufgabe gesehen und vieles getan. Darum setzen wir uns mit Recht zur Wehr. Das allein wird aber nicht genügen. Das Heute interessiert sich nur noch wenig für das, was geschehen ist, mag auch der Erfolg noch so augenfällig sein. Wir müssen in die Zukunft blicken und auch auf dem sozialpolitischen Gebiet das Heutige im Wege des evolutionären Fortschritts weiterentwickeln. Das kann jeder in seinem Unternehmen tun, aber wir brauchen dafür auch die Unternehmerschaft als Ganzes.

(Auszug aus einer Rede anläßlich der Jahresmitgliederversammlung der Bundesvereinigung der Deutschen Arbeitgeberverbände, München, Dezember 1969)

Unternehmens-Mitbestimmung – gestern und morgen

Der Biedenkopf-Bericht wird in der künftigen Diskussion eine bedeutende Rolle spielen. Darum ist es notwendig, wenn man über das Gutachten spricht, die Worte sorgsam abzuwägen. Niemals war die Gelegenheit günstiger, Porzellan zu zerschlagen, und manche haben diese Gelegenheit auch genutzt. Der Streit um die Mitbestimmung zieht sich seit vielen Jahren hin. Wir sind uns darüber klar, daß es sich hier nicht nur um eine Schicksalsfrage für die Wirtschaft allein handelt; je nachdem, wie die politische Entscheidung fällt, werden auch die Weichen für unsere künftige Gesellschaftsordnung gestellt sein.
In der öffentlichen Diskussion wird häufig zwischen Anhängern der Mitbestimmung und Mitbestimmungsgegnern unterschieden, und es wird dann gesagt, daß die Unternehmer gegen die Mitbestimmung seien. Das trifft nicht zu. Auch wir haben uns immer wieder für die Mitbestimmung ausgesprochen. Der Streit geht nicht um die Mitbestimmung als solche, sondern um Art und Maß der Mitbestimmung. Vergessen wird fast immer, daß schon das Betriebsverfassungsgesetz eine große Zahl von Vorschriften zur Mitbestimmung enthält, Vorschriften, denen in keinem anderen Lande der westlichen Welt vergleichbare Regelungen gegenüberstehen, ganz zu schweigen von der Montan-Mitbestimmung. Die Biedenkopf-Kommission hat leider der internationalen Situation nicht viel Aufmerksamkeit geschenkt und keine Untersuchungen darüber angestellt. Und doch können deutsche Mitbestimmungsregelungen ein ernsthaftes Hindernis für die europäische Integration darstellen. Das weiß ich aus

vielen Gesprächen mit ausländischen Freunden. Wenn aber unsere Gewerschaften sagen, daß wir eben in dieser Hinsicht anregend und vorbildlich für die anderen wirken sollten, dann habe ich im Ausland nicht den Eindruck gewonnen, daß dies Argument dort gern gehört wird, weder sachlich noch politisch, weder von den Unternehmern noch von den Gewerkschaften dort. Der Wunsch, an unserem Wesen zu genesen, ist im Ausland nur schwach ausgebildet. Wir sollten mit solchen Argumenten recht vorsichtig sein.

Zur Entstehungsgeschichte des Biedenkopf-Berichts:

Um die Jahreswende 1967/68 hat die Regierung Kiesinger eine Sachverständigenkommission zur Prüfung der Mitbestimmungsfrage berufen. Die Kommission bestand aus neun Professoren; Vorsitzender wurde Herr Biedenkopf. Der Kommission wurden ständige Berater beigegeben, je drei von der Unternehmerseite und von den Gewerkschaften. Berater auf der Unternehmerseite waren Herr Heintzeler, Herr Erdmann und ich. Wir haben uns bemüht, unsere Erfahrungen aus der Praxis in die Überlegungen der Kommission einfließen zu lassen. An der Beschlußfassung waren wir nicht beteiligt. Wir haben auch an den Hearings, die die Kommission veranstaltet hat, nicht teilgenommen, weil die Kommission der Ansicht war, daß dies die Unbefangenheit der Befragten in ihrer Aussage stören könnte. Schließlich haben wir auch an einigen Sitzungen – und es waren offenbar die entscheidenden, in denen die Kommissionsmitglieder ihre Ansichten unter sich abklärten – nicht teilgenommen.

Am 21. Januar dieses Jahres hat die Kommission ihren Bericht dem nunmehrigen Bundeskanzler Brandt übergeben; in der Drucksache, die den Mitgliedern des Deutschen Bundestags zugeleitet worden ist, umfaßt der Bericht 176 Seiten.

Wenn ich über diesen Bericht spreche, dann muß ich mir eine gewisse Zurückhaltung auferlegen. Die Partei und die Fraktion, denen ich angehöre, haben sich eine Meinung über den Bericht noch nicht gebildet. Die Meinungsbildung ist in vollem Gange, und ich bin Mitglied verschiedener Gremien, die eine Stellungnahme vorbereiten sollen.

Die Bundesvereinigung der Deutschen Arbeitgeberverbände, deren Präsidium ich angehöre, hat im Februar 1970 Stellungnahme zu dem Bericht herausgegeben; diese bezeichnet sich als einen ersten vorläufigen Beitrag zur Diskussion.

Wenn ich mir eine gewisse Zurückhaltung auferlegen muß, so bedeutet das nicht, daß ich mich hier auf eine kurze Wiedergabe des Inhalts des Berichts beschränken müßte. Ich möchte eine Reihe von Gesichtspunkten hervorheben, die für eine Beurteilung des Berichts von Bedeutung sind.

Der hauptsächliche Streit geht um die Frage der Parität in den Aufsichtsräten der Kapitalgesellschaften. *Quintessenz des Berichtes ist, daß die Kommission die von den Gewerkschaften geforderte Parität ablehnt.* Sie begründet die Notwendigkeit eines – wenn auch nur leichten – Übergewichtes der Anteilseigner im Aufsichtsrat einmal mit dem Rentabilitätsprinzip, aber auch ordnungspolitisch mit der aus dem Eigentum fließenden Haftung. Das ist eine ganz entscheidende Aussage. Auf der anderen Seite hat aber die Kommission diesen Gesichtspunkt durch eine große Zahl von Empfehlungen derart eingeengt, daß in der *Praxis* die Parität nahezu erreicht werden könnte. Damit steht die Kommission am Ufer des Rubicon, und die Wasser dieses Schicksalsflusses benetzen bereits ihre Füße. Wer den Rubicon einmal gesehen hat, weiß, daß dieser Fluß sehr schmal ist und daß man ihn, steht man erst einmal an seinem Ufer, sehr schnell überspringen kann. Wenn man die Gründe liest, die die Kommission für ihre Ablehnung der Parität anführt, dann könnte die Frage aufgeworfen werden, ob nicht eine gewisse Inkongruenz zwischen der wissenschaftlichen Begründung und den Folgerungen besteht, welche die Kommission gezogen hat.

Abgesehen von wenigen Fragen, die in diesem Zusammenhang nicht von Bedeutung sind, hat die Kommission den Bericht einstimmig verabschiedet. Zu den Mitgliedern der Kommission gehörten auch solche, die sich in früheren Verlautbarungen sehr entschieden für die Parität ausgesprochen haben. Deshalb ist gelegentlich in den ersten Diskussionen die Meinung laut geworden, daß die Kommissionsmitglieder, um die Einstimmigkeit zu sichern, unter sich einen eher polititischen Kompromiß abgeschlossen hätten, der in gewissem Umfange von der wissenschaftlichen Begründung unabhängig gewesen sei. Aber dem möchte ich nicht zustimmen. Aus meiner Kenntnis kann ich sagen, daß die Mitglieder der Kommission sehr um die Lösung gerungen haben, und zwar mit dem Ziel einer dann gemeinsam zu vertretenden Überzeugung. Ich glaube also, daß die Einstimmigkeit sehr ernst genommen werden muß und daß auch die Mitglieder der Kommission, die früher die Parität befürwortet haben, auf Grund der Beratungen und der Hearings zu der Überzeugung gekommen sind, daß die Parität nicht die Lösung sei.

Aus der Problematik ergibt sich eine gewisse Relativierung der Aussagen des Berichtes. Es sind nicht nur die Unternehmer, die sich auf viele Stellen des Berichtes berufen können; das gleiche gilt auch für die Gewerkschaften. Das hat die bisherige Diskussion schon sehr deutlich gemacht. Wir haben nun die Schrift, aber viele können sich darauf berufen, und die Auslegungen sind unterschiedlich.

So hat man denn auch von einem salomonischen Urteil der Kommission gesprochen. Aber ich weiß nicht, ob dieser Vergleich zutrifft. Salomos erster Spruch ist bekanntlich nicht vollstreckt worden. Der weise König wollte das ja auch gar nicht; denn der Gegenstand des Streites, das Kind, wäre dann nicht mehr am Leben geblieben. Das

Ziel des Königs war doch wohl, durch sein Urteil die streitenden Parteien zu einer vernünftigen Einigung anzuregen. Das Kind, um das es in unserem Falle geht, ist die deutsche Wirtschaft. Ich glaube aber, daß die Kommission der Ansicht ist, ihr Spruch sollte vollstreckt werden.

Noch einige Bemerkungen zum Aufbau des Gutachtens:

Teil I beschäftigt sich mit dem Auftrag und der Arbeitsweise der Kommission, mit dem Stand der Mitbestimmungsregelungen und mit einigen ausgewählten Aspekten des wirtschaftlichen Hintergrundes mitbestimmter Wirtschaftsbereiche.

Teil II stellt, wenn auch nicht vollständig, den gegenwärtigen Stand der Auseinandersetzungen um die Mitbestimmung dar.

Teil III behandelt die Erfahrungen mit der Mitbestimmung.

Der sehr wichtige Teil IV enthält die wesentlichen wissenschaftlichen Grundlagen für die Empfehlungen der Kommission.

Teil V schließlich bringt die konkreten Empfehlungen.

Wenn man die öffentliche Diskussion, die erst anläuft, bis zum heutigen Tage verfolgt, dann gewinnt man den Eindruck, daß der sehr wichtige Teil IV wenig oder mindestens nicht sehr gründlich gelesen worden ist. Im Mittelpunkt hat verständlicherweise Teil V gestanden, der die Empfehlungen enthält, aber auch Teil III, der die Erfahrungen mit der Mitbestimmung darstellt. Hier hat das von der Kommission angenommene Ergebnis der Hearings eine wesentliche Rolle gespielt, und Teil III ist es, auf den die Gewerkschaften sich berufen. Die Empfehlungen gefallen ihnen weniger, sie machen geltend, daß die Kommission mit dem Teil V ihren Auftrag überschritten habe.

Die Anhänger der Parität behaupten, daß Teil III des Berichtes eine Rechtfertigung der Montanmitbestimmung enthalte und daß hier ein klares Urteil für die Bewährung des Montanmodells ausgesprochen worden sei.

Hierzu ist folgendes zu sagen: Selbst wenn die Kommission festgestellt hätte, daß die Mitbestimmung sich in den Unternehmen der Montanindustrie bewährt habe, so wäre daraus noch nicht der Schluß zu ziehen, daß dies System nun auch für die übrige Wirtschaft tragbar sei; denn das, was wir an potentiellen Gefahren in der Montanmitbestimmung erkennen, erhält natürlich ein ganz anderes Gewicht, wenn das Montanmodell die gesamte Wirtschaft überziehen würde. Aber das ist insofern eine müßige Überlegung, als die Kommission gar nicht festgestellt hat, daß die Montanmitbestimmung sich bewährt habe.

In einem Interview, das Professor Biedenkopf in der Zeitschrift »Das Wertpapier« (Nr. 3/4 vom 15. 2. 70) gegeben hat, setzt er sich gegen diese Behauptung zur Wehr. Der Gesprächspartner wies darauf hin, daß der DGB argumentiere, zwischen der Ablehnung der Parität, also des Montanmodells auf der einen und der Feststellung, daß die Montanmitbestimmung sich im wesentlichen bewährt habe, auf der anderen Seite, bestehe ein Widerspruch. Hierauf hat Professor Biedenkopf folgendes erwidert:

»Die allgemeine Feststellung, daß sich die Montanmitbestimmung im wesentlichen bewährt habe, ist im Bericht der Kommission nicht enthalten. Deshalb kann der von Ihnen erwähnte Widerspruch nicht bestehen. Die Bewertung der Montanmitbestimmung durch die Kommission ist vielmehr differenziert gestaltet. Im übrigen hat die Kommission an mehreren Stellen ihres Berichts darauf hingewiesen, daß die Beantwortung der Frage nach der allgemeinen Ausgestaltung der Mitbestimmung nicht allein auf der Grundlage der Erfahrungen mit der Mitbestimmung im Montan-Bereich möglich ist. Dies ist der entscheidende Grund dafür, daß die Kommission im IV. Teil des Berichts eine eigene theoretische Grundlage für die Beantwortung der Mitbestimmungsfrage gelegt und auf dieser Grundlage Empfehlungen erarbeitet hat.«

Diese Erklärung ist sehr wichtig und entzieht den vom DGB behaupteten Ergebnissen der Kommissionsarbeit die wesentliche Begründung. Freilich hat die Kommission auf Grund ihrer Hearings Feststellungen getroffen, die auf Unternehmerseite zu kritischen Bemerkungen Anlaß gegeben haben.

Eine Reihe von Befürchtungen der Gegner der paritätischen Mitbestimmung ist von der Kommission, so vorsichtig sie sich auch ausgedrückt hat, im Rahmen des ihr zur Verfügung stehenden Erfahrungsraumes in gewisser Weise relativiert worden. Dabei läßt sich nicht übersehen, daß auch diese Befürchtungen zumindest tendenziell verschiedentlich auch wieder bestätigt worden sind. So stellte die Kommission zwar fest, daß die Sorge vor einer sogenannten »Fernsteuerung« der Arbeitnehmervertreter sich im Ergebnis bisher als nicht berechtigt herausgestellt habe. Gleichzeitig mußte sie aber feststellen, daß solche Versuche unternommen worden sind und daß sie bei der Bildung der Kohleeinheitsgesellschaft und der Walzstahlkontore auch nicht erfolglos waren. Darüber hinaus ist sich die Kommission – das zeigen auch die erwähnten Äußerungen des Herrn Biedenkopf – der Tatsache bewußt, daß die Frage einer einheitlichen, alle Bereiche der Wirtschaft erfassenden Regelung im Sinne der Montanmitbestimmung nicht ohne weiteres auf Grund der Erfahrungen von nur zwei Wirtschaftsbereichen beantwortet werden kann, die zudem seit langem exzeptionellen Bedingungen unterworfen sind.

Sehr wichtig ist, daß die Kommission auf Grund der Hearings die gewerkschaftliche Behauptung, die Parität sei zur Kontrolle wirtschaftlicher Macht notwendig, nicht bestätigt hat; sie stellte vielmehr fest, daß die Mitbestimmung der Arbeitnehmer in den Unternehmen nicht geeignet sei, einen möglichen Mißbrauch wirtschaftlicher Macht durch große Unternehmen zu verhindern. Ebenso erwies sich die gewerkschaftliche Behauptung, nur die paritätische Mitbestimmung gewährleiste Sozialpläne im Falle von Stillegungen, als unbegründet, da solche Sozialpläne auch im Bereich der übrigen Wirtschaft existieren; die Kommission stellt allgemein fest, daß die angemessene Berücksichtigung der sozialen Belange der verschiedenen Beschäftigten in allen Bereichen zunehmend zu den selbstverständlichen Verantwortlichkeiten einer modernen Unternehmensführung gehöre. Und schließlich wird auch die gewerkschaftliche Behauptung, wonach die paritätische Mitbestimmung in größerem Maße als die Mitbestimmung nach dem Betriebsverfassungsgesetz geeignet sei, die Integration der Arbeitnehmer im Betrieb, Unternehmen und Gesellschaft zu fördern, im Bericht der Kommission nicht bestätigt.

Freilich hat hier auf Unternehmerseite auch Kritik eingesetzt. Die Kommission ist den Auswirkungen der verschiedenen Mitbestimmungssysteme auf die objektive und subjektive Situation der Arbeiter nicht empirisch nachgegangen. Es wäre in diesem Zusammenhang auch von Bedeutung gewesen, die tieferen Ursachen der wilden Streiks zu untersuchen, die ja von der montanbestimmten Industrie ausgegangen sind; das ist aber nicht geschehen.

Die Frage der Integration der Arbeitnehmer im Bereich des Betriebsverfassungsgesetzes ist bei den Untersuchungen zu kurz gekommen. Überhaupt lag das Übergewicht der Anhörungen bei der Montanindustrie. In der öffentlichen Dikussion ist bereits darauf hingewiesen worden, daß bei 20 angehörten Personen aus zehn Unternehmen des Bereichs des Betriebsverfassungsgesetzes, der ja immerhin rund 85 Prozent der Beschäftigten in den Unternehmen umfaßt, gegenüber 30 Personen aus sieben Unternehmen des Montanbereiches, in dem nur rund 4 Prozent der Arbeitnehmer tätig sind, ein Mißverhältnis besteht, das für die Aussagekraft gerade des Teiles III von wesentlicher Bedeutung ist. Auch zu der schriftlichen Befragung, die dann stattgefunden hat und bei der 373 Unternehmen aus dem Bereich des Betriebsverfassungsgesetzes und 62 Unternehmen aus dem Bereich der Montanmitbestimmung angeschrieben wurden, sind kritische Bemerkungen gemacht worden; darauf im einzelnen einzugehen, ist im Rahmen dieses Vortrags nicht möglich.

Allgemein muß zum Teil III noch eine weitere Anmerkung gemacht werden.

Die Befragungen haben in Abwesenheit der Berater stattgefunden. Niemand außer den neun Mitgliedern der Kommission weiß, wie die Befragungen im einzelnen abgelaufen sind, und niemand kann den Ablauf der Befragungen in der Öffentlichkeit nachvollziehen. Die Schlußfolgerungen, die aus den Hearings gezogen wurden, liegen allein bei den Mitgliedern der Kommission. Die Hearings waren vertraulich. Dennoch möchte ich nicht ausschließen, daß bei den Befragten mancherlei Rücksichten gewaltet haben können. Wer würde beispielsweise gern zugeben, daß er fernsteuere oder ferngesteuert sei? Was die befragten Unternehmen betrifft, so ist die Frage gestellt worden, ob trotz aller Vertraulichkeit die Rücksicht auf den Frieden im eigenen Unternehmen nicht mindestens den Tonfall beeinflußt haben könnte. Daß hier einiges Unwägbare mitgespielt haben mag, ist also nicht auszuschließen. Den Mangel hat auch die Kommission empfunden. In der Einleitung zum Teil III sagt sie:
»»Die Zusicherung absoluter Vertraulichkeit der Anhörungen erschien der Kommission . . . auch deshalb angezeigt, weil ihr, anders als etwa der Royal Commission zum Studium der Arbeitnehmer-Arbeitgeber-Beziehung in Großbritannien, keinerlei verfahrensrechtliche Möglichkeiten zur Verfügung standen, Zeugen zu laden und zu vernehmen. Der Kommission erscheint es ungeachtet der überwiegend positiven Erfahrungen mit den Anhörungen erwägenswert, ob für die Arbeit zukünftiger Expertenkommissionen nicht auch in Deutschland ähnliche Möglichkeiten geschaffen werden sollten.«

Daß die von der Kommission erwähnten verfahrensrechtlichen Möglichkeiten nicht zur Verfügung standen, mag sich auch dahin ausgewirkt haben, daß leitende Angestellte aus die montanmitbestimmten Unternehmen nicht befragt wurden. Nach allem, was mir bekannt ist, hätten sich hier, insbesondere auch im Bereich der Kohleeinheitsgesellschaft, sehr wesentliche Aussagen ergeben können. Überhaupt sind nach meiner Ansicht die Auswirkungen der Montanmitbestimmung auf die Situation der Führungskräfte in dem Bericht nicht ausreichend untersucht worden.

So hat alles in allem Teil III bei Unternehmern Anlaß zu mancher kritischen Betrachtung gegeben. Eins muß aber nochmals im Anschluß an die von mir zitierten Äußerungen des Herrn Biedenkopf gesagt werden: Die Behauptung, daß die Montanmitbestimmung sich nach den Feststellungen der Kommission in aller Breite bewährt habe, trifft nicht zu, und auf keinen Fall sind im Lichte der Ausführungen der Kommission die Schlüsse zu rechtfertigen, die der DGB und ihm nahestehende Kreise aus Teil III gezogen haben.

Ich komme nun zu den Empfehlungen der Kommission und damit zu dem, was uns unmittelbar und konkret berührt.

A. Zusammensetzung des Aufsichtsrats

Die Zahl der Arbeitnehmervertreter im Aufsichtsrat (bisher 1/3) soll – unter Beibehaltung eines geringen Übergewichtes der Anteilseignervertreter – erhöht werden. Die Kommission erläutert ihre Vorstellungen am Beispiel eines Aufsichtsrates von zwölf Mitgliedern. Sie ist offenbar der Ansicht, daß bei Kapitalgesellschaften, auf die ihre Empfehlungen angewendet werden sollen, Aufsichtsräte mit weniger als zwölf Mitgliedern nicht mehr in Betracht kämen.

Im einzelnen schlägt die Kommission vor: Die Hauptversammlung wählt nur die Hälfte der Aufsichtsratsmitglieder (bisher 2/3, in unserem Beispiel also sechs). Vier Sitze, d. h. 1/3 wie bisher, entfallen auf Arbeitnehmervertreter, die von der Belegschaft unmittelbar oder mittelbar gewählt werden. Zwei Mitglieder werden kooptiert, wobei die Mehrheit beider Gruppen (Anteilseigner- und Arbeitnehmervertreter) zustimmen muß; der Vorstand hat ein Vorschlagsrecht. Können sich die beiden Gruppen nicht einigen, so entscheidet der Registerrichter. Die Kommission nimmt an, daß in der Praxis, wenigstens zunächst, die beiden Gruppen sich auf je einen Anteilseigner- und einen Arbeitnehmervertreter einigen würden. Dann, aber nur dann, wäre ein Verhältnis von sieben zu fünf gesichert.

Einer bis zwei der zu wählenden Arbeitnehmervertreter sollen zwingend nicht Arbeitnehmer des Unternehmens sein. Die im Unternehmen als Tarifpartner vertretenen Gewerkschaften sollen für sie ein ausschließliches Nominierungsrecht haben.

Besondere Vorschläge sind für Konzerne gemacht.

Ins einzelne gehende Empfehlungen beschäftigen sich mit dem Wahlverfahren für Arbeitnehmervertreter.

Allgemein hält es die Kommission für erforderlich, die Zuweisung einer Mehrheit an die Anteilseignervertreter im Aufsichtsrat durch verschiedene Einschränkungen zu kompensieren, um eine Überstimmung der Arbeitnehmervertreter zu erschweren, ja möglichst überhaupt zu vermeiden.

B. Berufung des Vorstands

Empfohlen wird:

1. Die Vertretung des Personalressorts im Vorstand durch ein dafür bestelltes Vorstandsmitglied ist gesetzlich vorzuschreiben. Die Berufung findet nach dem gleichen

Verfahren wie die der übrigen Vorstandsmitglieder statt; der Arbeitsdirektor der Montanindustrie wird ausdrücklich abgelehnt.

2. Die endgültige Entscheidung über die Berufung aller Vorstandsmitglieder liegt beim Gesamtaufsichtsrat. Die Arbeitnehmervertreter sind jedoch von vornherein zur Erschwerung etwaiger späterer Überstimmung an der Vor-Auswahl dadurch zu beteiligen, daß hierfür ein paritätisch zusammengesetztes Aufsichtsratspräsidium oder ein entsprechendes paritätisches Gremium gebildet wird. Hierdurch sollen u. a. auch eigene Personalinitiativen der Arbeitnehmervertreter ermöglicht werden.

C. Die übrige Tätigkeit des Aufsichtsrats

Hierfür macht die Kommission Vorschläge, die überwiegend ebenfalls die Überstimmung der Arbeitnehmervertreter erschweren sollen.

1. Begründungszwang für Aufsichtsrats-Entscheidungen, falls die Arbeitnehmervertreter überstimmt wurden und mindestens zwei von ihnen die Begründung verlangen.

2. Befreiung der Arbeitnehmervertreter von ihrer Schweigepflicht (§§ 116, 93 AktG) insoweit, als der Vorstand den Aktionären gegenüber zur Auskunft verpflichtet ist (§ 131 AktG). Damit soll ermöglicht werden, daß die Arbeitnehmervertreter den Prozeß der Meinungsbildung im Aufsichtsrat, die Gründe einer gegen sie ergangenen Mehrheitsentscheidung und die Gründe für ihr eigenes Votum öffentlich, also vor allem vor der Belegschaft, erörtern können.

Die Inanspruchnahme dieser Möglichkeit soll vorher im Aufsichtsrat erörtert werden und unterbleiben, wenn eine Mehrheit von 3/4 des Gesamtaufsichtsrats widerspricht. Sie soll außerdem für Personalfragen, also insbesondere für die erwähnte Kooptation und für Berufungen in den Vorstand, nicht zur Verfügung stehen.

3. Zuständigkeit des Aufsichtsrats für einen Bericht über die Zusammenarbeit zwischen Unternehmensleitung und Arbeitnehmervertretung, der in den Geschäftsbericht aufzunehmen ist, mit der Möglichkeit eines Sondervotums der Arbeitnehmervertreter.

4. Verbesserung der Protokollierung von Aufsichtsratssitzungen; dies, ebenso wie die Handhabung von Minderheits- und Sondervoten sowie die Begründung von Mehrheitsentscheidungen, soll durch eine Geschäftsordnung geregelt werden, die nicht gegen die Mehrheit der Anteilseigner- und der Arbeitnehmervertreter beschlossen werden kann.

5. Keine Aufsichtsratsausschüsse ohne Arbeitnehmervertreter.

D. Zusammenarbeit Vorstand/Betriebsrat

Von § 76 BetrVG abgesehen (Zusammensetzung des Aufsichtsrats) macht die Kommission grundsätzlich keine Vorschläge zur Reform des Betriebsverfassungsgesetzes.

Einige Empfehlungen zum Betriebsverfassungsrecht werden aber doch gebracht.

1. In allen Unternehmen mit mehreren Betrieben soll die Bildung eines Gesamtbetriebsrats oder eines entsprechenden Organs, das alle örtlichen Betriebsräte beteiligt, zwingend vorgeschrieben werden.

2. In Konzernen soll außerdem ein Konzernbetriebsrat oder ein entsprechendes Organ zur Pflicht gemacht werden, auch wenn in den verschiedenen Konzerngesellschaften Gesamtbetriebsräte bestehen.

3. Die Zusammenarbeit zwischen Unternehmensleitung und Einzel-, Gesamt- oder Konzernbetriebsrat soll u. a. dadurch institutionalisiert werden, daß diese Gremien weitgehend die Funktionen des Wirtschaftsausschusses übernehmen. Es soll möglich, aber nicht zwingend sein, auch den Wirtschaftsausschuß dennoch beizubehalten.

E. Anwendungsbereich der Empfehlungen

Die Empfehlungen sollen auf Unternehmen mit mindestens 1 000 bis 2 000 Arbeitnehmern Anwendung finden. Andere Merkmale der Unternehmensgröße (Umsatz, Bilanzsumme) sollen nicht in Betracht kommen. Dies bedeutet, daß die Empfehlungen für eine sehr viel größere Zahl von Unternehmen gelten als nach den Forderungen des DGB bei Ausdehnung des Montanmodells.

In diesem Rahmen sollen die Empfehlungen für alle Kapitalgesellschaften gelten. Eine Ausnahme für sogenannte Tendenzbetriebe (§ 81 BetrVG) soll es nicht geben. Personalgesellschaften (es sei denn, es handelt sich um Konzernobergesellschaften) werden nicht erfaßt, mit der Ausnahme der GmbH & Co. K.G.

Verneint hat die Kommission eine Vertretung des sogenannten öffentlichen Interesses im Aufsichtsrat, geschwiegen hat sie über die Frage, was nun in der Montanindustrie gelten soll.

Das also sind die wesentlichen Empfehlungen der Kommission; Sie sehen, es ist ein großes Bündel. Die Kommission hat darauf hingewiesen, und Herr Biedenkopf hat das für seine Person in letzter Zeit wiederholt, *daß die Empfehlungen ein Ganzes darstellten und daß eine erneute Überprüfung erforderlich werde, wenn Gesetzesänderungen das relative Verhältnis der beteiligten Gruppen tangierten.*

Wie würden wir nun mit dem allen in unseren Unternehmen zurechtkommen?

Das von der Kommission mit sehr überzeugenden Gründen geforderte Übergewicht der Anteilseigner ist durch die Empfehlungen derart eingeschränkt, daß der Sache nach mindestens in der Praxis die Parität doch erreicht werden könnte. Ich gehe nur auf einige wesentliche Punkte ein.

Die Mehrheit der Anteilseignerseite ist durch das von

der Kommission vorgeschlagene Kooptationsverfahren von zwei Mitgliedern des Aufsichtsrats nicht sicher gewährleistet. Die Kommission hält es für möglich, daß die beiden zu kooptierenden Aufsichtsratsmitglieder zunächst paritätisch ausgewählt würden. Das würde bedeuten, daß dann der Aufsichtsrat aus sieben Anteilseigner- und fünf Arbeitnehmer-Vertretern bestünde. Aber vorgeschrieben wird dies nicht, und niemand weiß, ob nachher in der Praxis nicht eines Tages Zwänge eintreten könnten, die dann doch zur Parität im Aufsichtsrat führen würden. Und was geschieht, wenn Anteilseigner- und Arbeitnehmer-Vertreter sich nicht einigen? Dann soll nach den Vorschlägen der Kommission der Registerrichter entscheiden, aber für seine Entscheidung gibt die Kommission keine Richtlinien.

Ein bis zwei zu wählende Arbeitnehmer-Vertreter müssen zwingend extern sein. Die im Unternehmen als Tarifpartner vertretenen Gewerkschaften sollen für sie ein ausschließliches Nominationsrecht haben. Auf der anderen Seite verneint die Kommission die Regelung des Montanmodells, wonach Gewerkschaftsvertreter ohne Wahl durch die Belegschaft in den Aufsichtsrat gelangen können. Die Kommission fordert die Wahl durch die Belegschaft. Dem ist zuzustimmen. Was aber geschieht, wenn die von der Gewerkschaft nominierten Vertreter in ihrer Stimmenzahl hinter anderen Kandidaten – unter Umständen weit – zurückbleiben? Dann müßten die Kandidaten der Belegschaft, die eine weit höhere Stimmenzahl erreicht haben, auf Grund zwingender Vorschrift hinter den bei der Wahl durchgefallenen Gewerkschaftsvertretern zurücktreten. Welche Bedeutung hat dann die Wahl durch die Belegschaft? Im übrigen könnte das Gewicht der Gewerkschaften noch dadurch verstärkt werden, daß bei der Kooptation ein weiterer externer Gewerkschaftsvertreter hinzutritt. Bei einem 12köpfigen Aufsichtsrat hätten die Externen in der Arbeitnehmergruppe sogar die Mehrheit.

Die vielleicht wichtigste Aufgabe des Aufsichtsrats ist die Berufung des Vorstands. Bei Meinungsverschiedenheiten zwischen Anteilseigner- und Arbeitnehmergruppe soll zwar auch hier der Gesamtaufsichtsrat die letzte Entscheidung haben. Die Bestimmungen über die paritätische Vor-Auswahl sind aber so beschaffen, daß in der Praxis zum Schluß doch die Parität hergestellt sein könnte. Welche Folgen das für den Vorstand, aber auch für die nachwachsenden Führungskräfte haben würde, ist so oft dargestellt worden, daß ich hier nicht mehr darüber zu sprechen brauche.

Die von der Kommission vorgeschlagene Konfliktspublizität kann einen so erheblichen Zwang im Aufsichtsrat mit sich bringen, daß sie in ihrer Wirkung den bekannten Nachteilen der Parität gleichkommt. Die Anteilsvertreter würden in vielen Fällen – insbesondere bei notwendigen, aber, wie es dann leicht sein kann, in der Belegschaft unpopulären Entscheidungen – eine Überstimmung der Arbeitnehmervertreter kaum wagen wollen, wenn sie gewärtig sein müßten, daß diese anschließend sogleich an die Belegschaft herantreten. Erhebliche Unruhe, vielleicht dann von Dritten genutzt und geschürt, könnte die Folge sein.

Auch das Geheimhaltungsinteresse gegenüber der Konkurrenz ist durch die Begrenzung auf die Auskunftspflicht des Vorstands nicht völlig gesichert. Diese Auskunftspflicht besteht nämlich nur *in* der Hauptversammlung, also möglicherweise mit erheblicher zeitlicher Verschiebung. Eine solche Verschiebung erscheint für die »Konfliktspublizität« kaum praktikabel und wird auch nicht vorgeschlagen.

Noch ein Wort zum Anwendungsbereich der Empfehlungen.

Die Frage muß gestellt werden, ob der von der Kommission vorgeschlagene Anwendungsbereich mit den Notwendigkeiten und Gegebenheiten der Praxis im Einklang steht. In der Regel dürften nämlich auch Unternehmen mit 2000 Beschäftigten nicht die komplizierten Strukturen aufweisen, die die Einrichtung eines 12köpfigen Aufsichtsrates angebracht erscheinen lassen.

Ich habe die Punkte hervorgehoben, die, wie ich in Gesprächen festgestellt habe, von Unternehmern beanstandet werden; ich habe ebenso aber auch zu vielen Punkten ein Ja gesagt und auch von Unternehmern gehört. Wir müssen anerkennen, daß die Kommission sehr bemüht war, eine nach allen Seiten abgewogene Stellungnahme abzugeben. Aber da wir es sind, die mit dem allen in der Praxis fertig werden sollen, so mag die Wissenschaft es uns verzeihen, wenn wir auch daran denken. Wir dürfen auch nicht vergessen, welche Rückwirkungen das alles am Ende auf Personalgesellschaften und kleinere Unternehmen haben würde, die unter den Anwendungsbereich *dieser* Empfehlungen noch nicht fallen. Sie sehen aber, daß der empfohlene Anwendungsbereich sich bereits vergrößert hat.

Zusammengefaßt läßt sich folgendes sagen:

Von der theoretischen Grundlage her enthält der Bericht der Kommission eine Fülle von Hinweisen und Begründungen, die den Standpunkt stützen, den wir von eh und je vertreten haben. Die Empfehlungen aber gehen an die Grenze der Parität, und es besteht die Gefahr, daß diese Grenze dann in der Praxis überschritten würde. Wir müssen in der öffentlichen Diskussion die Tragweite der Empfehlungen in Richtung auf die Parität mit besonderer Sorgfalt prüfen.

Wir müssen auch prüfen, wieweit das alles praktikabel sein würde und ob wir nicht in die Gefahr kommen könnten, die Arbeit im Unternehmen in ein nicht enden wollendes Gespräch aufzulösen.

Ich kann mir andererseits auch vorstellen, daß in den Empfehlungen Ansatzpunkte für Gedanken vorhanden sind, die von uns noch zu entwickeln wären und die der wissenschaftlichen Begründung der Kommission noch mehr Rechnung tragen könnten, als es nach Ansicht vieler die Empfehlungen der Kommission selbst getan haben.

Wir fragen uns, wie es nun weitergehen wird. Darüber zu sprechen, ist nicht ganz einfach. Es besteht begründeter Anlaß zu der Vermutung, daß die heutige Bundesregierung und die sie tragenden Parteien die Frage der Mitbestimmung im Aufsichtsrat, ungeachtet des Biedenkopf-Gutachtens, in der gegenwärtigen Legislaturperiode nicht behandeln wollen, wohl aber, daß sie vorhaben, das Betriebsverfassungsgesetz zu novellieren. Es ist möglich, daß diese Novellierung außerordentlich weit gehen würde. Ich erinnere nur an den Gesetzentwurf, den die sozialdemokratische Fraktion im vorigen Bundestag eingebracht hat. Wenn nicht gleichzeitig auch in der Frage der Mitbestimmung im Aufsichtsrat eine Entscheidung getroffen wird, dann besteht die Gefahr, daß in der nächsten Legislaturperiode die Parität erneut unter ganz anderen Vorzeichen zur Sprache kommen könnte. Dann wird das Biedenkopf-Gutachten vielleicht längst vergessen sein, und dann hätten wir möglicherweise eine Kombination von sehr weittragenden und grundsätzlichen Änderungen des Betriebsverfassungsgesetzes mit der Parität im Aufsichtsrat. Wenn man dann noch die Rolle der Gewerkschaften als Tarifpartner in Betracht zieht, so kämen wir am Ende zu einer Disparität zu Lasten der Anteilseigner, und dann frage ich mich, wie sich das mit der Sozialen Marktwirtschaft verträgt und wie wir noch wirtschaften wollen.

Eine Novellierung des Betriebsverfassungsgesetzes haben alle Parteien für notwendig erklärt, auch die Unternehmer haben sich dafür ausgesprochen. Ich verweise auf die Vorschläge der Bundesvereinigung der Deutschen Arbeitgeberverbände.

Aus allen diesen Überlegungen müssen Folgerungen

gezogen werden. Ich glaube, daß eine isolierte Novellierung von Vorschriften des Betriebsverfassungsgesetzes ohne eine gleichzeitige befriedigende Lösung auch in der Frage des Aufsichtsrats Stückwerk und Quelle immer weiterer Unruhe sein würde.

So stehen wir vor vielen Schwierigkeiten; sie sind durch den Biedenkopf-Bericht noch nicht behoben. Freilich waren wir mit allem, was wir in der Mitbestimmungsfrage gesagt und getan haben – nicht nur in den Verbänden, sondern ebenso in unseren Unternehmen selbst – nicht erfolglos. Dies hat seinen Niederschlag auch in dem Bericht gefunden, über den ich zu Ihnen gesprochen habe; das müssen wir anerkennen. Wenn wir nicht müde werden, unseren Standpunkt zu vertreten, nicht nur im Sinne der Abwehr, sondern auch in der Entwicklung eigener, dem Fortschritt dienender Gedanken, dann sollten wir am Ende doch das retten und weiterentfalten können, was unsere Unternehmen und unsere Volkswirtschaft zu solchen Erfolgen geführt hat: unternehmerische Freiheit und unternehmerische Verpflichtung. Dafür sollten wir alle zusammenstehen.

(Vortrag vor einer Mitgliederversammlung des Verbandes Württemberg-Badischer Metallindustrieller, Nürtingen, März 1970)

Eine fortschrittliche Mitbestimmungs-Lösung

Frau Dr. Mathilde Berghofer-Weichner: Als nächstes kommen wir zum Antrag des gesellschaftspolitischen Forums der CSU zur Mitbestimmung. Zur Begründung hat das Wort der Herr Bundestagsabgeordnete Dr. Kley.

Dr. Kley: Der Antrag, den ich ganz kurz begründen darf, ist, wie wir alle wissen, von entscheidender Bedeutung für den Bestand und die Entwicklung unserer Gesellschaftsordnung und geht insofern weit über den Rahmen der Wirtschaft hinaus. Die Koalitionsparteien – und auch noch die Regierungserklärung – haben im Wahlkampf und nachher Reformen auf diesem Gebiet verheißen; sie haben aber nichts getan. Es war deshalb von Anfang an die Meinung der CSU-Landesgruppe in Bonn, daß nun die Stunde gekommen ist, in der wir die Initiative ergreifen und das Gesamtproblem Mitbestimmung und Mitwirkung im Betrieb und Unternehmen nach einem einheitlichen, unseren Vorstellungen entsprechenden Konzept regeln sollten.

Unter dem Vorsitz des Kollegen Ziegler, mit mir als Stellvertreter, hat eine Kommission gearbeitet, die in ihrer Tätigkeit sehr zügig fortgeschritten ist und in wenigen Monaten einen vollständig ausgearbeiteten Gesetzentwurf erarbeitet hat. Die CSU-Landesgruppe hat diesem Entwurf auf einer Klausurtagung zugestimmt.

Ziel war die Novellierung des geltenden Rechts auf der Grundlage der Erfahrungen, die inzwischen in der Praxis gemacht worden sind und unter Zugrundelegung neuer Gedanken, die aus den Reihen unserer Partei gekommen sind. Ferner waren wir der Meinung, daß der Biedenkopf-Bericht, zu dem die Regierung bisher geschwiegen hat, eine Fülle von Anregungen enthält und daß er nicht einfach Makulatur bleiben sollte; er ist noch von der Regierung Kiesinger in Auftrag gegeben worden.

Der Grundgedanke aller Überlegungen war, die Wettbewerbsfähigkeit und die Elastizität der Wirtschaft und der Unternehmen zu erhalten und zu festigen, auf der anderen Seite aber die Mitwirkung und Mitbestimmung der Arbeitnehmer und der von ihnen selbst gewählten Vertretungen – nicht von außen hineingesetzter Vertreter – im Sinne der Partnerschaft zu stärken. Im Gegensatz zur sozialistischen Vorstellung sind wir davon ausgegangen, daß erstes Ziel und Grundlage die Stellung des einzelnen Arbeitnehmers im Betrieb sein muß, seine Mitwirkung, seine Mitverantwortung an seinem Platz und von da ausgehend die Mitwirkung und Mitbestimmung der von ihm gewählten Vertretungen bis hinauf zum Aufsichtsrat, wo wir in der Substanz den Vorschlägen von Biedenkopf gefolgt sind.

Nun haben wir es im Gesellschaftspolitischen Forum für richtig gehalten, uns nicht in zu vielen Einzelheiten zu verlieren, sondern die Grundkonzeption zu erörtern, sie darzustellen und Sie, liebe Parteifreunde, zu bitten, der Initiative der Landesgruppe der CSU Ihre Zustimmung zu geben. Dabei sind wir natürlich offen für alle Vorschläge und Anregungen, die noch aus den Kreisen der Parteifreunde kommen könnten. Dazu gehören zum Beispiel die Vorschläge der Jungen Union zur Jugendvertretung. Ich darf bemerken, daß wir die Jugendvertretung in unserem Entwurf sehr gestärkt haben, auch im Sinne der Mitwirkung im Betriebsrat. Zu den interessanten Anregungen gehören auch die Vorschläge des Kreisverbands II München, die auch in den Kreis der Erwägungen als Material einbezogen werden sollten. Für Anregungen und Vorschläge aus der Partei sind wir natürlich jederzeit offen.

Die Initiative in Bonn hat sich bereits bezahlt gemacht. Wir waren die einzigen, die einen Entwurf hatten. Dieser Entwurf soll natürlich auch dazu dienen, mit unserer Schwester-Partei, der CDU, ins Einvernehmen zu kommen, so daß eine einheitliche Meinung von CDU und CSU geltend gemacht werden kann. In einer Kommission der Fraktion, die unter dem Vorsitz des Abgeordneten Ruf steht, ist der Entwurf der CSU die Grundlage der Überlegungen. Die Kommission hat mit überwiegender Mehrheit zugestimmt. Ich möchte Sie deshalb bitten, uns zu unterstützen und uns zu helfen, damit wir die Meinungen und die Stellungnahme der CSU in Bonn so wirkungsvoll wie möglich, auch innerhalb der Fraktion der CDU/CSU, vertreten können. Ich darf Sie deshalb bitten, dem Antrag Ihre Zustimmung zu geben.
(Begründungs-Rede auf dem Parteitag der CSU in Nürnberg, Nürnberg, Juli 1970)

Ausländische Arbeitnehmer – Problem und Verpflichtung

Vorweg: Leider hat sich das Wort »Gastarbeiter« bei uns eingebürgert. Aber es ist eigentlich keine gute Bezeichnung, weil sich mit ihr Vorstellungen verbinden können, die gerade nicht integrationsfördernd sind.

Vorab einige Zahlen und Tatsachen. Ich knüpfe dabei an den Artikel aus der Frankfurter Allgemeinen Zeitung an, der mit der Einladung zum heutigen Abend auszugsweise versandt wurde. In diesem Artikel heißt es am Anfang:

»Fast zwei Millionen ausländische Arbeiter werden in der BRD beschäftigt. Das sind zehnmal mehr als vor zehn Jahren. Die Ausländerquote, d. h. der Anteil der ausländischen Arbeiter an der Gesamtzahl der unselbständig Erwerbstätigen, liegt heute im Durchschnitt knapp über 9 Prozent. In Baden-Württemberg sind es schon 15,5 Prozent. In Ballungsgebieten könnten die Gastarbeiter fast eigene Stadtgemeinden bilden. In München sind es zur Zeit 88 000, in Stuttgart 84 000, in Frankfurt 75 000.«

Ich möchte diese Angaben um eine weitere Zahl ergänzen: Der bayerische Arbeitsamtsbezirk – neben München – mit dem höchsten Anteil ausländischer Arbeitskräfte an der Zahl der Erwerbstätigen ist Traunstein. Allerdings kommt ein beträchtlicher Anteil der hier beschäftigten Ausländer aus Österreich; für diese Arbeitnehmer stellen sich keine Integrationsprobleme.

Nach dem Stand vom 30. September 1970 hatten wir 1 949 000 Gastarbeiter. Unter ihnen befanden sich, aufgeteilt nach Anwerbeländern

425 000	Jugoslawen
382 000	Italiener
354 000	Türken
242 000	Griechen
172 000	Spanier
45 000	Portugiesen
9 200	Marokkaner
6 200	Tunesier
1 635 000	= 84 Prozent der insgesamt beschäftigten Ausländer.

Wir sehen also, daß der Anteil der Europäischen Wirtschaftsgemeinschaft relativ gering ist; er beschränkt sich im wesentlichen auf die Italiener.

Der Frauenanteil liegt bei 30 Prozent. Über 70 Prozent Gastarbeiter sind verheiratet; über 50 Prozent sind mit ihren Ehefrauen bei uns. Hilfskräfte für die Anwerbung stehen in ausreichender Zahl zur Verfügung. Aus der Türkei sind es zum Beispiel etwa 800 000 Bewerber. Es fehlen ausgebildete weibliche Arbeitnehmer (Engpässe bei Krankenpflegepersonal – Angebote gibt es aus Korea, Philippinen, Indonesien, Indien –, bei Hotel- und Gaststättenpersonal – Angebote auch aus Chile, Mauritius).

Die Kriminalität ist nicht höher als bei Deutschen, der Krankheitsstand wegen niedrigen Alters geringer. Dagegen ist die Unfallhäufigkeit etwa zwei- bis dreimal so hoch wie bei den Deutschen.

Für 1971 wird mit einem Anstieg auf etwa 2,3 Mio gerechnet.

Haupteinsatzgebiete sind

München	Nürnberg
Stuttgart	Göppingen
Frankfurt	Hamburg
Berlin	Düsseldorf
Köln	Ludwigsburg.

Für die Betreuung wirken zahlreiche Verbände und Stellen, die sich häufig mit Vorzug bestimmten Nationen widmen.

Was die Rechtslage betrifft, so bestehen arbeits- und sozialrechtlich in der Bundesrepublik Deutschland völlig gleichgestellte Sozialleistungen ins Heimatland nach zwischenstaatlichen Abkommen. Für die Arbeitnehmer aus der Europäischen Wirtschaftsgemeinschaft haben wir außerdem Gemeinschaftsrecht, zum Beispiel auf dem Gebiet der Betriebsverfassung.

Zuständig sind in der Bundesrepublik Deutschland

die Länder für	Aufenthaltsgenehmigung
	Familienzusammenführung
	Schulen
	Wohnungen
	Strafverfolgung (z. B. bei Mietwucher)
	Sozialhilfe
die Städte und Gemeinden für	Schulen
	Kindergärten
	Wohnungen
	Sozialhilfe
die Betriebe für	Arbeitsschutz
	Unterkünfte
	Anlernen am Arbeitsplatz.

Die vorher genannten Zahlen machen zwei der wohl entscheidenden Aspekte des Problems deutlich.

Erstens:
Aus dem vergleichsweise hohen Anteil der Gastarbeiter an der Gesamtbeschäftigtenzahl läßt sich unschwer die volkswirtschaftliche Bedeutung des Fragenkomplexes ableiten.

Zweitens:
In den »Einwohnerdaten« der einzelnen Großstädte, aber auch kleinerer Gemeinden kommt die Problematik

der sozialen Integration dieser Bevölkerungsgruppe deutlich zum Ausdruck.

Die wachsende Dringlichkeit einer intensiven Auseinandersetzung mit dem Gastarbeiterproblem läßt sich jedoch nicht nur von diesen ohne Zweifel sehr eindrucksvollen »Ist-Daten« ableiten.

Nicht geringes Gewicht kommt der prognostischen Einschätzung der künftigen Entwicklung zu – einer Entwicklung, in deren Verlauf diese Zahlen, wie man glaubt, noch beträchtlich anwachsen werden.

Auch konjunkturelle Schwankungen – läßt man einmal eine excessive Depression außer acht – werden diesen aus der Stagnation oder der Abnahme des Bevölkerungszuwachses herrührenden Trend kaum nachhaltig beeinflussen.

Damit ist, wie es in dem angeführten Leitartikel der Frankfurter Allgemeinen Zeitung heißt, »die Beschäftigung von ausländischen Arbeitern keine vorübergehende Zeiterscheinung, keine kurzlebige Notwendigkeit«. In diesem Zusammenhang wird dann weiter festgestellt: »Je mehr und je länger diese zwei Millionen Ausländer hier arbeiten, je unerläßlicher ihre Mitarbeit wird, desto dringlicher wird die Frage nach ihrer Integration.

Immer weniger werden wir uns der Illusion hingeben können, daß sich die Gastarbeiterfrage gewissermaßen von selbst lösen lasse, weil man diese Leute einfach wieder nach Hause schicken könne«, vielmehr sei, so heißt es weiter, die Zukunft der deutschen Wirtschaft untrennbar mit den Gastarbeitern und ihrer bisher unbewältigten Integration verbunden.

Ich sagte, daß es wohl realistisch sei, wenn man noch mit einer Zunahme der ausländischen Arbeitskräfte rechne; eine Verminderung ist nicht in Sicht. Aber hier mache ich doch eine einschränkende Bemerkung.

Im ganzen kann es meines Erachtens auf die Dauer keine Lösung sein, wenn wir in zunehmendem Maße ausländische Arbeitnehmer in die Bundesrepublik Deutschland holen, die diesen Weg aus der Not gehen, die sie in ihrer Heimat haben. Wenn ich zunächst an die Länder der Europäischen Wirtschaftsgemeinschaft denke, so ist die durch Verordnungen garantierte Freizügigkeit innerhalb der Gemeinschaft gewiß ein sehr hohes Gut und kann der gegenseitigen Verständigung unserer Völker sehr dienlich sein. Das wird aber vor allem dann der Fall sein, wenn es nicht mehr die Not ist, die die Arbeitnehmer zur Wanderung veranlaßt, sondern der Wunsch, andere Verhältnisse kennenzulernen und sich weiterzubilden. Wenn das ein wesentlicher Grund für die Wanderungen wäre, dann würden manche Probleme, die uns heute bewegen, nicht oder nicht in diesem Umfange auftreten. Wahrscheinlich würden wir den Interessen der ausländischen Arbeitnehmer und auch dem eigenen Interesse auf die Dauer besser dienen, wenn wir als deutsche Wirtschaft, soweit es möglich ist, die Arbeitnehmer dort aufsuchten, wo sie beheimatet sind, und wenn damit zu einer besseren Struktur industriearmer Regionen in der Europäischen Wirtschaftsgemeinschaft beigetragen würde. Die Erkenntnis, daß es besser ist, in solchen Gebieten an Ort und Stelle Fabriken zu errichten, anstatt immer mehr ausländische Arbeitskräfte in unser Land zu ziehen, setzt sich allmählich durch, freilich häufig noch erst in der Theorie. Doch gibt es aus der Praxis auch schon viele Beispiele.

Was für die Europäische Wirtschaftsgemeinschaft gilt, kann man ebenso gut in anderen Ländern praktizieren, wobei gerade auch an die Entwicklungsländer zu denken ist.

Wenn sich diese Erkenntnisse durchsetzen dann könnten mindestens dem Zuwachs Grenzen gesetzt sein. Aber es gibt auch viele gegenwirkende Momente, und mit Zahlen zumindest der heutigen Größenordnung werden wir auch weiterhin zu rechnen haben.

So zeigt sich denn, daß sowohl die volkswirtschaftliche Bedeutung der Gastarbeiter als auch die sozialen und beruflichen Bedingungen ihrer Existenz in unserem Lande unter einem veränderten Blickwinkel gesehen werden müssen; die immer noch vertretene Auffassung, die Bundesrepublik Deutschland sei kein Einwanderungsland, wird das Problem so wenig gerecht wie die Meinung, die ausländischen Arbeitnehmer hätten vor allem eine »Pufferfunktion« bei konjunkturellen Schwankungen.

Daß dem nicht so ist, zeigt schon – abgesehen von dem insgesamt hohen Anteil der Gastarbeiter an der Gesamtbeschäftigtenzahl – die Konzentration in Teilbereichen der Volkswirtschaft, zum Beispiel auf dem Dienstleistungssektor. Hier zeichnet sich eine auch gesellschaftspolitisch schwerwiegende Entwicklung ab. Die Mehrzahl der Gastarbeiter ist heute in Bereichen beschäftigt oder übt Tätigkeiten aus, die einmal durch vergleichsweise geringe Ausbildungsvoraussetzungen gekennzeichnet sind, zum anderen durch teilweise belastende Bedingungen, zum Beispiel durch körperlich schwere Arbeit oder durch ungünstige Umgebungseinflüsse wie Hitze, Staub oder Lärm. Die Gastarbeiter haben damit vielfach Funktionen übernommen, für die einheimische Arbeitskräfte – insbesondere in einer Phase der Hochkonjunktur – nicht oder nur schwerlich zu gewinnen sind.

Das hier und da zu hörende Wort, die Gastarbeiter seien »Deutschlands Neger«, ist sicherlich zumindest unsachlich und verzerrend, wenn nicht gar böswillig. Dennoch kann nicht übersehen werden, daß die genannte Situation in einer Phase der Rezession Ansätze zu Konflikten bieten kann, die dem sozialpolitischen Aspekt des Rassenproblems in den USA nicht ganz unähnlich sein könnten. Denn manche Einheimischen neigen schon bei einem sich nur abzeichnenden Rückgang der konjunkturellen Entwicklung dazu, daß sie in ihren ausländischen Kollegen unerwünschte Konkurrenten im Kampf um einen sicheren Arbeitsplatz sehen. Sicherlich werden von dieser Konkurrenzsorge nicht die qualifizierten deutschen Arbeitnehmer befallen, sondern solche mit keiner oder unzureichender Ausbildung. Hier könnten daher ähnliche Verhaltensreaktionen hervorgerufen werden wie in den USA bei den um den Verlust ihrer Privilegien bangenden weißen Arbeitern mit minderer Ausbildung.

Ich glaube aber, daß solche Möglichkeiten nicht überbewertet werden sollten. Man kann nicht übersehen, daß sich schon seit geraumer Zeit ein Prozeß der Korrektur überkommener Einstellungen zum Gastarbeiterproblem abzeichnet.

In den Stellungnahmen zahlreicher führender Persönlichkeiten der Politik, Wirtschaft, Wissenschaft, Publizistik und der Kirchen wird mit wachsendem Nachdruck auf die Notwendigkeit einer verstärkten Integration dieser Bevölkerungsgruppe in das gesellschaftliche Leben hingewiesen. Dabei wird diese Forderung keineswegs etwas ausschließlich mit einer allgemeinen moralischen Verpflichtung der Gesellschaft begründet; vielmehr wird auf der Basis rechnerisch nachprüfbarer Daten davon ausgegangen, daß den Gastarbeitern auf Grund ihres wesentlichen Anteils an der positiven gesamtvolkswirtschaftlichen Entwicklung ein Anrecht auf die angemessene Beteiligung an diesem Erfolg zukommt.

Vor allem erschöpft sich diese Veränderung der Sichtweise des Gastarbeiterproblems auch nicht in verbalen Bekundungen.

Die Bundesanstalt für Arbeit hat vom ersten Tage an bei der Eingliederung der Gastarbeiter geholfen. Sie hat nicht nur in erheblichem Maße Darlehen für den Bau von Unterkünften zur Verfügung gestellt, sondern bis zum Ende des Jahres 1969 auch mehr als 8 Millionen DM zur Förderung außerbetrieblicher Anpassungshilfen für ausländische Arbeitnehmer verausgabt. Diese Mittel sind vor allem den großen Wohlfahrtsorganisationen zur Verfügung gestellt worden, die Gastarbeiter betreuen. Besonderes Gewicht kam dabei der Förderung des Sprachunterrichts und dem Bau und der Ausgestaltung von Freizeitheimen und Freizeiträumen zu.

Bund, Länder und Gemeinden haben ebenfalls in beträchtlichem Umfang materielle und ideelle Hilfe geleistet.

Vor allem aber – diese Entwicklung muß freilich kritisch betrachtet werden – widmet sich neben den großen Organisationen wie Caritas, Innere Mission und Arbeiter-Wohlfahrt eine zunehmende, in der letzten Zeit geradezu lawinenartig anwachsende Zahl von Institutionen »hauptamtlich« den Gastarbeiterproblemen; zur Zeit sind dies über 180 staatliche, halbstaatliche und private Institute, Verbände, Vereine und dergleichen. Die Frage erscheint nicht unberechtigt, ob die Tatsache, daß die notwendige Integration der ausländischen Arbeitskräfte bislang noch in vieler Hinsicht »unbewältigt« ist, nicht auch auf diese Zersplitterung zurückgeführt werden muß.

Die wesentlichste Schwierigkeit freilich dürfte doch in der Komplexität der mit der Integration einer so großen Zahl von Menschen gegebenen Fragen zu sehen sein. Dabei reicht die breite Skala der aktuell zur Lösung anstehenden Probleme von der Notwendigkeit einer gezielten Einstellungsänderung in manchen Teilen der Bevölkerung des Gastlandes bis hin zur Entwicklung besonderer Unfallverhütungsmethoden und -maßnahmen in den einzelnen Betrieben.

Man kann diese Problemfülle im wesentlichen in zwei große Themenkreise gliedern, nämlich
erstens die berufliche Integration, und
zweitens die soziale Anpassung.

Zu den Merkmalen der beruflichen Situation gehören unter anderem die Art der beruflichen Tätigkeit, die Fähigkeit zur Anpassung an technische Prozesse und die physische und psychische Belastbarkeit. Für das Maß der erfolgten oder nichterfolgten Integration lassen sich vor allem aus dem Leistungsverhalten der Gastarbeiter wichtige Rückschlüsse ziehen; Kriterien sind neben der Quantität und der Qualität der erbrachten Leistung insbesondere Fluktuation, Krankenstand, Unfallhäufigkeit sowie die Häufigkeit und Art innerbetrieblicher Konflikte, sei es mit Landsleuten, sei es mit ausländischen Arbeitnehmern anderer Nationalitäten, sei es mit deutschen Kollegen oder mit Vorgesetzten.

Als wesentliche Kriterien der sozialen Anpassung können vor allem die Wohnverhältnisse, die Trennung oder das Zusammenleben mit der Familie und die Dauer des Aufenthaltes im Gastland angesehen werden. Auch Art und Häufigkeit der sozialen Kontakte zu Einheimischen wie zu Gastarbeitern anderer Nationalitäten und das Verhältnis zu Institutionen, Behörden und betrieblichen Organen spielen eine wichtige Rolle.

Gerade diese unübersehbare Vielfalt von sehr unterschiedlichen Einzelproblemen hat dazu geführt, daß bei der Klärung der Frage, ob und bis zu welchem Grade die gezielte Integration der Gastarbeiter und ihrer Familien überhaupt möglich erscheint, die Auffassungen zum Teil weit auseinandergehen. Da es sich bei den Gastarbeitern um Angehörige verschiedener Nationalitäten aus Herkunftsländern mit oft sehr unterschiedlichem kulturellem und wirtschaftlichem Niveau handelt, kommt eine weitere Erschwernis hinzu.

Weitgehende Übereinstimmung besteht darin, daß die Realisierung erfolgversprechender Maßnahmen zur Lösung des Integrationsproblems eine eingehende Analyse der derzeitigen Verhältnisse und hier insbesondere der Voraussetzungen, Bedingungen und Erscheinungsformen möglicher Anpassungsschwierigkeiten voraussetzt. Hierzu gibt es schon eine große Anzahl von Veröffentlichungen mit interessanten Ergebnissen. Ich darf vor allem auf die sehr übersichtliche Repräsentativ-Untersuchung der Bundesanstalt für Arbeit vom Herbst 1968 über die Beschäftigung ausländischer Arbeitnehmer und ihre Familien- und Wohnverhältnisse hinweisen. Sie ist in dem im August 1970 erschienenen Jahresbericht »Ausländische Arbeitnehmer 1969« der Bundesanstalt für Arbeit abgedruckt.

Einschränkend muß allerdings gesagt werden, daß fast alle statistischen Daten nur einen Aspekt der Fragestellung aufzeigen: Sie vermitteln zwar ein vergleichsweise umfassendes Bild der »objektiven« Gegebenheiten, lassen aber kaum zuverlässige Rückschlüsse darauf zu, wie diese Bedingungen seitens der ausländischen Arbeitskräfte subjektiv erlebt und beurteilt werden.

Dieser Hinweis erscheint vor allem deshalb wichtig, weil davon ausgegangen werden muß, daß für viele Gastarbeiter ein besonderes Bezugssystem zur Beurteilung ihrer sozialen und beruflichen Existenz in dem jeweiligen Gastland gegeben zu sein scheint und daß diese spezifische Anschauung ihrer eigenen Lage von der ihrer deutschen Kollegen möglicherweise sehr verschieden ist.

Solche Unterschiede ergeben sich vor allem aus dem ausgeprägten zivilisatorisch-technischen Entwicklungsgefälle, das vielfach zwischen Heimat und Gastland besteht. Dieser Niveau-Unterschied kann oftmals als Erklärung dafür angesehen werden, daß zum Beispiel *objektiv* gleiche Beschäftigungs- und Arbeitsbedingungen *subjektiv* von deutschen und ausländischen Arbeitskräften völlig unterschiedlich gesehen und bewertet werden.

Ein weiterer, sehr wesentlicher Unterschied zwischen einheimischen Arbeitskräften und Gastarbeitern besteht sicherlich auch in der zum Teil unterschiedlichen beruflichen Zielsetzung: So werden zum Beispiel viele Gastarbeiter – zumindest in der ersten Zeit nach ihrem Eintreffen in Deutschland – ihre berufliche Tätigkeit als zeitlich befristet ansehen und somit danach streben, während dieses Auslandsaufenthaltes möglichst viel zu verdienen und von diesem Verdienst möglichst viel zu sparen und nach Hause zu transferieren.

Diese grundlegende Einstellung führt einmal vielfach zu einer stärkeren Bereitschaft, Überstunden oder Sonntagsarbeit zu leisten; dies kann von den deutschen Kollegen als Störung der Solidarität empfunden werden. Sie erklärt zum anderen das häufig beobachtete Bestreben, während der Tätigkeit im Gastland die allgemeinen Lebenshaltungskosten (z. B. für Wohnung, Verpflegung und Kleidung) relativ niedrig zu halten; das wiederum führt zu Störungen in der sozialen Anpassung.

Aus solchen Verhaltensreaktionen der Gastarbeiter, die aus ihrer besonderen Lage im Gastland herrühren, können schließlich gegenseitige stereotype Fehleinschätzungen entstehen, auf seiten der einheimischen Kollegen, aber auch zwischen den Angehörigen verschiedener Nationalitäten unter den Gastarbeitern selbst.

Vorurteile dieser Art können am ehesten durch eine verstärkte und verbesserte gegenseitige Information vermindert und schließlich beseitigt werden. Am guten Willen hierzu fehlt es offensichtlich nicht, öfters schon an der nötigen Sachkenntnis. Die finanziellen Mittel für eine verstärkte Information sollten zu beschaffen sein.

Schwieriger wird die Frage der Mittelbeschaffung aber bei der Lösung eines der wichtigsten Probleme, des Wohnungs-Problems.

Im Jahr 1968 waren mehr als 70 Prozent der männlichen ausländischen Arbeitnehmer verheiratet; über die Hälfte der Ehefrauen lebten in der Bundesrepublik. Von den weiblichen ausländischen Arbeitnehmern waren ebenfalls etwa zwei Drittel verheiratet; 90 Prozent davon lebten mit ihrem Ehemann zusammen.

25 Prozent der in der Bundesrepublik lebenden Ehefrauen ausländischer Arbeitnehmer sind deutsche Staatsangehörige. Die Ehemänner sind also Gastarbeiter, die in deutsche Familien eingeheiratet haben; für sie dürfte

die Integration, auch das Wohnungs-Problem, im wesentlichen gelöst sein. Es bleibt die große Zahl der in Deutschland arbeitenden rein ausländischen Ehepaare und ihrer Kinder; aus einer Hochrechnung ergibt sich, daß schon Ende 1968 insgesamt etwa 375 000 ausländische Kinder unter uns lebten. Hier hat die Repräsentativ-Untersuchung ergeben, daß etwa 85 Prozent der ausländischen Familien in Privatwohnungen, 9 Prozent in Werkswohnungen und 6 Prozent in sonstigen betrieblich bereitgestellten Unterkünften, insbesondere in Wohnheimen lebten. Über 90 Prozent der privat wohnenden ausländischen Ehepaare verfügten über drei Wohnräume einschließlich Küche. Nur ein gutes Drittel dieser Wohnungen war mit vier und mehr Personen belegt.

Insgesamt kann aus diesen Ergebnissen geschlossen werden, daß die wohnungsmäßige Unterbringung der ausländischen Arbeitnehmer jedenfalls im Jahre 1968 befriedigender war, als manchmal angenommen wurde, wenn auch Qualität und Mietpreise sicherlich nicht immer vernünftigen Erwartungen entsprachen. Inzwischen dürften sich aber die Verhältnisse durch das rapide Anwachsen der Ausländerzahlen in den vergangenen zwei Jahren von 1,15 auf rund 2 Millionen nicht unbeträchtlich verschoben haben. Dies gilt vor allem in den Ballungsräumen.

Der Wohnungsbeschaffung durch die Betriebe sind wirtschaftliche Grenzen gesetzt. Das gilt in weitem Umfange auch für eine Wohnungsbeschaffung durch die Öffentliche Hand; hier sollte aber doch mehr als in den vergangenen Jahren getan werden.

Wege, den zu Recht kritisierten Auswüchsen auf dem Wohnungsmarkt, die zum Teil in Wucher ausarten, zu begegnen, müssen gefunden werden. Nicht minder wichtig ist es freilich, auch für eine befriedigende Lösung auf dem Wohnungsgebiet, daß die ausländischen Arbeitnehmer endlich lernen, wie wichtig die Kenntnis der deutschen Sprache für sie ist. Zwischen Sprachkenntnissen und der Gestaltung der Lebensverhältnisse besteht ein untrennbarer Zusammenhang: Wer der Sprache des Gastlandes nicht hinreichend mächtig ist, ist nicht imstande, seine persönlichen Interessen in ausreichender Weise zu vertreten. Das ist eine sehr wesentliche Voraussetzung auch für den beruflichen Aufstieg.

Hier ist der Schnittpunkt, wo die Sphäre der betrieblichen und der sozialen Integration sich treffen. Abbau von Mißverständnissen am Arbeitsplatz, die Möglichkeit, auch in der betrieblichen Hierarchie aufzusteigen, die soziale Anpassung durch Hineinwachsen in die fremde Umgebung und die Sicherung eines angemessenen Lebensstandards hängen in gleicher Weise von der sprachlichen Anpassung ab. Daher sind auch die Betriebe, wie die Betreuungsorganisationen in gleicher Weise aufgerufen, durch Hilfen und Unterricht die Möglichkeit zum Erwerb der Kenntnisse zu geben; die Ausländer selbst müssen das ihre dazu tun. Gerade an diesem Beispiel zeigt sich auch, daß Integration nicht durch guten Willen und gute Werke einer Seite erreicht werden kann, sondern daß es der Mitarbeit und des steten Bemühens beider Seiten bedarf.

Aus der Fülle der Probleme greife ich noch eins heraus, das der Schulen. Die Zahl der schulpflichtigen Kinder der ausländischen Arbeitnehmer ist nicht genau bekannt. Eine vermutete Zahl habe ich genannt. Die Bemühungen gehen in folgende Richtung:

a) Schaffung von Förderklassen (zu wenige, weil Lehrer und Räume fehlen)
b) Heimatkundlicher Unterricht (selten Lehrkräfte aus Heimatland)
c) Nachbarschaftshilfe bei Schularbeiten (die Betreuungsverbände werben; das ist erst angelaufen).

Natürlich ist ein großer Mangel an ausländischen Lehrern vorhanden. Zahlreiche ausländische Lehrer werden als Hilfsarbeiter beschäftigt; die Botschaften weigern sich, diese den deutschen Kulturverwaltungen zu benennen.

Allgemein ist zu sagen, daß Fortschritte wesentlich von finanziellen Möglichkeiten abhängen. Das würde insbesondere heißen: mehr Geld für Sprachunterricht, Wohnungsbau, Öffentlichkeitsarbeit (z. B. Filme), für Information im weitesten Sinne. Gefordert wird auch mehr Geld für Betreuungsorganisationen; in diesem Zusammenhang muß man aber auch an die vorhin erwähnte Vielzahl von Gremien und Stellen aller Kategorien denken und eine rationellere Aufgabenverteilung ins Auge fassen.

Aus heutiger Sicht kann man sagen, *daß die Integration betrieblich am weitesten fortgeschritten ist* und auch fortschreiten kann, mag auch manche Schwierigkeit zu überwinden sein. Hier ist einmal die Heranführung an die zu leistende Arbeit und die Einordnung in das betriebliche Gefüge von entscheidender Bedeutung. Auch sonst wird in den Betrieben viel getan. In dem Unternehmen, dem ich angehöre, beteiligen wir die ausländischen Arbeitskräfte genau wie die einheimischen an den sozialen Maßnahmen unseres Hauses und an der Vermögensbildung, soweit sie davon Gebrauch machen wollen. Wir haben eine Reihe von Schriften für die ausländischen Arbeitskräfte in ihrer jeweiligen Sprache herausgegeben, um ihnen das Einleben zu erleichtern. Wir stellen Dolmetscher zur Unterstützung beim Arzt zur Verfügung und tun noch vieles andere. So ist es auch in anderen Unternehmen. Das alles ist nicht ohne Erfolg, löst aber gewiß nicht alle Probleme. Aber es ist nicht nur das Was, sondern auch das Wie, das es zu tun gilt.

Schließlich sollte in dem betrieblichen Zusammenhang noch erwähnt werden, daß den ausländischen Arbeitskräften aus der EWG kraft geltenden Gemeinschaftsrechtes ein aktives und passives Wahlrecht für die Betriebsvertretungen eingeräumt ist. Das sehe ich – Sprachkenntnisse vorausgesetzt – von der Interessenlage und auch der Möglichkeit echter Mitwirkung der Arbeitnehmer her – verzeihen Sie, daß ich in diesem Punkt der EUROPA-UNION nicht ganz folge – für wichtiger und auch für zweckentsprechender an als das Wahlrecht für kommunale Vertretungen.

Die entscheidenden Schwierigkeiten liegen in der privaten Sphäre und in der Freizeit. Es ist nicht zu leugnen, daß viele in ihren Heimen wie in einem Ghetto leben, und wir kennen alle die Gefährdungen, die daraus erwachsen können, wobei wir auch an die unserem Lande und unseren Betrieben anvertrauten oft noch in sehr jungen Jahren stehenden Arbeitnehmerinnen denken sollten.

Aus der Fülle der Probleme habe ich nur einige herausgreifen können. Es sind Probleme, und viele harren noch der Lösung. Patentrezepte kann niemand anbieten; es wird noch ein langer Weg sein, und die Lösungen müssen Schritt für Schritt gesucht und gefunden werden. Aber, meine Damen und Herren, es scheint auch eine andere Seite der Medaille zu geben, und sie wäre in der Stimmung der Gastarbeiter selbst zu finden. Eine von der Marplan Forschungsgesellschaft, Frankfurt (Main) durchgeführte Befragung von Gastarbeitern über ihre Einstellung zu Deutschland und den Deutschen hat aufschlußreiche Ergebnisse gebracht.

Überraschend ist die gute Bewertung der eigenen Situation in der Bundesrepublik Deutschland. Nicht einmal ein Prozent bezeichnet sie als schlecht; über 70 Prozent nennen sie gut und sehr gut. Auf der *positiven* Seite stehen mit großem Abstand an der Spitze die guten Verdienstmöglichkeiten (92 Prozent), gefolgt von den hohen Sozialleistungen (65 Prozent) und dem reichhaltigen und relativ günstigen Warenangebot (58 Prozent). Ferner werden die angenehme Arbeitstätigkeit (55 Prozent) sowie die Sauberkeit und Hygiene (50 Prozent) lobend hervorgehoben. Auch die Einstellung zu Deutschland ist insgesamt recht positiv; nur vier Prozent der Gastarbeiter bezeichnen sich als deutschfeindlich.

Als *negativ* wird bei den Gastarbeitern an erster Stelle die Trennung von der Familie genannt (40 Prozent). Fast ebenso oft wird das kalte und harte Winterklima beklagt (38 Prozent); allerdings erklären 26 Prozent, das deutsche Sommerklima sei zum Arbeiten angenehmer als das heiße Klima in der Heimat. Bemängelt wird unter anderem, daß die Deutschen glaubten, bessere Arbeit als Ausländer leisten zu können, und damit ihre Überlegenheit zu demonstrieren versuchten (33 Prozent).

Wenn wir auf längere Sicht mit den Gastarbeitern leben werden, dann ist die Integration eine notwendige Aufgabe, und sie wird sich Jahr für Jahr erneut stellen, da ja immer wieder neue Gastarbeiter bei uns eintreffen. Es gibt eine große Zahl auch konkreter Vorschläge, und viele von ihnen können auch in geduldigem, aber nachdrücklichem Bemühen verwirklicht werden. Der Erfolg wird nicht ausbleiben, wenn alle diese Bemühungen auch von gemeinsamer Erkenntnis und einer gemeinsamen Gesinnung getragen werden. Darum war die politische Erklärung der EUROPA-UNION Deutschland, die im Sommer dieses Jahres erging, von so großer Bedeutung, und wir alle sollten uns bemühen, im Geiste dieser Erklärung zu denken und zu handeln.

(Vortrag vor der Europa Union, Traunreut, Dezember 1970)

Paritätische Mitbestimmung im Kreuzfeuer (Biedenkopf-Gutachten)

Ich möchte einige Bemerkungen zum Gutachten der Biedenkopf-Kommission und zu der schriftlichen Stellungnahme machen, die die Bundesregierung uns zu diesem Thema zugeleitet hat.

Die Kommission hat schon vor Jahresfrist der Bundesregierung auftragsgemäß ihren Bericht zugeleitet; er trägt die Überschrift »Mitbestimmung im Unternehmen«. Wie man ihn auch im einzelnen beurteilen mag, den neun Professoren gebührt sicherlich Dank für die umfassende und wichtige Untersuchung. Wie wohl kein Beitrag zuvor hat sie seitdem die Mitbestimmungsdiskussion beeinflußt.

Sie kennen den Bericht. Der zeitliche Rahmen, der dieser Debatte gesetzt ist, erlaubt es nicht, umfassend zu den Feststellungen, Überlegungen und Empfehlungen der Kommission Stellung zu nehmen. Eine Vielzahl von Kommentaren, Analysen, Stellungnahmen aus allen Bereichen beweist, daß die inzwischen vergangene Zeit genutzt wurde, zumindest genutzt werden konnte. Heute muß deshalb die Summe gezogen werden, und zwar – entsprechend der Aufgabe dieses Hauses – die politische Summe. Hierbei ist sicherlich unsere gemeinsame Auffassung in allen Parteien, daß der Bericht der Biedenkopf-Kommission eine sehr wichtige Entscheidungshilfe für das Parlament darstellt, daß er uns aber die politische Entscheidung nicht abnehmen und daß unsere Aufgabe nicht darin bestehen kann, die Empfehlungen der Kommission in allen Punkten abzuschreiben.

Zwei politische Stellungnahmen zum Gutachten liegen

Ihnen als Drucksache vor: der Gesetzentwurf der CDU/CSU und die schriftliche Stellungnahme der Bundesregierung zum Biedenkopf-Gutachten. Die CDU/CSU hat den Bericht der Sachverständigenkommission nicht nur geprüft, sondern auch ihre Stellungnahme zu diesem Gutachten als Gesetz vorgelegt. Sie hat geprüft, sie hat sich entschieden, und sie hat gehandelt. Die in unserem Gesetzentwurf vorgesehene Regelung zur Mitbestimmung im Unternehmen ist das Ergebnis.

Dagegen läßt die Stellungnahme der Bundesregierung die Fragen, die wir gelöst haben, ungelöst, und dort, wo wir uns – mühsam genug, wie wir zugeben – entschieden haben, hat sich die Bundesregierung entschieden, nicht zu entscheiden. In diesem Licht muß die Stellungnahme der Bundesregierung betrachtet werden.

Zentrales Ergebnis des Sachverständigenberichts – mag man das nun schön finden oder nicht – ist die Ablehnung der paritätischen Mitbestimmung. Zwar enthält die Stellungnahme der Bundesregierung sehr viele Zitate aus dem Gutachten, doch dieses zentrale Ergebnis wird nur beiläufig, fast verschämt, erwähnt. Statt sich hierzu klar und eindeutig zu äußern, ist die Bundesregierung einer solchen Stellungnahme ausgewichen. Das war zweifellos nicht leicht, und man wird Verständnis dafür haben, daß es hierfür fast ein Jahr offensichtlich intensiven Nachdenkens bedurfte. Verlegenheit führte die Feder, und dort, wo man erwarten durfte, das Ergebnis sorgfältiger Prüfung zu erfahren, wurde sorgfältige Prüfung lediglich angekündigt.

Es ist in diesem Zusammenhang interessant, daß der am Schluß der vorigen Legislaturperiode, kurz vor den Wahlen, eingebrachte Gesetzentwurf der SPD, zu dem sich Herr Liehr heute noch mit einer gewissen Emphase bekannt hat, in der Stellungnahme der Bundesregierung mit keinem Wort erwähnt wird. Das ist eigentlich nicht nett gegenüber einer so großen Koalitionspartei!

(Abg. Dr. Haase, Kassel: Das kann man wohl sagen!)
Zwar betont die Bundesregierung bei ihrer einleitenden Würdigung des Berichts ausdrücklich ihre Erwartung, daß die Arbeiten der Biedenkopf-Kommission – so sagt sie; ich darf es zitieren – es erleichtern würden, »zu den Problemen der Mitbestimmung der Arbeitnehmer in den Unternehmensorganen eine fundierte Meinung zu entwickeln«. Von dieser Erleichterung hat die Bundesregierung selbst offensichtlich keinen Gebrauch gemacht. Statt zum Kern der Problematik vorzustoßen, folgt eine umfangreiche Wiederholung des Kommissionsberichts zur Rechtfertigung der Mitbestimmung an sich. Sicherlich kann man gerade bei diesem Teil des Berichts sehr lange verweilen; denn die Begründung der Kommission ist im einzelnen recht problematisch. Außer Streit ist jedoch das Ergebnis, nämlich das Votum für das Prinzip der Mitbestimmung.

Die Kommission ist bei ihrer Rechtfertigung dieses Prinzips durchaus zutreffend davon ausgegangen – ich darf zitieren – daß Mitbestimmung jede Form einer institutionellen Teilnahme der Arbeitnehmer oder ihrer Vertreter an der Gestaltung und inhaltlichen Festlegung des Willensbildungs- und Entscheidungsprozesses im Unternehmen bedeutet, und zwar ohne Rücksicht auf Art und Umfang einer Teilnahme von Arbeitnehmervertretern in den Unternehmensorganen. Da dieses Prinzip Mitbestimmung seit langem im geltenden Betriebsverfassungsgesetz verwirklicht und anerkannt ist, trägt die Bundesregierung Eulen nach Athen, wenn sie sich in ihrer Stellungnahme für ein Ergebnis engagiert, dessen Gültigkeit ohnehin von keiner der an der Diskussion beteiligten Parteien und Gruppen bestritten wird.

Klar zu trennen vom Prinzip der Mitbestimmung ist aber nun die Frage nach konkreter Ausgestaltung des Prinzips. Mir scheint, die Bundesregierung wirft beides durcheinander, wenn sie feststellt – ich darf zitieren:

»Die Ansicht, daß es sich bei der Mitbestimmung der Arbeitnehmer in den Unternehmensorganen um nicht mehr als eine willkürliche politische Forderung interessierter Kreise handle, wird nun kaum noch vertreten werden.«

Ja, meine Damen und Herren, wer hat denn das behauptet? Der Streit geht nicht um die Mitbestimmung, sondern um Art und Maß der Ausgestaltung eines von allen anerkannten Prinzips.

(Beifall bei der CDU/CSU.)

Mag das nun eine logische Fehlleistung oder eine bewußte Tendenz sein, fehlende Differenzierungen zwischen dem unbestrittenen Grundsatz der Mitbestimmung und der durchaus umstrittenen Frage nach ihrer konkreten Ausgestaltung finden sich auch anderenorts in der Stellungnahme der Bundesregierung.

Die Eindeutigkeit und Ausführlichkeit, mit der sich die Bundesregierung zum ohnehin unstreitigen Grundsatz der Mitbestimmung äußert, steht in auffälligem Widerspruch zu der Zurückhaltung, mit der sie zur Frage nach der konkreten Verwirklichung dieses Grundsatzes im Unternehmen Stellung nimmt. Die Sachverständigenkommission hat auf diese Frage eine sehr konkrete Antwort gegeben. Doch dort, wo der Bericht der Kommission konkret wird, wird die Stellungnahme der Bundesregierung allgemein.

(Zuruf von der SPD: Andere Aufgaben!)

Sie beschränkt sich darauf, die Ansicht von etwas einseitig ausgesuchten Kritikern des Berichts zu referieren, die zwischen den Feststellungen der Kommission und ihren Empfehlungen eine Diskrepanz behaupten. Nach Ansicht dieser Kritiker, die von der Bundesregierung zitiert werden, sind die von der Kommission festgestellten Erfahrungen mit der paritätischen Mitbestimmung sehr positiv zu beurteilen. Wenn sich die Kommission dennoch gegen eine paritätische Zusammensetzung des Aufsichtsrats und für eine Mehrheit der Eigentümervertreter ausgesprochen habe, so müsse dies als logischer Bruch empfunden werden. So sagen die Kritiker des Berichts.

Die Bundesregierung hängt sich mit der ihre gesamte Stellungnahme kennzeichnenden Doppeldeutigkeit an diese Kritik an, indem sie feststellt, daß die Empfehlung zur Zusammensetzung des Aufsichtsrats – ich zitiere – »in der Tat diese Überlegung nahelege«. Es wäre nun zu erwarten gewesen, daß die Bundesregierung zumindest versucht hätte, dieser von ihr zitierten fremden Kritik durch eine eigene Begründung Schlüssigkeit zu verleihen. Doch das tut sie nicht! Sie deutet nur an, und mit Andeutungen läßt sich sehr schlecht argumentieren. Wir sollten offen sagen – das gilt auch für die Bundesregierung – was im Sachverständigengutachten unsere Zustimmung findet und was von uns kritisiert wird.

Deshalb möchte ich ganz kurz auf den vorgenannten empirischen Teil des Berichts, auf seinen ordnungspolitischen Teil und auf die Empfehlungen eingehen. Die Stellungnahme der Bundesregierung verweilt sehr eingehend bei den empirischen Feststellungen des Berichts, denen die Bundesregierung – wenn ich es recht verstehe – offensichtlich einen höheren Stellenwert im Rahmen des Gesamtberichts zuerkennen will, als ihnen nach der Berichtskonzeption zukommt. Sie zitiert – ziemlich unsystematisch und aus dem Zusammenhang gerissen – eine Reihe von Feststellungen, die teils den Bereich der Montan-Mitbestimmung, teils den des Betriebsverfassungsgesetzes betreffen. Ich will die Zitatensammlung aus der Stellungnahme nicht weiter ergänzen, obwohl die Versuchung groß ist. Ich nenne nur Stichworte: Festgestellte Versuche der Fernsteuerung, Verzögerungen und Vertagungen von Beschlußfassungen in der Montan-Industrie. Nichtbewährung des »neutralen« Aufsichtsratsmitglieds. Ich will nur festhalten, daß das positive Resümee, das die Bundesregierung aus den Feststellungen der Kommission

zieht, sich generell auf die Mitbestimmung der Arbeitnehmer erstreckt, also gleichermaßen auf beide Mitbestimmungsbereiche. Das scheint wichtig.
Im übrigen konnte die Basis für neue Entscheidungen durch die Anhörungen und schriftlichen Befragungen der Kommission nicht annähernd geschaffen werden. Insgesamt 55 Anhörungen, davon nur 21 aus dem ja weit größeren Anwendungsbereich des Betriebsverfassungsgesetzes, alle zudem in den Schleier einer absoluten Vertraulichkeit gehüllt, reichen einfach nicht aus, um einen wirklich zuverlässigen Einblick in die Praxis zu erhalten, um so mehr als wir über die Anhörungen nur aus zweiter, wenn auch hoher Hand, nämlich durch die Kommission, unterrichtet worden sind.

Hinzu kommt, daß das verfahrensrechtliche Instrumentarium, das der Kommission zur Verfügung stand, für eine umfassende empirische Untersuchung nicht ausreichend war. Darüber hinaus hat die Kommission selbst davor gewarnt, ihre empirischen Feststellungen, soweit sie den Montan-Bereich betreffen, zur Entscheidungsgrundlage für eine allgemeine Mitbestimmungsregelung zu machen. Sie hat ausdrücklich darauf hingewiesen, daß die paritätische Mitbestimmung – der sie übrigens an keiner Stelle ihres Berichts eine besondere Bewährung attestiert hat – auf zwei Industriezweige begrenzt ist,

(Zuruf von der SPD: Haben Sie den Bericht gelesen?)

– ja, ich habe ihn gelesen – die durch exzeptionelle Umstände gekennzeichnet sind. Im übrigen hat die Kommission beklagt, daß es ihr nicht möglich war, Zeugen zu vernehmen. Sie hat die paritätische Mitbestimmung jedenfalls als unvereinbar mit wesentlichen Elementen einer marktwirtschaftlichen Ordnung abgelehnt. Ich halte diese Entscheidung für richtig und wohl begründet. Unser Gesetzentwurf trägt dem Rechnung.

Noch ein Wort zu den Empfehlungen der Kommission. Sie sehen eine weitreichende Verstärkung der Arbeitnehmerposition im Aufsichtsrat vor, nicht nur durch zahlenmäßig andere Zusammensetzung, sondern auch der Sache nach. Diese Empfehlung haben wir für richtig gehalten und in unserem Gesetzentwurf verwirklicht. Wir hatten dabei gleichzeitig zu bedenken, daß die von uns vorgesehene weitreichende Verstärkung der Mitbestimmungs- und Mitwirkungsrechte auf betrieblicher Ebene in ihren Anmerkungen auf das Gesamtgefüge der Mitbestimmung im Betrieb und Unternehmen berücksichtigt werden muß. Auch darin sind wir der Kommission gefolgt.

Wir sind ihr auch darin gefolgt, daß eine rechtzeitige Beteiligung der Arbeitnehmervertreter im Aufsichtsrat bei der Berufung von Vorstandsmitgliedern und beim Widerruf von Bestellungen gesichert werden soll.

Nicht gefolgt sind wir Erwägungen der Kommission für ein paritätisches Aufsichtsratspräsidium oder ähnliche Gremien,

(Zuruf von der SPD: Das ist aber das Wichtigste!)

– jawohl – weil uns hier eine Diskrepanz zu allem, was die Kommission sonst gesagt hat, vorzuliegen schien.

(Zuruf von der SPD: Das nennen Sie Mitbestimmung!?)

Auch zeigen sowohl der Bericht als auch spätere Äußerungen des Herrn Biedenkopf, daß nicht an Patentlösungen gedacht war, sondern daß es der Kommission – das bitte ich nachzulesen – mit besonderem Vorrang ankam, die Beteiligung der Arbeitnehmer zu sichern und ferner zu sichern, daß sie rechtzeitig stattfindet.

(Zuruf von der SPD: Das ist aber nicht viel!)

Begrüßt hätten wir es, wenn die Kommission manchen Problemen noch intensiver nachgegangen wäre. Sie hat leider davon Abstand genommen, die Gruppe der leitenden Angestellten angemessen in ihre Untersuchung einzubeziehen, obwohl es aus der Montan-Industrie – nicht nur, aber gerade auch von dort – viele Stimmen gibt, die hier sehr spezifische Probleme sehen. Mit der Ruhrkohle AG hat sich die Kommission nicht befaßt, obwohl gerade hier sehr interessante Antworten auf manche Fragen zu finden gewesen wären, insbesondere nach der Praxis der Montan-Mitbestimmung.

Den so wichtigen europäischen Aspekt hat die Kommission so gut wie ganz ausgeklammert, obwohl wir alle wissen, welche Schwierigkeiten für die Harmonisierung hier schon auf Grund des geltenden Rechts bestehen.

Eine Frage hätte auch behandelt werden sollen, obwohl das Eisen so heiß ist, daß niemand es anfassen will, weder die Unternehmer noch die Gewerkschaften. Aber ich will es doch gesagt haben. In der Mitbestimmungsdiskussion taucht immer wieder das Argument auf – ich wiederhole: das Argument – eine sich über die ganze Wirtschaft erstreckende Mitbestimmung müsse am Ende zu einem Bündnis von Managern und Gewerkschaftsvertretern führen, das sich dann auf dem Rücken der Verbraucher und der Allgemeinheit verwirklichen würde. Dazu hätte die Kommission sich äußern und Stellung nehmen sollen. An einer Stelle des Berichts klingt dieses Motiv ganz leise an, im Bereich der Streichinstrumente. Da hört man dieses Motiv, aber gleichsam erschrocken verstummt es wieder.

Noch einmal zur Stellungnahme der Bundesregierung. Wie sie zur Parität steht, bleibt offen. Letztlich zieht sie sich darauf zurück, daß – ich zitiere – die »Auswirkungen einer institutionellen Mitbestimmung auf die marktwirtschaftliche Ordnung, das Eigentum, die Tarifautonomie und die Auswahl des Führungspersonals einer sorgfältigen Prüfung bedürfen«. So ist es in der Tat. Seit Jahren ist bekannt, daß hier die entscheidenden Probleme, die Grenzen für die Ausgestaltung jeder institutionellen Mitbestimmung in den Unternehmen liegen, und seit über einem Jahr ist der Bericht der Biedenkopf-Kommission bekannt. Indem die Bundesregierung in ihrer Stellungnahme zu erkennen gibt, daß sie diese Fragen noch nicht sorgfältig geprüft hat – sonst hätte sie ja eine Entscheidung vorgelegt – erklärt sie sich letztlich außerstande, sich hier und heute an der Debatte zur Mitbestimmung im Unternehmen zu beteiligen.

(Abg. Dr. Hauser, Sasbach: Sehr richtig!)

Aber in drei Punkten, die mir wichtig erscheinen, ist der Bundesregierung trotz aller Vorsicht in ihrer Stellungnahme eine klare Antwort, ich möchte sagen: unterlaufen, und zwar durchaus im Sinne des von meiner Fraktion eingebrachten Gesetzentwurfs.

Erstens. Die Bundesregierung erkennt mit der Kommission an, daß jede institutionelle Mitbestimmung in ihren Wirkungen arbeitnehmerbezogen gesehen werden muß. Das muß ja wohl heißen, daß die Beschäftigtenzahl als das Kriterium anzusehen ist.

Zweitens. Durch die kommentarlose Wiedergabe einer Feststellung Professor Biedenkopfs anerkennt sie offenbar auch – ich zitiere –, daß »durch Auswertung der bisherigen Erfahrungen, vor allem mit der Montan-Mitbestimmung, keine ausreichende Grundlage für eine allgemeine Entscheidung über die Ausweitung der Mitbestimmung der Arbeitnehmer im Unternehmen gewonnen werden konnte« und daß »die Mitbestimmungsfrage nicht allein auf Grund partieller empirischer Erfahrungen, sondern nur nach der Durchdringung des Gesamtkomplexes und nach einer Analyse aller möglichen externen Auswirkungen« beantwortet werden kann.

Drittens. Die Bundesregierung erkennt den »untrennbaren Zusammenhang zwischen Mitbestimmungsregelungen auf Unternehmens- und auf Betriebsebene« an. Sie erkennt an, daß deshalb bei der Mitbestimmung auf Unternehmensebene die Konsequenzen einer ausgeweiteten Mitbestimmung auf betrieblicher Ebene zu berücksichtigen sind, wenn die Unternehmensverfassung ausgewogen sein soll.

Schließlich geht die Bundesregierung in ihrer Stellungnahme auf einige Empfehlungen der Kommission im einzelnen ein. Was wir zu diesen Empfehlungen zu sagen haben, kommt in unserem Gesetzentwurf zum Ausdruck. In der Stellungnahme der Bundesregierung jedoch beginnt oder endet fast jeder Absatz mit der Erkenntnis: »Es ist zu prüfen«. Man kann nur sagen: Es hätte schon längst geprüft werden können und müssen; dafür war ausreichende Zeit vorhanden.

Abg. Liehr: Ist das Selbstkritik?)

Die Stellungnahme der Bundesregierung enttäuscht, vor allem wenn man sie mit der Elle der großen Worte von den »inneren Reformen« mißt, die wir so oft gehört haben. Davon ist hier gar nichts zu spüren.

(Beifall bei der CDU/CSU. – Zurufe von der SPD.)

Sie wollten nicht. Gut, dann sagen Sie es auch nicht!

Ich würde meine Kritik an der Stellungnahme der Bundesregierung gern zusammenfassen. Aber das fällt schwer, weil in Wahrheit eine Stellungnahme der Bundesregierung gar nicht vorliegt und nur eine Fülle weiterer Prüfungen zugesagt worden ist. Die Bundesregierung ist einer Stellungnahme ausgewichen. Doch gerade dieses Ausweichen, dieser Verzicht auf klare Fronten und der allzu deutliche taktische Kompromiß ist im Grunde doch sehr aufschlußreich.

Wir unsererseits haben uns der Entscheidung gestellt und eine, wie ich meine, gute Lösung gefunden, die den wahren Interessen der Arbeitnehmer sehr viel gerechter wird als der auf die Betriebsverfassung beschränkte und im übrigen sehr anfechtbare Entwurf der Regierung.

(Beifall bei der CDU/CSU.)

(Rede im VI. Deutschen Bundestag, Protokoll der 101. Sitzung, Bonn, Februar 1971)

Gesellschaftlicher Fortschritt

Die Themen, zu denen Herr Biedenkopf und Herr Geißler in ihren beeindruckenden Ausführungen gesprochen haben, standen unter dem Motto des gesellschaftlichen Fortschritts, zu dem wir uns als Unternehmer bekennen – nicht nur mit dem Mund, sondern mit dem Herzen und vor allem durch die Tat. Wir haben beiden Referaten eine Fülle von Anregungen und in die Zukunft weisenden Gedanken, freilich auch sehr ernsthafte Hinweise auf die Sorgen, die uns heute bedrücken, entnehmen können. Zu zwei Fragen möchte ich sprechen.

Was Herr Biedenkopf über die Notwendigkeit gesagt hat, die Effizienz der öffentlichen Verwaltung und ihrer Kontrollen zu verbessern, kann nur nachdrücklich unterstrichen werden.

Sicherlich, die Klage ist alt; es ist viele Jahrzehnte her, daß der preußische Innenminister Drews im Blick auf eine damals noch intakte Bürokratie doch die kritische Feststellung traf: »Die Mühle mahlt, aber sie gibt kein Mehl mehr«, und der General v. Seeckt hat erklärt, im Kampf mit der Bürokratie unterlegen zu sein.

Die heutige Situation hat Herr Biedenkopf dargestellt, und er hat auf die Fülle neuer Aufgaben hingewiesen, die der Verwaltung heute weit über die ehemals überwiegend hoheitlich bestimmten Zuständigkeiten hinaus erwachsen. Ganz gewiß liegt die Lösung nicht in einer hemmungslosen Vermehrung der Zahl der öffentlichen Bediensteten, die sich dann ihre Aufgaben erst noch suchen müssen und dabei in die Gefahr kommen, den Staatsbürger durch das zu beglücken, was man früher in der badischen Verwaltung »Befehlerle« nannte. Es handelt sich nicht so sehr um eine Frage der Zahl, sondern der Qualität, und diese ist für den Nachwuchs ebenso in den Schulen wie durch die von Herrn Biedenkopf dargestellten Zustände an den Universitäten gefährdet. Das muß die gemeinsame Sorge für die öffentliche Verwaltung ebenso wie für die Wirtschaft sein. Wenn die Freiheit der Forschung und Lehre nicht mehr gewährleistet ist, sondern im Gegenteil durch Anwendung von Gewalt unterdrückt wird, wenn nur noch, um es höflich zu sagen, diskutiert und nicht mehr gelernt wird, dann müssen wir uns mit Sorge fragen: Wie sollen die Kommenden das erhalten und weiterentwickeln, was in den letzten zwei Jahrzehnten in gemeinsamer Arbeit mit viel Fleiß und Können geschaffen worden ist? Hierzu noch eine Bemerkung: Für die Bildung werden zusätzlich Milliardenbeträge gefordert. Das ist sicherlich gut. Ich frage mich aber, wie viele dieser Milliarden aus dem Fenster geworfen sein werden, wenn wir feststellen, daß schon die heute vorhandenen und mit großen Kosten geschaffenen und unterhaltenen Bildungseinrichtungen immer weniger effizient werden. Das müssen wir angesichts des verbalen Reformismus, der heute Mode ist, erkennen, und versuchen, diese Entwicklung nicht einfach hinzunehmen, sondern ihr zu begegnen.

(Starker Beifall)

Beide Referenten haben sich mit dem Thema der Mitbestimmung befaßt. Das Betriebsverfassungsgesetz von 1952 war gegenüber dem alten Betriebsrätegesetz wirklich vom gesellschaftspolitischen Fortschritt getragen; an die Stelle des Gegensatzes der Partner im Betrieb setzt es die Forderung des gemeinsamen Wirkens zum gemeinsamen Ziel. Inzwischen hat sich vieles weiterentwickelt, und darum sind auch wir in der Union der Meinung, daß eine Novellierung erforderlich ist, bei der aber die bewährten Grundsätze nicht über Bord geworfen werden dürfen. Sie wissen, daß die CDU/CSU-Fraktion einen

Gesetzentwurf vorgelegt hat. Dieser Entwurf geht davon aus, daß Mitbestimmung und Mitverantwortung unter Erhaltung der unternehmerischen Entscheidungsfreiheit dem Interesse des einzelnen Arbeitnehmers dienen sollen und daß die Mitbestimmung nicht den Sinn haben kann, dem Vergnügen oder der Beschäftigung betriebsfremder Funktionäre zu dienen und ihnen auf eine verhältnismäßig einfache Weise einen zweiten Bildungsweg besonderer Art zu eröffnen. Der Entwurf geht weiter davon aus, daß Betriebs- und Unternehmensverfassung im engsten Zusammenhang stehen und daß beide Probleme gemeinsam gelöst werden müssen.

Wir haben nicht die Mehrheit im Parlament, und die Gefahr droht, daß der Gesetzentwurf, den die Bundesregierung vorgelegt hat, mit Mehrheit angenommen wird. Es ist vielen Unternehmern noch nicht hinreichend bewußt, welche enormen Gefahren dieser Entwurf für unsere Unternehmen, aber auch für die Allgemeinheit mit sich bringen würde. Den parteipolitischen Auseinandersetzungen soll der Betrieb geöffnet werden; darüber hat Herr Geißler sehr eindrucksvoll gesprochen. Die von der Belegschaft gewählten Betriebsräte sollen in ihrer Entscheidungsfreiheit durch Gewerkschaftsfunktionäre beeinträchtigt werden. In einer großen Zahl von sehr wichtigen Fragen soll bei Meinungsverschiedenheiten die unternehmerische Entscheidung durch den Spruch einer Einigungsstelle ersetzt werden. Freilich: Haftung und Verantwortung bleiben dem Unternehmer, auch wenn er die Entscheidungen, die er durchführen soll, nicht oder nur bescheiden beeinflussen kann. Die Zahl der Betriebsratsmitglieder soll in sinnloser Weise erhöht werden. So stehen wir vor der Gefahr einer Politisierung und Bürokratisierung von Betrieb und Unternehmen, und wir stehen vor der Gefahr, daß die Arbeit im Betrieb und Unternehmen, die ja getan werden muß, sich in ein endloses und unfruchtbares Gespräch mit zahllosen mehr oder weniger sachverständigen Instanzen auflöst. Was dann aus der Marktwirtschaft werden soll, bleibt im Dunkeln.

(Starker Beifall)

Die Behauptung, daß die FDP dem Regierungsentwurf die wesentlichen Giftzähne gezogen habe, trifft nicht zu; es handelt sich nur um Modifizierungen, die die Tendenz des Ganzen nicht verändern. Im Gegenteil: die FDP hat den rötlichen Kern nur mit weißen Sprenkeln versehen. Die Grundfarbe aber ist weiterhin rot.

(Beifall)

Noch ist der Entwurf nicht Gesetz geworden, aber er droht es zu werden. Deshalb ist es eine Aufgabe für jeden von uns, an jeder Stelle, an der er zu wirken vermag, auf die Gefahren hinzuweisen und darauf hinzuwirken, daß dieser Entwurf nicht als ein unausweichliches Schicksal über uns kommt. Hierbei mitzuhelfen, dafür möchte ich auf diesem Wirtschaftstag '71 an alle appellieren.

(Starker Beifall)

(Stellungnahme auf dem Wirtschaftstag '71 des Wirtschaftsrates der CDU e. V. und des Wirtschaftsbeirates der Union (CSU), Bonn, Juni 1971)

Gegen verkappte Vorwegnahme der Montanmitbestimmung

Vizepräsident Dr. Schmitt-Vockenhausen:
Wir treten in die dritte Beratung ein. Zur Abstimmung hat sich Herr Abgeordneter Dr. Kley zu einer Erklärung nach § 59 der Geschäftsordnung zu Wort gemeldet.
Dr. Kley (CDU/CSU): Herr Präsident! Meine Damen und Herren! Gemäß § 59 der Geschäftsordnung gebe ich namens der Abgeordneten der CSU zur Abstimmung eine Erklärung ab.

(Hört! Hört! bei der SPD. – Abg. Dr. Schäfer, Tübingen: Der CSU? Das wollen wir einmal festhalten!)

Der uns vorliegende Entwurf eines Mitbestimmungs-Ergänzungsgesetzes verlängert die Fortdauer der Montan-Mitbestimmung, auch wenn sie nach geltendem Recht wegfallen würde. Außerdem ändert das Gesetz das geltende Recht materiell und greift damit in den Bereich der verarbeitenden Industrie über. Schließlich bestehen auch schwerwiegende verfassungsrechtliche Bedenken; insbesondere greift das Gesetz gezielt in schwebende Verfahren ein.

Aus diesen Gründen lehnen wir das Gesetz ab.

(Hört! Hört! bei der SPD.)

(Erklärung vor dem VI. Deutschen Bundestag, Protokoll der 134. Sitzung, Bonn, September 1971)

Für einen partnerschaftlichen Wirtschaftsausschuß

Ich darf namens meiner Fraktion unseren Änderungsantrag zum Wirtschaftsausschuß auf Umdruck 236 begründen. Wir beantragen, an die Stelle der Vorschriften des Regierungsentwurfs diejenigen des CDU/CSU-Entwurfs zu setzen.

Die Vorschriften des Regierungsentwurfs ebenso wie die des Entwurfs in der letzten Fassung haben dem Wirtschaftsausschuß eine völlig andere Konstruktion gegeben, als sie nach dem geltenden Recht vorhanden ist und auch nach dem Entwurf meiner Fraktion vorhanden sein sollte. Auch wir sind der Meinung, daß die Befugnisse des Wirtschaftsausschusses wesentlich erweitert werden sollten. Insofern stimmen wir überein. Wir unterscheiden uns aber grundlegend in der Frage der Zusammensetzung des Wirtschaftsausschusses.

Vom geltenden Recht sind wir insofern abgewichen, als wir nur in allen Unternehmen mit in der Regel mehr als 500 ständigen Arbeitnehmern einen Wirtschaftsausschuß bindend vorgesehen haben, jedoch mit der Möglichkeit, daß auch bei geringerer Arbeitnehmerzahl auf Antrag des Unternehmers oder des Betriebsrates ein Wirtschaftsausschuß gebildet werden kann. Hierbei und für den regelmäßigen Turnus der Sitzungen des Ausschusses waren für uns die Erfahrungen der Praxis maßgebend.

Im übrigen hat sich die Praxis bisher sehr unterschiedlich entwickelt. In vielen Unternehmen hat der Wirtschaftsausschuß eine bedeutende Rolle gespielt. Andere Unternehmen haben von dem Ausschuß wenig oder gar keinen Gebrauch gemacht, was sehr häufig auch auf die

Haltung der Betriebsräte zurückzuführen war, die, manchmal jedenfalls, sicherlich zu Unrecht im Wirtschaftsausschuß eine unerwünschte Konkurrenz gesehen haben.

Im ganzen sind wir der Meinung, daß der Wirtschaftsausschuß schon nach dem geltenden Recht eine sehr nützliche Institution sein kann. Darum wollen wir ihn auch als Wirtschaftsausschuß erhalten und ausbauen. Genau wie Sie haben wir die Informationsmöglichkeiten erweitert und außerdem für den Wirtschaftsausschuß auch die Möglichkeit von Empfehlungen vorgesehen. Auch dies ist in der Praxis nicht ohne Vorbild. Denn es gibt sehr viele, die dies alles schon so gehandhabt haben, obwohl es im Gesetz nicht stand.

Das Entscheidende, worin wir ganz offensichtlich eine völlig unterschiedliche Meinung vertreten, ist die Zusammensetzung des Wirtschaftsausschusses. Sie sehen vor, daß die Mitglieder ausschließlich vom Betriebsrat zu berufen sind. Es war einmal der Gedanke, im Wirtschaftsausschuß beide Seiten partnerschaftlich oder – um es in der Ihnen vielleicht sympathischeren Sprache zu sagen – paritätisch zusammenzuführen und hier gemeinsam Informationen zu geben, aber nicht nur zu geben, sondern auch zu beurteilen und in offener Aussprache zu erörtern, wozu jeder seinen Beitrag aus seiner Sicht geben kann.

Ich möchte die Frage stellen, ob Sie inzwischen schon über die Parität hinaus sind und ob Ihnen die Parität etwa künftig nicht mehr genügt, ob Sie mehr haben wollen. Daß die Hälfte der Mitglieder vom Unternehmer und die andere Hälfte vom Betriebsrat bestimmt wird, hat sich in der Praxis, wo dieses Instrument gehandhabt wurde, als sehr nützlich und auch als befriedigend im Betriebe erwiesen. Freilich, wer den Kampf der Partner im Betriebe will, der schätzt die befriedende Wirkung nicht. So finde ich es denn in hohem Maße bedauerlich, daß Sie sich bei den Vorschriften über den Wirtschaftsausschuß von dem, was Sie sonst so leidenschaftlich verkünden, nämlich von der Parität, entfernt haben. Kann man daraus schließen, daß Ihnen an der Parität nicht mehr sehr gelegen ist? Das wäre interessant.

(Abg. Stücklen: Hochinteressant! – Zurufe von der SPD.)

Ihrer Konzeption entspricht es auch, daß die besondere Zielsetzung, die im geltenden Recht und in unserem Entwurf dem Wirtschaftsausschuß vorgegeben ist, nämlich die der vertrauensvollen Zusammenarbeit zwischen Betriebsrat und Unternehmen, in Ihrem Entwurf gefallen ist. Das hat ja sicherlich auch Gründe; sie zu erfahren, wäre ebenfalls interessant.

Was soll die weitere Vorschrift, die bei Ihnen zu finden ist, der zufolge der Betriebsrat, wenn es ihm beliebt, den Wirtschaftsausschuß kassieren und seine Aufgaben einem Ausschuß des Betriebsrats übertragen kann? Das zeigt doch deutlich, daß Ihnen im Grunde am Wirtschaftsausschuß nichts gelegen ist und daß Sie ihn nur erhalten haben, weil es eben den Namen gibt – mehr nicht. Bei Ihrer Konstruktion könnten Sie genauso gut auch auf den Wirtschaftsausschuß verzichten.

(Abg. Ruf: Sehr richtig!)

Nach allem würde ich wirklich wünschen, daß Sie zu der von Ihnen verlassenen Grundlage der Partnerschaft zurückkehrten und das dadurch bekundeten, daß Sie unserem Vorschlag zustimmen.

(Beifall bei der CDU/CSU.)

(Rede im VI. Deutschen Bundestag, Protokoll der 150. Sitzung, Bonn, November 1971)

Informationspflichten nach dem neuen Betriebsverfassungsgesetz

Es ist nicht möglich, in einem nur kurzen Abriß die Fülle der Vorschriften und Fragen auf dem Gebiet der Information zu behandeln; ich beschränke mich deshalb auf einige wesentliche Probleme und behandle mit Schwerpunkt die Information auf wirtschaftlichem Gebiete.

Zunächst folgendes: Es ist kein Geheimnis, daß ich den Entwurf, der nun Gesetz geworden ist, in Wort und Schrift bekämpft habe; im Bundestag habe ich mit Nein gestimmt. Das Gesetz ist nun da; wir haben mit ihm zu leben, und wir haben es anzuwenden. Ich werde mich darum hier auch im wesentlichen mit der Anwendung des Gesetzes befassen.

Auf *allen* Seiten ist die Notwendigkeit einer guten und rechtzeitigen Information anerkannt und von *allen* Seiten sind Verbesserungen und Erweiterungen des geltenden Rechts gefordert oder angeregt worden. Viele Unternehmen haben schon seit langem Betriebsräte und Wirtschaftsschüsse sehr viel weitergehend informiert, als es nach dem bisherigen Gesetz vorgeschrieben war. Danach bin ich auch als Sprecher einer Firmenleitung in diesen Fragen nahezu zwei Jahrzehnte verfahren, und ich glaube, daß dies dazu beigetragen hat, die vom Gesetz damals wie heute geforderte vertrauensvolle Zusammenarbeit im Interesse der Menschen und der Sache zu fördern.

Die Betriebsräte brauchen die Information, wenn sie, wie es dem Grundgedanken des Gesetzes entspricht, mitdenken und mithandeln sollen. Ebenso liegt es im Interesse des Unternehmers, durch rechtzeitige und sachgerechte Information Verständnis und Zustimmung für seine Maßnahmen herbeizuführen. Daß dann immer noch möglicherweise ein weites Feld für strittige Fragen bleibt, läßt sich freilich nicht leugnen.

Ich gehe von dem oft, wie ich glaube mit Recht, als Magna charta bezeichneten Grundsatz der vertrauensvollen Zusammenarbeit aus, den das neue ebenso wie das alte Gesetz aufstellt. Diese Vorschrift ist mehr als eine Deklamation; denn sie gibt für beide Seiten im Betrieb und Unternehmen die Richtung an, in der die Vorschriften auszulegen sind, und sie ist gerade für das Gebiet der Information von großer Bedeutung. Vertrauen erfordert ein hohes Maß an gegenseitiger Unterrichtung. Im übrigen hat das Bundesarbeitsgericht schon in einem Urteil aus dem Jahre 1960 aus der Rechtspflicht der vertrauensvollen Zusammenarbeit konkrete Folgerungen gezogen.

Im weiteren Sinne gehören in den Bereich der Information – oder jedenfalls dienen sie auch diesem Ziel – Regelungen, die die Arbeitsweise des Betriebsrats verbessern sollen (z. B. die Sitzungen der Betriebsleitungen mit dem Betriebsausschuß und den anderen Ausschüssen des Betriebsrats, die für die Behandlung besonderer Fragen gebildet sind). Offenkundiger ist dies bei der gesetzlichen Ausweitung der Themen, die im Rahmen der Betriebsversammlung behandelt werden können, eine Vorschrift, die allerdings Probleme aufwirft. Hier sind ferner die erstmalig vorgeschriebenen Abteilungsversammlungen und Betriebsjugendversammlungen zu erwähnen. Neu ist auch die Pflicht des Arbeitgebers, mindestens einmal in jedem Kalenderjahr in einer Betriebsversammlung über das Personal- und Sozialwesen und über die wirtschaftliche Lage und Entwicklung des Betriebes zu berichten, was aber schon bisher sehr häufig geschah. Ein besonderer Abschnitt des Gesetzes regelt in den §§ 81 bis 85 das »Mitwirkungs- und Beschwerderecht des Arbeitnehmers«. Danach steht dem einzelnen eine Fülle neuer Informationsmöglichkeiten im Hinblick auf seinen Arbeitsplatz, sein Arbeitsverhältnis, seine Aufstiegschance, seine Leistungsbeurteilung und anderes offen. Für den Betriebsrat besagt § 80 Abs. 2 Satz 1, daß er »zur Durchführung seiner Aufgaben nach diesem Gesetz rechtzeitig und umfassend vom Arbeitgeber zu unterrichten ist«. In allen Mitbestimmungsrechten ist von der Sache her als integrierender Bestandteil die beiderseitige Information enthalten.

Wenn ich mich nun im besonderen der Information in wirtschaftlichen Angelegenheiten zuwende, so möchte ich zunächst ein Wort zum *Wirtschaftsausschuß* sagen. Die Mitglieder des Wirtschaftsausschusses wurden bisher paritätisch vom Unternehmer und vom Betriebsrat bestellt; jetzt werden sie ausschließlich vom Betriebsrat berufen. Darüber hinaus kann der Betriebsrat beschließen, die Aufgaben des Wirtschaftsausschusses einem Ausschuß des Betriebsrates zu übertragen. Es wäre an dieser Stelle reizvoll, etwas über die Wirkungsweise des bisherigen Wirtschaftsausschusses zu sagen. In vielen Unternehmen – und ich sage es aus Erfahrung – war seine Arbeit fruchtbar; es gab auch Unternehmen, in denen er überhaupt nicht bestand, oft weil weder der Unternehmer noch der Betriebsrat Wert auf ihn legten. Aber dies alles gehört jetzt der Vergangenheit an. Wenn man es bei der paritätischen Besetzung nicht lassen wollte – was ich bedaure –, dann fragt es sich, ob der Gesetzgeber besser getan hätte, überhaupt auf den Wirtschaftsausschuß zu verzichten und dessen Aufgaben sogleich einem Betriebsratsausschuß zu übertragen. Bei der Fülle der Institutionen, die das Gesetz vorsieht, wäre das vielleicht rationeller gewesen. Es mag auch Gegengründe geben; die Erfahrungen der Praxis werden abzuwarten sein.

Adressaten wirtschaftlicher Information sind nach dem Gesetz Betriebsrat, Wirtschaftsausschuß, Betriebsversammlung und Belegschaft. Einschlägig sind hier z. B. folgende Bestimmungen. Der § 90 befaßt sich mit Informations-

und Beratungsrechten des Betriebsrats bei der Planung wirtschaftlicher Vorgänge im weitesten Sinne; § 111 regelt die Mitbestimmung bei Betriebsänderungen. Im § 106 wird ein Katalog wirtschaftlicher Angelegenheiten angeführt, über die der Wirtschaftsausschuß zu unterrichten ist. Eine Rolle spielen in diesem Zusammenhang noch die §§ 43 Abs. 2 und 110, die sich mit der Unterrichtung der gesamten Belegschaft über die wirtschaftliche Lage und Entwicklung des Betriebes und Unternehmens und über das betriebliche Personal- und Sozialwesen befassen.

Ich stelle nun vier Gesichtspunkte heraus, die für jede nach dem Gesetz geforderte wirtschaftliche Information gelten, gleichgültig wer ihr Adressat ist, und zwar

1. der effektive Umfang der Information,
2. der Begriff der Planung,
3. der Geheimnisschutz,
4. die Behandlung der für die Information heranzuziehenden Unterlagen.

Zu 1. Die gesetzlich bestimmte Unterrichtungspflicht über Planungen umfaßt im Prinzip annähernd das gesamte Spektrum der Unternehmenspolitik. Über wichtige Einzelvorhaben ist ebenso zu berichten wie über größer angelegte organisatorische Änderungen, Rationalisierungsvorhaben und das Investitionsprogramm. Nur ganz wenige Bereiche liegen außerhalb der Unterrichtungspflicht; aber die vorgeschriebenen Informationen lassen auch darauf Rückschlüsse zu. Außerdem kann die Information und Beratung über wirtschaftliche Angelegenheiten nicht isoliert gesehen werden; hinzu kommt noch die Unterrichtung über Personal- und Bildungsplanung (§§ 92, 96 und 97). Auf die Personalplanung ist im § 106 auch ausdrücklich Bezug genommen.

Zu 2. Wann liegt nun eine informationspflichtige Planung vor? Das ist für die Praxis eine Frage von sehr großer Bedeutung.

Nach den §§ 90 und 111 ist der Betriebsrat bereits im Stadium der Planung zu unterrichten. Im § 106 (Information des Wirtschaftsausschusses) kommt zwar der Begriff »Planung« nicht vor, aber Begriffe wie »Vorhaben« und »Programm« haben ähnliche in die Zukunft gerichtete Bedeutung, und außerdem liegt es im Zweck der genannten Vorschrift, daß mit dem Wirtschaftsausschuß auch die überschaubare künftige Entwicklung erörtert wird.

Planungen durchlaufen häufig eine Vielzahl von Stadien. Es hätte sicherlich keinen Sinn, die Information schon in einem Stadium zu geben, in dem der Unternehmer selbst noch keine abschließenden Vorstellungen darüber hat, ob er etwas tun will oder nicht. Sie könnte in einem solchen Fall nicht *umfassend* sein, wie das Gesetz es verlangt. Andererseits sollte die Information nicht erst gegeben werden, wenn bereits alle Einzelheiten eines Vorhabens feststehen; denn das Gesetz schreibt *rechtzeitige* Information und außerdem auch gemeinsame *Beratung* vor. Zwar ist Beratung noch keine Mitbestimmung, aber sie hätte keinen Sinn, wenn es nichts mehr zu beraten gäbe.

In einer Entscheidung des Bundesarbeitsgerichts aus dem Jahre 1961, die in allen Kommentaren und Lehrbüchern zustimmend zitiert wird, ist hierzu folgendes ausgeführt: Eine Unterrichtung sei erforderlich, »sobald die Planung aus dem Stadium einer noch völlig ungewissen Möglichkeit herausgetreten ist und im Rahmen einer verständigen Wirtschaftsführung mit der Notwendigkeit der geplanten Maßnahme in absehbarer Zeit gerechnet werden muß«. Verschiedentlich wird hierzu noch gesagt, die Planung müsse zu einer gewissen Reife gediehen sein.

In die Praxis lassen sich diese Maßstäbe wohl etwa folgendermaßen übersetzen: Über das »Ob« muß sich der Arbeitgeber bereits klar sein, über das »Wie« und »Wann« muß er zwar bereits einigermaßen konkrete Vorstellungen haben, Einzelheiten dürfen aber noch offen sein. Soweit auch über Einzelheiten schon bestimmte Vorstellungen bestehen, muß aber jedenfalls genügend Zeit und auch Bereitschaft vorhanden sein, darüber zu beraten.

Zu 3. Ebenfalls von großer Bedeutung im ganzen Bereich der Information, insbesondere in wirtschaftlichen Angelegenheiten, ist die Frage, wann und in welchem Umfang ein Geheimnisschutz gilt.

Die Einschränkung, daß eine Information nur stattzufinden braucht, soweit dadurch nicht Betriebs- oder Geschäftsgeheimnisse gefährdet werden, ist nur in den §§ 43 Abs. 2 und 106 enthalten. In den §§ 90 und 111 findet sich eine solche Einschränkung nicht.

Einer Verschwiegenheitspflicht unterliegen die Mitglieder des Betriebsrats ebenso wie die des Wirtschaftsausschusses. Die Mitglieder des Wirtschaftsausschusses sind im neuen § 79, der die Geheimhaltungspflicht regelt, ausdrücklich aufgeführt. Daraus erklärt sich die Streichung des früheren § 67 Abs. 2, der im alten Gesetz die Frage für die Mitglieder des Wirtschaftsausschusses im besonderen regelte.

Wie aber ist die dem Wortlaut nach jedenfalls unterschiedliche Regelung des Geheimnisschutzes im neuen Gesetz für Betriebsrat einerseits und Wirtschaftsausschuß andererseits zu beurteilen?

Der *Wirtschaftsausschuß* kann bei Gefährdung von Betriebs- und Geschäftsgeheimnissen eine Auskunft auch nicht unter Hinweis auf seine Verschwiegenheitspflicht verlangen. Für die Information des *Betriebsrats* fehlt es, wie bisher, an einer solchen ausdrücklichen Vorschrift. Zwar werden Betriebs- und Geschäftsgeheimnisse seltener im Spiel sein; doch kann dies vor allem bei verschiedenen Anwendungsfällen des § 111 durchaus vorkommen (z. B. Zusammenschlüsse von Betrieben, neue Fertigungsverfahren). Es läge an sich nahe, hier dem Unternehmer analog der Regelung beim Wirtschaftsausschuß auch das Recht der Auskunftsverweigerung zu geben.

Vielleicht läßt sich aber die Unterscheidung bis zu einem gewissen Grad damit rechtfertigen, daß die Arbeitnehmer von den Problemen, über die der Betriebsrat eine Information erhält, unmittelbarer berührt werden als von den Themen, die im Wirtschaftsausschuß erörtert werden. Vielfach wird auch bei Planungen, so lange sie den Charakter von Betriebs- und Geschäftsgeheimnissen haben, die für ein Information des Betriebsrats erforderliche Planungsreife noch nicht gegeben sein. Immerhin: Hier können in der Praxis Zweifel und Fragen auftreten, und hierbei wird sich ein besonderes Problem stellen. Einmal werden die Betriebsräte sehr viel größer sein als bisher. Zum zweiten ist die Geheimhaltungspflicht im § 79 gegenüber dem bisher geltenden Recht eingeschränkt; die Weitergabe von geheimzuhaltenden Informationen ist an einen sehr viel größeren Kreis als bisher gestattet. Wir alle wissen, daß eine Tatsache kaum noch als geheim gelten kann, wenn – sagen wir einmal – vierzig Personen sie kennen, wobei diese Zahl bei großen Unternehmen noch relativ niedrig gegriffen ist. Daraus werden sich unter Umständen praktische Konsequenzen für die Unterrichtung der Betriebsräte ergeben. Auch im § 110, der die Information der Arbeitnehmerschaft durch den Unternehmer im Wege des Vierteljahresberichts unmittelbar regelt, ist keine Einschränkung zugunsten der Geschäftsgeheimnisses enthalten. Ich nehme aber an, daß hier allerseits Einigkeit darüber besteht, Geschäftsgeheimnisse in entsprechender Anwendung des § 43 Abs. 2 zu schützen; denn ein Geheimnis, das einem so großen Kreis mitgeteilt wird, wäre kein Geheimnis mehr.

Ich habe diese Fragen hier von der rechtlichen Seite her behandelt. Wenn ich aus persönlicher Erfahrung in der Praxis sprechen darf, so habe ich sehr oft höchst vertrauliche Fragen sowohl mit dem Wirtschaftsausschuß wie mit dem Verhandlungsausschuß des Gesamtbetriebsrates behandelt. In den zwei Jahrzehnten, in denen ich dies getan habe, ist kein einziger Fall vorgekommen, in dem die Vertraulichkeit verletzt worden wäre. Das hier zu sagen, bin ich meinen Gesprächspartnern schuldig. Darum möchte ich auch unter der Herrschaft des neuen Gesetzes hoffen, daß Konfliktsmöglichkeiten von der Praxis überwunden werden. Freilich, vom Unternehmer her gesehen: Über das, was das Gesetz selbst stipuliert, noch hinauszugehen, wie es bisher so oft geschah, scheint nicht mehr möglich. Der Spielraum ist nicht mehr vorhanden.

Über die Frage, wann ein Betriebs- oder Geschäftsgeheimnis vorliegt, gibt es eine umfangreiche Rechtsprechung und Literatur. Man kann die Kriterien auf einen kurzen Nenner bringen: Die Tatsachen dürfen nicht bereits offenkundig sein; es muß ein Geheimhaltungswille und auch ein begründetes Geheimhaltungsinteresse des Arbeitgebers bestehen.

Mit solchen Kriterien kann zwar die Prüfung, ob ein Betriebs- oder Geschäftsgeheimnis vorliegt, objektiviert werden, ein gewisser Bewertungsspielraum wird aber immer übrig bleiben. Auch eine analoge Anwendung des § 131 Abs. 3 AktG (Auskunftsverweigerung gegenüber Aktionären) würde hieran nichts ändern.

Zu 4. Schließlich zur Frage der Unterlagen, die der Information dienen: Leider ist die Terminologie des Gesetzes wie in vielen Fällen so auch bei der Einsichtnahme in Unterlagen nicht einheitlich. Während beim Wirtschaftsausschuß im § 106 von »Vorlage« die Rede ist, spricht der für den Betriebsrat geltende § 80 Abs. 2 einmal von »zur Verfügung stellen« und einmal von »Einblick nehmen«. Man wird dem Gesetz in allen Fällen am besten gerecht werden, wenn man davon ausgeht, daß ausreichend Gelegenheit zur Prüfung der Unterlagen bestehen muß, daß es aber nicht im Sinne des Gesetzes wäre, wenn eine doppelte Aktenverwaltung entstehen würde. Im übrigen ist auch hier die Frage des Geheimnisschutzes zu beachten.

Um welche Unterlagen es sich im einzelnen handeln soll, sagt das Gesetz nicht und kann es auch nicht sagen. Das wird jeweils vom einzelnen Fall abhängen.

Streitigkeiten über den Umfang der Informationspflicht gegenüber dem Wirtschaftsausschuß werden, wie schon nach dem alten Gesetz, von der Einigungsstelle entschieden, obwohl es sich wesentlich um Rechtsbegriffe handelt. Zwar kann nach § 76 Abs. 2 der Spruch der Einigungsstelle vor dem Arbeitsgericht angefochten werden. Die Anfechtung kann aber nur auf die Überschreitung der Grenzen des Ermessens gestützt werden. Wie schwer es ist, eine solche Überschreitung festzustellen, weiß jeder, der die verwaltungsgerichtliche Rechtsprechung kennt.

Nun noch zu einigen besonderen Fragen.

1. § 90 verpflichtet den Arbeitgeber, den Betriebsrat über die Planung

a) von Neu-, Um- und Erweiterungsbauten von Fabrikations-, Verwaltungs- und sonstigen betrieblichen Räumen,

b) von technischen Anlagen,

c) von Arbeitsverfahren und Arbeitsabläufen oder

d) der Arbeitsplätze

zu unterrichten und mit dem Betriebsrat darüber zu beraten. Diese Aufzählung ist abschließend. Unter »Neu-, Um- und Erweiterungsbauten« können nach dem Sinn des § 90 nur solche Bauten verstanden werden, die infolge ihres Ausmaßes konkrete Auswirkungen auf Arbeitsablauf und Arbeitsumgebung haben; geringfügige bauliche Veränderungen bleiben daher außer Betracht. Bezüglich der neuen Begriffe »Arbeitsablauf« und »Arbeitsverfahren« in c) wird man davon ausgehen können, daß »Arbeitsablauf« der weitere Begriff ist, der das Zusammenwirken von Menschen und Betriebsmitteln beim Produktionsgang eines bestimmten Produktes erfaßt. »Arbeitsverfahren« ist dagegen ein bestimmter Arbeitsgang innerhalb eines Arbeitsablaufs in seiner technischen Ausgestaltung. Der Begriff »Arbeitsplatz« im Sinne von Buchstabe d) ist nicht räumlich, sondern funktionell zu verstehen. Bei der Beratung dieser Angelegenheiten zwischen Arbeitgeber und Betriebsrat sind die »gesicherten arbeitswissenschaftlichen Erkenntnisse über eine menschengerechte Gestaltung der Arbeit« zu berücksichtigen. Die Frage, was als gesicherte arbeitswissenschaftliche Erkenntnis zu gelten hätte, hat sich bisher nicht eindeutig klären lassen. Viele haben darüber nachgedacht. Wir haben jetzt in unserem Hause Gespräche mit Arbeitswissenschaftlern und Medizinern geführt. Eine eindeutige Antwort haben wir nicht erhalten.

In der Praxis wird folgendes zu beachten sein: Der Betriebsrat wird sich zwar regelmäßig nur für Vorhaben von nennenswertem Umfang interessieren; hierunter können aber auch Maßnahmen fallen, die einzelne Vorgesetzte allein planen und durchführen können. Gesprächspartner des Betriebsrats ist jedoch die Betriebsleitung. In solchen Fällen ist es wichtig, daß der Informationsfluß im Betrieb auch von unten nach oben gut funktioniert, damit die Betriebsleitung selbst informiert ist und informieren kann.

2. Das im wirtschaftlichen Bereich bedeutendste Recht des Betriebsrats ist die Mitbestimmung bei Betriebsänderungen. § 111 normiert – wie im bisherigen Recht abschließend – die Tatbestände mitbestimmungspflichtiger Betriebsänderungen und umschreibt damit zugleich die der Mitbestimmung vorausgehende Informationspflicht des Arbeitgebers. Die Tatbestände des § 111 sind gegenüber § 72 des alten BetrVG erheblich erweitert worden. Während die Ziffern 1 bis 3 wörtlich mit dem früheren Recht übereinstimmen, sind innerhalb der Ziffer 4 »grundlegende Änderungen der Betriebsorganisation« und in der Ziffer 5 »die Einführung grundlegend neuer Fertigungsverfahren« hinzugekommen. Wichtiger als diese beiden Zusätze ist gegenüber dem bisherigen Recht der

Wegfall der Beschränkungen in den Ziffern 4 und 5. Betriebsänderungen im Sinne der Ziffern 4 und 5 liegen nunmehr auch dann vor, wenn sie auf einer Veränderung der Marktlage oder auf dem technischen Fortschritt beruhen.

Zu beachten ist jedoch, daß die Veränderung der Marktlage im wesentlichen nur in den Fällen der Ziffer 4 (grundlegende Änderungen der Betriebsorganisation) Bedeutung haben wird, nicht dagegen bei Betriebseinschränkungen. Für eine Betriebseinschränkung im Sinne der Ziffer 1 genügt es nämlich nach der ganz herrschenden Meinung nicht, wenn lediglich der Ausnutzungsgrad der Anlagen konjunkturbedingt herabgesetzt wird, der Betrieb und seine Teile aber in ihrem Zweck und ihrer äußeren Gestalt keine Veränderung erfahren. In den Lehrbüchern von Hueck-Nipperdey und Nikisch sowie in dem Kommentar von Dietz wird ausdrücklich darauf hingewiesen, daß der Übergang vom Mehrschichtbetrieb zu einer Schicht oder zur Kurzarbeit und auch Entlassungen für sich allein noch keine Betriebseinschränkung im Sinne der Ziffer 1 darstellen.

Die im § 111 Ziffer 1 bis 5 genannten Tatbestände werden nur dann rechtlich relevant, wenn sie den ganzen Betrieb oder wesentliche Betriebsteile betreffen oder sonst jedenfalls »grundlegender« Art sind und wenn sie »wesentliche Nachteile für die Belegschaft oder erhebliche Teile der Belegschaft zur Folge haben können«.

3. Das Ineinandergreifen der Informationsrechte in wirtschaftlichen Angelegenheiten einerseits, in personellen Angelegenheiten andererseits zeigt sich besonders im Bereich der Personalplanung. Sowohl die Umgestaltung von Arbeitsplatz, Arbeitsablauf und Arbeitsumgebung im Sinne der §§ 90, 91 als auch eine Betriebsänderung im Sinne des § 111 können eine Personalplanung voraussetzen oder nötig machen. Nach § 92 hat der Arbeitgeber den Betriebsrat »über die Personalplanung, insbe-

sondere über den gegenwärtigen und künftigen Personalbedarf sowie die sich daraus ergebenden personellen Maßnahmen der Berufsbildung« zu unterrichten. Die Informationspflicht erstreckt sich nur auf die allgemeine, kollektive Planung, nicht auf die Planung für die Verwendung der einzelnen Mitarbeiter. Besonders schwierig ist hier die Frage, wann die Information über die Planung einzusetzen hat. Der Schwerpunkt wird bei der gegenwärtigen und kurzfristigen Planung liegen. Nach den Erfahrungen der Praxis wird nur eine Planung für die Information geeignet sein, die nicht über ein Jahr hinausgeht. Längerfristige Planungen müssen nur allzu oft umgestoßen werden, und dann können Unruhe und Sorgen entstehen, die sich nachher als unbegründet herausstellen.

4. Auch die Informationsrechte des Wirtschaftsausschusses sind stark vermehrt worden.

Der Wirtschaftsausschuß hatte bisher schon Anspruch auf Unterrichtung über die wirtschaftlichen Angelegenheiten des Unternehmens. Dieser Grundsatz ist unverändert geblieben. Neu ist nur, daß die beispielhafte Aufzählung von wirtschaftlichen Angelegenheiten, über die unterrichtet werden muß, erheblich erweitert worden ist. So werden jetzt auch die finanzielle Lage, das Investitionsprogramm und Rationalisierungsvorhaben miteinbezogen. Ferner werden die Tatbestände des § 111 wiederholt. Die Einfügung des Wortes »Vorhaben« in Ziffer 10 bringt außerdem die generelle Tendenz des Gesetzes zum Ausdruck, auch Planungen für die Zukunft in die Unterrichtungspflicht einzubeziehen.

Nach der Vorschrift des § 103 Abs. 5 ist dem Wirtschaftsausschuß unter Beteiligung des Betriebsrats auch der Jahresabschluß – d.h. die Handelsbilanz – zu erläutern. Während die Informationsrechte des Betriebsrats nach § 90 konkrete Einzelvorhaben betreffen, erfaßt § 106 die allgemeine wirtschaftliche Planung.

5. Der dritte Informationsempfänger neben Betriebsrat

und Wirtschaftsausschuß ist die Belegschaft. Sie ist nach § 110 in Betrieben mit regelmäßig mehr als 20 ständigen wahlberechtigten Arbeitnehmern mindestens einmal in jedem Kalendervierteljahr über »die wirtschaftliche Lage und Entwicklung des Unternehmens« zu unterrichten. In Unternehmen mit in der Regel mehr als 1000 Arbeitnehmern hat dies schriftlich zu geschehen. Natürlich kann die Unterrichtung auch in kleineren Unternehmen schriftlich gegeben werden; dies dürfte sich empfehlen, da eine mündliche Unterrichtung praktisch eine Betriebsversammlung erfordern würde. Der Schriftform dürfte durch Aushang am Schwarzen Brett – bei größeren Betrieben an mehreren Stellen – genügt sein. Ist eine Werkzeitschrift vorhanden, wird sich diese für die Veröffentlichung empfehlen.

Daneben ist die Belegschaft nach § 43 Abs. 2 mindestens einmal im Kalenderjahr über die wirtschaftliche Lage und Entwicklung des Betriebs zu unterrichten. Die Kombination der regelmäßigen Information nach § 110 und des Berichts in Betriebsversammlungen nach § 43 Abs. 2 ist zulässig und empfehlenswert. Allerdings muß in Unternehmen mit mehr als 1000 Arbeitnehmern eine schriftliche Unterrichtung auch dann stattfinden, wenn derselbe Bericht auf einer Betriebsversammlung erstattet wird.

Zum Schluß soll anhand des Beispiels der Verlegung eines Betriebsteils die zeitliche Abfolge der Information nach den verschiedenen Planungs- und Ausführungsstadien aufgezeigt werden. Über die in Aussicht genommene Betriebsverlegung wird zunächst der Wirtschaftsausschuß zu informieren sein. Sobald die Planung in ein konkreteres Stadium tritt, wird der Betriebsrat über die Verlegung nach § 111 und die erforderliche Personalplanung nach § 92 unterrichtet; gleichzeitig werden die betroffenen Arbeitnehmer nach § 81 Abs. 2 informiert. Am Ende stehen Information und Mitbestimmung des Betriebsrats bei erforderlich gewordenen personellen Einzelmaßnahmen, also Versetzungen, Kündigungen und Neueinstellungen nach den §§ 99 und 102. Mit dem allen soll die Praxis fertig werden.

Ich hatte nur das Thema der Information zu behandeln, und ich habe ihre Bedeutung im positiven Sinne unterstrichen. Ich leugne nicht, daß ich auch hier, stärker freilich noch bei anderen Vorschriften des neuen Gesetzes, Gefahren sehe. Die Fülle der Institutionen der Information, der Mitbestimmung, der Mitwirkung, der Mitberatung ist deutlich, wobei ich keineswegs alle im Gesetz vorgesehenen Institutionen genannt habe. In der Praxis wird es viel Mühe, Zeitaufwand und Kosten geben. Damit ist das Generalthema, unter dem diese Tagung steht, angesprochen.

Alles wird darauf ankommen, daß es in der Praxis gelingt, die vertrauensvolle Zusammenarbeit zu erhalten und weiterzubilden, die Fragen innerhalb des Betriebes und Unternehmens zu klären und zu entscheiden, damit Einigungsstellen und Gerichte nicht überfordert werden.

(Vortrag vor der Adolf-Weber-Stiftung, Frankfurt/Main, März 1972)

Deutsche Industrie und ausländischer Markt

Die Bundesrepublik Deutschland ist stärker exportorientiert als die anderen großen Industrieländer. Jeder dritte Arbeitnehmer in der westdeutschen Industrie arbeitet direkt oder indirekt für den Export. In Großbritannien ist nur jeder vierte oder fünfte, in den USA jeder dreizehnte für den Export tätig.

Die höhere Exportquote der Bundesrepublik im Vergleich zu USA erklärt sich in erster Linie aus dem Fehlen eines großen Binnenmarktes. Wenn die EWG ein echter Binnenmarkt wäre, dann würden von den heutigen deutschen Exportumsätzen von 136 Milliarden DM rund 55 Milliarden DM nicht als Ausfuhr gezählt werden, weil sie in die fünf bisherigen EWG-Länder gingen. Wenn ganz Europa Binnenmarkt für uns wäre, dann würde sich der als Export erfaßte Umsatz der Bundesrepublik auf ein Drittel seines heutigen Standes reduzieren.

Beim Vergleich der Exportquoten ist weiter zu berücksichtigen, daß der Export nur die eine Säule des Auslandsgeschäftes ist. Die andere Säule ist die Produktion im Ausland durch Tochtergesellschaften. Dabei ist die deutsche Industrie noch stark im Rückstand. Die amerikanische Industrie, die eine niedrige Exportquote aufweist, hat die höchste Quote der Auslandsproduktion. Sie produziert heute im Ausland für rd. 400 Milliarden DM und exportiert nur für 127 Milliarden DM. Auch Großbritannien, Holland und die Schweiz produzieren mehr im Ausland als sie exportieren. Bei der deutschen Industrie dagegen stehen 1970 einem Industrieexport von 122 Milliarden DM nur rd. 20 Milliarden DM Fertigung im Ausland gegenüber. Das Verhältnis von Export zu Produktion im Ausland ist in USA also 1:3, in der Bundesrepublik dagegen 6:1.

Die zunehmende weltwirtschaftliche Integration, d. h. die rasch wachsende Bedeutung der Auslandsmärkte bei entsprechend sinkender Bedeutung der nationalen Märkte ist vielleicht der wichtigste Strukturwandel der Nachkriegszeit. Wie sehr die nationalen Märkte an Bedeutung eingebüßt haben, zeigt die Tatsache, daß in der westlichen Welt in den letzten zehn Jahren der Industrieexport sich verdoppelte, die Produktion im Ausland sich verdreifachte, die Produktion für die nationalen Märkte aber nur um die Hälfte zunahm. Der Umsatzzuwachs, den die deutsche Industrie in den letzten zehn Jahren erzielt hat, entfällt nur noch zur Hälfte auf das Inland. Selbst der große Binnenmarkt der USA ist für die amerikanische Industrie heute bei weitem nicht mehr ausreichend. In den amerikanischen Unternehmen ist heute, wenn man die Gesamtbelegschaft im Inland und Ausland zusammenfaßt, jeder vierte Arbeitnehmer für den Auslandsmarkt tätig. In der britischen Industrie ist jeder dritte für Export und Auslandsproduktion beschäftigt.

Bei den großen Unternehmen ist dieser Bedeutungswandel der Märkte noch weit einschneidender. Im Hause Siemens zum Beispiel arbeitet schon jeder zweite Mitarbeiter für das Auslandsgeschäft, wenn man den indirekten Export berücksichtigt. Bei den großen Chemiefirmen sind schon fast zwei Drittel der Beschäftigten direkt oder indirekt im Auslandsgeschäft tätig.

Gründe für die wachsende Bedeutung der Auslandsmärkte sind vor allem, daß die fortschreitende Technik immer größere Produktionseinheiten verlangt und die zunehmende internationale Konkurrenz zur fortschrittlichen Technik zwingt. Es besteht hier eine sich gegenseitig verstärkende Wechselwirkung: Die internationale Konkurrenz zwingt zu größeren Produktionseinheiten und die größeren Produktionseinheiten verschärfen wiederum die internationale Konkurrenz.

Die hohen Forschungs-, Entwicklungs- und Kapitalkosten lassen sich nur bei einer immer breiteren Streuung des Geschäfts abdecken. Die nationalen Märkte erweisen sich dazu in zunehmendem Maße als zu klein. Eine Produktion für den heimischen Markt allein würde, auch bei stärkster Unternehmenskonzentration, vielfach die Anwendung der modernsten Technik nicht erlauben. Flugzeuge, Atomkraftwerke und Datenverarbeitungsanlagen zum Beispiel können für den Inlandsmarkt allein nicht rationell entwickelt und gebaut werden.

Ein großes Auslandsgeschäft erfordert eine umfangreiche Vertriebsorganisation im Ausland. Die Erschließung der Auslandsmärkte ist deshalb ein langwieriges und mühevolles Vorhaben.

Die kapitalkräftigen amerikanischen Unternehmen haben es leichter, Gesellschaften im Ausland aufzukaufen. Wir gehen vielfach den Weg eines stufenweisen Aufbaues des Auslandsgeschäftes, über Vertrieb, Reparaturwerkstätte, Montagewerk bis schließlich zur kompletten Fertigung.

Eine einheitliche Unternehmenspolitik ist wesentlich für die Rentabilität ausländischer Tochtergesellschaften. Sie wird schwieriger oder gar unmöglich, wenn private oder staatliche ausländische Kapitalgeber an der Tochtergesellschaft beteiligt sind. Wird dieser Nachteil ausgeglichen durch die Vorteile, die ausländische »Gemeinschaftsunternehmen« haben können? Oder ist es richtig, mit Rücksicht auf die Durchsetzbarkeit einer einheitlichen Unternehmenspolitik 100prozentigen Tochtergesellschaften im Ausland den Vorrang zu geben?

Den jeweiligen örtlichen Bedingungen und Verhältnissen im Ausland läßt sich mit großer Flexibilität des Entscheidungsspielraumes und dezentralisierter Unternehmensführung am besten Rechnung tragen. Gleichzeitig ist die Einhaltung einer einheitlichen unternehmenspolitischen Linie erforderlich. Wie kann diesen beiden Erfordernissen am besten entsprochen werden?

Kann man Finanzierungsregeln dafür aufstellen, wie weit die Expansion ausländischer Tochtergesellschaften mit deren eigenen finanziellen Mitteln zu betreiben ist, mit Selbstfinanzierung und Krediten in dem entsprechenden Lande, die sie aus eigenen Erträgen zurückzuzahlen haben? Gibt es Maßstäbe für die Abführung der Gewinne an die Muttergesellschaft?

Die Industrialisierungspolitik in Entwicklungsländern läßt oft keine andere Wahl als einen kompletten Herstellungsbetrieb aufzubauen. Wann ist es richtig, diesem Druck nachzugeben? Welche wesentlichen Voraussetzungen müssen bei Investitionen in Entwicklungsländern gegeben sein? – Investitionsklima, Kapitalschutzabkommen – höhere Produktionskosten trotz niedrigerer Löhne – Landesfabriken oder Erdteilsfabriken?

Sollte man immer deutsches Stammpersonal in ausländischen Tochtergesellschaften, insbesondere in der Führungsspitze, behalten, oder ist es denkbar, alle Stellen mit entsprechenden ausländischen Mitarbeitern zu besetzen?

Empfiehlt es sich, eigene Aus- und Weiterbildungsprogramme für die Mitarbeiter im Ausland aufzustellen und durchzuführen oder ist eine Förderung der im Lande bestehenden Ausbildungseinrichtungen oder eine Schulung in Deutschland vorzuziehen?

Stellen sich Export und Produktion im Ausland künftig als echte Alternativen? Einerseits kann Fertigung im Ausland Export ersetzen, andererseits verbessert die Produktion im Ausland die Absatzchancen in dem betreffenden Land.

Vorteile und Risiken einer starken Auslandsorientierung: Es gibt das Schlagwort von der Exportabhängigkeit. Das Auslandsgeschäft der deutschen Industrie entwickelt sich seit Jahren viel gleichmäßiger als das Inlandsgeschäft,

weil sich der Auslandsmarkt aus vielen Einzelmärkten zusammensetzt. Die Konjunkturberge und -täler auf den einzelnen Märkten gleichen sich aus. Der Export hat in der Nachkriegszeit mehrmals nach Perioden der Konjunkturschwäche den Anstoß zu einem neuen Aufschwung gegeben, in der Bundesrepublik zum Beispiel 1959 und 1963. Der Konjunkturrückschlag 1966 und 1967 ist wegen der starken Auslandsorientierung der deutschen Industrie erträglich verlaufen. Im gegenwärtigen Zyklus fehlt diese günstige Voraussetzung. Durch zweimalige DM-Aufwertung und inländischen Kostenauftrieb hat sich die internationale Wettbewerbssituation der deutschen Industrie erheblich verschlechtert. Das Volumen der Exportaufträge stagniert seit gut zwei Jahren und war in den letzten Monaten sogar rückläufig.
Gefahren ergeben sich aus einem zunehmenden Protektionismus in der Welt und aus dem langfristig ungelösten internationalen Währungsproblem. Da wir nicht darauf vertrauen können, daß der Export sich immer so frei und ungehindert entwickelt wie bisher, ist es für die deutsche Industrie wichtig, die Produktion im Ausland zu verstärken. Auch das Währungsrisiko ist bei hoher Auslandsproduktion niedriger als bei hohen Exportquoten.

Konsequenzen der verstärkten weltwirtschaftlichen Integration: Sie hat zwangsläufig zu einer neuen Haltung gegenüber Kooperation und Konzentration geführt. Die optimale Unternehmensgröße im Sinne internationaler Wettbewerbsfähigkeit hat sich wesentlich geändert. Marktmacht und Wettbewerbsintensität sind nicht mehr an nationalen Maßstäben, sondern an den Gegebenheiten weltoffener Märkte und weltweiter Konkurrenz zu messen. Die Entwicklung zwingt in vielen Bereichen zu weiterer Konzentration auch über die Grenzen hinweg. Dabei wäre es verfehlt, die Wirtschaft in den größeren Räumen nur noch als Gesellschaft der Großunternehmen zu sehen. In den meisten Bereichen sind auch in Zukunft kleine und mittlere Betriebe nicht zu entbehren.

Die Gründung großer europäischer Unternehmen mit bedeutenden Marktanteilen in allen Ländern der Europäischen Wirtschaftsgemeinschaft wurde bisher nicht erreicht. In einem echten großen Markt wie dem der Vereinigten Staaten von Amerika haben die großen Unternehmen vielfach in allen Teilgebieten beachtliche Marktanteile. Man spricht von einem Versagen des Gemeinsamen Marktes: Wenn eine französische oder italienische Firma in Schwierigkeiten ist, verhandelt sie meist nicht mit einem Unternehmen eines anderen europäischen Landes, sondern mit einem amerikanischen Konzern. Die Kooperation zwischen europäischen und amerikanischen Unternehmen ist weiter fortgeschritten als die zwischen europäischen Unternehmen.

(Einleitung zu einem Repräsentativ-Gespräch mit ausländischen Journalisten in Zusammenarbeit mit INTER NATIONES, Bonn, Juli 1972)

Nicht vom Brot allein

Das Wort der Heiligen Schrift ist als Thema nur auszugsweise vorgegeben. Der vollständige Text lautet:

»Der Mensch lebt nicht vom Brot allein, sondern von einem jeglichen Wort, das durch den Mund Gottes geht.«

An die verneinende schließt sich also eine positive Aussage an. Dies ist theologisch von großer Bedeutung. Nun ist zwar heute nicht zu verkennen, daß Theologen sehr häufig zu Fragen nicht nur der Politik, sondern auch der Wirtschaft mit hohem Anspruch und Selbstvertrauen Stellung nehmen; ich werde mich aber hüten, nun den Spieß gleichsam umzudrehen, um meinerseits theologische Fragen zu behandeln. Ich spreche also hier als evangelischer Laie zu Fragen, die uns alle bewegen, und ich möchte dazu meine ganz persönliche Ansicht sagen, die ebenso aus den Erfahrungen eines langen beruflichen Lebens wie aus meinem privaten Bereich und privaten Erlebnissen gewonnen ist.

Ich habe drei Berufe ausgeübt. Lange Zeit, bis zum Jahre 1950, war ich im Staatsdienst tätig. Ich bin dann in die Wirtschaft gegangen und dort später Vorstandsmitglied eines Unternehmens geworden, das hinsichtlich der Zahl der Arbeitnehmer das größte in unserem Lande ist; im Vorstand war ich verantwortlich für die Personal- und Sozialpolitik und damit Sprecher der Firmenleitung gegenüber dem Gesamtbetriebsrat. Meine Aufgaben haben mich dann mit der Zeit auch in öffentliche Ämter geführt, teilweise politischen Charakters, im eigenen Land und in der Europäischen Wirtschaftsgemeinschaft. Seit langen Jahren bin ich Mitglied der Sozialkammer der Evangelischen Kirche und Vorsitzender des Arbeitskreises Evangelischer Unternehmer in der Bundesrepublik Deutschland. Aus alledem folgte dann der Eintritt in einen dritten Beruf; denn ein Beruf ist es ja heute, auch wenn man es beklagen mag: ich wurde für eine Legislaturperiode Abgeordneter des Deutschen Bundestages.

Schon mein berufliches Leben hielt mich in ständiger Verbindung mit der Jugend. Viel unmittelbarer noch aber traf das für mich zu als Vater von sechs Kindern – jetzt im Alter von 36 bis 21 Jahren –, davon fünf verheiratet, und als Großvater von neun Enkeln. Bei freimütigem Gedankenaustausch und gelegentlich unterschiedlichen Ansichten, selten freilich in grundsätzlichen Fragen, herrscht in meiner Familie Harmonie und Eintracht.

Es kann paradox erscheinen, daß, soweit ich sehe, die Wahrheit, daß der Mensch nicht vom Brot allein lebt, gerade damals im Bewußtsein der Menschen tiefer verwurzelt war, als es wirklich um das Brot im wahrsten Sinne des Wortes ging – nämlich 1945 nach dem Zusammenbruch –, als in den folgenden Jahren wachsenden Wohlstandes. Aber es gab damals zu viele, die es erlebt hatten, wie vergänglich die Schätze sind, die die Motten und der Rost fressen, und die nun wußten, daß das Eigentliche das ist, was wir in Herz und Kopf unverlierbar mit uns tragen. Da ich hier persönlich spreche, möchte ich auch aus persönlichem Erleben dazu etwas sagen. Als ich aus der Kriegsgefangenschaft zurückkam, wußte ich, daß wir alles, was wir besaßen, verloren hatten. Das war nicht so wichtig. Aber seit Januar 1945 hatte ich keine Nachricht von Frau und Kindern jenseits der Oder. Ich wußte nicht, wie es ihnen ergangen war und ob sie noch am Leben waren. Als wir uns dann wiedersahen, haben meine Frau und ich uns versprochen, diesen Tag niemals zu vergessen und den Wert der äußeren Güter, wenn wir – was damals sehr ungewiß war – wieder welche haben sollten, niemals zu überschätzen.

Oft wird gesagt, daß in jenen Tagen des Kampfes um das tägliche Brot die Selbstsucht Triumphe gefeiert habe, und es hat gewiß vieles gegeben, was diese Behauptung rechtfertigt. Dennoch ist das Urteil nicht gerecht. Ich jedenfalls – und wie ich viele andere – habe damals unendlich viel Hilfsbereitschaft gefunden und Freundschaft erprobt, auch unter Opfern der Helfenden. Und wie viele andere habe ich damals die aus eigener Initiative und wahrhaft christlicher Nächstenliebe erwachsende Hilfe amerikanischer christlicher Gemeinden erfahren, die um so höher zu werten war und von der Gesinnung her um so tiefer empfunden werden mußte, als wir ja drüben als ein sehr böses Volk galten. Diese Hilfsbereitschaft sollte man nicht vergessen.

Wenn also in unserem Volk außer dem festen Willen, sich wieder heraufzuarbeiten, auch solche Gesinnungen lebendig waren, so ist doch nicht zu verkennen, daß damals zugleich die Grundlage für das gelegt wurde, woran wir heute kranken. Zweierlei ist es, was über die materielle Existenz hinaus den Menschen an einen höheren Wert bindet. Das eine ist diesseitig das Gefühl der Pflicht, auch zu Lasten des eigenen Vorteils einer Gemeinschaft verpflichtet zu sein und Opfer für das Ganze zu bringen. Diese Opferbereitschaft für die Gemeinschaft und für das Vaterland war in fürchterlichster Weise mißbraucht worden; die meisten wollten nichts mehr davon wissen, wie sehr auch nach allem Erlebten die Bedeutung individueller Freiheit gewürdigt wurde. Aber dazu, die mißbrauchten Gefühle nun auf den neu entstehenden Staat und auf die Demokratie nicht nur als eine freiheitlich bestimmte politische Ordnung, sondern auch im Sinne des Aufrufs zu eigener mittätiger Verantwortung im öffentlichen Leben zu übertragen, fehlte häufig außer der Zeit auch die innere Bereitschaft. Das war menschlich verständlich, aber heute leiden wir an den Folgen. Es ist lange Jahre her, daß der damalige Vorsitzende des Deutschen Gewerkschaftsbundes, Herr Rosenberg, bei einem der sogenannten Spitzengespräche, die wir mit den Gewerkschaften führten, mit Sorge darauf hinwies, daß es nicht gelungen sei, der heranwachsenden Jugend unsere Demokratie und unseren Staat nahezubringen; er meinte, daß hier auch eine bedeutsame gemeinsame Aufgabe der Sozialpartner gegeben sei. Ich habe ihm damals zugestimmt und auch Vorschläge gemacht, aber sie konnten nicht verwirklicht werden.

Das zweite, was seitdem nicht wiedergekehrt ist, war damals nach dem Zusammenbruch die große Bereitschaft, sich nach einer langen Zeit brutal diesseitigen Denkens in der nationalsozialistischen Epoche auch wieder auf das zu besinnen, was nicht von dieser Welt ist und was außerhalb rationaler Erkenntnis einem höheren geistigen Streben die Verbindung zum Ewigen eröffnet. Das wäre die Stunde unserer Kirche gewesen, die ja schließlich durch viele ihrer Glieder und Amtsträger in der Zeit der nationalsozialistischen Herrschaft Heldenmut und Opfersinn gezeigt hatte; aber die Aufgabe hat sie nach dem Zusammenbruch, wie ich meine, nicht gelöst. Inzwischen ist evangelischer Glaube oder, um es etwas allgemeiner zu sagen, die Verbindung zum Transzendentalen weitgehend verloren gegangen.

Gefolgt sind dann zwei Jahrzehnte kontinuierlichen Fortschrittes und wachsenden Wohlstandes. Dies wurde, was heute viele nicht mehr hören wollen, durch die Soziale Marktwirtschaft geschaffen; sie ging, was heute ebenfalls meist vergessen wird, von einer ideellen Grundlage aus, der sie ihre Erfolge verdankt. Von der Kirche wird oft gesagt, daß nicht alle daran teilhatten, und es wird auf Gruppen hingewiesen, die benachteiligt seien. Aber bei einer allgemeinen Betrachtung kann nicht geleugnet werden, daß die große Mehrheit der Menschen in unserem Lande an dem allen wesentlich partizipiert hat. In diesen Jahren nun ging aber doch im Bewußtsein der einzelnen und der Gesamtheit die Weisheit des Evangeliums, daß der Mensch nicht vom Brot allein lebt, weitgehend verloren. Im ganzen glaubte man, die materiellen Fortschritte hätten eine Zufriedenheit hervorgerufen, die in sich die Gewähr der Dauer trage, und die Hauptsorge müsse sein, daß es so weiter gehe. Ich spreche hier keine Werturteile aus; nach allem Erlebten war es verständlich, daß man so dachte und das Ergebnis der gemeinsamen Leistung so hoch bewertete. Und es war ja auch etwas wert! Aber es gab auch einen Wunderglauben an den materiellen Fortschritt und eine durch ihn auf Dauer gesicherte Befriedung. Es war, wie sich zeigt, ein Irrtum.

Heute ist es nun wieder, wenn man Worten trauen darf, eine allgemeine Erkenntnis, daß der Mensch nicht vom Brot allein lebt. Alle sprechen davon, der Bundeskanzler hat es in der Regierungserklärung gesagt, und es ist das Generalthema des nächsten Kirchentages.

Nun aber kommt es entscheidend darauf an, was mit diesen Worten gemeint ist und erreicht werden soll.

Das Thema und die Behandlung auf dem bevorstehenden Kirchentag birgt Gefahren in sich, die in zwei verschiedenen ganz entgegengesetzten Richtungen laufen. Man kann in unverbindlicher Einigkeit auseinandergehen oder mit dem Gefühl unüberbrückbarer Gegensätze. Die erste Gefahr wäre gegeben, wenn man an der Oberfläche der Thematik bliebe und sich bei dem Versuch der Substantiierung auf Pauschalbegriffe beschränkte. Die Bekenntnisse zur Würde des Menschen, zur Welt der geistigen Werte, vielleicht auch zur religiösen Verbundenheit, zu mitmenschlicher Verpflichtung und was auch immer, wird niemand schwerfallen. Doch das notwendige Bemühen, konkret zu werden, bringt uns in die Nähe der anderen Gefahr. Die Versuchung wird groß sein, sich hier entweder im Utopischen zu verlieren und damit den Bezug zur Wirklichkeit aufzugeben oder aber das Wort der Schrift als attraktive Verpackung für handfeste, im politischen Streit befindliche Forderungen zu benutzen. Fruchtbar

wird das Gespräch nur werden, wenn es von allen unter Verzicht auf bloße Lebensformeln:
- *konkret,* unter Meidung von Utopien,
- *realistisch* und unter Vermeidung taktischer Versuchungen,
- *offen* geführt wird.

Bei allem Ringen um Übereinstimmung werden dann sicherlich Gegensätze bleiben. Man sollte aber dann nicht versuchen, sie durch oft zufällige Mehrheitsbeschlüsse zu vertuschen.

Wenn ich nun das »Brot« aus jenem Bibelwort zusammenfassend verstehe als Gesamtheit der materiellen Gegebenheiten und Notwendigkeiten der menschlichen Existenz, so hoffe ich, damit, ohne auf exegetische Kritik theologischen Sachverstandes zu stoßen, dem Thema gerecht zu werden. Versteht man es so, dann muß man auch und im besonderen von der Wirtschaft sprechen, die nicht allein, aber doch wesentlich diese materiellen Bedingungen hervorbringt und zur Verfügung stellt.

Daß ich einem Vorrang der materiellen gegenüber den immateriellen Komponenten des menschlichen Lebens nicht das Wort rede, haben, wie ich hoffe, meine einleitenden Worte gezeigt. Wohl müßte aber auch dem umgekehrten Anspruch mit gleicher Entschiedenheit entgegengetreten werden. Worauf es mir ankommt, ist zweierlei: Ich möchte daran erinnern, daß das Materielle, hier einmal übersetzt als funktionierende Wirtschaft, auch die Basis der geistigen Entfaltung des Menschen ist. Man sollte also doch wohl realistisch davon ausgehen, daß nicht nur die Freiheit von materieller Not eine sehr wichtige Vorbedingung auch für die geistige Entfaltung des Menschen ist, sondern – darüber hinausgehend – daß wachsender Wohlstand zugleich die geistigen Freiheitsräume erweitert. Ob allerdings diese Möglichkeiten auch tatsächlich voll genutzt werden, ist eine andere Frage.

Leider lassen nicht selten in ihrer Grundtendenz wirtschaftsfeindliche Untertöne in Äußerungen auch aus kirchlichem Bereich Zweifel aufkommen, ob dies alles immer erkannt, geschweige denn gewürdigt wird. Alles, was mit Wirtschaft zu tun hat, wird sehr oft dargestellt als ein aus Bosheit und Machtgier gestricktes Netz anonymer Mächte, das freiheitshemmend den einzelnen einfängt und ihn am wahren Menschsein hindert. Und so wird denn Wirtschaft, weil sie auf das Materielle gerichtet sei, als etwas dem Geistigen Entgegengesetztes und Entgegenhandelndes gesehen. Gegen die Konstruktion eines solchen Widerspruchs möchte ich mich wehren. Wir müssen zu einer ganzheitlichen Betrachtung kommen, in der die Wirtschaft nicht ein Fremdkörper ist – ein suspekter noch dazu – sondern bei der auch sie als wichtiges Feld menschlicher Entfaltung anerkannt wird. Kritik wird dadurch nicht ausgeschlossen. Aber nur sie, nicht die Verteufelung, ist die Grundlage für das uns allen aufgegebene Bemühen, das Entfaltungsfeld Wirtschaft so auszugestalten, daß sich der Anspruch des Brotes und die Ansprüche all dessen, was der Mensch darüber hinaus zum Leben bedarf, nicht einander ausschließen, sondern ergänzen.

In diesem Zusammenhang komme ich auf ein Wort zu sprechen, das man jetzt häufig hört, auf die »Verbesserung der Qualität des Lebens«. Wer hätte etwas dagegen? Hier wird aber so getan, als sei dies Ziel eine ganz neue Entdeckung, das nun gegen die Wirtschaft verwirklicht werden müsse. Der Verbesserung der Lebensqualität diente die Einführung der Sozialversicherung ebenso wie die Erfindung des Automobils, der Bau von Kindergärten, das Fernsehen, das Betriebsverfassungsgesetz und der Massentourismus. Solche Beispiele mögen zeigen, daß es sich hier nicht um eine ganz neue Forderung für die Zukunft mit einem gesellschaftspolitischen Ausschließlichkeitsanspruch handelt, sondern um ein auch in der Vergangenheit von vielen Gruppen praktiziertes Bemühen.

Heute wird die Frage gestellt, ob eine Umorientierung

wirtschaftlicher Zuwächse vom individuellen Bereich zum kollektiven Bereich zweckmäßig wäre. Das ist eine politische und eine sachliche Frage. Ein falscher Ansatz wäre es aber, wenn man glaubte, diese Fragen ohne die Wirtschaft oder gegen die Wirtschaft lösen zu können; denn erst eine funktionierende und wachsende Wirtschaft schafft die notwendigen Voraussetzungen für jede Verbesserung der Lebensqualität.

Hier muß auch ein Wort über das Phänomen der Macht gesagt werden. Daran entzündet sich in besonderem Maße der Vorwurf, daß die Wirtschaft der individuellen menschlichen Entfaltung entgegenstehe, ja sie hemme. Der Vorwurf wäre begründet, wenn man ihn an dem utopischen Bild einer Gesellschaft mißt, »wo jeder nicht einen ausschließlichen Kreis der Tätigkeit hat, sondern sich in jedem beliebigen Zweig ausbilden kann, die Gesellschaft die allgemeine Produktion regelt und (dem einzelnen) eben dadurch möglich macht, heute dies, morgen jenes zu tun, morgens zu jagen, nachmittags zu fischen, abends Viehzucht zu treiben, auch das Essen zu kritisieren, ohne je Jäger, Fischer, Hirt oder Kritiker zu werden, wie (er) gerade Lust (hat)«. An einer solchen – übrigens nicht von Rousseau stammenden – Idylle gemessen, muß in der Tat die Gegenwart mit ihren wirtschaftlichen Sachzwängen im Sinne neomarxistischer Vorstellungen unerträglich scheinen. In jener Idylle ist kein Raum für wirtschaftliche Macht, von wem auch immer ausgeübt, weil es hier ebensowenig eine Wirtschaft gibt wie im Schlaraffenland, in Utopia oder im Paradies. Ich weiß nicht recht, ob es hier überhaupt noch möglich ist, guten Glauben und idealistische Verengung zuzugestehen. Der intellektuelle Aufwand ist zu groß, das Instrumentarium, mit dem diese Angriffe vorgetragen werden, oft zu brillant, als daß der Verdacht zu unterdrücken ist, hier werde ewigmenschliche Sehnsucht mißbraucht, um hintergründig politische Ziele zu verwirklichen. Aber ganz erfolglos sind solche Versuche nicht. Hinzu kommt, daß das wirtschaftliche Geschehen in einer modernen Industriegesellschaft für viele in all seinen mannigfaltigen Wechselwirkungen nicht mehr durchschaubar ist. Die behauptete anonyme Macht, in ihren Ursachen und in ihren Zielen für den einzelnen nicht transparent, wird als freiheitshemmende Bedrohung empfunden oder als solche suggeriert. Gewiß werden diese Bewegungen und Ideologien bisher von Minderheiten getragen; doch nicht die Zahl ist entscheidend.

Nicht zu leugnen ist, daß mancherorts auch die Autorität der Verkündigung zur politischen Irreführung benutzt wird. Das Machtphänomen in der Wirtschaft wird auf die einfache Formel »Macht gleich Eigentum« reduziert, und die Beseitigung dieses Eigentums wird als Befreiung von allen Zwängen und als Beginn eines wahrhaft christlichen Zeitalters verheißen.

Die wichtigsten Funktionsträger im wirtschaftlichen Geschehen sind der Staat, die Unternehmer, die Arbeitnehmer und die Verbraucher. Jeder von ihnen übt Macht aus. Dabei wird in der Diskussion der Staat oft vergessen. Der Staat, verstanden als demokratisch institutionalisierte Gestaltungsmacht der Bürger, ist omnipotent – zumindest potentiell. Ich glaube, daß gerade seine Macht am ehesten der Begrenzung bedarf, soll sie nicht zur unmittelbaren Bedrohung für den einzelnen werden. Doch der einzige, der ihm diese Beschränkung auferlegen kann, ist der Staat selbst. Der Rahmen, in dem diese Selbstbeschränkung sich verwirklicht, ist die Wirtschaft – und untrennbar damit verbunden die Sozialverfassung. Ich sehe ein wesentliches Problem unserer Zeit und vor allem der Zukunft darin, den richtigen Weg zwischen Ohnmacht und Allmacht des Staates zu finden.

Daß er auf das wirtschaftliche Geschehen in unserem Lande bedeutenden Einfluß hat, wird niemand bestreiten. Steuer-, Konjunktur- und Wettbewerbspolitik greifen, das wirtschaftliche Geschehen durch Datensetzung lenkend und steuernd, immer tiefer und gezielter. Immer mehr Aufgaben werden aus dem privaten Bereich in die öffentliche Verantwortung überführt. Der Anteil des Staates am gesamten Sozialprodukt ist tendenziell steigend. Kurz: Die ordnende, verordnende und unterordnende Gestaltungsmacht des Staates ist in der Wirtschaft überall spürbar, und die Sorge vor der Übermacht des Staates erscheint berechtigter als die vor seiner Ohnmacht.

Immerhin: Das Prinzip der Selbstbeschränkung des Staates im wirtschaftlichen Bereich ist damit noch nicht preisgegeben. Da dieses Prinzip wesentliches Merkmal einer marktwirtschaftlichen Ordnung ist, wäre seine Preisgabe einer Absage an diese Ordnung gleichzusetzen. Dabei ist meines Erachtens nicht die abrupte, offen proklamierte Änderung die eigentliche Gefahr. Weit gefährlicher ist eine allmähliche, sich Schritt für Schritt vollziehende und in den einzelnen Schritten kaum merkbare Auswucherung staatlicher Macht und Bürokratie.

Die Macht nun der anderen Funktionsträger, die ich nannte, ist Macht, auf die der Staat verzichtet hat. Es ist gleichsam eine Beleihung, die nur deshalb zu verantworten ist, weil und solange die staatliche Autorität zum einen die Möglichkeit hat, durch externe Datensetzung die Machtausübung durch jene autonomen Funktionsträger zu begrenzen, und weil und solange die Gewähr gegeben ist, daß die autonomen Funktionsträger sich als Macht und Gegenmacht wechselseitig in Schach und Schranken halten.

Wenn nun von der Macht der Unternehmer gesprochen wird, dann fällt es auf, daß die Angriffe sich nur gegen die Macht der privaten Unternehmen richten. Öffentliche Unternehmen bleiben ausgeklammert, obwohl die Probleme dort die gleichen sind. Dabei verwirklichen gerade die im privaten Eigentum stehenden Unternehmen am überzeugendsten das marktwirtschaftliche Prinzip der gegenseitigen Machtkontrolle und -neutralisierung.

Anders als das öffentliche Eigentum gewährleistet gerade das private Eigentum die Dezentralisierung von Macht. Die mit dem Eigentum verbundene wirtschaftliche Verfügungsbefugnis ist aufgesplittert auf eine Vielzahl autonomer Unternehmen, die ihre Entscheidungen nicht nur unabhängig voneinander, sondern im Wettbewerb gegeneinander treffen. Der marktwirtschaftliche Mechanismus mit dem Verlustrisiko als Strafe für wirtschaftliche Fehlentscheidungen und der Gewinnchance als Lohn für marktgerechte Entscheidungen ist Ihnen allen bekannt.

Die Macht der Unternehmen findet ihre Grenze in den Anforderungen des Marktes. Der Markt – das sind Verbraucher im weitesten Sinne, sei es als Abnehmer von Dienstleistungen und Investitionsgütern im gewerblichen Bereich, sei es als private Konsumenten. Die Macht gerade dieser Funktionsgruppe wird häufig unterschätzt.

Die Bedeutung, die das zur marktwirtschaftlichen Ordnung gehörende Recht auf freie Konsumwahl hat, und damit der Wert dieses ganz persönlichen Freiheitsraumes wird nicht selten geleugnet. Der Verbraucher wird dabei als ohnmächtig hingestellt, als durch die Werbung manipuliert und dem »Konsumterror« unterworfen. Derartige Vorwürfe sind gerade auch aus dem kirchlichen Bereich nicht selten zu hören. Man sollte sie durchaus ernst nehmen, so weit dahinter eine echte Sorge um die Freiheit des einzelnen steht. In der Tat lassen sich aus der Werbung Beispiele anführen, die eine solche Sorge verständlich machen. Vollkommen kann kein System dieser Welt sein. Darum sollte nicht wegen einzelner Fehlerscheinungen die Bedeutung der freien Konsumwahl für den einzelnen und für die eigenverantwortliche Gestaltung seines ganz persönlichen Lebensbereiches abgewertet werden. Das wäre ebensowenig zu verantworten, als wenn man wegen all der Fehlerscheinungen in einem politischen Wahlkampf das Prinzip der Demokratie abwerten wollte.

Was nun die Machtposition der Arbeitnehmer betrifft – denn auch sie ist vorhanden, und sie ist stark – so geht es hier um eine sehr gewichtige und für die Funktionsfähigkeit einer freiheitlichen Ordnung unerläßliche Komponente im Parallelogramm der wirtschaftlichen Kräfte. Dies gilt nicht nur für die Stellung des einzelnen Arbeitnehmers, es gilt vor allem auch für seine Vertretungen in den Betrieben und überbetrieblich durch die Gewerkschaften.

Schon längst nicht mehr trifft das Bild des hilflos unternehmerischer Willkür und Ausbeutung ausgelieferten, in die dunklen Hinterhöfe der Gesellschaft verwiesenen Proletariers zu. Zwar fehlt es nicht an Versuchen, die verblaßten Farben dieses Bildes aufzufrischen, und nicht zuletzt können auch manche Theologen einer solchen Versuchung nur schwer widerstehen. Sie ignorieren nicht nur die tatsächlich doch unübersehbare Heterogenität innerhalb der Arbeitnehmerschaft – vom hochqualifizierten Wissenschaftler bis zum ungelernten Arbeiter wird alles über einen Kamm geschoren – sie ignorieren vor allem auch die soziologische und betriebliche Wirklichkeit. Selbstverständlich gibt es hier vielfältige Abhängigkeiten; doch kann man sie nicht mit einem simplen Subordinationsklischee erfassen. Sie bestehen durchaus wechselseitig und auf verschiedenen Ebenen. Man denke an das Verhältnis des einzelnen zu seinen Kollegen, zu seinen nachgeordneten Mitarbeitern und auch zu seinen Vorgesetzten. Im übrigen: Nicht nur der Arbeitnehmer ist in seiner Tätigkeit Abhängigkeiten ausgesetzt. Ebenso trifft das doch auf den Unternehmer, den freiberuflich Tätigen, auf uns alle, die wir hier im Saal sind, zu. Aufgabe ist es, die besonderen Abhängigkeiten, die mit einem Arbeitsverhältnis verbunden sind, auf ihre funktionale Notwendigkeit zu überprüfen, sie, wo sie funktional gerechtfertigt sind, anzuerkennen, und sie, wo das nicht der Fall ist, auf das funktional gerechtfertigte Maß zurückzudrängen.

Hinzu kommt der gesetzliche Zwang. Ein engmaschiges Netz arbeits- und betriebsverfassungsrechtlicher Bestimmungen sichert den Freiheitsraum des einzelnen Arbeitnehmers nach den verschiedensten Seiten ab. Schließlich bietet auch das soziale Verantwortungsbewußtsein der Unternehmer – da andere es nicht tun, will ich doch wenigstens den Mut haben, es zu sagen – eine Gewähr für eine funktionale Begrenzung der mit dem Arbeitsverhältnis einhergehenden Abhängigkeiten, eine Gewähr für den Verzicht auf Willkür und ungerechtfertigte Herrschaftsansprüche. Wahrscheinlich halten Sie diese soziale Verantwortung des Unternehmers für die schwächste Sicherung. Doch wohl nirgends im Leben kann und darf institutionelle Regelung so weit gehen, daß sie für individuelle Verantwortung keinen Raum mehr läßt. Dies sollte gerade im Rahmen der Überlegungen eines Kirchentages gesagt werden. Es wäre eine tief deprimierende und überdies mit der Wirklichkeit im Widerspruch stehende Einstellung, wollte man die soziale Verantwortung des Unternehmers generell leugnen, und es wäre auch gefährlich, weil man ihn damit doch gerade aus dieser Verantwortung entließe.

Ich habe bisher von den Gewerkschaften nicht gesprochen, und die Zeit reicht auch nicht aus, um dies Thema näher zu behandeln, so sehr es das verdiente. Ich möchte mich deshalb auf einige wenige Bemerkungen beschränken.

Die Gewerkschaften sind ein notwendiger Machtfaktor in einer freiheitlichen Ordnung. Sie sind unverzichtbar und unersetzbar, um das Gleichgewichtsgefüge von Macht und Gegenmacht zu erhalten. Ihr Wirken ist über den Kreis ihrer Mitglieder und über den Bereich der Tarifautonomie hinaus von weitreichender Bedeutung für fast alle Arbeitnehmer. Es kann wesentlich dazu beitragen, daß die Wirtschaft für den einzelnen nicht nur das Feld ist, in dem er sein Brot verdient, sondern daß sie auch ein

Feld für seine individuelle Entfaltung bleibt. So schwierig die Auseinandersetzung mit den Gewerkschaften auch oft ist: Eine freiheitliche Wirtschaftsordnung braucht starke Gewerkschaften.

Aber die Entwicklung schreitet fort. Die Gewerkschaften sind heute – ich glaube, das kann man nicht leugnen – die stärkste und machtvollste außerstaatliche Organisation in unserem Lande. In den Aufgaben, die sie sich stellen, sind sie weit über frühere Ziele hinausgewachsen. Es gibt kaum eine Frage der Politik und der Wirtschaft im weitesten Sinne, zu der die Gewerkschaften nicht Stellung beziehen und in der sie nicht ihre Auffassungen, oft mit kräftigen Mitteln, zu verwirklichen bemüht sind. Hinzu kommt, daß ihre Funktionäre dort, wo die paritätische Mitbestimmung besteht, unmittelbaren Einfluß auf die Unternehmensführung haben und damit sozusagen an beiden Seiten des Tisches sitzen. Ihre politische Kraft drückt sich auch darin aus, daß mehr als die Hälfte der Bundestagsabgeordneten einer gewerkschaftlichen Organisation angehört.

Wenn also von Macht gesprochen wird, dann muß man auch von der Macht der Gewerkschaften sprechen. Die Frage stellt sich, ob das Gleichgewicht der Kräfte, von dem der demokratische Staat lebt, von hier aus gefährdet ist. Ich bin der Meinung, daß das der Fall ist.

Ich kann die Betrachtungen über die Wirtschaft nicht abschließen, ohne wenigstens noch einige Bemerkungen über zwei Begriffe zu machen, die sich in der Diskussion besonderer Angriffe erfreuen, nämlich Wachstum und Leistung.

In der Frankfurter Allgemeinen Zeitung wurde vor einiger Zeit Mirabeau zitiert; er sagte: »Es gibt nur drei Formen, um im Leben zu bestehen: stehlen, betteln oder etwas leisten.« Aber die Leistung wird heute verteufelt, und mit moralischer Entrüstung wird die sogenannte Leistungsgesellschaft als eine bösartige Erfindung des Kapitalismus gebrandmarkt. Die Frage nach der Gutgläubigkeit muß gestellt werden. Denn jedermann weiß, daß in den kommunistischen Ländern die Leistung unter härtestem Druck und Zwang gefordert und erbracht wird und daß der einzelne an dem Erfolg seiner Leistung weit weniger partizipiert als bei uns, zugunsten einer allmächtigen Bürokratie und einer abstrakten Teilhabe am Ganzen. Darum ist der Verdacht nicht unbegründet, daß viele, die die sogenannte Leistungsgesellschaft angreifen, es gar nicht auf die Leistung als solche abgesehen haben, sondern – auch dies Wort ist wieder aus der Versenkung aufgetaucht – auf das System.

Ohne das wirtschaftliche Wachstum in Europa in den letzten 100 Jahren würde dort heute noch Hunger, verbreitetes Elend und wahrscheinlich große Massenarbeitslosigkeit herrschen. Das Wachstum ist aber heute aus verschiedenen Gründen problematisch geworden. Wachstum wird als Ziel von freilich meist nur meditierenden, nicht in der wirtschaftlichen Verantwortung stehenden Gruppen grundsätzlich abgelehnt. Die Basis hierfür ist psychoanalytisch, soziologisch, philosophisch; dabei richtet sich die Kritik dieser Gruppen vor allem gegen die Orientierung an der Leistung. Schließlich wird geltend gemacht, das Wachstum werde durch drohende Erschöpfung von Rohstoffvorräten und durch progressive Umweltverschmutzung ohnehin bald unmöglich oder es bedeute den Untergang der Menschheit. So wird das Null-Wachstum empfohlen.

Allgemein ist zu sagen, daß es tatsächlich Verwirrung und Fehlorientierung gegeben hat. Die Feststellung, daß Wachstumsziele bisher überbetont und ohne rechtes Maß propagiert wurden, scheint mir richtig. Die Volkswirtschaftslehre spricht von Wachstumsverlusten, wenn das denkbar maximale Wachstumsziel nicht erreicht wurde. Die Weltwirtschaftskrise hinterließ einen tiefen Schock: Arbeitslosigkeit; in den Vordergrund trat die Konjunkturpolitik. Hieraus ist dann eine Wachstumsideologie geworden. Eine ähnliche Parallele findet man in wirtschaftswissenschaftlichen Lehrbüchern, in denen der Unternehmer vielfach so dargestellt wird, als ob er, was nicht zutreffend ist und übrigens verkehrt wäre, nur die Gewinnmaximierung im Kopf haben müsse. Von einem solchen Wachstumsfetischismus sollte man sich absetzen. Ohne Zweifel kann er eine Verführung nicht nur für die Konsumenten, sondern auch eine Manie besonders perfekter Manager werden. Wachstum kann also nur ein Ziel unter anderen sein; aber auf Wachstum überhaupt zu verzichten, wäre Selbstmord.

Die neue Heilslehre des Null-Wachstums hat doch inzwischen schon einiges von ihrer vielfach empfundenen Faszination eingebüßt. Berechtigte kritische Argumente sind unter anderem:

- Die Computer-Manipulationen wurden hinsichtlich eingespeister Voraussetzungen als unfundiert erkannt,
- Möglichkeiten des technischen Fortschritts und der sozialen Anpassung wurden offensichtlich in der Dimension unterschätzt,
- die bereits erkennbare Abflachung der Bevölkerungskurve wurde nicht berücksichtigt,
- das globale Weltmodell gilt in der Praxis nirgends; die regionale Betrachtung ist vernachlässigt,
- die Umweltverschmutzung ginge auch bei Null-Wachstum weiter; Möglichkeiten des Umweltschutzes wurden sehr stark unterschätzt.

Eine grundsätzliche Ablehnung der Notwendigkeit des Wachstums wäre Vogel-Strauß-Politik. Die für den öffentlichen Bereich Bildung, Städtebau, Umweltschutz, nicht zuletzt Entwicklungshilfe zusätzlich erforderlichen Mittel als reale Ressourcen sind – gerade wegen kumulativer zusätzlicher Aufgaben – sehr beträchtlich. Ohne weiteres Wachstum müßten diese Aufgaben entweder unbewältigt bleiben oder entscheidend zu Lasten des privaten Konsums gehen; politisch wäre das nicht ohne schwere Erschütterungen durchsetzbar. Die Aufwärtsentwicklung der Entwicklungsländer – die stark von wachsenden Bezügen der Industrieländer abhängt – wäre äußerst erschwert, das Elend dort müßte fortdauern.

So wäre denn Null-Wachstum alles in allem in der Wirkung unhuman. Wachstum darf nicht nur quantitativ aufgefaßt werden, sondern auch qualitativ. Wahrscheinlich ist, daß sich Wachstum auch ohne spezifische Politik in den reifen Volkswirtschaften abflachen wird.

Und nun noch ein Wort zur sogenannten Leistungsgesellschaft, ein Wort, das ich nicht gern gebrauche, weil es das Ganze unserer heutigen Gesellschaft nicht vollständig und darum einseitig wiedergibt. Aber es wird nun einmal gebraucht, und zwar von beiden Seiten, Anhängern und Kritikern. Die geistigen Wurzeln der Kritik sind vielfältig. Der Ausgangspunkt liegt häufig im unterschiedlichen »Menschenbild«. Stark verbreitet ist die Auffassung, daß der Mensch durch »richtige« Erziehung zu einer moralisch besseren Grundqualität kommen kann, ein, mir scheint, offener Widerspruch zum christlichen Menschenbild. Verbreitet ist die Zielsetzung eines vollständig freien, nur noch seiner individuellen »Vervollkommung« lebenden Menschen; das wäre eine de facto – Entfernung von der Gemeinschaft. Letztlich ist es eine utopische Zielsetzung; verwirklicht würde sie zur »geistigen Versklavung« der Menschheit oder zur Anarchie führen.

Die Erfahrung beweist, daß die »Grundnatur« des Menschen bisher nicht verändert werden konnte. Der Mensch lebt im ständigen Spannungsfeld zwischen Sozial- und Individualsphäre. Daraus ergeben sich Grundstrukturen menschlichen Verhaltens, die sich in Wettbewerb und Partnerschaft ausdrücken. Ausfluß des Wettbewerbs ist das Leistungsprinzip, und Leistung ist ja eine ganz allgemeine, nicht nur der Wirtschaft zugeordnete Kategorie, in Wissenschaft, Kirche, Kunst, Verwaltung und so fort.

In der Wirtschaft wirkt sich das Leistungs- als Wertschöpfungs-Prinzip aus. Nur das Leistungsprinzip, gerade weil es der menschlichen Natur entspricht, konnte die Energien freisetzen, die Europa aus ehemals weithin verbreiteter Not herausgeführt haben. Beim Verfall der Leistung wäre zu befürchten, daß die Menschheit in längst überwundene Stufen zurückfällt. Ihr größter Teil steht heute bei weitem noch nicht einmal dort, wo Deutschland um 1880 stand!

Schließlich meine ich, daß die Wechselwirkung von Leistung und Entlohnung auch einem ganz natürlich im Menschen vorhandenen Gerechtigkeitsgefühl entspricht. Ein Märchen scheint mir der oft behauptete Selbstzweck des Leistungsprinzips. Leistungen werden vielfach nicht um ihrer selbst willen vollbracht; Vorsorge für Familie, sozialer und kultureller Fortschritt sind auf materielle Verbesserungen angewiesen. Der Gegensatz zwischen »materiellen« und »wahren«, das heißt geistigen Bedürfnissen ist daher weitgehend konstruiert.

Abschließend zu diesem Thema, zu dem freilich noch sehr viel zu sagen wäre:

Die Angriffe auf das Leistungsprinzip können zweierlei Wirkung haben. Einmal ist es möglich, daß unter dem Trommelfeuer der Ideologen der Wille zur Leistung nachläßt, allerdings nicht der Wunsch zu einer der früheren Leistung entsprechenden Entlohnung. Wer in die Praxis sieht, wird einige Anzeichen erkennen. Auf der anderen Seite können gerade diese Angriffe auch dazu verhelfen, nachdenklich zu werden, Schattenseiten zu erkennen und abzustellen. Ich bekenne, daß ich in der bald zwanzigjährigen Diskussion um die richtige Art der Mitbestimmung – eine Diskussion, an der ich in Wort und Schrift besonders beteiligt war – eigentlich den Gewerkschaften dankbar sein mußte, weil ihre Vorstellungen mich gezwungen haben, vielleicht tiefer über Aufgaben, Rechte und Pflichten des Unternehmers nachzudenken, als wenn ich in einer unangefochtenen Welt am Tage den Tag hätte leben können. So wird denn auch darauf zu achten sein, daß das Leistungsprinzip in seiner Anwendung nicht überstrapaziert wird, und hier liegen in der Tat echte Aufgaben der Wirtschafts- und Gesellschaftspolitik für die Zukunft.

Noch zwei Bemerkungen, die in das Gebiet der Politik führen:

Das Bestehende unterliegt vielen Angriffen; eine nur beharrende Politik kann nicht erfolgreich sein. Das Bestehende weiterzuentwickeln, aber auch neue Gedanken einzuführen, die in die Zukunft weisen, das wäre die Kunst. Ich erwähnte im Anfang den Vormarsch, den im Grunde unter allen Regierungen der Bundesrepublik Deutschland der Kollektivismus gemacht hat. Die Stimmung der Zeit geht in diese Richtung, und es ist auch gar nicht zu leugnen, daß gegenüber früheren Verhältnissen ein größeres Bedürfnis zu kollektiver Sicherung und Regelung besteht. Wenn aber diese kollektiven Regelungen bis zum äußersten getrieben werden, dann werden Staat und Bürokratie eine Macht erhalten, die dem einzelnen auf die Dauer unerträglich sein könnte. Diese Macht wird dann aber nicht nur beim Staat und bei seiner Bürokratie liegen, sondern auch bei der Bürokratie der Verbände, welche es auch sein mögen. Die große Aufgabe der Zukunft scheint mir zu sein, im Rahmen dessen, was möglich ist, das Individuelle zu stärken. Die parlamentarische Demokratie ist gekommen, weil es galt, die Macht des absoluten Herrschers zu beschränken und zu kontrollieren. Heute muß der Bürger nicht vor einem einzelnen Menschen geschützt werden, sondern vor der Macht, um das Wort zu gebrauchen, anonymer Kräfte, die sich in den Bürokratien verwirklichen.

Ein Beispiel aus der Welt der Unternehmen: Ich glaube nicht, daß in der Entscheidung, ob die Aufsichtsräte der großen Gesellschaften nun paritätisch zusammengesetzt werden oder nicht, die eigentliche Lösung gefunden werden kann. Ich will hier nicht alles, was für und gegen die paritätische Mitbestimmung gesagt worden ist, im einzelnen erläutern; die Argumente sind oft genug ausgetauscht. Die Mitbestimmung, wie die Gewerkschaften sie wollen, würde zweifellos eine große Macht in die Hände ihrer Funktionäre legen. Daß dem einzelnen Belegschaftsmitglied damit wesentlich gedient und geholfen wäre, glaube ich nicht. Ich bin der Meinung, daß man einen anderen Weg gehen müßte, der keineswegs bequem für den Unternehmer ist, im Gegenteil, womöglich unbequemer als die paritätische Mitbestimmung, die ja letzten Endes – die Erfahrungen haben es gelehrt – zu Arrangements zwischen Gewerkschaftsfunktionären und Managern führt, Arrangements, die dem Verbraucher und dem Wettbewerb keineswegs immer dienlich sind. Ich meine deshalb, vom Individuellen ausgehend, daß Mitbestimmung und Mitverantwortung dem einzelnen in dem für ihn überschaubaren Bereich seines Arbeitsplatzes und seiner Arbeitsgruppe mehr als bisher zugebilligt werden sollten. Davon ausgehend, haben wir bei der Abfassung des Gesetzentwurfs der CSU zur Betriebs- und Unternehmensverfassung einen Katalog von Rechten des einzelnen im Unternehmen entworfen, und dieser Vorschlag ist in meiner Partei auch akzeptiert worden. Er hat Widerstand ebenso bei den Gewerkschaften wie bei den Unternehmern gefunden, und doch glaube ich, daß hier die Ansätze für Lösungen in der Zukunft liegen könnten, mehr als durch abstrakte Mitbestimmungsmodelle.

Damit würde sich dann auch vieles lösen lassen, was heute gerade in den großen Unternehmen mit ihrer für den einzelnen schwer durchschaubaren Organisation als kritisch betrachtet wird.

Meine zweite Bemerkung zur Politik gilt der Freiheit. Wir, die wir die Zeiten der Gewaltherrschaft erlebt haben, halten wohl die Freiheit für eins der höchsten irdischen

Güter, sicherlich eine Freiheit, die nicht schrankenlos sein kann, sondern, ich sage es ruhig, der auch eine Ordnung gegenüberstehen muß. Wenn die Angriffe, die heute gegen die Ordnung gerichtet werden, erfolgreich sein sollten, dann wird, wie ich fürchte, auch die Freiheit verloren gehen; sie wird ihrem Mißbrauch erliegen. Dann könnte es eines Tages kommen, daß bei etwa auftretenden anarchischen Zuständen und einer Eskalation von Gewalttaten ein großer Teil unseres Volkes die Freiheit nicht mehr für so wichtig und die Ordnung für viel erstrebenswerter hält, dann könnte es sein, daß eines Tages gesagt wird: dort drüben in der DDR herrscht Ordnung, dort wird noch mit Eifer gelernt und gearbeitet, und dann könnte der Gedanke für eine Wiedervereinigung lebendig werden, die unter dem Zeichen des dortigen Systems steht. Ich glaube, auf lange Sicht ist dies das eigentliche Problem der Zukunft, den einen gefahrvoll erscheinend, von den andern begrüßt. Darum haben die sich heute häufenden Appelle an die Mitte ihren tiefen Sinn; freilich will nun jeder Mitte sein. Die Frage wird sein, ob es gelingt, mit einem so nüchternen Ziel wie dem von Mitte und Maß der Faszination der Ideologien wirksam zu begegnen.

Zu dieser Betrachtung bin ich auch durch eine gewiß noch nicht typische Erfahrung angeregt worden. Vor einiger Zeit kam eine Besuchergruppe junger Lehrer in den Bundestag, mit denen es eine sehr aufgeschlossene und lebhafte Diskussion gab. Im Laufe dieser Diskussion erklärte einer der jungen Lehrer, nachdem auch über Vietnam gesprochen worden war, daß er wirklich lieber in Ungarn als in Vietnam leben würde. Ihm wurde entgegengehalten, daß er dann doch lieber statt »Ungarn« »Schweiz« hätte sagen sollen, weil die Schweiz ja ein freies Land sei. Seine Antwort war: »Ach, das bißchen Freiheit ist nicht so viel wert.«

Lassen Sie mich noch ein Wort zu unserer Evangelischen Kirche sagen. Kirchliche Stellen äußern sich laufend in zahlreichen Verlautbarungen zu Fragen, die jeweils in der politischen und sachlichen Diskussion sind. Das gilt für führende kirchliche Vertreter, und es gilt für die Kammern. So hat zum Beispiel die Sozialkammer der Evangelischen Kirche in ihren Denkschriften oder Studien Stellung genommen zur Vermögensbildung, zur Mitbestimmung, zum Sport, zum Bodenrecht, und sie will sich in Kürze zur sozialen Sicherung äußern. Gemeinsam ist diesen Stellungnahmen meist, daß sie sich – und das wird als Vorzug angesehen – zu konkreten und oft ins einzelne gehenden Vorschlägen verdichten. Man kann nicht immer sagen, daß es originäre Vorschläge wären; sie sind häufig identisch mit Forderungen, die gerade im politischen Meinungsstreit erhoben werden, und sie zeigen nicht selten eine gewisse Affinität zu dem, was die Gewerkschaften als ihre Meinung vertreten. Im übrigen wird der weite Bereich politischer, sozialer und wirtschaftlicher Probleme ausgeschritten; der kirchliche Bezug ist nicht immer erkennbar. Um zu verdeutlichen, was ich meine, darf ich ein Beispiel nennen: In einer der Studien wird der Sache nach die Empfehlung gegeben, es möge geprüft werden, ob das angelsächsische oder das deutsche Bankensystem den Vorzug verdiene.

Dem gegenüber verblaßt in der Regel die theologische Begründung; sie mutet häufig mehr wie eine einleitende Pflichtübung an. Es gibt sozialethische Begründungen; aber hier bewegt man sich auf einem nicht sehr festen Boden.

Vor einigen Jahren hatte ich ein Gespräch mit führenden Angehörigen der katholischen Kirche. Auch von ihnen wurde die Ansicht vertreten, daß die Kirche sich zu den Fragen dieser Welt äußern und von ihrem Standpunkt Forderungen stellen müsse. Es sei aber nicht die Aufgabe der Kirche, nun Punkt für Punkt zu konkretisieren, was zu geschehen habe. Das sei Aufgabe der Laien, und an ihrem Tun werde die Kirche dann zu messen haben, ob es dem von ihr vertretenen Anliegen gerecht wurde. Ich meine, daß hier eine in zwei Jahrtausenden gewachsene Weisheit deutlich wird, trotz aller Unruhe, die heute auch die katholische Kirche zu überwinden hat.

Aber wie dem auch sei, der umfangreichen Produktion von Stellungnahmen zu politischen, wirtschaftlichen und sozialen Fragen – häufig auch in Predigten und eigenwilligen Gebeten – steht eine für die Öffentlichkeit und das einzelne Mitglied der Kirche erkennbare Verdeutlichung von Glauben und Offenbarung nicht gegenüber. Und doch ist dies der Boden, auf dem die Kirche geworden ist; verläßt sie ihn, so fürchte ich für ihren Bestand. Ich meine auch: Vieles an der Unruhe unserer Zeit und der Unruhe der Herzen ist auch darauf zurückzuführen, daß die Kirche sich hier versagt. Mir ist entgegengehalten worden, daß der einzelne heute der Kirche nicht mehr erreichbar sei und daß sie sich deshalb an die gesellschaftlichen Gruppen wenden müsse. In dieser Einseitigkeit halte ich den Einwand für falsch und gefährlich.

Wenn ich sagte, daß ich hier eine Gefahr für die Kirche sehe, der meine Väter angehört haben und deren Mitglied auch ich noch bin, so sei mir noch eine weitere Begründung erlaubt.

Wenn die Kirche fortfährt, sich in der Hauptsache und in der genannten Art und Weise zu Fragen zu äußern, wie ich sie hier aufgeführt habe oder wenn die Kirche jedenfalls solche Äußerungen kirchlicher Stellen ausdrücklich oder in der Wirkung legitimiert, dann begibt sie sich in Konkurrenz zu all den weltlichen Institutionen und Verbänden, die sich mit diesen Fragen zu befassen haben. Wenn ihnen die kirchliche Stellungnahme zusagt, werden sie sie im Kampf des Tages für ihre Interessen verwenden. Aber sehr bald werden sie den Einwand erheben, daß es sich hier um konkrete Fragen handelt, die in der Hauptsache von ihnen zu behandeln seien, und sie werden geltend machen, daß ihr Sachverstand auf diesen Gebieten größer sei als der der Kirche. Die Kirche wird dann im Kampf der Interessen benutzt werden, aber sie wird nicht mehr die Kirche sein, und schon melden sich die Stimmen, die daraus die Folgerungen ziehen wollen.

So spricht denn die Kirche mehr von dem einen, was freilich not tut, vom Brot im weitesten Sinne; gleichzeitig gefährdet sie aber durch ihre Forderungen nicht selten gerade dieses Anliegen. Weniger spricht die Kirche aber von dem, was ich zu Anfang den positiven Nachsatz aus dem Worte der Schrift nannte. Darum betrachte ich das Wort, daß der Mensch nicht vom Brot allein lebt, als eine Mahnung, die an jeden von uns gerichtet ist, als eine Mahnung aber auch, welche die Kirche, so hoffe ich, an sich selbst richten will.

(Vortrag vor dem Evangelischen Studienzentrum »Heilig Geist«, Nürnberg, Februar 1973)